인권으로 읽는 동아시아

서울대학교 규장각한국학연구원 한국학연구총서 37

인권으로 읽는 동아시아

한국과 일본의 인권 개선조건

펴낸곳 서울대학교출판문화원
펴낸이 오연천
지은이 정진성 · 공석기 · 구정우

초판 1쇄 발행 2010년 12월 30일
초판 3쇄 발행 2014년 3월 31일
출판등록 제15-3호

주소 서울 관악구 관악로 1 우편번호 151-742
대표전화 02-880-5252 **팩스** 02-888-4148
마케팅팀(주문상담) 02-889-4424, 02-880-7995
이메일 snubook@snu.ac.kr
한글 홈페이지 www.snupress.com
영문 홈페이지 eng.snupress.com

ISBN 978-89-521-1166-1 94330
세트 978-89-521-1028-2

2011년 대한민국학술원 우수학술도서

서울대학교 규장각한국학연구원 한국학연구총서 37

인권으로 읽는 동아시아

한국과 일본의 인권 개선조건

정진성·공석기·구정우 지음

서울대학교출판문화원

Human Rights in East Asia:
A Comparison of Korean and Japanese Human Rights Improvement

Chinsung Chung

Suk-Ki Kong

Jeong-Woo Koo

Seoul National University Press

머리말

'인권(human rights)'이 우리 사회의 키워드가 된 지는 오래되었지만, 아직도 이 개념은 어렵기만 하다. '사람이라면 누구나 갖고 있는, 그 누구에게도 양도할 수 없는 기본적인 권리'라고 개념화된 인권은, 시민권이나 정치적 권리처럼 정부나 외부의 어떠한 권력으로부터 자신을 지키고자 하는 권리와 식량권, 교육권, 노동권 등과 같이 정부에 대해 적극적으로 요구하는 권리에 이르기까지 범위를 넓혀 왔다. 최근에는 환경권, 평화권, 발전권 등 이웃과 다른 나라와 연대해서만 지켜질 수 있는 새로운 권리 개념도 발전하고 있다. 사회가 새로운 기술과 조직의 힘에 의해 발전하는 동안, 인간의 생각도 점점 발전하여 이렇게 평등하고 보편적인 인권의 개념에까지 이른 것이다. 어떤 근거에서 보편적 인권 개념을 주장할 수 있는가 하는 철학적 문제는 지금도 논쟁이 진행되고 있는 난제다.

인간의 사고가 이렇게 비약적인 발전을 거듭해서 다다른 인권의 개념을, 이제는 어떻게 실현시킬 것인가를 고민해야 할 때인 듯하다. 도덕적 개념인 인권을 실질적인 권리로 정착시키기 위해서, 인권을 법으로 만드는 노력은 사회과학이 시작한 가장 기초적인 작업이다. 국제인권법이 그 기초를 닦는 동안 사회학과 정치학에서는 보다 시야를 넓혀서 어떠한 사회·정치적인 조건이 인권을 발전시키는가를 분석하기 시작했다. 이러한 분석은 보다 정밀한 인권 수준의 측정을 필요로 했다. 인권 지표의 개발은 바로 이러한 맥락에서 시작된 것이다.

그러나 이러한 사회과학의 노력은 시작된 지 오래지 않으며, 그 성과도 그리 괄목할 만하지는 않다. 우리 연구팀은 지금까지 개발된 인권 지표를 총체적으로 정리해보기로 했다. 아직도 인권을 사회적 규범으로 보고 과학의 영역은 아니라고 생각하는 경향이 강한 주류 사회학의 벽을 당당하게 넘어서서, '인권사회학'의 영역을 구축하고 싶은 세 사람의 사회학자가 의기투합한 것이다. 인권 지표들은 주로 세계 여러 나라들의 인권수준을 비교하기 위해 개발된 것으로서, 이 지표들을 통해 한국의 인권 상황을 파악할 수 있었다. 한국의 인권 상황은 1980년대 후반까지 전 세계와 동아시아 평균보다 낮은 수준에 있다가 1990년대 이후 비약적으로 발전했다. 동아시아에서 일본만이 지속적으로 서구와 같은 전 세계 최고의 수준을 유지하고 있다.

우리 연구팀은 이러한 글로벌 인권 지표를 기초로 한국과 일본의 상황을 비교함으로써 인권 개선의 조건을 보다 자세하고 실천적으로 탐구하고자 했다. 한국은 해방을 기점으로, 일본은 메이지유신을 기점으로 인권 상황의 변화 과정을 살펴보았다. 양국 모두 인권 수준이 대체로 향상되어왔지만 시기에 따라 부침이 있었는데, 그것은 경제 발전과 정치·사회적 조건 그리고 역사적 사건과 국제관계 속에서 파악할 수 있었다.

인권 지표 부분은 구정우 교수가, 한국 부분은 공석기 교수가, 그리고 일본 부분은 정진성 교수가 맡아 집필했다. 세 부분을 보다 유기적으로 연관시키기 위해 세 연구자는 계속 함께 연구를 진행하였고, 이 연구를 위해 서울대학교 규장각한국학연구원에서는 한국학 장기기초연구사업 연구비를 지원해주었다.

1년 반에 걸친 연구가 끝나고, 우리 연구팀은 글로벌 인권 지표가 발전되는 한편, 각 나라의 구체적인 실정에 맞는 인권 지표를 개발할 필요를 느꼈다. 인권 수준을 세계 여러 나라들과 비교하면서, 구체적으로 어떠한 인권 분야가 심각하고, 어떠한 조건에서 그것이 개선되었는지, 혹은 왜 개선되지 못했는지 등을 보다 구체적으로 연구할 필요가 있다는 것이다. 연구팀은 UN 자유권위원회(Committee on the Civil and Political Rights)와 사회권위원회(Committee on the Economic, Social and Cultural Rights)에 한국과 일본이 제출한 보고서에 대하여 위원회에서 결정한 권고(Concluding Observation)를 분석하여 국가별 인권 지표를 만들고 측정하는 작업을 하고 있다. 다른 한편으로 본 연구팀은 서울대학교 아시아연구소의 지원을 받아서 일본 외에 다른 아시아 국가들로 범위를 넓힌 비교연구를 시작하고 있다.

이 책은 세 연구자가 시도하고 있는 이러한 동아시아 인권 연구의 첫 결실이다. 세계 인권운동 연구로 하버드대학교 사회학과에서 박사학위를 받은 후 인권운동에 관심을 가지고 지속적으로 연구하고 있는 공석기 교수와, 세계의 사회학자·정치학자와 공동연구를 하면서 인권 지표와 측정을 위한 세밀한 양적 분석을 지속하고 있는 구정우 교수와 한 팀이 되어 연구하게 된 것을 행운으로 생각한다. 더 나은 연구를 위해 이 첫 연구결과에 대하여 독자 여러분들의 질책과 성원을 바라 마지않는다.

연구를 하는 동안 많은 도움을 준 사회학과 대학원생 김선민, 국제대학원의 김찬미, 지리학과의 다무라 후미요리, 그리고 이 책을 만드는 과정에서 고생한 사회학과의 추지현에게 진심으로 고마움을 표한다. 이 연구의 지원뿐아니라 책의 발간까지도 지원해준 서울대학교 규장각한국학연구원과 이 책을 출판해준 서울대학교출판문화원에도 심심한 감사를 드린다.

2010년 12월

필자를 대표하여, 정진성

차 례

제 4 부 인권 개선의 주관적 차원

표 차례

그림 차례

총론

인권 개선 왜, 어떻게 가능한가

인권을 보장하기 위한 세계사회의 노력은 실로 눈부시다. 1945년에 UN이 설립된 이후 1947년에는 그 산하에 인권위원회를 만들고 1948년 세계인권선언을 선포했으며, 1966년 이후 '모든 형태의 인종차별 철폐에 관한 협약'(이하 인종차별철폐조약), '경제적·사회적·문화적 권리에 관한 국제규약' 그리고 '시민적·정치적 권리에 관한 국제규약'을 필두로 세계사회는 150여 개에 가까운 국제인권조약을 만들어 인권 보호와 신장을 위한 제도적 장치를 갖추었다(Elliott 2007). UN을 중심으로 마련된 이러한 제도적 장치들은 이른바 '국제인권레짐(international human rights regime)'으로 정식화되어, 각국의 행위를 규율하는 원칙과 규범, 혹은 연성법(soft law)으로서 확고히 자리매김을 하였다. 한편 인권을 보호·신장하려는 노력은 글로벌 수준뿐 아니라 지역적 수준에서도 역동적으로 전개되었는데, 이미 유럽·미주·아프리카는 '국제인권레짐'을 형성하여 인권 관련 규범과 원칙의 지역적 확산과 이의 실현에 앞장서고 있다(Landman 2006).

인권의 중요성에 대한 전 지구적 인식은 최근 UN의 개혁 과정에서도 그대로 드러난다. 2005년 UN 사무총장 Kofi Atta Annan은 'Larger

Freedom'이라는 보고서에서 인권을 발전·안보와 더불어 UN과 세계사회가 추구해야 할 3대 가치로 천명한 바 있다(Pubantz 2005). 인권과는 거리가 있는 것으로 간주되었던 발전이나 원조 분야에서도 인권을 적극적으로 접목시키려는 시도가 부상했고, 이는 최근 '발전에 대한 인권중심적 접근(rights-based approach to development)'으로 정식화되기에 이르렀다. 교육 분야에서도 인권교육(human rights education)에 대한 관심이 커졌고, 이는 'UNESCO 협동학교 사업'이라는 형태로 전 세계 초·중·고등학교에 확산되었으며 여러 국가에서 인권교과서의 편찬이라는 결실이 맺어지기도 했다(Suarez, Ramirez and Koo 2009). 여성운동, 환경운동 같은 각종 사회운동이 인권이라는 프레임으로 재인식·재정의되면서 동원이 더욱 활성화되고 그 영향력이 확대되는 성과를 거두기도 했다(정진성 2004; Kong 2006).

인권에 대한 전 지구적 관심과 더불어 학계에서도 인권을 주요 연구과제로 삼는 흐름이 형성되었는데, 이는 최근 들어 폭발적으로 증가한 사회과학적 연구에 의해 추동된 바가 크다. 사회과학자들은 전통적으로 국제법의 영역으로 간주되었던 인권을 경험적·사회과학적 영역으로 끌어들여 새로운 방식으로 연구하고 있으며, 이를 통해 인권정책의 입안에 기여하려고 노력하고 있다(Cingranelli and Pasquarello 1985; Hass 1994; Cole 2005; Koo and Ramirez 2009). 인권 기준이 대외원조에 왜, 어떻게 활용되는가? 어떤 조건 속에서 각 정부가 국제인권규약에 가입하는가? 인권정책의 입안 과정에서 인권민간단체들이 행사하는 영향력은 어떠한가? 경제발전이나 민주화가 인권 개선에 미치는 효과는 무엇인가? 이러한 연구주제들은 인권에 관해 사회과학적으로 연구할 수 있는 수많은 주제 중 몇 가지에 불과하며, 사실 인권을 경험적 연구의 대상으로 다룰 수 있는 지평은 대단히 넓다.

본 연구는 이러한 인권의 사회과학(social science of human rights)을 정립하고 확대하기 위한 하나의 시도로서, 특히 인권 개선을 가능하게 하는 조건이 무엇인지에 대한 해답을 찾고자 한다. 이를 위해 한국과 일본의 두 사례에 초점을 맞추어 제2차 세계대전 이후, 특히 신뢰할 만한 인권 지표가 확보되기 시작한 1970년대 이후 한국과 일본의 인권 발전 추이를 밝히고, 이러한 추이에 영향을 미친 정치·경제·사회적 조건을 탐색한다. 이를 통해 인권 사회과학의 확대에 기여하고, 향후 올바른 인권정책 확립을 위한 하나의 준거를 제공하려는 목적을 가지고 있다.

한국과 일본의 인권 발전 추이를 보다 객관적으로 이해하기 위해 본 연구는 국제인권공동체가 오랫동안 주목해온 몇 가지 글로벌 인권 지표와 지수에 주목한다. 특히 개인적·신체적 통합권리를 측정하는 정치적 테러 스케일(Political Terror Scale), 시민적·정치적 권리의 준수 정도를 측정하는 자유지수(Freedom Index), 그리고 경제적·사회적 권리에 초점을 맞추는 인간개발지수(Human Development Index)를 탐색하여 인권의 다차원성(multi-dimensionality)을 측정하는 이들 지표가 한국과 일본의 인권 발전을 어떻게 평가하는지를 그 출발점으로 삼는다. 본 연구는 한국과 일본의 사례를 인권 개선의 흐름과 조건이라는 틀로 묶어 비교사회학적으로 연구함으로써 글로벌 인권 개선에 대한 기존 연구들이 가졌던 '거시 편향'의 한계를 극복하고, 이와 동시에 한국과 일본이 걸어온 인권 관련 정책과 관행, 그리고 성취의 특수성을 보여주고자 한다.

물론 본 연구가 출발점으로 삼는 이상의 글로벌 인권 지표들이 어느 정도로 객관적 혹은 보편적이고 따라서 어느 정도로 신뢰할 수 있는 지표인지에 대해서는 이론이 있을 수 있다. 주체 기관에 의한 자의적 측정 가능성을 포함한 이 지표들의 문제점과 한계에 대해서는 이미 여러 학자들이 지적한 바 있고, 이러한 점들에 대해서는 연구자들도 충분히 공감하고 있으며, 이에 대한 논의는 1~3장으로 구성된 제1부에 충분히 제시되어 있다.[1] 나아가 본 연구진은 다른 지면을 통해서 글로벌 지표들이 각

1. 글로벌 인권 지표가 갖는 문제점들에 대해 주의를 환기시켜준 규장각한국학연구원의

국의 특수성을 충분히 담아내기에는 한계가 있으며, 이를 극복하기 위한 다차원적인 노력이 필요하다는 점을 체계적으로 지적한 바 있다(Koo, Kong and Chung 2010). 그럼에도 불구하고, 지난 수십 년간 수많은 학자들, 정책담당자들, 그리고 실천가들에 의해 활용되어옴으로써 상당한 정도의 공신력을 획득한 이러한 지표의 신뢰성과 중요성을 간과하는 것도 큰 문제다. 본 연구는 이러한 글로벌 지표들이 한국과 일본의 인권 상황을 분석하고 비교하는 데 대단히 유용하게 활용될 수 있음을 논증하고자 한다.

한편, 본 연구가 궁극적인 분석의 대상으로 삼는 '인권의 개선'은 UN 헌장, 세계인권선언문, 경제적·사회적·문화적 권리에 관한 국제규약, 시민적·정치적 권리에 관한 국제규약 같은 핵심적 국제조약들이 공통적으로 지향하는 국제인권공동체의 궁극적인 이상이자 목표다. 그러나 최근 인권 연구자들은 점증하는 인권에 대한 관심과 열망에도 불구하고 특히 2000년대로 접어들면서 전 지구적인 수준에서 인권이 악화되고 있다는 점을 논증하고 있다(Hafner-Burton and Tsutsui 2005; Cole 2005; Hathaway 2007). 이러한 의미에서 인권 관련 법과 제도를 주축으로 한 국제인권레짐의 팽창이 반드시 인권의 개선을 보증하는 것은 아니며, 인권의 개선과 후퇴에 영향을 미치는 요인들은 대단히 복잡하고 다차원적이라는 점은 더욱 분명해지고 있다.

정치적 민주화와 경제성장이 인권 개선에 긍정적인 역할을 한다는 연구가 있었으며(Poe and Tate 1994), 한편 그보다는 국제민간단체의 영향력과 같은 외부적·국제적인 조건이 훨씬 중요하다는 연구결과도 보고되었다(Hafner-Burton and Tsutsui 2005). 그렇다면 인권의 개선과 후퇴를 추동하는 요인들은 무엇이며, 특히 한국과 일본의 인권 추이에 영향을 주는 국내적·국제적 요인들은 무엇일까? 한국과 일본의 사례 연구가 글로

익명의 심사자에게 감사를 표한다.

별 인권 개선 연구에 제공하는 함의는 무엇일까? 본 연구는 이러한 질문에 대한 답을 제공하는 데 그 주요 목적이 있다.

일본과 한국의 경험에 주목하는 이유는 여러 가지가 있다. 우선, 일본은 전 세계에 유일한 비서구 선진국으로서, 서구에 비해 산업화의 출발은 늦었지만 비약적인 성공을 이룬 사례로 국제사회로부터 폭발적인 주목을 받아왔다. 일본이 이룬 경제 성장과 발전의 밑거름은 무엇이었는지, 이 과정에서 자민당을 중심으로 한 일당 우위 정치체제가 어떤 역할을 했는지, 또한 가족중심적·공동체중심적 문화적 가치가 어떤 영향을 미쳤는지 등이 주요 논쟁 대상이었다. 19세기 메이지유신을 전후하여 서구문물이 도입되는 과정에서 인권 관념이 함께 수입되었고, 전체주의적 가치관 속에서 다소 왜곡된 형태이긴 하지만 인권이 꾸준히 성장·발전했고, 이 기틀이 현재까지 이어지고 있다는 평가가 있다. 나아가 최근 서구의 여러 학자들은 1990년대를 거쳐 일본이 국제인권레짐에 적극적으로 편입해가는 과정에서 인권에 중대한 진보가 있었다고 평가하기도 한다(Neary 2002).

그러나 다른 일각에서는 여성, 부락민, 외국인 등의 문제와 관련해서는 성공한 후발산업국으로서의 일본의 지위가 흔들린다는 부정적인 시각도 있다. 특히 일본인의 '단일민족신화'가 이러한 문제의 개선을 요원하게 만든다는 비판이 제기되었다(정진성 2009). 여기에서 분명한 건, 일본이 최근 들어 경제적 측면뿐 아니라 인권 측면에서도 적지 않은 주목을 받고 있다는 것이다. 두말할 나위 없이, 일본은 아시아를 중심으로 무역·투자의 측면에서 주도적 지위를 누려온 국가이며, 전후 막대한 대외원조를 통해 국제사회에 영향력을 행사해온 국가이기도 하다. 이러한 이유들 때문에 일본이 인권이라는 차원에서 어떤 궤적을 밟아왔고, 또 이것이 어떤 조건 속에서 가능했는지를 묻는 것은 매우 시의적절하다고 하겠다.

반면 한국은 신흥산업국으로서, 1970~80년대를 거치면서 수출주도

중화학공업을 필두로 경이적인 경제 성장을 이루어 아시아 신흥산업국과 함께 세계적으로 주목을 받았다. 일본의 경제 부흥에 대한 높은 관심이 있었던 것처럼 한국 역시 독특한 맥락에서 그 발전의 원동력과 경로에 대한 적지 않은 정책적·학문적 관심이 있어왔으며, 최근에는 많은 아프리카·중동·아시아 국가들이 한국을 발전 모형으로 삼아 경제와 사회, 정치적 발전을 꾀하고 있다. 세계적으로 유례없이 단기간에 성취한 절차적 민주주의, 그리고 1987년 민주화 이행 이후 이루어진 좌파 정권과 우파 정권 사이의 평화적인 권력 이양, 민주화운동의 전개 속에 탄탄하게 성장한 시민사회 등 여러 정치·사회적 변화가 세계인들의 이목을 끌었으며, 한국을 학문적 탐색의 중심에 서게 만들었다(임현진 2009). 특히 최근에는 한국의 인권 경험과 발전에 대한 관심도 점증하고 있다. 1990년대 이후 국제인권레짐에의 적극적인 참여, 인권 전향적인 대통령의 집권, 인권 전담 국가기구의 설립 등의 과정을 거치면서 한국은 국제인권체계에서 최고의 명성을 갖게 된 나라로 평가되고 있다. 가장 최근에는 대외원조금액을 선진국 수준으로 높이겠다는 계획을 천명하여 세계 10대 무역국의 위상에 걸맞은 국제적 책임을 다하려 하고 있으며, 이때 인권의 기준도 적극적으로 고려하는 정책적 변화도 엿보인다.

그러나 일본과 유사하게 '종족적 민족주의(ethnic nationalism)'로 요약되는 공동체중심적 문화 전통과 맞물리면서 여성이나 외국인 문제, 차별문제 등과 관련하여 인권의 미래가 그리 밝지만은 않다는 비관론도 등장하고 있다(Shin 2007; 공석기 2009). 이렇게 한국 역시 이미 인권논쟁의 중심에 서 있다는 점을 고려할 때, 한국의 인권 발전 추이를 체계적으로 이해하고 이를 설명하려는 시도 역시 대단히 적실하다고 판단된다.

한국과 일본의 인권 진화 추이를 글로벌 지표를 통해 밝히고 이러한 변동에 영향을 미친 조건을 탐색하기 위해 본 연구는 기존의 인권 개선 관련 연구와 사회운동론 문헌에서 빈번하게 활용되었던 이론적·분석적 자원을 적극 활용한다(McAdam 1982, Koo Forthcoming). 무엇보다 인권 개선을 불러온 조건으로 국제적 조건, 국내 정치기회구조의 변동, 경제적 조건, 그리고 시민사회와 사회운동의 역량에 주목한다.

우선, 정치학의 구성주의(constructivism)나 사회학의 세계사회이론(world society theory) 등이 주목한 바 있는 국제적 요인의 하위 요소들로는 양극적 냉전체제의 붕괴와 다자주의 국제인권레짐의 등장, 국제인권민간단체의 역할, 초국적 인권 네트워크의 형성 등을 꼽을 수 있다(Sikkink 1993; Meyer, Boli, Thomas and Ramirez 1997). 국제적 요인이 인권 개선에 미치는 영향은 앞서 언급한 것처럼 복합적인데, 국제인권레짐이 인권 개선에 무력하다는 견해와 그럼에도 불구하고 국제인권민간단체의 역할은 결정적이었다는 견해가 팽팽하게 맞서고 있다.

두 번째 조건은 국내 정치기회구조의 변동인데 이는 다름 아닌 '제도정치의 성숙성'을 일컫는다. 정치학적 자유주의, 사회학의 사회운동론 모두 이러한 정치적 조건에 대해 오랫동안 관심을 기울여왔다. 국가나 정치지도자의 역할, 정당을 중심으로 한 정치사회의 영향력, 법적 체제의 정비 등이 여기에 해당되는데, 이러한 정치기회구조가 인권에 대해 얼마나 열려 있느냐가 관건이라고 할 수 있다.

세 번째 조건은 경제 발전의 정도다. 인권의 양대 축 가운데 하나가 경제적·사회적·문화적 권리라는 점은 두말할 나위가 없고, 이를 보호하고 신장하기 위해 경제적·물질적 조건이 뒷받침되어야 한다는 점은 재삼 강조해도 지나치지 않다. 1970~80년대부터 1990년대 초반까지 이어진 일본의 '물질적 풍요로움'이 있었기에 일본인들은 당시 세계 최고 수준의 인권을 향유할 수 있었다. 한국의 경우 1997년 금융위기로 고도경제성장이 꺾이면서 경제적·사회적·문화적 권리가 급속도로 후퇴한 사실은 경제적 조건의 중요성을 여실히 드러내는 좋은 사례라고 할 수 있다. 이러한 경제적 조건(즉, 국가의 경제적 수준과 능력)은 국가를 경제적·합리적 행위자로 보는 합리주의적 전통에서 오랫동안 주목해온 요소라고 볼 수 있다.

네 번째 조건은 시민사회와 사회운동의 역량이다. 시민사회 내의 사회운동그룹이 인권 신장과 관련하여 어떻게 자원을 동원하고 정치사회와 국가를 압박하는가, 그리고 나아가 어떻게 초국적 인권 네트워크를 형성하는가 등의 문제가 초미의 관심사가 된다. 사회학의 시민사회론이나 사회운동론이 이에 해당하는 이론적 자원이다(Habermas 1996). 한국의 경우 1999년부터 3년여에 걸쳐 독립적인 국가인권위원회의 설립이라는 아젠다를 둘러싸고 강력한 국내적 사회운동그룹이 형성되고, 나아가 이들이 국제인권민간단체와 함께 초국적 인권 네크워크를 형성하여 정부를 압박한 사실은 시민사회의 역량이 인권제도와 관행의 개선에 얼마나 큰 영향력을 발휘할 수 있는지를 보여주는 좋은 사례다(Koo Forthcoming).

한국과 일본을 사례로 하는 본 연구는 다수의 국가를 분석 대상으로 삼는 기존의 글로벌 연구와는 달리 이러한 네 가지 요소들이 반드시 어떤 보편적인 법칙을 갖고 인권 개선을 명쾌하게 유도하는 것은 아니라는 전제를 달고자 한다. 즉, 일정한 조건이 갖는 영향력은 국가별로 차이를 보일 수 있고, 나아가 시기별로도 차이를 나타낼 수 있다는 것이다. 가령, 국제적 조건이 한국과 일본에 모두 동등한 방식으로 영향을 미치는 것은 아니며, 그 효과가 모든 시기에 동등하게 작용하는 것도 아니라는 점이다. 그럼에도 불구하고 국제적 조건, 정치기회구조, 경제적 조건, 시민사회의 역량이라는 네 가지 요인은 한국과 일본에서 인권이 성장하고 후퇴하는 역동적인 과정을 설명하는 데 대단히 유익한 분석적 초점이 되며, 각각의 요소가 독립적 또한 상호작용의 형태로 인권 개선을 유도하는 메커니즘을 살펴봄으로써 인권 개선이 왜, 어떻게 가능한지를 설명할 수 있다.

연구진이 글로벌 인권 지표를 통해 발견한 지난 30여 년 동안의 한국과 일본의 인권 개선 추이는 대단히 흥미롭다. 한국보다 수십 년 앞서 인권이라는 개념을 받아들인 일본은 관찰 기간 내내 개인통합권리, 시민적·정치적 권리 그리고 경제적·사회적·문화적 권리에서 대체로 세계 최고 수준을 보여주었다. 가장 최근의 시기인 2000년대 중반 이후를 제외하고는 한국과는 비교가 안 될 만큼 인권에서 선진적인 모습을 보여주었다. 심지어 거의 모든 글로벌 인권 지표에서 서구의 평균을 웃도는 인권 준수 수준을 보여주었다. 그러나 주목을 요하는 것은 1990년대 중반을 기점으로 해서 명백히 후퇴한 일본의 인권은 2000년대 초반에 회복되는 듯한 양상을 보이다가 2000년대 중반 이후 다시 침체되는 모습을 보이고 있다는 점이다. 1990년대 초반부터 시작되어 1990년대 중반에 가속화된 경제침체, 그리고 이에 따른 사회 전체의 보수화 경향과 맞물려 시민적·정치적 권리가 위축된 것으로 보인다. 국제사회는 대체로 이 시기에 일본에서 암묵적인 고문 관행이 여전히 발견되고 있고, 사형집행이 공공연하게 이루어졌다는 점을 지적한다. 경제침체가 지속되면서 GDP를 중요하게 고려하는 경제적·사회적 권리 지표는 하락과 현상유지의 추세를 보이고 있으며, 이러한 추세는 2000년대 중반 이후까지 이어지고 있다.

반면 한국의 인권 포트폴리오는 일본과는 상당이 다른 추세를 보여준다. 한국이 인권 개념을 받아들이기 시작한 것은 한국전쟁 이후 공화정치가 확립되기 시작하면서부터이고, 인권 개념이 주목을 받은 것은 1970년대 군사정권의 횡포를 국민들이 온몸으로 체험하고 난 이후라고 할 수 있다. 일본 내각부가 1958년 이후 일관되게 국민 인권가치관 조사를 실시한 반면, 한국은 아직까지 정례화된 인권 서베이를 실시하지 않고 있다는 점은 인권에 대한 관심을 쏟기 시작한 양국의 역사적 시점이 얼마나 다른지를 여실히 보여준다.

글로벌 인권 지표가 확립되어 공시되기 시작한 1970년대 중반에 측정된 한국의 인권은 세계 최하위 수준이었고, 이러한 상황은 1980년대 후반까지도 지속되었다. 그러나 빠르게는 1987년 민주화 이행 이후, 늦게는 1993년 문민정부가 등장한 이후 한국의 인권은 개선의 일로를 걷게 된다. 인권 개선의 결정적인 모멘텀은 민주화 투쟁가 혹은 인권운동가로 널리 알려진 김대중 대통령이 1998년에 집권하면서부터였고 이후 노무현 정부에 이르기까지 한국은 세계적으로 유례없는 수준의 인권 개선을 경험하게 된다. 즉, 일본의 인권 상황이 1990년대 중반 이후 후퇴로 방향을 선회했을 무렵 한국의 인권은 개선으로 방향을 잡았고, 이러한 상이한 인권 발전의 추이는 2000년 중반 이후까지도 이어지고 있는 것으로 분석된다. 결국 Freedom House는 자유지수를 통해 2005년을 기점으로 한국과 일본의 시민적·정치적 권리 수준이 같은 단계에 도달했음을 공시하였다.

왜 한국과 일본은 1990년대 중반 이후로 인권 개선의 차원에서 다른 길을 걷게 되었으며, 이러한 차이를 설명하는 요인은 무엇인가? 본 연구는 이 질문에 대한 해답을 찾으려는 노력이라고 할 수 있다. 이 해답을 찾아가는 과정에서 앞서 논의한 국제적 요인, 정치기회구조, 경제적 조건, 그리고 시민사회의 역량이라는 네 가지 요인을 중심으로 느슨하게 결합된 이론적 틀이 유용하게 활용될 수 있다고 본다. 물론 한국과 일본을 관통하는 보다 일반적인 설명방식을 찾기 전에 각각의 사례에 초점을 맞추어 그 구체적인 인권 추이를 보여주고, 역사적 변이를 설명하는 작업이 선행되어야 한다. 그리고 그 과정에서 각 사례가 당면한 특수성 역시 관찰되며, 발견된 특수성을 보편적 조건에 추가하여 세밀하게 살피는 작업도 필요하다.

가령 일본의 경우 역사적으로 개인보다 공동체와 가족을 우선시하는 문화적 전통이 강력하게 유지되어왔으며, 이러한 요인이 인권의 개선과 후퇴에 일정한 영향을 준 것으로 분석된다. 가령 이 공동체적 가치는 1960년대에서 1980년대에 이르기까지 일본의 경제 성장 과정에서 갈등을 줄이며 발전을 추동한 원동력이었고, 결과적으로 인권에 긍정적인 영향을 주었다고 평가할 수 있다. 그러나 이러한 공동체적 가치의 발현은 여성이나 외국인의 인권과 관련해서는 부정적인 영향을 주었으며, 따라서 1990년대 중반 이후 인권의 침체를 유도한 문화적 조건으로 작용하기도 했다. 이렇듯 일본의 문화적 특수성이 인권이라는 측면에 작용하는 효과는 복합적이고, 이 때문에 각국의 특수성이 인권과 갖는 효과에 대한 연구는 앞으로 심화될 필요가 있다.

한국과 일본에서 네 가지 국제적·정치적·경제적·사회적 권리 조건이 영향을 미치는 방식뿐만 아니라 각각의 조건이 행사하는 영향력의 정도에도 적지 않은 차이가 있다. 따라서 한국과 일본에 공통적으로 적용되는 보다 '보편적인' 설명 방식을 도출하기에 어려움이 있는 것도 사실이다. 그럼에도 불구하고 본 연구는 한국과 일본을 비교하는 맥락에서 다음과 같은 결론에 도달하였다. 우선 한국과 일본에서의 인권 개선은 국제적 요인보다는 국내적 요인에 의해 추동된 바가 크다는 점이다. 인권 개선을 연구하는 최근의 사회학적 논의가 국제적 요인에 초점을 맞추고 있다는 점을 고려할 때(Hafner-Burton and Tsutsui 2005), 본 연구의 결과는 이와는 다소 차이가 있다. 최근 몇몇 학자들이 주장하는 것처럼 일본은 과거에 비해 1990년대 이후로 국제인권레짐에 훨씬 적극적으로 참여하고 있다. UN의 여러 조약에 새로 가입했고(가령 아동권리협약, 인종차별철폐조약), 이미 가입한 조약 기구에는 그동안 밀려왔던 보고서를 대거 제출하였다. 그러나 아이러니하게도 이러한 국제적인 조건의 개선에도 불구하고, 인권은 실질적으로 개선되지 못했고 오히려 후퇴와 침체의 기로에 서 있는 형국이다.

본 연구의 또 다른 발견은 언급된 세 가지의 국내적 요인 중 기존 연구에서 밝혀진 경제적·정치적 조건의 중요성에 더해 시민사회의 동원 정도와 역량이 결정적으로 중요했다는 사실이다. 1990년대부터 관찰되는 일본의 경기침체, 이에 따른 보수적인 사회분위기의 형성, 인권보다 경제를 우선시하는 사회적 경향의 창출 등이 결과적으로 인권에 부정적인 영향을 미쳤다는 점은 앞서 지적한 바와 같다. 또한 IMF 금융지원으로 상징되는 1997년 하반기의 한국의 금융위기 역시 인권에 부정적인 영향을 미친 것은 자명하다. 정치적 차원에서도 한국에서 1998년 이후로 인권 친화적인 정부가 들어섰고, 인권 친화적 정책의 추진과 집행(국가인권위원회와 진실화해를위한과거사정리위원회의 설립, 국민기초생활보장법과 국민연금법의 제정 등)이 노무현 정부 말기인 2007년을 지나서까지 이어졌음을 고려할 때 정치적 기회구조 역시 중요한 요인이었던 것으로 확인된다. 그러나 한국과 일본 모두에 공히 작용한 또 다른 중요한 조건은 시민사회의 동원 정도와 역량이었다.

한국의 경우 1987년 민주화 대투쟁을 거치며 성장한 시민사회는 1990년대 초·중반 문민정부 시기에 꾸준히 성장했고, 1990년대 말과 2000년대의 국민의 정부와 참여정부 시기를 거치면서 다원화·전문화하는 과정을 밟아왔다. 이 과정에서 정부 비판적이고 참여적인 전통은 그대로 유지되었으며, 따라서 시민사회의 압력이 정부의 정책 입안과 실행 과정에서 결정적으로 중요한 요인으로 남게 되었다. 강력한 시민사회는 국내외 정치기회구조를 매우 적극적으로 동원했는데, 반국가보안법운동의 전개, 일본군위안부 문제의 해결 노력, 비엔나 세계인권회의의 참석을 통한 인권 증진 노력, 국제앰네스티와의 정례적인 연대활동 등이 그 대표적인 예가 될 수 있다. 2000년대 중반 이후에는 '인권단체연석회의'와 같은 네트워크를 결성하여 국가보안법폐지운동, 이라크파병반대운동, 장애인인권옹호운동 등을 추진함으로써 인권정책의 입안 과정에 영향력을 행사하였다. 결과적으로 한국의 경우 강하고 비판적인 시민사회가 인권 관련 정책의 입안과 집행에 중요한 영향을 행사했고, 따라서 한국은 특히 1990년대 중반 이후로 인권에서 중대한 진전을 보게 되었다.

반면, 일본의 경우 1960년대 말과 1970년대 초에 폭발적으로 이루어진 공해반대운동과 주민자치운동을 필두로 정부 비판적인 사회운동이 개진되는 듯하다가 1970년대 후반과 1980년대를 거치면서 이내 비판적인 목소리를 상실하고, 일상적이고 '체제 내화된' 지역운동과 환경운동으로 변모하였다. 즉, 대체로 일본의 사회운동은 정부와 협력적인 형태로 발전되었고, 따라서 초국가적인 정부 주도의 운동이라는 성격을 띤다. 다시 말해 사회운동과 시민사회가 체제 내화되어 영향력 있는 압력단체의 역할을 하기가 어려웠다는 것이다. 물론 규모는 작지만 부락민운동, 재일한국인운동, 외국인 노동자 지원운동 등을 중심으로 비판적 사회운동이 2000년 중반 이후에도 여전히 명맥을 유지하고 있다. 나아가 이 비판적 단체들이 한국과 아시아 국가들의 NGO와 네트워크를 형성하여 전후보상운동을 개진하고 있는 것도 사실이다(Tsutsui 2006). 그러나 이들의 규모나 영향력은 극히 작으며, 중앙정부에 대한 영향력은 대단히 제한적이었다.

한국의 경우 강력하고 비판적인 시민사회의 주도로 국가인권위원회가 설립되어 인권 개선에 이바지하고 있음을 고려할 때, 정부 주도적인 사회운동이 특징적인 일본에서 아직까지 인권위원회가 설립되지 않았다는 사실은 그리 놀라운 일이 아니다. 한국과는 반대로, 1990년대 들어서 일본의 인권이 후퇴하고 2000년대에 들어서도 충분히 회복되지 못한 저변에는 바로 이러한 일본 시민사회의 특성이 자리잡고 있다.

이 책은 4부로 구성되어 있다. 글로벌 인권 지표를 소개하고 인권 개선과 관련된 기존의 연구와 이론적 논의를 정리한 제1부는 2~4부에서 이루어지는 실제적인 분석을 위한 초석이 된다. 본 연구가 한국과 일본의 인권 추이를 살펴보기 위해 글로벌 인권 지표를 활용하고 있고, 나아가 양국의 인권 추이를 보다 객관적이고 엄정하게 드러내는 것이 이후 인권 개선의 조건 분석에 필수적인 단계임을 고려할 때, 제1부가 갖는 중요성은 자명하다. 인권의 개념, 인권 지표의 발전 역사, 글로벌 인권 지표가 갖는 장단점 등에 대한 기초적이면서도 근본적인 논의가 이곳에서 전개될 예정이며, 이 책이 활용하는 세 가지 지표와 지수(정치적 테러 스케일, 자유지수, 인간개발지수)에 대한 상세한 소개가 이루어질 것이다.

제1부에서 가장 주목을 요하는 것이 제3장인데, 이곳에서는 세 가지 글로벌 인권 지표와 지수를 통계 분석하여 1970년대 중반부터 2007년까

지 글로벌 수준과 지역적인 수준(특히 동아시아)에서 인권이 어떤 개선과 후퇴의 궤적을 밟아왔는지를 상세히 분석한다. 제3장에서의 분석은 국제인권레짐의 팽창으로 요약되는 인권에 대한 관심과 열망의 증가가 현실에서 인권 개선으로 연결되지 못했다는 평가를 경험적으로 입증하는 의미가 있다. 나아가 이어서 다룰 한국과 일본의 인권 추이와 그 개선조건을 분석하는 데 비교의 준거를 제공한다는 중요한 의미가 담겨 있다.

제2부에서는 한국의 인권 추이를 살펴보고 이러한 인권의 개선과 후퇴가 왜, 어떻게 가능했는지를 앞서 제시한 이론적 틀에 입각하여 설명한다. 우선 제4장에서는 한국 인권의 역사적 추이를 글로벌 인권 지표와 지수에 입각하여 기술적으로(descriptively) 보여준다. 이를 통해 1970년대 초·중반 전 세계적으로 가장 인권억압적 국가였던 한국이 1990년대 중·후반을 거치면서 높은 수준의 인권옹호국으로 변모해가는 역동성을 살펴볼 수 있다. 그러나 인권의 진화가 단선적인 것은 아니었으며, 또한 초점을 맞추는 인권의 영역(가령, 시민적·정치적 권리 혹은 경제적·사회적·문화적 권리)에 따라서 그 양상이 다르게 나타난다는 점이 강조된다.

이러한 경험적인 자료에 입각하여 제6~8장에서는 한국의 인권진화 단계를 태동기(1970년대~1980년대 중반), 부침기(1980년대 말~1990년대 후반), 그리고 확장기(1990년대 말~2007년)로 나눈다. 그리고 각 단계가 산업화 시기, 민주화 시기, 그리고 세계화의 시기에 대략적으로 대응한다는 점을 지적하면서, 각각의 시기에 인권의 변동이 왜, 어떻게 가능했는지를 설명한다. 특히 각 시기를 분석하면서 그 당시에 가장 중요한 영향을 미쳤던 요인들을 의도적으로 부각시키고 시기가 갖는 독특성과 특수성을 드러내려는 노력을 기울인다.

우선, 인권의 태동기에는 '돌진적 산업화'를 추구한 권위주의 정권에 의해 국내 정치기회구조가 폐쇄되었고, 이것이 냉전체제와 분단 상황이라는 국제적 조건과 결합하면서 인권이 후퇴할 수밖에 없었다. 인권의 부침기에는 장기적으로 민주화운동 경험이 누적되면서 강력한 시민사회가 형성되었고, 이 시민사회는 UN 프로세스와 같은 국제적 정치기회구조와 민주화 이행 이후 선별적으로 개방된 국내적 정치구조를 고루 활용하면서, 인권을 한 단계 비약시키는 데 기여하게 된다. 마지막으로 인권의 확장기에는 1997년 경제위기와 이후 더욱 강력해진 신자유주의적 경제체제가 인권을 위협함과 동시에, 경제적·사회적·문화적 권리와 관련한 다양한 이슈를 만들어내고 공론화했다는 점이 강조된다. 김대중·노무현 정부의 친인권적 정책, 국가인권위원회의 설립, 국가보안법 개정 추진, 사형집행 중단, 남북 화해 무드 같은 국내 정치기회구조의 대폭적인 개방이나 유연화가 자유권의 개선에 결정적으로 영향을 미쳤다는 점도 지적될 것이다.

제3부에서는 일본의 인권 추이와 개선조건에 대해 탐색한다. 한국의 사례를 다루는 제2부와 동일한 글로벌 인권 지표를 기반으로 일본의 인권이 어떻게 변해왔는지를 우선 기술적으로 보여준다. 제9장이 이러한 일본 인권의 역사적 변동을 기술하는 것이라면, 10~12장에서는 이러한 변동의 동인을 분석적으로 설명한다. 제10장은 일본 사회가 발전해온 과정과 인권 개념이 형성되는 과정에서 발견되는 특수성에 대해서 언급하고 있다. 여기에서는 일본의 인권이 보편성을 향해 발전해간 것은 사실이지만 그 속도와 양상은 인권 이슈별로 차이가 있다는 점을 지적하면서, 글로벌 인권 지표가 다루지 못하는 특수한 이슈들(가령 부락민 문제와 재일한국인 문제)에 주목할 필요가 있다는 점을 논의한다.

제11장은 메이지 시기 이후 1970~80년대까지의 일본의 인권 발전 상황을 글로벌 인권 지표에 비추어 설명하면서, 과연 어떤 요인이 가장 중요한 영향력을 행사했는지를 논의한다. 제12장에서는 1990년대 이후 이전 시기에 발견되는 인권의 발전이 전반적으로 후퇴의 국면으로 접어들었고, 2000년대에도 1980년대의 수준을 회복하지 못한 채 침체를 벗어나지 못하고 있는 일본의 인권 현실을 지적한다. 이러한 인권의 후퇴와 침체를 설명하는 가장 중요한 요인은 경제침체와 이에 따른 일본 사회의

보수화인 것으로 분석된다. 국제적으로는 아시아 피해국으로부터의 전쟁배상 요구가 거세졌고 이러한 요구가 국내 시민운동단체의 목소리와 결합하기도 했지만, 이러한 국제적 조건과 시민사회의 압력은 인권 개선에 거의 영향을 미치지 못했던 것으로 보인다. 결과적으로 2000년대 이후 일본의 인권은 아동, 노인, 장애인 등 보다 '보편적인' 영역에서는 상당한 정도의 개선을 보이지만 부락민, 외국인, 여성 등 일본의 집단주의적 문화와 갈등을 빚는 영역에서는 정체되어 있는 양상으로 전개되며, 크게 보아 인권의 개선이 답보 상태에 머물러 있는 것으로 해석된다.

마지막 제4부는 인권과 그 개선의 주관적 차원에 초점을 맞춘다. 국민들의 인권의식과 인권 침해 경험에 관한 서베이 자료에 기초하여 한국인과 일본인의 인권에 대한 인식과 경험이 어떻게 변화해왔는지를 보여준다. 이 책이 주요하게 활용하는 글로벌 인권 지표와 지수는 정량화된 객관적 자료에 근거하고 있기 때문에 일반 국민들이 인권에 대해 느끼고 평가하는 심리학적·미시적 차원은 다루지 못하는 한계가 있고, 이에 대해서는 이미 여러 학자들의 비판이 있었다(Landman 2004).

제4부는 향후 인권과 인권 개선 연구에서 주관적 지표의 중요성이 점차 증가할 것이라는 판단 아래 주관적 인권 지표의 가능성을 탐색해보는 시론적 성격을 갖는다. 객관적 지표와 주관적 지표가 어떤 관계에 있는지, 가령 동시에 유사한 패턴으로 변하는지(covarying), 서로 관련이 없는지(separate evolution), 아니면 어느 하나가 다른 하나를 추동하는지(sequencing) 등에 대해 다양한 추론을 해보고, 이를 경험적으로 확인해볼 수 있을 것이다. 시론적 성격으로 인해 깊은 분석에 이르진 못했지만, 특히 일본의 사례를 통해서 객관적 지표인 글로벌 인권 지표와 주관적 지표가 상당히 유사한 변동 패턴을 보여준다는 사실을 발견할 수 있었다. 즉, 1990년대 중반 이후부터 2000년대 중반까지 지속된 인권의 후퇴와 침체의 양상과 궤를 같이하여 대체로 이 시기에 일본인들은 인권과 관련된 보수적 인식을 발견시킨 것으로 확인되었다. 한국의 경우에는 이

러한 동시적 변동을 발견하진 못했지만, 객관적 지표가 2000년대의 한국 인권을 확보 부동한 개선으로 평가한데 반해, 주관적 지표는 2000년대 중·후반을 거치면서 일정한 후퇴가 있었음을 암시하는 몇몇 결과를 제시하고 있다.

일본의 서베이 결과가 보여주는 바는 대단히 흥미롭다. 무엇보다 1990년대 중반에서 2000년에 이르기까지 인권의식의 보수화 경향이 선명히 드러난다. 우선 서베이 결과는 1990년대와 2000년대 내내 헌법에 명시된 기본권에 대해 '모른다'고 답변한 사람들이 늘었다는 것을 잘 보여준다(1988년 16% → 2007년 22%). 또한 '인권 침해가 늘어났다'고 답한 사람들의 숫자도 이 시기에 뚜렷하게 늘어났다(1988년 32% → 2007년 42%). 이는 앞서 밝힌 것처럼 객관적인 글로벌 인권 지표에서 드러났던 일본의 인권 후퇴와 그 패턴을 같이하며, 따라서 객관적 지표와 주관적 지표가 한 방향으로 수렴된다는 결론에 도달하게 한다.

그러나 객관적 지표와 주관적 지표가 항상 같은 방향으로 움직이는 것은 아니다. 한국의 사례가 이를 잘 보여주는데, 가령 2008년 조사에서는 2005년 조사와 비교하여 보다 많은 응답자들이 3년 전에 비해 인권이 나빠졌다고 평가했다(2005년 13.2% → 2008년 19.6%). 객관적 지표인 글로벌 인권 지표가 보여주는 바는 김대중 정부 시기보다 노무현 정부 시기의 인권이 나아졌다는 사실이었고, 이러한 의미에서 한국의 경우는 일본과는 달리 객관적 지표와 주관적 지표가 불일치하고 있다는 점을 보여주고 있다.

제13·14장에서 제시된 한국과 일본의 서베이가 보여주는 특징적 차이도 연구진의 주목을 끌었다. 가령, 일본의 서베이에는 경제적·사회적·문화적 권리에 관한 내용이 거의 포함되지 않은 반면, 한국의 서베이에서는 큰 비중으로 다루어지고 있는 것이 확인되었다. 가령, 2008년 한국의 경우 응답자들은 비정규직 근로자를 가장 시급히 인권을 보장받아야 할 집단으로 인식하고 있는 반면, 일본의 경우에는 인권보호 대상집단 순위를 묻는 문항에서 비정규직 근로자가 아예 빠져 있다는 점이 선명한 대조를 이룬다.

제13·14장에서 자세히 논의하고 있는 것처럼 일본의 경우 아직까지 인권의 초점은 대체로 시민적·정치적 권리에 머물고 있는 것으로 보이며, 반면 한국의 경우는 신자유주의 경제체제로의 편입이 가속화된 2000년대 중반을 경유하면서 인권의 초점이 경제적·사회적·문화적 권리로 급속히 이동하고 있는 것으로 이해된다. 가령, 한국 2008년 서베이는 18%에 달하는 응답자들이 인권 개선을 위한 정부의 바람직한 정책으로 '사회복지정책의 강화'를 주문했다. 반면 일본의 2007년 서베이에서는 응답자들의 절반 이상이 바람직한 정부의 정책으로 '인권교육의 확충'을 꼽았다. 한국인의 인권감수성이 단순한 신체적 침해나 차별 경험에 국한되지 않고, 경제적·사회적 권리의 핵심적 영역인 복지, 환경, 안전, 주거, 생존, 발전 등으로 확장되고 있다는 점은 제13장에서 자세히 논의되고 있다.

제 1 부

글로벌 인권의 추이와 개선조건

인권의 지표화에 대한 관심은 국제인권레짐이 본격적으로 팽창하기 이전인 1970년대부터 촉발되었다. 미국에서 민주당 Jimmy Carter 대통령이 취임하면서 하원은 1976년부터 1979년까지 대외원조에 관련된 수십 개의 법안을 통과시켰다. 이 법안들의 핵심은 대외원조의 주요 기준을 수원국의 인권 상황에서 찾으려 한 것이다. 즉, 인권 증진을 위해 노력하는 국가들에게 대외원조라는 형태로 '보상(reward)'을 하고 이를 통해 민주주의와 인권의 가치를 확산시키려는 이상주의적 관심이 표현된 것이다.

이처럼 대외원조에 각국의 인권을 고려하다 보니 자연스레 해당 국가의 인권 상황을 측정하고 지표화하는 것이 중요한 과제로 등장했다. 원조 결정 요인에 대해 탐색하는 연구자들에게 역시 각국의 인권을 정량적으로 지표화 또는 지수화하는 것이 중요하게 인식되었다. 이 무렵 1972년부터 Freedom House가 각국의 시민적·정치적 권리의 준수 정도를 평가하는 자료를 발간하고, 비교가능한 지수를 구축하여 공시하기 시작했다. 미국 국무부는 1977년부터 인권에 관한 국가보고서를 연례 발표하기 시작했고, 국제 비정부단체인 국제앰네스티(Amnesty International)는 인권 연례보고서를 발간하여 각국의 인권을 평가하기 시작했다.

미국 국무부와 국제앰네스티의 인권 연례보고서는 이후 인권의 지표화와 지수화를 꾀했던 많은 학자들에게 원자료로 활용되었고 현재까지도 글로벌 인권에 관한 권위 있는 평가자료로 광범위하게 이용되고 있다. 이 두 자료에 기반하여 구축된 글로벌 인권 지표 중 가장 영향력이 있는 것이 정치적 테러 스케일(PTS)이다. 이 지표는 개인적 혹은 신체적 통합 권리에 초점을 맞추고 있는데, 그중에서도 고문, 강제실종, 정치적 구금, 사법외적 살인에 주목하여 각국의 인권 준수 수준을 측정하여 지수화(5점 척도)하고 있다. 국제앰네스티의 자료에 근거하느냐, 미국 국무부의 자료에 근거하느냐에 따라 두 가지 지수로 나뉘는데, 이 책에서는 각각 PTS A와 PTS B로 명명한다.

정치적 테러 스케일(PTS)에 못지않게 광범위하게 정책입안자, 실천가와 학자 등에 의해 활용되는 것이 Freedom House가 구축한 자유지수(Freedom Index)다. Freedom House의 우파적 혹은 보수주의적 성향으로 말미암아 자유지수가 적지 않은 비판을 받아온 것은 사실이지만, 1972년 이후 연례적으로 각국의 시민적·정치적 권리 준수의 정도를 나름의 기준으로 평가하여 지수화해왔다는 점에서 주목할 만한 지표라고 할 수 있다. 자유지수는 크게 정치적 자유지수와 시민적 자유지수로 나뉜다(각각 7점 척도). 전자는 시민들이 정치 지도자를 선출하고 법안에 대해 표결하는 과정에서 얼마나 자유롭고 효과적으로 참여할 수 있는지를 측정하고, 후자는 시민들이 정치, 경제, 사회, 종교 시스템 전반에 대해 얼마나 자유롭게 발언하고 비판할 수 있는가 하는 점에 초점을 두고 있다.

마지막으로 이 책이 한국과 일본의 인권 분석에 활용한 글로벌 인권 지표는 UNDP가 1975년부터 공시해온 인간개발지수(Human Development Index)다. 이 지표는 정치적 테러 스케일(PTS)이나 자유지수와는 달리 인간의 웰빙에 주요 관심을 두고 있다. 또한 시민적·정치적 측면보다는 경제적·사회적·문화적 권리 영역에 초점을 두고 있다는 점에서 차이가 있다. 보다 구체적으로는 1인당 GDP, 출생 시 기대수명, 성인문해율, 그리고 학교등록률을 그 하위 지수로 삼고 있으며, 이들 모두를 인간개발지수로 통합하고 있다. 논쟁의 여지는 있지만, 현재까지 공시되어온 자료 중 경제적·사회적·문화적 권리인 인권을 가장 포괄적이고 시계열적으로 측정한 지표와 지수로 각광을 받고 있다. 본 연구는 기존의 인권 연구가 시민적·정치적 권리, 이 중에서도 특히 개인통합권리에 크게 경도되어왔다는 점에 대한 반성에서 출발하고 있으며, 따라서 경제적·사회적·문화적 권리를 측정하는 인간개발지수를 고려함으로써 기존 연구의 편향을 극복하고자 한다.

다양한 지표를 통해 글로벌 인권의 추이를 살펴보고, 나아가 한국과 일본이 지난 30여 년 동안 밟아온 인권의 궤적을 객관적으로 그리기 이전에 명심해야 할 점은, 이러한 글로벌 인권 지표들이 상호 배타적이기보다는 상호 보완적이라는 사실이다. 또한 다차원적이고 중층적인 인권을 보다 엄밀히 이해하기 위해서 다양한 층위를 측정하는 여러 인권 지표와 지수를 동시에 고려하는 것이 중요하다는 것이다. 즉, 다양한 인권 지표를 종합적으로 고려하여 평가가 이루어질 때 비로소 인권에 대한 체계적이고 객관적인 이해에 도달할 수 있다.

1. 글로벌 인권 지표의 등장과 발전

1) 국제인권레짐 팽창의 아이러니

제2차 세계대전 이후 인권은 국제사회의 가장 핵심적인 원칙이자 화두로 자리매김 되었고 대표적인 국제레짐(international regime)의 하나로 출현, 팽창하였다. 1924년 채택된 국제연맹규약에는 인권에 대한 언급을 찾아볼 수 없었으나, 두 세기 이후 반포된 UN헌장에는 서문을 포함해 인권을 일곱 차례나 언급되고 있다(Keck and Sikkink 1998a; Cole 2005).

Elliott의 연구에 따르면 제2차 세계대전 이후로 2007년에 이르기까지 인권의 보호와 보장을 위해 150여 개에 가까운 인권 관련 국제인권조약이 만들어졌고 상당수가 각 국가들에 의해 비준되거나 서명되었다(Elliott 2007). 1960년대 중반에 비중 있는 인권규약들이 그 모습을 드러내었는데, 그 대표적인 국제조약에는 '인종차별철폐조약', '경제적·사회적·문화적 권리에 관한 국제규약', '시민적·정치적 권리에 관한 국제규약', '여성에 대한 모든 형태의 차별에 관한 협약'(이하 여성차별철폐조약), '고문 및 그 밖의 잔혹한, 비인도적인 또는 굴욕적인 대우나 처벌의 방지에 관한 협약'(이하 고문방지조약) 등이 있다. 전통적 국가주권을 심히 제약할 가능성에도 불구하고 대다수의 국민국가들이 이러한 국제조약을 비준했으며, 전 세계 국민국가의 약 75%가 두 가지 핵심규약인 '시민적·정치적 규약'과 '경제적·사회적·문화적 규약'을 비준하였다.

국제인권조직들의 성장 역시 국제인권레짐의 팽창을 설명하는 중요한 축이다.[1] UN, Council of Europe, European Commission on Human Rights 등 각국 정부가 중심이 되는 국제정부기구(Inter-Governmental Organizations)뿐 아니라 국제앰네스티, Human Rights Watch, Human Rights First, Article 19 등 비정부 구성원들이 중심이 되는 국제민간단체(International Non-Governmental Organizations) 역시 지난 20~30년간 그 숫자가 급속도록 증가했으며 그 영향력도 점차 확대되었다(Landman 2006). 국제민간단체들은 국제정부기구 주위에 포진하면서 이들과 각국 정부가 인권정책을 입안하는 과정에서 도덕적 영향력과 압력을 행사하는 역할을 꾸준히 담당해왔다.

Tsutsui와 Wotipka(2004)에 따르면 인권 관련 국제민간단체는 1978년에 96개에서 1988년에는 170개로, 그리고 10년 뒤인 1998년에는 무려 499개로 증가하였다. 국제민간단체는 인권 관련 세계회의(가령 1993년 비엔나 세계인권회의, 1995년 베이징 세계여성회의 등)와 같은 국제적인 포럼에 적극적으로 참여함으로써 국제정부기구와 각국 정부에 대해 시민사회의 비판적 여론을 전달하면서 압력을 행사하는 한편, 인권을 홍보·교육하는 기능을 담당한다.

한편 국제인권레짐의 팽창과 국제인권규범의 확산은 국제인권규범을 국내적으로 이행하도록 압력을 가해 많은 국가들이 국제적 규범의 국내적 이행을 위한 법적·제도적 장치를 마련하였다. 많은 국가들이 인권 보장과 보호의 중요성을 헌법에 명시하거나 인권 관련 국내법을 제정하여

1. 인권에 대한 경험적 연구를 선도하고 있는 연구자 중 하나인 Todd Landman은 인권레짐을 '인권의 영역(the scope of human rights)'과 '인권의 영토(the terrain of human rights)'라는 두 가지 축으로 파악하고 있으며, 인권조약을 전자에 인권조직을, 후자에 연결시키고 있다(Landman 2006).

국내적 이행과 통합을 위한 노력을 경주해왔다. 권위주의에서 민주주의로 이행한 50개 이상의 국가들 중 30여 개국이 UN과 국제사회가 권고하는 진실위원회(Truth Commissions)를 받아들여 과거 권위주의 또는 독재주의 정권에 의해 자행된 심대한 인권 유린과 침해를 조사하여 이를 대중에 공개함으로써 미래의 인권 침해를 방지하고자 노력하였다(Skaar 1999; Landman 2006). 또한 1960년대 중반 이래로 150여 개가 넘는 국가들이 국가행정기관에 의한 인권 침해와 일상적 차별 문제에 대응하는 항시적(permanent) 국가기구인 국가인권기구를 설립하여 인권의 보호와 보장을 위한 국내의 법적·제도적 기반을 마련하였다.[2]

이 밖에도 국제인권규범의 국내적 이행은 인권교육의 확대 같은 보다 문화적이고 이데올로기적인 차원을 통해서도 이루어졌는데, 이미 많은 연구들이 글로벌 인권교육이 초·중·고교의 공식 또는 비공식 커리큘럼에 광범위하게 통합되어왔다는 사실을 밝혀냈다(Meyer, Bromley and Ramirez 2010; Suarez, Ramirez and Koo 2009). 이 모든 국내적 이행 과정은 무엇보다 각 조약위원회에 보고하는 각국의 이행보고서를 통해 잘 드러나며, 이는 나아가 각 국가가 얼마나 적극적으로 국제인권규범에 대해 관심을 기울이고 국내적인 이행을 시도해왔는가를 평가하는 시금석이 된다.

그렇다면 인권에 대한 이러한 관심과 열망의 증대는 실제로 글로벌 인권의 개선으로 연결되었으며, 글로벌 인권은 진보하고 있는가? 불행히도 글로벌 인권을 진지하게 연구한 많은 학자들은 '그렇지 않다'고 답하고 있다(Hafner-Burton and Tsutsui 2005). 1990년대를 거치면서 가속화된 국제인권레짐의 팽창 그리고 국내적 이행과 통합이라는 심대한 진전에도 불구하고, 인권 침해는 여전히 광범위하게 자행되고 있고, 아직도 전 세

2. 국가인권기구의 종류로는 고전적 옴부즈만, 인권위원회, 인권옴부즈만 등이 있으며 이들은 UN을 비롯한 국제정부기구와 호주, 스웨덴, 덴마크 등 주요 인권옹호국들에 의해 그 유용성이 강조되어왔다(구정우 2007).

계적으로 인권을 보호하는 국가보다 인권을 침해하는 국가들이 훨씬 많다(Landman 2004). 광범위하게 자행된 르완다와 보스니아의 인종청소(genocide)는 1990년에도 멈추지 않았고, 2000년에는 수단 다푸어 지역에서 인종청소가 재현되었다. 1980년대 후반 중국 천안문에서 벌어진 평화적 시위에 대한 정부의 탄압과 인권의 억압은 2000년대에 파키스탄과 이란에서 또다시 반복되고 있다. 국제앰네스티의 인권 연례보고서에 기초한 정치적 테러 스케일(Political Terror Scale)에 대한 분석은 1997년과 2007년 사이 인권보호국이 52%에서 41%로 줄어든 반면, 인권억압국과 인권남용국은 48%에서 59%로 증가했음을 보여준다. 이러한 '이상'과 '현실' 사이의 간극은 최근 들어 점차 커지는 추세에 있으며, 이 간극을 줄이는 문제는 세계 인권공동체에 주어진 가장 큰 도전이자 숙제라고 할 수 있다(Hafner-Burton and Tsutsui 2005).

이처럼 이상과 현실 사이에 간극이 발생하는 이유는 무엇이며, 이러한 간극을 좁히기 위해서는 어떠한 정책적 노력이 필요한가? 이러한 중요한 질문에 체계적으로 답하기 위해 우선적으로 요구되는 것은 바로 인권 침해(혹은 인권 준수)의 현실을 객관적으로 인식하고 '측정'하는 일이다. 즉, 각국이 인권 침해나 보호의 현실을 비교 가능하고 계량적인 척도를 통해 파악하는 것은 객관적이고 체계적인 학술적 연구의 출발점이 되며, 나아가 신뢰할 만한 인권정책의 수립을 위한 지렛대가 된다는 것이다. 다시 말하면 국제인권레짐의 팽창과 인권 증진 사이의 점증하는 간극에 대해 과학적으로 이해하고, 이를 정책적 차원에서 효과적으로 대응할 수 있는 하나의 열쇠를 인권의 지표화가 제공해줄 수 있다고 본다.

2) 인권의 개념과 분류

인권이란 '한 개인이 인간으로서 혹은 인간이기 때문에 갖는 일련의 권리'를 의미한다. 인간이기 때문에 갖는 권리란, 한 국가의 개인이 시민으로서, 시민이기 때문에 누리는 좁은 의미의 시민적 권리와는 구별된다. 이러한 의미에서 인권은 국경과 문화를 초월하는 보편적 지위를 누린다. Jack Donnelly는 인권을 구성하는 세 가지 핵심적인 요소를 동등한 권리(equal rights), 양도할 수 없는 권리(inalienable rights), 보편적인 권리(universal rights)라고 말한다. 즉, 모든 개인은 타인과 동등한 정도의 권리를 누리고, 이 권리는 개인의 특성이나 행동에 따라 거부되거나 빼앗길 수 있는 성질이 아니며, 민족성·관습·문화·인종과 관계없이 보편적으로 행사된다는 것이다(Donnelly 2003).

이 같은 인권에 대한 개념화는 일차적이고 추상적인 것이어서, 보다 구체적인 이해를 돕기 위해 적절한 유형화가 절실하다. 특히 유형화는 인권 침해와 보호를 지표화하는 과정에서 선행되어야 할 대단히 중요한 단계라고 할 수 있다. 인권에 대한 추상적 정의의 존재에도 불구하고, 인권이라는 것이 단순히 하나의 층위를 일컫는 것이 아니라 다차원적 혹은 다층적인 측면을 포함하는 총체적인 관념이기 때문에, 이러한 다면적 요소들을 적절히 개념화하고 유형화하는 작업이 중요하다는 것이다(Hass 1994).

인권의 유형화 과정은 세계인권사의 핵심을 관통하는 것으로, 1948년 '세계인권선언'과 제2차 세계대전을 거치면서 본격적으로 전개되었다. 1993년 '비엔나 선언'의 제5조에 "모든 인권은 보편적이고, 서로 간에 분리될 수 없으며, 상호 간에 연관되어 있다"라고 명시되어 있는 것처럼 인권은 분리될 수 없는 하나의 총체적인 것을 의미하는 것이 분명하고, 이 총체성에 대한 인식이 바로 1948년 '세계인권선언'의 가장 근본적인 정신이라고 할 수 있다. 그러나 잘 알려진 것처럼 전후 그리고 냉전 시기를 거치면서 인권에 대한 인식은 정치적인 입장에 따라 크게 시민적·정치적 권리와 경제적·사회적·문화적 권리로 나뉘게 되었다. 서구 국가들이나 앵글로 아메리카 국가들은 전자가 인권의 핵심이라고 주장했고, 구소련이나 연방국가들 그리고 많은 제3세계 국가들은 후자가 인권의 정수라고 반박했다. 이러한 인권에 대한 '정치적 이해' 그리고 이에 따른 양분화는 1967년 서구 국가들에 의해 주도된 '시민적·정치적 권리에 관한 국제규약', 그리고 사회주의 국가와 제3세계 국가의 주도로 만들어진 '경제적·사회적·문화적 권리에 관한 국제규약'이 체결되고 이에 대한 비준이 이루어지면서 제도화되었고, 이 규약들은 현재까지도 국제인권의 기본 골격으로 인식되고 있다.[3]

Donnelly는 세계인권선언, 시민적·정치적 권리에 관한 국제규약, 경제적·사회적·문화적 권리에 관한 국제규약 등 이른바 '국제권리장전(International Bill of Rights)'에 명시적으로 언급된 핵심적인 권리들을 정리하였는데 그 핵심적인 내용은 다음과 같다(Donnelly 2003). 우선, 시민적·정치적 권리는 비차별, 삶과 신체에 대한 권리, 법에 의한 동등한 보호, 사생활의 자유, 거주의 자유 등을 포함하며 널리 알려진 사상·양심·종교의 자유, 의견과 표현의 자유, 집회와 결사의 자유 등을 두루 포괄한다. 그리고 경제적·사회적·문화적 권리는 노동의 자유, 사회보장권, 기본적 생활권, 교육권, 건강권, 생존권, 휴식과 레저의 자유, 자기결정권 등을 포함한다. 물론 Donnelly가 파악한 이러한 권리의 내용들이 인권의 전부는 결코 아니며, 오히려 이 인권 리스트는 인권에 대한 인식의 성장과 함께 확대되는 추세라는 것이 학자들의 공통적인 평가다(Donnelly 2003; Landman 2006).

시민적·정치적 권리와 경제적·사회적·문화적 권리라는 양대 분류에 더하여 개인통합권리(personal integrity rights) 혹은 신체통합권리(physical integrity rights)가 독립적인 인권의 유형으로 인식되기 시작해 향후 인권의 지표화 과정에 지대한 영향을 끼쳤다. 개인적 혹은 신체적 통합권리는 개인이 정부나 국가에 의해 행사되는 육체적인 억압으로부터 자유로

3. 시민적·정치적 권리는 개인과 사회에 대한 국가의 관용(forbearance)을 요구한다는 면에서 부정적 권리(negative rights)로, 경제적·사회적·문화적 권리는 국가의 적극적인 개입을 요청한다는 측면에서 긍정적 권리(positive rights)로 이해되고 있다.

울 권리를 의미하는데, 특히 사법외적 살인(extrajudicial killings), 고문(torture), 강제실종(disappearances), 정치적 구금(political imprisonment)에 초점을 맞춘다. 이는 물론 시민적·정치적 권리의 하위 유형이라고 볼 수 있지만, 그 어떤 시민적·정치적 권리나 경제적·사회적·문화적 권리보다도 근본적이며 일차적인 중요성을 갖는다는 점에서 독립적인 지위를 부여받아왔다. 즉, 집회의 자유와 고문당하지 않을 권리를 비교해볼 때 후자가 더 근본적으로 중요하며, 레저의 자유에 비하여 사법외적 살인으로부터 자유로운 것이 훨씬 본질적이라는 점이다. 즉, 개인적·신체적 통합 권리는 인간의 삶이나 생존의 문제와 직결된다는 점에서 여타 다른 권리들과 크게 구별된다는 것이다.

인권에 대한 이러한 세 가지 대분류는 학자와 정책입안자 사이에서 대체로 일반적인 것으로 받아들여지고 있다. 1970년대 Jimmy Carter 시절 미국 국무부 장관으로 재직했던 Cyrus Vance와 Edmund Muskie는 법적 권리(judicial rights), 사회·경제적 권리(socio-economic rights), 그리고 시민적·정치적 권리(civil-political rights)라는 분류법을 제시하고 있으며, 이는 이미 제시된 세 가지 대분류와 대체로 일치한다(Muskie 1980; Vance 1979). 1980년대 초반 인권을 경험적으로 연구한 선구적 사회학자인 John Boli 역시 유사한 분류법을 사용하고 있으나, 시민적 권리와 정치적 권리를 재차 분류한다는 점에서 차이가 있다.[4]

---

4. Donnelly와 Howard(1988)는 생존권(survival rights), 결속권(membership rights), 보호권(protection rights), 그리고 권능권(empowerment rights)이라는 네 가지 분류법을 토대로, 이른바 인권의 쇼트리스트(shot list)를 제시한다. 생존권은 개인의 존재를 보장하는 권리로서 삶에 대한 권리, 식량에 대한 권리, 의료보장 등을 포함한다. 결속권은 개인이 한 사회에서 동등한 지위를 갖도록 유도하는 권리로서, 가족권과 차별금지를 포함한다. 보호권은 개인이 국가의 권력 행사로부터의 자유를 보장하는 권리로서, 인신보호청구권(rights to habeas corpus), 변호사선임권(independent judiciary) 등을 포함한다. 마지막으로 권능권은 개인이 자신의 삶에 대한 통제를 행사하는 권리를 의미하는데, 교육권, 언론의 자유, 그리고 집회의 자유를 포함한다. Donnelly와 Howard의 분류법은 이후에 경험적 연구로 뒷받침되지 못했고, 따라서 광범위하게 활용되고 있는 분류법은 아니다.

시민적·정치적 권리, 경제적·사회적·문화적 권리, 개인통합권리라는 인권의 세 가지 차원 중에서 어떤 것이 더 중요하고, 이 세 가지 차원들이 어떻게 관계되는지에 대해서는 다양한 이견이 존재한다. 물론 인권은 총체적이고 서로 분리될 수 없기 때문에 어떤 권리가 다른 권리에 비해 더 중요하다거나 덜 중요하다고 평가하는 데에는 분명 어려움이 있다. 일할 권리를 보장하는 것이 기본적인 시민적·정치적 권리를 보장하는 것만큼 중요하고, 교육권을 확충하는 것이 표현과 종교의 자유를 강화하는 것 못지않게 중요한 것은 분명하다. 삶에 대한 권리(right to life)가 중요한 만큼, 식량과 의료에 대한 권리 역시 중요하다(Donnelly 2003: 28). 그러나 제시된 인권 차원들의 상대적 중요성과 이들이 어떻게 관계하는지에 대한 다양한 입장을 Hass(1994)는 다음의 다섯 가지로 요약하고 있다.

첫 번째는 '단일성(unidimentionality)'의 입장이다. 인권의 다양한 차원들은 서로 같은 방향으로 움직이므로 시민적·정치적 권리를 보장하는 국가들이 경제적·사회적·문화적 권리 역시 대체로 보장한다는 관점이다.

두 번째는 '다차원성(multidimentionality)'의 입장이다. 이 관점에 따르면 인권이 다원적인 것이기 때문에 내부의 여러 차원들은 어떤 명확한 관계를 보여주는 것이 아니고, 따라서 각각의 영역에 대한 독립적인 관심과 보장 노력이 필요하다는 입장이다.

세 번째는 '위계(hierarchy)'의 입장이다. 이 관점은 앞서의 단일성 관점과 연결되지만 단일성 관점보다 권리들 간의 위계 관계를 훨씬 더 중시한다는 점에서 차이가 있다. 가령, 투표권은 다른 모든 정치적 권리에 선행하는 지위를 갖는다는 식의 발상이 그 대표적인 예다. 중국 정부가 생존권은 여타 시민적·정치적 권리에 앞선다는 식의 주장을 펴는 것도 같은 맥락이다.

네 번째는 '역관계(inverse relationship)'를 옹호하는 입장이다. 헌팅톤식의 관점이 그러한데, 즉 (비서구국가에서) 민주주의와 시민적·정치적 권리의 향상은 경제 발전에 부정적인 영향을 미칠 수 있고, 따라서 경제적·사회적·문화적 권리가 악화될 수도 있다는 입장이다.

마지막으로 '곡선경향(cuvilinearity)'을 지지하는 입장이다. 이 입장은 인권의 제 차원들 간의 관계가 시간의 흐름에 따라 일관된 것이라기보다는 변화하는 것으로 봐야 한다는 해석을 제시한다. 가령, 초기와 후반기에는 급격한 단선적 관계에, 그리고 중반기에는 완만한 단선적 관계에 있는 것으로 볼 수 있다는 것이다. 그러나 인권의 다양한 차원들이 어떤 관계성 속에서 움직이는지에 대한 경험적인 연구는 아직 대단히 미진한 실정이다.

3) 인권 지표 개발을 위한 초기의 노력

앞서 밝힌 것처럼 인권 침해와 개선을 지표화하는 작업에 정당성을 부여한 가장 큰 배경은 인권 침해가 여전히 광범위하게 자행되고 있으며, 이를 개선하기 위한 국제적인 노력과 공조가 절실하다는 인식과 연결된다. 인권 지표의 개발을 위한 초기의 노력 역시 이러한 정책적이고 규범적인 목표와 직접적으로 연관되었다.[5]

인권의 지표화를 촉발한 역사적·정치적 계기는 Jimmy Carter의 대통령 취임 그리고 그와 동시에 이루어진 인권정책의 입안이라고 볼 수 있다. Lillich(1979)에 따르면, 1976년과 1979년 사이 미국 하원은 미국 외교정책을 다른 국가들의 인권과 연결시키는 25개의 법안을 통과시켰는데, 이 가운데 '국제발전 및 식량원조법'의 개정이 대표적이다. 이 법안은 1961년 J. F. Kennedy 대통령의 주도 아래 만들어진 미국 대외원조법의

---

5. 1970년 중반부터 인권 지표를 개발하려는 노력이 시작되었는데, 이를 추동한 또 다른 거시적 배경은 인권과 경제개발이 높은 상관관계에 있다는 인식의 확산이라고 할 수 있다. 즉, 인권남용 그리고 이로 연관된 정치적 불안정이 경제성장의 발목을 잡고 무역과 투자에 걸림돌이 된다는 인식이 확산되기 시작한 것이다(Gupta, Jongman and Schmid 1994).

근간을 이어받는 것으로, 심대한 인권 침해를 자행하는 국가들에 대해서는 대외원조를 제공할 수 없다는 그 핵심 내용이었다.[6] 또한 하원 산하의 국제기구에 관한 외교소위원회(House Foreign Affairs Subcommittee on International Organizations)는 미국의 대외원조 과정에서 수원국의 인권을 고려하려는 목적에서, 각국의 인권 상황에 관한 일련의 청문회를 개최하였다. 소련 등 공산진영과 나미비아 같은 아프리카 국가들뿐 아니라 아르헨티나, 칠레, 엘살바도르, 과테말라, 니카라과 등의 라틴아메리카 국가들, 그리고 인도, 인도네시아, 필리핀, 이란 등 아시아와 중동 국가들 역시 청문회의 대상이었다(Schoultz 1981).

이처럼 대외원조에 각국의 인권 상황을 고려하다 보니, 각국의 인권 상황을 엄밀하고 비교 가능하게 측정하는 문제가 최우선적인 과제로 제기되었고, 자연스레 인권지표화에 관한 노력이 증가하는 계기가 되었다. 무엇보다 인권에 대한 이러한 관심이 정부의 공식적 입장이었기 때문에 관계뿐 아니라 학계와 시민사회에서도 인권 측정과 지표화에 대한 관심이 폭발적으로 증가하였다. 1977년부터 미국 국무부가 인권에 관한 국가보고서를 매년 발행하기 시작하였고, 이를 통해 미국을 제외한 전 세계 대부분의 국가들의 인권 상황을 비교국가적 관점에서 분석하려는 노력을 기울이기 시작했다. 본래 이 연례보고서는 앞서 소개한 인권의 세 가지 대분류에 따라 구성되었으나, Carter의 인권정책에 반기를 든 Ronald Reagan 대통령 시기부터는 경제적·사회적·문화적 권리에 대한 리포트는 하지 않는 것으로 정책 변화가 일어났다.

이 무렵 인권 분야 국제민간단체의 대표 격이라고 할 수 있는 국제앰네스티 역시 전 세계 국가들의 인권 상황을 정리한 연례보고서를 발간

6. 그러나 개정을 거듭한 대외원조법에서 공통적으로 등장하는 예외 조항은 기본적인 인간적 요구(human need)다. 즉, 해당 시민들의 인간적인 요구가 인권보다 중요하며, 따라서 인권억압국이라 하더라도 인간적인 요구가 매우 큰 나라의 경우 대외원조를 제공할 수 있다는 내용이다. 그러나 이 경우 공여액수는 크지 않은 경우가 많았다(Cingranelli and Pasquarello 1985).

하기 시작하여 현재에 이르기까지 미국 국무부의 연례보고서와 더불어 개인통합권리와 시민적·정치적 권리를 측정하는 데 주요 자료로 활용되어왔다. 이 밖에 또 다른 국제민간단체인 Freedom House도 전 세계 국가들의 인권 현황과 관련된 자료를 편찬하기 시작했다. Raymond Gastil의 주도하에 미국 국무부나 국제앰네스티의 인권 연례보고서보다도 수년 앞선 1972년부터 발간하기 시작했는데, Freedom House의 경우 그 두 자료와는 달리 실제 각국의 인권점수를 추정하여 공시한다는 점이다. 주요하게는 시민적 권리와 정치적 권리의 두 차원에 대한 점수화를 시도했으며, 향후에 경제적 권리와 정치적 테러 스케일을 추가하기도 했다.

Freedom House의 지표화 작업과는 달리, 미국 국무부와 국제앰네스티에 의해 발간된 인권보고서는 각국의 인권 침해와 개선에 관한 질적인 정보를 담고 있는 문건들이다. 이러한 이유에서 미국 정치학자들을 중심으로 한 학계에서는 이러한 질적 정보를 바탕으로 인권을 지표화·지수화하려는 다양한 시도가 등장했다. 이 가운데 대표적인 작업이 정치학자인 Cingranelli와 Pasquarello(1985)에 의해 이루어졌으며, 이 결과가 1985년 *American Journal of Political Science*에 게재되었다. 이들은 미국, 특히 Reagan 정부 초기에 라틴아메리카 국가들에 대한 원조와 그 금액의 결정요인 중 하나가 인권에 대한 고려라는 가설을 세웠고, 이를 입증하기 위해 라틴아메리카 30개국의 인권 지표를 미국 국무부 연례보고서에 기반을 두어 구축하였다. 개인통합권리의 침해와 준수 정도를 측정하기 위해 7개의 변수를 구성했으며, 시민적·정치적 권리를 측정하기 위해 8개의 변수를 구성하였다.

비슷한 시점에 Cingranelli와 Pasquarello의 작업과 유사한 시도가 정치학자인 Carleton과 Stohl에 의해 이루어졌고 이 결과가 1985년 인권 분야의 권위지인 *Human Rights Quarterly*에 게재되었다. 이들 역시 미국 국무부의 연례보고서를 인권지표화를 위한 기초 자료로 활용하였고, 이에 더해 국제앰네스티에 의해 발간된 연례보고서를 참조하였다. 이때 이들은 Freedom House가 1980년에 발간한 자유에 대한 연례보고서에서 제시한 5개 척도로 구성된 정치적 테러 스케일(PTS)을 기본적인 지표로 활용하였고, 이 지표를 59개 국가에 대해 구성하는 과정에서 미국 국무부와 국제앰네스티의 연례보고서를 코딩의 원자료로 이용하였다.[7] 이렇게 구축된 인권 지표는 Carter와 Reagan 행정부 시기 대외원조 결정요인의 하나로 처리되어 통계적 분석에 이용되었다. 이들에 의해 처음으로 구축된 5점 척도인 정치적 테러 스케일은 이후 인권을 경험적으로 연구하는 대부분의 사회과학 연구자들에 의해서 그대로 사용되었고, 현재도 가장 영향력 있는 지표로 활용되고 있다.[8]

한편 1960년대와 1970년대를 거치는 동안, 직접적으로 인권을 측정하려는 노력은 아니었지만, 민주주의의 발전 정도를 국가별로 측정하려는 노력이 광범위하게 전개되었다. Nixon(1960, 1965)의 경우 전 세계 85개국의 언론의 자유 정도를 점수화하였고, Banks와 Textor(1963)의 경우 115개국의 헌정주의, 저항의 자유, 대의민주주의, 언론의 자유 같은 민주주의 지표들 혹은 정치적 권리의 지표를 구축하여 계량적인 분석에 활용하였다. Fitzgibbon(1956)은 라틴아메리카 20개국에 초점을 맞추어 이 나라 시민들의 문화수준, 교육수준, 생활수준, 정치적 반대의 자유, 군부에 대한 통제의 정도 등을 포함한 민주화 지표를 시계열자료로 발전시켰다. Cutright(1963)는 정당 간 경쟁, 공정한 관료선출 과정 등에 초점을 맞춘 유사한 민주주의 지표를 구성하였고, Flanigan과 Fogelman(1971) 역시

---

7. 정치적 테러 스케일(PTS)에 대한 설명은 제2장에서 보다 심도 있게 제공될 예정이다.

8. Stohl과 Carleton은 Johnson과 함께 한 해 전인 1984년에 *Journal of Peace Research*에 Nixon 행정부에서 Carter 행정부까지의 대외원조 결정요인을 분석하는 논문을 게재했다(Stohl, Carleton and Johnson 1984). 여기에서는 10개의 라틴아메리카 국가, 8개의 아시아 국가, 그리고 이집트와 이스라엘을 포함하여 총 20개국을 분석 대상으로 삼았는데, 이들 국가들의 인권 침해 정도와 이들이 받은 원조액의 관계를 해명하는 것이 그 분석의 초점이었다. 여기에서도 미국 국무부, 국제앰네스티, 그리고 Freedom House의 인권 연례보고서가 인권 지표 구축을 위한 원자료로 활용되었다.

입법권자나 선출직 관료들에 대한 공정한 선거, 정치적 경쟁, 정치적 억압에 대한 통제 등의 차원에 초점을 맞추어 민주주의와 정치적 권리를 척도화·지표화하려는 노력을 기울였다.[9]

4) Humana와 인권 지표의 개발

1980년대 중반을 거치면서 글로벌 인권 지표를 구성하려는 새로운 노력들이 경주되었는데, 이 가운데 가장 많은 주목을 받은 것이 Charles Humana에 의해 구축된 인권 지표다. 국제앰네스티에서 일했던 Humana는 기존의 인권 지표 구성의 노력이 특정한 권리 항목과 특정 지역에 한정되었다고 비판한다. 나아가 대부분의 국제기구와 정부가 인권에 관련된 자료들을 공시하긴 했지만, 이에 기반을 두어 각국의 인권 상황을 점수화하려는 시도를 하지 않았다고 자신의 시도를 정당화한다.

전 세계 100여 개국의 인권 침해와 개선 정도를 시계열적으로, 그리고 체계적으로 점수화하기 위해 Humana는 국제앰네스티, 미국 국무부, 그리고 Freedom House의 인권 연례보고서와 인권 지표, 각종 국제기구에 의해 출판된 보고서, 신문기사 등을 포괄적으로 참조하는 한편, 전 세계의 인권 전문가를 대상으로 설문조사하는 방식을 택했다.[10] 이러한 자료와 설문조사 결과를 토대로 인권의 40대 핵심 지표를 개발하고, 이 지표 각각을 4점 척도를 사용하여 점수를 부여하는 한편, 최종적으로 이 점수

---

9. 민주주의와 정치적 권리를 지표화하려는 초기의 노력에 대해서는 Michael Hass의 책(1994)에서 해당 부분(8~10쪽)을 참조할 것.

10. 이렇게 인권전문가들에게 설문조사를 하는 방식은 1980년대 초반 Schoultz에 의해 선구적으로 시도되었다(Schoultz 1981). Schoultz는 세계적으로 인권 분야에서 널리 알려진 전문가 91인에게 설문지를 발송하여, 그들로 하여금 라틴아메리카 23개국의 인권을 1~4점의 점수를 부여하게 하는 방식으로 인권 지표를 구성하였다. 이렇게 전문가들로부터 각국의 인권 실천에 관한 설문지를 배포, 취합하는 방식을 취한 이유 중 하나는, 연구 당시 미국 국무부와 국제앰네스티 등의 연례보고서가 아직 충분한 공신력을 인정받지 못했기 때문인 것으로 보인다.

들을 종합하여 단일 지표를 구성하였다. 1984년에는 111개국을 대상으로 점수화를 시도하였고, 1987년에는 121개국을 대상으로, 그리고 마지막으로 1992년에는 104개국을 대상으로 유사한 작업을 수행했다. 특히 Humana는 단일 인권 지표의 기초가 되는 40개의 세부지표를 구성하는 과정에서, 임의적 선택에 따른 지표의 신뢰성 훼손을 최소화하고 지표 선택에 정당성을 부여하기 위해 국제권리장전으로 불리는 '세계인권선언', '시민적·정치적 권리에 관한 국제규약', '경제적·사회적·문화적 권리에 관한 국제규약'의 해당 항목들을 참조했다고 설명한다.

인권 지표를 개발하는 과정에서 각국의 임의적인 판단의 여지를 줄이는 것에 대한 논쟁이 끊임없이 전개되었던 터라(Welling 2008), 인권 지표 구축의 보편적인 기준을 마련하는 것이 중요했는데, 이에 대한 Humana의 해결책은 국제적으로 공신력을 인정받는 국제인권법을 통해 인권 지표를 끌어내는 것이었다. 이렇게 국제인권법을 인권 지표의 토대로 삼았기 때문에 구성된 지표는 개인통합권리, 시민적·정치적 권리뿐 아니라 경제적·사회적·문화적 권리까지도 포함하는 포괄적인 의미를 지니게 되었고, 이로써 글로벌 인권 지표는 세련화의 단계로 나아가게 된다.[11]

좀 더 구체적으로 Humana가 제안한 40개의 지표는 크게 ① 자유로운 정도, ② 각종 자유와 권리, ③ 법적 권리, ④ 개인적 권리라는 네 가지 범주로 구성된다. 자유로운 정도를 가늠하는 지표에는 자유로운 여행, 집회와 결사의 자유, 사상과 정보의 자유, 자국에 대한 자유, 고문이나 실종으로부터의 자유, 태형으로부터의 자유, 언론검열로부터의 자유 등이 포함된다. 자유와 권리에는 평화로운 정치적 저항의 자유, 보편적 선거의 자유, 성적 평등, 언론의 자유 등이 포함되는데, 사실 자유로운 정도를 가

11. 그러나 실제로 Humana가 얼마나 본격적으로 경제적·사회적·문화적 권리를 그의 지표 안으로 끌어들였는지에 대해서는 논쟁의 여지가 많고, Humana의 지표 역시 시민적·정치적 권리에 치우쳐 있는 뉘앙스를 풍긴다.

능하는 지표들과 분명한 개념적 차이를 보이는 것은 아니다. 법적 권리의 예로는 자유로운 법적 지원을 받을 권리, 공개적인 재판을 받을 권리, 개인소유물의 임의적인 탈취로부터의 자유 등이 있다. 마지막으로 개인적 권리에는 자유로운 결혼의 자유, 종교적 자유, 피임할 권리 등이 포함된다.[12]

앞서 밝힌 것처럼 지표를 구축하고 이를 통해 전 세계 국가들의 인권 상황을 평가하려는 Humana의 노력은 큰 반향을 일으켰고 많은 지적·실천적 논쟁을 불러일으켰다. 가령 1991년 UNDP는 Humana의 지표를 정치적 자유의 지표(Political Freedom Index)로 채택하여 공시했으나, 제3세계 국가의 격렬한 저항에 부딪혀 그 뜻을 이루지 못했다. 학자들의 경우에는 주로 Humana가 지표 구축에 사용한 방법론에 문제를 제기했는데, 특히 1994년 *Human Rights Quarterly*에 Gupta, Jongman과 Schmid가 게재한 논문이 대표적인 경우다. 이들은 Humana가 40개의 세부 지표에 대해 적절한 가중치를 부여하지 않았고, 따라서 단일 지표의 신뢰성에 문제가 있다고 주장했다. 즉, 단일 지표에 포함된 인권의 다양한 측면들은 그 비중에서 적지 않은 차이가 있고, 따라서 이에 대한 적절하고 '과학적인' 가중치의 부여가 대단히 중요하다는 것이다. 가령, 고문과 강제실종, 사법외적 살인을 동성애권(40번 문항)이나 피임도구 사용에 대한 권리(39번 문항) 등과 동일시하는 것은 현실적으로 모순이며, 이 권리들 사이의 중요도 차이를 간과한 것이라고 지적한다(Gupta, Jongman and Schmid 1994).

사실 Humana도 가중치 부여의 중요성에 대한 충분히 인식하고 있었고 이에 대한 나름의 해결책도 제시한 바 있다. 즉, Humana는 그 중요도가 훨씬 크다고 판단되는 개인통합권리 항목들을 포함하는 7~13번 항목

12. 우리말로 된 40개 문항과 지표는 정근식 등(2003)이 공저한 『한국형 인권지표의 모색』을 참조할 것.

에 3점의 가중치를 부여했다. 그러나 Gupta 등은 3점의 가중치 부여가 옳은 방향으로 진일보한 것은 분명하나, 객관적이고 과학적인 근거가 부족하기 때문에 '자의적'이라고 파악한다. 왜 2점 혹은 5점이 아니라 3점의 가중치여야 하며, 어떤 근거로 3점의 가중치를 부여했는가? 이러한 의문을 제시하면서 Gupta 등의 학자들은 Humana의 가중치 부여가 객관성을 결여했기 때문에 국가 간 비교의 곳곳에서 신뢰할 수 없는 결과가 도출되었다고 비판한다. 가령 1991년에 일본과 루마니아가 82점(혹은 퍼센트)으로 같은 순위를 기록했는데, 이는 신뢰하기 어려운 결과라는 것이다. 1985년과 1991년 사이에 루마니아가 20점에서 82점으로 약진한 반면, 일본은 88점에서 82점으로 6점이 오히려 하락한 결과 역시 신뢰도에 문제가 있음을 보여주는 단적인 예다(Gupta, Jongman and Schmid 1994).

Gupta 등의 학자들에 따르면, 가중치 관련 문제점을 통해 드러난 것처럼 Humana의 단일 인권점수의 구성이 단순성이라는 미덕을 갖고 있긴 하지만, 이 때문에 지불해야 할 대가 역시 만만치 않다고 주장한다. 이들은 객관적인 가중치를 부여하기 위해 판별분석(discriminant analysis)과 같은 통계적인 분석기법을 동원하는 것이 하나의 해결책이라고 믿고 있으며, 이를 통해 단일 인권 지표의 신뢰성을 높이는 것이 중요하다고 역설한다(Gupta, Jongman and Schmid 1994).

Humana의 지표 구축에 대한 또 다른 대표적인 비판은 Hass(1994)에 의해 이루어졌다. Hass에 따르면 Humana의 단일 지표에 포함된 40개의 세부 인권 항목들이 반드시 단일 차원(uni-dimentionality)을 구성하는 것은 아니라고 주장한다. 만일 세부 인권 지표들이 몇 가지의 구별되는 차원과 층위를 구성한다면, 이러한 이질적인 차원과 층위를 하나로 합쳐 단일 지표를 구성하는 것은 마치 사과와 오렌지를 합치는 것과 같은 결과를 초래한다고 주장한다. 이러한 비판적인 인식 속에서 Hass는 인권을 시민적·정치적 권리와 경제적·사회적·문화적 권리의 두 차원으로 나누고, 이 두 가지 차원을 구성하는 세부 지표를 국제인권법에 기반을 두어 추출하였다. 전자에는 50개의 하위 지표를, 후자에는 91개의 하위 지표를 구성하였고, 이 각각의 지표군들 사이에서는 단일차원성이 존재한다는 점을 경험적으로 입증하였다. 나아가 이 각각의 인권 차원들에 영향을 미치는 사회·경제·문화적 결정요인들을 찾아내기 위해 경험적인 연구를 수행하였다(Hass 1994).

이러한 비판에도 불구하고, Humana의 지표화 노력이 인권 연구에 중요한 초석을 놓았음은 분명하고, 향후 인권지표화 작업이 세련화의 단계로 나아가는 데 결정적인 촉매제로 작용한 것은 의심의 여지가 없다.

5) 경제적·사회적·문화적 권리 지표의 등장과 도전

앞서 살펴본 것처럼 인권은 다양한 차원과 계기들로 이루어져 있기 때문에 유형화가 가능하다. 역사적으로 대표적인 유형화는 시민적·정치적 권리, 경제적·사회적·문화적 권리, 그리고 개인통합권리를 중심으로 이루어져 왔음은 앞서 살핀 바와 같다. 그러나 불행히도 국제 인권 지표화의 대부분의 노력들은 시민적·정치적 권리와 개인통합권리를 중심으로 이루어져온 것이 사실이고, 이는 인권지표화의 가장 큰 문제점의 하나라는 지적이 많다(Welling 2008). 특히 인권지표화의 초기 노력에서 이러한 편향은 두드러졌다.

그러나 경제적·사회적·문화적 권리를 지표화하려는 노력이 미약하나마 명맥을 이어져온 것 역시 사실이다. 특히 2000년대로 접어들면서 경제적·사회적·문화적 권리에 대한 중요성이 과거에 비해 더욱 강조되고 있으며, 나아가 이를 지표화하려는 노력이 광범위하게 대두하고 있다. 이러한 흐름은 인권공동체와 인권연구집단 내에서는 하나의 의미심장한 변화 혹은 도전으로 받아들여지고 있다.

우선 Hibbs(1973)는 1970년대 중반 사회복지지수(Social Welfare Index)

를 개발했는데, 여기에서는 1인당 칼로리와 단백질 섭취량, 영아사망률, 1인당 의사 수 등의 지표가 고려되었다. Morris(1979)는 육체적 삶의 질 지수(Physical Quality of Life Index)를 구성했는데, 여기에서는 영아사망률, 기대수명, 문맹률 등이 고려되었다. Ziegler(1988)는 사회진보지표(Social Progress Index)에서 정부의 교육·의료·복지 부문의 지출에 초점을 맞추었다. 한편 인구위기위원회(Population Crisis Committee)라는 NGO는 1987년에 국제인간고통지수(International Human Suffering Index)를 구성하고 이를 통해 전 세계 130여 개국의 식수의 질, 1일 칼로리 공급률, 1인당 GNP, 영아면역률(infant immunization), 기대수명, 중·고교 등록률, 1인당 전화공급률 등을 비교하였다.

한편, 경제적·사회적·문화적 권리를 보다 시계열적이고 비교국가적으로 측정하고 지표화하려는 노력의 첫 결실은 1990년 UNDP에 의해 이루어졌다. 즉 1990년부터 UNDP는 인간개발보고서(Human Development Report)를 출판하고 자체 개발한 인간개발지수(Human Development Index)를 공시하기 시작한 것이다. 그리고 그 노력은 지금에까지 이르고 있고, 국제사회에서 적지 않은 영향력을 끼치고 있다. 물론 인간개발지수가 반드시 인권을 직접적으로 측정하기 위해 고안된 것은 아니다. 그러나 노동, 교육, 건강 등 경제적·사회적 권리의 핵심을 관통하는 분야와 내용(가령 GDP, 기대수명, 학교등록률, 문맹률 등)을 아우르고 있다는 점에서 경제적·사회적·문화적 권리를 측정하는 글로벌 지표의 하나로 보는 것이 바람직하다. 그리고 1980년대 이래로 현재까지 150여 개국의 경제적·사회적 권리를 연도별로 시계열 측정하고 있다는 점에서 지금까지 알려진 경제적·사회적·문화적 권리 관련 지표 중에서 가장 포괄적이라고 할 수 있다.[13]

1990년에 UNDP가 인간개발지수를 매년 공시한 시점과 궤를 같이하

---

13. 인간개발지수에 대해서는 제2장에서 보다 자세히 다루기로 한다.

여 전 세계 국가들의 경제적·사회적·문화적 권리의 신장과 후퇴를 측정하고자 하는 지표화의 중요성에 대한 인식이 증가했는데, 1990년대 중반 이후 구체적인 움직임이 일어났다. 이런 움직임의 시발이 된 것이 1993년 UN 인권센터의 후원하에 개최된 '경제적·사회적·문화적 권리의 진보적 실현의 성취를 측정하는 적절한 지표(the Seminar on Appropriate Indicators to Measure Achievement in the Progressive Realization of Economic, Social, and Cultural Rights)에 관한 세미나'였다. 세미나 참석자들은 경제적·사회적·문화적 권리의 지표화가 중요하기는 하나, 관련 국제인권법에 포함되어 있는 경제적·사회적·문화적 권리들을 구체적으로 개념화하는 것이 선행되어야 한다는 데에 공감하였다. 또한 참석자들은 경제적·사회적·문화적 권리의 지표화를 위한 노력들이 적지 않은 경우에 국제인권법의 틀을 벗어나서 이루어지고 있다는 데에 우려를 표명하고, 향후 지표화의 노력이 국제인권법의 틀을 엄정하게 적용해야 한다는 점을 강조하였다.[14]

1993년 UN 인권센터의 후원 아래 세미나가 개최된 이후 UN 조약기구들과 인권위원회, NGO, 그리고 학계는 인권지표화의 선결 조건이 되는 경제적·사회적·문화적 권리의 구체적인 개념화를 위해 많은 노력을 기울여왔다. 특히 경제사회문화 권리위원회(The Commission on the Economic, Social, and Cultural Rights)는 Concluding Observation과 General Comments 등의 공식 문건들을 통해 경제·사회·문화권의 구체적인 내용과 개념을 명확하게 하는 데 크게 기여했고, 이러한 개념화의 노력은 '경제적·사회적·문화적 권리의 이행을 위한 림버그 선언', '경제

14. 경제적·사회적·문화적 권리의 국제적·표준적 지표화를 주장하는 그룹은 지표화의 초기의 단계에서 개별 국가들이 지표화의 방법론과 지표화에 사용되는 각종 통계자료들을 독립적이고 임의적으로 채택·활용하였고, 그 결과 국제적이고 보편적인 기준을 담보하는 데 실패했다고 비판했다. 따라서 향후의 지표화의 시도들은 현재 가용한 국제인권법, 특히 경제적·사회적·문화적 권리 규약의 틀 내에서 이루어져야 한다고 조언한다(Welling 2008).

적·사회적·문화적 권리의 침해에 관한 마스트리크 가이드라인' 같은 국제회의를 거치면서 보다 구체화되었다. 나아가 UN 인권위원회와 소위원회는 거주권(right to housing), 교육권(right to education), 식량권(right to food)을 경제적·사회적·문화적 권리의 핵심으로 지정하고, 이 각각을 관장하는 특별 감독관을 선임함으로써 경제적·사회적·문화적 권리의 개념화에 크게 이바지하였다.[15]

1990년대 초·중반 이후 두드러졌던 경제적·사회적·문화적 권리에 대한 국제지표화의 움직임이 어떤 구체적인 결실을 낳은 것은 아니다. 시민적·정치적 권리와 개인통합권리에 비해 그 개념이 상대적으로 불명확하고, 국제적으로 비교 가능한 데이터 수집에 적지 않은 어려움이 있는 것이 사실이다. 과거 경제적·사회적·문화적 권리를 앞장서서 옹호한 공산권이 몰락한 이후 인권의 핵심이 시민적·정치적 권리로 동일시되는 듯한 경향이 있었던 것도 사실이기 때문에, 이에 대한 지표화의 미래가 그리 순탄한 것만은 아니다. 그러나 1970년대 이래로 현재까지 명맥을 유지하고 있는 경제적·사회적·문화적 권리와 시민적 권리에 대한 국제 지표화를 위한 일련의 노력들은 앞으로도 계속해서 주목을 받게 될 것으로 예측할 수 있다.

6) 인권 지표의 다양성을 위하여

앞서 지적한 것처럼 1990년 이래로 급속도로 이루어진 국제인권레짐의 팽창과 그 국내적 이행의 가속화에도 불구하고, 글로벌 인권의 개선은 여전히 답보 상태에 머물러 있다. 이러한 국제인권 팽창의 아이러니는 국제적·국내적 인권정책의 적극적인 입안과 이를 통한 개선 노력을 요청

15. 경제적·사회적·문화적 권리의 국제 지표화를 위한 최근의 시도들과 이러한 시도가 왜, 어떻게 인권의 신장에 기여할 수 있는지에 대한 포괄적인 논의로는 2008년 *Human Rights Quarterly*에 게재된 Judith Welling의 논문을 참조할 수 있다.

하고 있다. 이러한 적극적이고 나아가 '효율적인' 인권정책을 수립하고 이행하기 위한 최우선적 선결 조건이 바로 인권을 지표화하고 이를 통해 인권의 발전과 후퇴를 엄정하게 측정하는 일이다. 이러한 측정이 객관적으로 이루어진 이후에야 인권의 발전과 후퇴에 영향을 미친 정치·경제·사회·문화적 조건을 찾아볼 수 있고, 궁극적으로는 신뢰할 만한 인권정책이 수립될 수 있다. 이 책이 한국과 일본의 인권 개선과 후퇴의 조건을 탐색하는 첫 단계에서 다양한 글로벌 인권 지표에 주목하는 이유가 바로 여기에 있다.

국제인권 연구를 주도하고 있는 정치학자 중 한 명인 Todd Landman은 2004년 *Human Rights Quarterly*에 실은 논문에서 인권 측정을 ① 인권의 원칙(principle), ② 인권의 실천 혹은 관행(practice), ③ 인권정책의 결과 혹은 효과(outcome)라는 세 가지 차원으로 구분한 바 있다. Landman에 따르면, 인권의 원칙을 측정한다는 것은 주로 국제법과 국내법에 명시되어 있는 인권을 계량화한다는 것이고, 인권의 실천과 관행을 측정하는 것은 개인통합권리를 측정하는 것과 같이 인권이 실제로 보장되는 측면을 포착하는 것을 의미하며, 마지막으로 인권정책의 결과를 측정하는 것은 인권정책이 낳은 인권 개선의 구체적인 결실을 잡아내는 것을 의미한다.

본 장에서 소개한 글로벌 인권 지표는 대부분 인권의 실천과 인권정책의 결과를 계량화하는 데 초점을 두고 있다. 따라서 인권의 원칙을 계량화하여 그 발전과 후퇴를 모니터하는 작업도 인권의 실천과 결과를 측정하는 것 못지않게 중요하고, 이를 뒷받침하는 정책적·학문적 노력이 긴요하다고 하겠다. 인권의 원칙과 실천 간에 존재하는 간극에도 불구하고 인권의 원칙, 즉 국제와 국내의 인권법 개선에 대한 측정과 개선 노력의 중요성은 누차 강조해도 지나치지 않다.

나아가 우리는 미래의 인권지표화 작업이 특히 다음과 같은 세 가지 방향으로 나아가야 한다고 믿는다.

첫째, 경제적·사회적·문화적 권리와 그 지표화에 대한 보다 적극적인 관심이 필요하고, 국제적으로 비교 가능한 주요 경제적·사회적·문화적 권리 지표에 대한 중복 합의가 필요하다. 이를 위해 이미 시계열 데이터 형태로 공시되고 있는 인간개발지수를 적극적으로 활용하는 것도 하나의 좋은 방법이다. 이때 인권개발지수가 경제적·사회적·문화적 권리를 비교적 체계적으로 측정하는 글로벌 지표라는 점에 대한 폭넓은 공감대를 형성하는 것이 필요하고, 각종 인권 관련 정책보고서나 학술 논문에서 이를 적극적으로 활용하는 것도 중요하다. 이럴 때라야 인권의 다차원적 측면이 입체적으로 고려될 수 있고 따라서 이에 수반되는 학문연구나 도출되는 인권정책도 한쪽에 치우치지 않는, 비교적 공정하고 포괄적인 내용을 담보할 수 있다. 이러한 인식 속에서 우리는 이 책에서 한국과 일본의 인권의 발전과 후퇴를 측정하기 위해, 기존에 빈번히 활용되었던 정치적 테러 스케일(PTS)이나 Freedom House의 자유지수뿐 아니라 UNDP의 인간개발지수도 주요 분석대상의 하나로 고려한다.

둘째, 인권의 객관적 지표뿐 아니라 주관적 지표 역시 적극적으로 고려할 필요가 있다. 정치적 테러 스케일(PTS), Freedom House의 자유지수, 인간개발지수 등 국제적으로 광범위하게 활용되어온 인권 지표와 지수는 인권과 관련된 객관적인 현상에 대한 관찰과 계량화를 통해 만들어진 것이다. 그러나 문제는 이러한 객관적 지표들이 보여주는 측정치가 반드시 시민들이 느끼는 인권에 대한 의식과 일치하는 것은 아니라는 점이다. 즉, 개인통합권리와 시민적·정치적 권리가 철저하게 보장되어 지표상으로 우월한 점수를 획득했다는 사실이 반드시 그 사회 시민들의 인권에 대한 높은 만족도를 보장하는 것은 아니다. 불행히도 인권의 주관적인 지표에 대한 관심은 아직 높지 않고, 이와 관련된 학문적인 논의도 거의 진행되지 못했다.[16]

---

16. Barsh는 주관적 지표와 객관적 지표의 결합 필요성을 강조하는 예외적이고 독특한 주

같은 맥락에서 지적된 것은 아니지만 Landman은 국제비교 가치관 조사인 World Values Survey에 인권과 관련된 문항이 있다는 점에 주목하고, 이 문항들이 인권 지표의 하나로 기능할 수도 있음을 암시하였다. 특히 응답자들이 인권에 대해 얼마나 지지하는지를 묻는 항목에서 서베이가 이루어진 43개국의 시민들 간에 유의미한 차이가 있다는 사실에 주목하였다. 각국의 평균 인권의식이 해당 국가의 객관적 인권 지표와 얼마나 일치하는지를 탐색하는 것도 인권 지표 연구에서 중요한 함의를 낳을 수 있을 것이다. 이러한 문제의식 속에서 우리는 한국과 일본의 인권을 측정하는 하나의 방식으로 여론조사에 주목하고, 한국의 경우는 실제로 대국민 여론조사를 실시하여 인권에 대한 국민들의 의식을 측정하고 이를 분석하는 방법을 택하였고, 일본의 경우는 일본 정부의 주도로 이루어진 과거의 인권 여론조사들을 참조하여 이를 체계적으로 분석하였다.[17]

셋째, 글로벌 인권 지표뿐 아니라 개별 국가와 사회에 배타적으로 초점을 맞추는 일국적 인권 지표(national indicators of human rights)의 개발도 시급하다. 가령, 한국형 인권 지표와 일본형 인권 지표가 별개로 필요하다는 것이다. 이 책에서 초점을 맞추는 다양한 형태의 글로벌 인권 지표의 경우 글로벌 추이를 분석할 목적으로 개발된 것이기 때문에 다양한 사회·경제·문화·정치적 조건에 놓여 있는 개별 국가의 현실과는 다소 동떨어져 있는 것이 사실이다. 무엇보다 각국의 개별 사례를 엄정히 측정하기에는 5점(PTS)과 7점 척도(Freedom House의 자유지수)의 변이가 너무 작다. 가령 한 국가가 수년에 걸쳐 개인통합권리 항목에서 5점을 기록했다는 사실이 수년 동안 이 국가 내부의 개인통합권리의 원칙과 실천이 동등한 수준으로 유지되었다는 것을 의미하는 것은 결코 아니다. 한 국

장을 펼치고 있다(Barsh 1993: 96).

17. 한국의 대국민 여론조사에 관한 내용은 제13장에서, 일본의 기존 인권 관련 여론조사에 관한 내용은 제14장에서 자세히 다루고 있다.

가나 사회가 수십 년 동안 인권 영역에서 어떤 구체적인 진보와 후퇴를 거듭했는지를 파악하고, 이에 근거하여 신뢰할 만한 정책을 수립하기 위해서는 현재 알려져 있는 글로벌 인권 지표를 넘어서는 보다 새롭고, 그리고 한 국가나 사회의 독특한 조건에 배타적인 초점을 맞추는 '국내적 지표(national indicators)'가 절실히 필요하다. 따라서 향후 인권 지표화의 많은 자원과 에너지가 이곳에 투자되어야 할 필요가 있다.

2. 글로벌 인권 지표에 대한 개괄

1) 개인통합권리 지표: 정치적 테러 스케일(PTS)

정치적 테러 스케일(Political Terror Scale; PTS)은 각국이 인권을 준수하는 정도를 시계열적으로 측정하는 가장 보편적인 글로벌 인권 지표 중 하나다. 특히 시민들의 개인통합권리에 초점을 맞추고 있으며, 지난 25년여 동안 인권을 연구하는 학자들 사이에서 가장 빈번하게 활용되어온 데이터이기도 하다. PTS는 1980년대 초반 미국 퍼듀대학의 연구자들에 의해 처음으로 개발되었다. 따라서 '퍼듀 테러 스케일(Purdue Terror Scale)'이라고 불리기도 했고, 이 자료를 활용하여 인권 개선의 보편적 조건을 해명하려 했던 두 학자 Poe와 Tate의 이름을 따서 'Poe-Tate Scale'이라고 불리기도 했으나, 정식 명칭은 'Political Terror Scale', 그러니까 '정치적 테러 스케일'이 맞다.

1976년부터 1983년까지의 기간을 대상으로 하는 최초의 데이터에서는 전 세계 59개국의 인권에 초점을 맞추었다. 그러나 정치학자인 Mark Gibney가 1984년에 PTS 프로젝트 매니저로 부임한 이후 현재에 이르기까지 대상 국가는 180여 개를 넘어서기에 이르렀고, 그 범위뿐 아니라 신뢰성이라는 차원에서도 괄목할 만한 진전을 보게 되었다.

정치적 테러 스케일(PTS)에서 '테러'는 우리가 통상적으로 떠올리는 (9·11테러와 같은) 테러리스트 집단에 의한 물리적 폭력을 의미하는 것이 아니라 국가에 의해 자행되는 특정 종류의 폭력만을 의미한다. 국가가 개인의 신체적·개인적 안전과 통합 유지 권리를 침해하는 경우인 고문, 강제실종, 사법외적 살인, 정치적 구금만을 측정 대상으로 한다. 따라서 다양한 형태로 존재하는 정치적 억압 혹은 정치적 권리의 억압은 분석 대상에서 벗어난다. 가령, 집회와 결사의 자유, 언론의 자유, 양심과 종교의 자유에 대한 억압 등 다양한 시민적·정치적 자유 그리고 권리의 억압은 측정의 대상이 되지 않는다. 이러한 의미에서 PTS는 다음 절에서 살펴볼 Freedom House에서 발행하는 자유지수와 차별성을 갖는다고 할 수 있으며, 나아가 자유지수와 상호 보완될 수 있는 여지를 갖는다.

PTS가 국가의 행위에 초점을 맞춘다는 것은 다른 사회학적 분석 단위인 개인과 집단에 의해 범해지는 권리의 억압에 대해서는 관심을 기울이지 않는다는 것을 뜻한다. 따라서 가정폭력, 인종·종교집단, 범죄·폭력집단(갱스터와 같은) 등에 의해 자행되는 시민들에 대한 인권유린 등은 논외가 된다. 또한 감옥과 같은 집단구금시설에서 벌어지는 고문과 살인 등은 그 고려의 대상이 되지만, 전반적인 감옥 시설의 문제점으로 생기는 억압은 다루지 않는다.[1] '국가의 행위'에서 '국가'의 정의와 범위에 대해서도 논쟁이 있을 수 있다. 최근 콜롬비아와 같은 제3세계 국가의 경우, 의회와 군사조직의 직·간접적 사주를 받아 시민들을 은밀히 살해하고 물리적 해를 가하는 경우가 있는데, 이러한 유사국가기관이 사주하

---

1. 고문, 강제실종, 사법외적 살인, 그리고 정치적 구금이 각각 무엇을 의미하는지에 대한 혼돈도 존재한다. 이 혼돈으로 말미암아 지표의 측정 대상이 되는 현상과 그렇지 않은 것이 분명하게 구분되지 않는 어려움도 있다. 가령, 사법외적 살인의 경우 일단 재판 과정을 거치게 되면 사법외적 살인의 범주에 포함되지 않는다. 따라서 재판 과정을 거쳤지만, 그 이후에 death squad 등에 의해 사법외적으로 살인이 일어난 경우 역시 분석에 포함되지 않는 문제점이 있다(Wood and Gibney 2010).

거나 직접 관여하는 인권 남용에 대해서는 PTS가 효율적으로 다루기 어렵다.[2]

PTS는 인권 분야에서 권위가 인정되는 두 가지 자료를 일정한 기준으로 코딩하는 방식을 택하고 있다. 첫 번째 자료는 미국 국무부에서 발간하는 「인권의 실천에 관한 국가보고서(Country Reports on Human Rights Practices)」이고, 두 번째 자료는 국제앰네스티가 발간하는 연례보고서다. 즉, PTS가 매년 전 세계 국가들의 개인통합권리 준수 정도에 대해 점수를 부여하는 과정에서 이 두 가지 자료가 원 자료로 활용되어왔으며, 이때 이 두 자료에 기술되는 정보는 정확하고 신뢰할 만하다는 가정을 기반으로 하고 있다.

구체적으로 코딩 과정은 우선 두 명의 시니어 연구자가 책임을 지고 조교들의 도움을 받아 점수를 부여하는 방식으로 이루어진다. 1984년 이후로 Gibney가 두 명의 시니어 연구자 중 한 명의 역할을 해왔다. 두 명의 시니어 연구자들 상호 간의 코딩일관성은 지난 5년간 85%를 넘어선 것으로 보고되었고, 따라서 코딩의 높은 신뢰성을 보여주고 있다. 두 명의 책임 연구원들 간에 불일치가 발생할 경우에는 해당 국가의 사례를 다시 한번 살펴보고 서로 토론하면서 기존의 결정과는 상관없이 새로운 동의에 이르고자 노력한다. 이러한 과정에서 합의에 도달하는 데 실패할 경우 제3의 책임연구원이 개입하여 문제를 해결하는데, 이러한 '제3자 개입'은 실제로 거의 발생하지 않는다.

코딩 과정에서 PTS는 1980년에 Freedom House에서 개발한 5점 척도를 활용한다. 이러한 정형화된 혹은 기준이 되는 척도를 활용하기 때문에 PTS는 종종 '기준에 기반을 둔 척도(standard-based measure)'라고 불린다. 이 5점 척도는 다음과 같다(Gastil 1979: 31-37; Carleton and Stohl 1985; Poe and Tate 1999).

---

2. Autodefensas Unidas de Colombia(AUC)가 그 대표적인 사례다.

1. 법에 의한 통치가 안전하게 행사되는 국가. 국민들의 시각에 따른 정치적 구금이 이루어지지 않고, (경찰관과 감옥감찰관에 의한 폭력은 어느 정도 존재하지만) 고문이 거의 드물거나 예외적이며, 정치적 살인이 대단히 예외적인 국가. 재판 없는 구금(detention)이 존재하지 않고, 법이 개인과 집단의 권리를 보호하는 국가.

2. 비폭력적 정치 활동에 대한 제한적인 정치적 구금이 이루어지는 국가. 그러나 제한된 숫자의 국민들이 이에 해당되고, 고문과 구타가 예외적이며, 정신치료시설이 정치적 반대자들의 목소리를 잠재우는 수단으로 활용되지 않는 국가. 정치적인 살인이 예외적이거나, 존재하더라도 소규모의 테러리스트 조직에 의한 것에 지나지 않는 국가.

3. 광범위한 정치적 구금이 존재하거나 이러한 구금이 최근에 이루어진 국가. 사형 혹은 다른 형태의 정치적 살인, 폭력이 종종 광범위하게 관찰되고, 이에 대한 처벌이 이루어지지 않는 국가. 재판을 통하든 그렇지 않든 간에 정치범에 대한 제한되지 않은 구금이 받아들여지는 국가. 국가안보 관련 경찰들이 도처에 널려 있는 국가. 정신병원에 감금하거나 강력한 의약품의 강제적인 사용이 이러한 감금에 병행되는 국가.

4. 앞의 3에 해당하는 관행들이 많은 수의 국민들에게 확대되는 국가. 살인·실종·고문이 사회의 몇몇 부문에서 일반적인 삶의 형태로 관찰되는 국가. 노동수용소나 재교육시설을 통해 이데올로기적 반대자에 대한 대규모의 감금이 이루어지는 국가. 그러나 여러 사회 부문에서 정치적 반대자들에 대해 자행되는 테러가 여전히 임의적이고(arbitrary) 덜 체계적인 형태로(capricious) 이루어지는 국가. 테러행위의 만연에도 불구하고, 이것이 기본적으로 정치나 이데올로기 영역에 관련되는 사람들에 대해서만 행사되는 경우.

5. 앞의 4에 해당되는 관행들이 전체 인구에 대해 확장되는 국가. 그리고 이러한 테러가 종교적·인종적·이데올로기적 광신(fanaticism)에 의해 추동되는 국가. 사회 지도자들이 이들의 개인적인 혹은 이데올로기적인 목표를 달성하기 위한 수단 혹은 주도면밀함에 있어 제한을 두지 않는 국가. 나치 독일이나 스탈린 치하 러시아의 가장 억압적인 시기가 이러한 단계에 해당하는 좋은 사례임.

그렇다면 이러한 5점 척도 혹은 다섯 개의 수준을 가르는 중요한 기준은 무엇인가? 이 기준은 크게 영역(scope), 집중도(intensity), 범위(range)의 세 가지로 볼 수 있다. 영역은 국가에 의해 수행되는 인권 침해의 종류(정치적 구금, 고문, 사법외적 살인 등)를 뜻하고, 집중도는 국가가 일정한 형태의 인권 남용을 범하는 빈도를 가리키며, 마지막으로 범위는 이러한 인권 남용이 대상으로 삼는 인구의 부문을 뜻한다.

PTS는 한 국가의 인권 관행을 계량화하기 위한 간주관적 코딩(intersubjective coding)의 결과라고 할 수 있다. 즉, 몇 명의 코더들과 그 조교들이 주관적 판단을 최대한 자제하고, 토론과 합의를 통해 인권보고서에 담겨 있는 맥락적 요소들을 파악하고 점수를 부여하는 것이다. 다시 말해 코더들은 자신의 느낌이나 선입견을 최대한 배제하고 보고서에 포함되어 있는 내용만을 고려하여 점수를 부여하도록 교육받는 것이다. 한편, 코더들이 두 개의 단계에서 결정을 내리지 못할 경우에는 둘 중 낮은 단계의 점수를 부여하는 것을 원칙으로 삼는다. 이러한 노력과 원칙의 결과 5점 척도의 지표가 마련되며, 이 지표는 일종의 연속변수를 형성한다. 따라서 낮은 점수는 인권 침해가 적게 벌어지는 국가를 뜻하고, 높은 점수는 인권 침해가 빈번히 벌어지는 국가를 뜻한다.

실제로 인권 관행을 측정할 때 앞서 밝힌 세 가지의 기준이 '깔끔하게' 적용되는 것은 아니며, 이들 가운데 어떤 것이 더 우선권을 갖는지에 대한 기준이 명확히 확립된 것도 아니다. 가령 후투(Hutu)족이 투치(Tutsi)

족에 대해 자행한 르완다의 1994년 인종청소의 경우와 알바니아인들에 대해 자행된 1999년의 코소보 인종청소는 인권 침해의 대상이 전체 인구로 확대된 것은 아니었지만 인권 남용의 빈도와 집중도가 대단히 높았기 때문에 5점을 부여하였다. 이러한 '예외적인' 경우에 대해, PTS 그룹의 멤버들은 몇몇의 경우에는 '상식적인 이해'를 더 중시했다고 밝히고 있는데, 이는 PTS 척도의 일관성에 대해 스스로 의문을 제기하는 격이라고 볼 수도 있다.

좀 더 근본적인 문제제기는 빙엄턴 뉴욕주립대학교(SUNY Binghamton)의 정치학자들이 중심이 된 이른바 CIRI 그룹에 의해 이루어졌다. 이들에 따르면 PTS의 가장 큰 문제점은 인권 관행의 보다 세부적인 차원들에 대한 개별 점수의 부여와 개량화의 노력이 없다는 점이다. 사실 이러한 세부적인 인권 차원의 분류(disaggregation)와 이에 대한 점수화의 부재에 대해서는 다른 학자들도 이미 지적한 바 있다(Mitchell and McCormick 1988). Cingranelli와 Richards가 주축이 된 빙엄턴 정치학자들은 CIRI 지표를 개발하여 PTS의 한계를 극복하려 했다(CIRI Human Rights Database 2009).

특히 이들은 개인통합권리 중에서 고문, 강제실종, 사법외적 살인, 정치적 구금 등을 따로 구분해 각각에 대해 0~2의 점수를 부여하였다. 0은 각 영역에서 인권 침해가 빈번하게 이루어지는 경우를 의미하고, 2는 인권이 잘 보호되는 경우를 의미한다. 그렇게 보다 세부적인 인권 지표를 제시한 후, 이 네 가지를 통합하여 만든 8점 척도의 신체적 통합권리 지수(Physical Integrity Rights Index)는 PTS에 비견되는 것으로 볼 수 있다. 즉, 네 하위 영역에서 모두 만점인 2점을 얻은 경우 통합지수가 8점이 되고, 이는 신체적 통합권리를 가장 적극적으로 보호하는 경우다. 스웨덴, 노르웨이, 덴마크가 1981년부터 현재에 이르기까지 대부분 8점 만점을 기록한 경우라 하겠다. 반대로 인권억압국은 그 총합이 0 혹은 1에 가깝다.[3]

이 책은 이상에서 설명된 PTS를 대표적인 글로벌 인권 지표로 간주하고 분석에 활용한다. 그런데 이때 척도의 방향을 바꾸었다는 점을 명시하고자 한다. 즉, 인권보장국이 1점을 받는 것이 아니라 5점을 받도록 하였으며, 반대로 인권억압국에는 5점이 아니라 1점을 부여하였다. 이렇게 척도의 방향을 바꾸는 전략은 이미 여러 글로벌 인권 연구자들에 의해 취해졌는데, 높은 점수가 높은 수준의 인권 준수를 의미하게 만들어 혼란을 줄이고 분석의 효율성을 높일 수 있기 때문이다(Cole 2005). 이러한 글로벌 인권 연구자들은 대개의 경우 '인권의 개선과 그 조건'에 관심을 갖고 있고 따라서 지표의 방향도 개선을 이루는 쪽에 높은 점수를, 그렇지 않은 쪽에 낮은 점수를 부여하는 것이 자연스럽다는 것이다. 이것은 마치 PTS를 개발하고 연구한 정치학자들이 '인권 침해'에 관심을 갖고 따라서 인권 침해와 테러가 많이 벌어지는 국가에 높은 점수를 부여하고, 그렇지 않은 국가에 낮은 점수를 부여한 이치와 같다고 하겠다.

2) 시민적·정치적 권리 지표: 자유지수

시민적·정치적 권리 지표(자유지수) 역시 PTS와 더불어 널리 알려진 글로벌 인권 지표 가운데 하나다. Freedom House는 1972년 이후 매년 자유지수를 공시해왔는데, 이때 발간되는 문건은 '정치적·시민적 자유에 관한 비교 서베이(Comparative Survey of Political and Civil Rights)'라고 불린다.[4] 이 문건은 1978년 이후 단행본 형태로 매년 출판되는데, 각국의 자유나 인권 지표뿐 아니라 시민적·정치적 권리의 현황에 대한 총평도 포

---

3. 8점 만점의 신체적 통합권리 지수에 대해 PTS 그룹의 학자들은 이 네 가지 하위 유형을 단순하게 합치는 방법의 타당성에 대해 문제를 제기한다. 즉, 고문이 강제실종과 그 비중이 같을 수 없고, 정치적 구금이 사법외적 살인과 비중이 같을 수 없다는 것이다.

4. 지표 구성 초기에는 *Freedom at Issue*라는 잡지의 1·2월호에 서베이의 결과가 공개되었다. 처음 발행된 1973년 이후 1978년부터는 '세계의 자유(Freedom in the World)'라는 제목으로 단행본이 매년 출판되기에 이르렀다.

함되어 있다. 간혹 Freedom House의 우파적 혹은 보수주의적 성향으로 말미암아 적지 않은 비판을 받았고 그 신뢰성에 대한 도전도 적지 않았지만, 40년 가까운 기간 동안 전 세계 국가들이 시민적·정치적 자유를 보장하는 정도를 비교적 일관된 기준을 가지고 매년 조사하고 공표해왔다는 점에서 주목을 요하는 지표라고 할 수 있다. 특히 PTS가 개인의 신상에 가하는 국가의 직접적인 억압에만 초점을 맞추어서 그 폭이 대단히 좁다는 점을 고려할 때, 시민적·정치적 권리 전반을 포괄적으로 다루는 자유지수의 장점은 주목할 만하다.

초기의 자유지수 구성에 가장 중요한 역할을 한 인물 중 한 사람인 Raymond Gastil은 자유지수가 등장하게 된 원인과 그 필요성에 대해서 다음과 같이 요약하고 있다. 우선, 1970년대 미국의 외교정책에서 중요한 부문 중 하나가 대외원조였음을 명시하고, 자원의 배분 과정에서 수혜국의 인권을 고려하는 것이 중요한데, 인권 준수 정도를 객관적으로 측정하는 역할을 자유지수가 할 수 있다고 주장한다. 두 번째로, 민주주의 국가들의 지도자들 역시 자국의 자유와 인권의 보호 정도를 객관적으로 평가하여 정책에 적절히 반영하는 것이 중요하며, 이를 위해 자유지수가 중요한 역할을 할 수 있다고 보았다. 셋째, 1960년대 이래로 정치체제의 건전성을 판단하는 데 경제적·조직적 관점이 지배적이었으나, 체제의 건전성을 평가하는 데 개인의 자유가 보장되는 정도를 고려하는 것이 중요하다는 인식이 확대되고 있으며, 이러한 차원에서 자유지수가 그 역할을 할 수 있다는 것이다.

Gastil은 세 번째 필요성에 대해서 재차 강조하고 있는데, 당시의 정치적 에토스가 물질주의적·기술주의적이고 가치중립적인 경향이 강한 나머지 인간이나 개인의 자유에 대한 관심이 정치철학의 중심으로 끌어들여질 수 없었다고 비판한다. 자유를 측정하는 것이 경제적 생산 등을 측정하는 것보다 훨씬 어려운 일이긴 하지만 시도할 만한 가치가 있으며, 자유지수가 궁극적으로 개인의 자유를 확대하는 데 기여할 수 있다고 본다. 자유를 측정하고 이를 통해 자유의 가치를 확대하는 일은 국가나 사회의 물질적 근대화에 못지않게 중요하다. 이러한 관점을 통해 Gastil과 Freedom House 그룹은 특히 공산주의 진영의 '물질적·기술적 맹신'을 비판하고 있으며, 나아가 자본주의 진영에 대해서도 자유의 의미와 보장의 수준을 끊임없이 평가하는 것이 중요하다는 점을 상기시키고 있다.

앞서 밝힌 것처럼 자유지수는 크게 정치적 자유와 시민적 자유 두 가지를 측정한다. 크게 보아, 정치적 자유는 시민들이 정치 지도자를 선출하고 법안에 대해 표결하는 과정에 자유롭게 효과적으로 참여하도록 유도하는 역할을 하고, 시민적 자유는 시민들이 자유롭게 발언하고, 프라이버시를 보장받으며, 공정한 재판의 과정에 참여하도록 돕는 역할을 한다고 볼 수 있다. 특히 시민적 자유는 시민들이 정치·경제·종교적 시스템에 대해 자유롭게 발언하고 비판하도록 돕는 데 그 핵심이 있다. 자유지수는 PTS와는 달리 7점 척도로 구성되어 있으며, 정치적 자유와 시민적 자유가 각각 별개의 7점 척도로 구성되어 있다는 것이 특징이다. 학자들은 대체로 이 두 가지의 평균점수를 통합 자유지표로 이용하는 경향이 있다.

자유지수 역시 PTS와 마찬가지로 기준에 기반을 둔 척도(standard-based measure)이며, 1점은 자유 수준이 가장 높은 국가를, 7점은 자유 수준이 가장 낮은 국가를 의미한다. 우선 정치적 자유에 대한 7점 척도는 다음과 같다.

1. 완전히 경쟁적인 선거가 이루어지고, 이렇게 선출된 공직자들이 국가를 통치하는 경우를 뜻하며, 대부분의 서유럽 국가들이 여기에 해당된다.
2. 경쟁적 선거제도가 확립되어 있고 선출 공직자에 의한 통치가 이루어지긴 하지만, 높은 경제적 불평등, 높은 문맹률, 높은 수준의 폭력 등의 요인으로 인하여 그 효율성이 떨어지는 국가.[5]

3~5. 2에서 밝힌 이유 등으로 인해 민주주의적 과정이 효율적으로 이행되지 않는 경우이며, 그 정도에 따라 3점에서 5점 사이의 점수를 부여받는다. 선거제도와 정치적인 반대당이 존재하긴 하지만, 사실상 국민들의 여론과는 달리 지배적인 정치 그룹 내의 파벌들이 집권을 독점하는 경우가 이에 해당된다. 5점을 받은 국가는 선거제도의 효율성이 극도로 낮은 경우라고 할 수 있다.

6. 국민들이 새로운 집권당을 선택하고 정책의 변화를 만들어낼 수 있도록 돕는 경쟁적 선거 과정 자체가 존재하지 않는 경우를 뜻한다. 이러한 정치적 환경 속에서 정치지도자는 국민이 아니라 한 사람 혹은 소수의 정치지도자가 정책을 결정하는 권한을 갖고 있다고 믿는다. 이러한 정치적 믿음은 종종 사회 전체의 근간을 이루는 종교적 신념과 연결된다(이슬람 국가들의 경우가 대표적임).

7. 정치적 독재자에 의해 국가가 운영되며, 이들은 대중여론이나 대중적 전통에 전혀 구애를 받지 않는다.

시민적 자유를 측정하는 7점 척도는 다음과 같은 기준으로 구성된다.

1. 합리적이고 정치적인 의견을 표현하는, 특히 정당한 정치적 과정에 영향을 줄 수 있는 출판이 자유롭게 이루어지는 국가. 주요 미디어가 정부의 대중선동에 동원되지 않는 국가. 법원이 개인을 보호하고, 개인은 정치적 이유로 투옥되지 않으며, 개인의 교육권, 직업을 가질 권리, 종교를 가질 권리, 거주권 등이 일반적으로 보장되는 국가. 대부분의 전통적인 민주주의 국가들이 이 범주에 해당된다.

---

5. 정치집단 간의 권력 이용이 거의 일어나지 않아 본연의 정치적 경쟁이 이루어지지 않는 경우도 이에 해당된다.

2. 점수 1에 비교할 때 경찰과 사법부가 더욱 많은 권위주의적 전통을 유지하고 있으며, 포르투갈과 그리스의 경우처럼 전체적으로 자유가 덜 제도화되어 있는 경우.

3~5. 양심수가 존재하고, 다양한 정도의 언론검열이 이루어지는 국가. 안보 담당 국가기관들에 의해 종종 고문이 이루어지는 경우. 이러한 자유의 제한이 행사되는 정도에 따라 3점에서 5점 사이의 점수를 부여받는다.

6. 앞의 3~5에서 관찰되는 자유의 제한이 광범위하게 벌어지기는 하나, 가정과 같은 사적인 공간에서 이루어지는 사적인 대화에 대해서는 상대적인 자유가 보장되는 국가. 불법적인 시위가 벌어질 개연성이 남아 있는 경우. 불법 서적(underground literature)이 어느 정도는 통용되는 경우.

7. 사회 전반에 걸쳐 공포(fear)가 만연하고, 공적 공간이든 사적 공간이든 간에 표현의 자유가 거의 보장되지 않으며, 경찰국가의 정치환경 속에서 정치적 반대의 표현이 허용되지 않고, 사형집행이 신속하고 확실하게 이루어지는 국가.

이렇게 만들어진 두 개의 7점 척도를 기반으로 자유국가(free), 부분자유국가(partly free), 자유롭지 않은 국가(not free)로 구분된다.[6] 1점 혹은 2점을 얻는 국가들은 자유국가로, 3~5점을 기록한 국가들은 부분자유국가로, 6점 혹은 7점을 얻은 국가들은 자유롭지 않은 국가로 구분된다.[7]

---

6. 이 밖에도 시민적·정치적 자유 지표 구성의 초기에는 '전망(outlook)'이라고 불리는 칼럼을 추가하여, 머지않은 미래에 선거 등이 계획되어 자유에 긍정적인 효과를 낳을 것으로 예측되는 국가에 대해서는 +를 부여하고, 반대로 지표에는 포괄되지 않았으나 자유에 역행하는 징후가 보이는 경우에는 −를 부여하여, 몇몇 국가들에 대한 미래 전망치를 제시했다.

7. 여기에서 문제가 되는 것은 두 지표의 합이 두 등급의 경계에 위치할 때다. 가령 2-5,

이렇게 자유점수 혹은 지수를 제공하는 것을 넘어 Freedom House는 이전 연도 비해 각국의 자유나 인권이 개선 또는 후퇴하였는지를 분석하여 결과를 공개하고 그 원인 분석에도 주의를 기울이고 있다. 또한 각국에서 치러지는 선거(elections and referenda)의 종류와 일정, 투표율, 선거 결과 등에 대한 정보도 제공하고 있으며, 각국의 정치체제와 경제체제를 명시하여 이 두 차원 간에 어떤 관계가 있는지에 대해서도 관심을 갖고 있다. 나아가 '민족의 자기결정권(national self-determination)'이 하나의 근본적인 정치적 권리라는 점에 주목하고, 전 세계적으로 자기결정권이나 그들의 민족국가(nation-state)가 부인되고 있는 민족들에 대한 상세한 정보를 제공하고 있다.[8]

Freedom House의 자유지수에 대해 가장 널리 알려진 비판은 Freedom House의 보수주의적 편견과 관련이 있다. 미국 정부로부터 부분적으로 자금을 지원받는 Freedom House의 기본적인 정치적 성향이 보수주의적이기 때문에 적대국 쿠바에게 7-7의 점수를, 자국 미국에 대해 1-1의 점수를, 그리고 미국의 동맹국인 파나마와 엘살바도르에 대해 각각 1-2와 2-3의 점수를 부여하는 '편향된' 결과를 낳았다는 것이다. 요컨대, Freedom House가 보수주의적이며 나아가 미국적인 관점을 갖고 있는 나머지, 그 연구의 결과가 중립적이지 못하다는 것이다.

두 번째 비판도 첫 번째 비판과 밀접한 연관이 있는데, 즉 Freedom House와 자유지수가 문화적 편향으로부터 자유롭지 못하다는 것이다. 앞서 밝힌 미국 정부로부터 자금지원을 받는 사실과 더불어, 대부분의 스텝들이 미국인이며 그 본거지도 미국이라는 사실은 비서구 국가들로

5-5와 같은 경우가 그것인데, 2-5는 자유국가 혹은 부분자유국가로 구별될 수 있고, 5-5는 부분자유국가 혹은 자유롭지 않은 국가로 구분될 수 있다. 이 경우 Freedom House는 정치적 자유 지표에 더 높은 가중치를 두었다고 말한다. 따라서 시민적 권리가 5이고 정치적 권리가 6인 경우 총합이 5.5인데, 정치적 권리가 더 높은 가중치를 갖기 때문에 실제로는 5.5 이상인 것으로 간주되어 자유롭지 않은 국가로 구분한다는 것이다.

8. 해당 민족의 명칭, 인구규모, 거주 국가, 민족의식의 정도 등에 대한 정보가 제공된다.

하여금 자유지수의 중립성에 대해 의심하게 만드는 주요 요인이 되어왔다. 비판론자들은 이러한 문화적 편향이 특히 이슬람 국가에 대한 비판적인 평가와 연결되고 있다고 믿는다. 이들은 Freedom House가 세계인권선언을 그 평가의 이념적 기준으로 삼고 있긴 하지만, 이슬람 국가의 인권관이 반영되어 있는 '인권에 관한 카이로 선언(the Cairo Declaration on Human Rights)'의 정신은 포함하지 않고 있다고 비판한다.

또 다른 비판은 Freedom House의 자유지수가 경제적 평등 혹은 권리에 대해 관심을 기울이지 않는다는 것인데, 이는 지표의 개발 초기인 1970년대 중·후반에 사회주의/공산주의 국가들에 의해 제기되었다. 가령 경제적 불평등 수준이 대단히 높고, 생계가 곤란한 계층과 문맹계층이 광범위한 인도를 자유국가로 구분하는 것은 모순이라는 것이다. 이에 대해 Freedom House는 사회·경제적 평등이 자유와 민주주의의 필요조건이 될 수 없으며, 인도의 경우 정당 간에 선거를 통한 경쟁이 이루어지고 있고, 국민들이 비교적 자유롭게 선거권을 행사하고 있으며, 선거 결과가 정치권력에 반영되고 있다는 점을 들어 반박한다.

이러한 여러 가지 비판과 논쟁에도 불구하고 Freedom House의 자유지수는 가장 오랜 기간 동안 가장 많은 수의 국가에 대해 일관된 기준을 가지고 자유와 인권 준수를 평가해왔다는 점에서 높은 신뢰를 받기에 충분하다. 자유지수가 갖고 있는 몇몇 한계 때문에 이 지표와 지수가 갖는 높은 역사성과 포괄성을 부인하는 것은 문제가 있으며, 오히려 다른 종류의 글로벌 인권 지표를 동시에 고려하고 활용함으로써 그 한계를 극복하는 것이 옳은 접근일 것이다. 이 책에서 다양한 글로벌 인권 지표를 동시에 살펴보는 이유가 바로 여기에 있다.

이 책의 실제 분석에서는 PTS 분석을 위해 척도를 바꾼 것과 같은 논리로, 자유지수의 척도로 거꾸로 조정할 것이다. 즉, 정치와 자유의 보장이 최대로 이루어지는 국가가 1점 대신 7점을 얻을 것이며, 그렇지 않은 정치·자유 억압국의 경우 7점 대신 1점을 획득할 것이다. 즉, 높은 자유지수가 높은 인권 준수의 수준을 의미하는 것으로 척도가 조정된다는 것이다. 이 역시 '인권의 개선과 그 조건'에 초점을 맞추는 이 책의 취지에 걸맞다고 할 수 있다.

3) 경제적·사회적·문화적 권리 지표: 인간개발지수(HDI)

인간개발지수(Human Development Index; HDI)는 UN 조직의 하나인 UNDP가 인간 발전의 기본적인 차원들을 측정하기 위해 개발한 대표적인 글로벌 경제사회 지표다. UNDP가 1990년 이래 매년 발간해온 「인간개발보고서(Human Development Report)」에 제시된 핵심적인 지표 중 하나로, 국제인권공동체 일각에서 경제적·사회적·문화적 권리를 측정하는 글로벌 지표의 하나로 일찍이 주목해왔다. 연례 지표는 1990년부터 공표되어왔으나, 1975년부터 1980년대 후반의 기간까지는 5년에 한 번씩 측정한 지표가 가용한 양적 데이터의 형태로 존재한다.

UNDP에 따르면 인간개발지수가 포함된 「인간개발보고서」의 우선적인 목표는 전 세계적으로 인간 발전 현황을 객관적으로 평가하고 이에 따라 각종 지수를 공시하며, 나아가 매년 특정 주제에 대한 특별 보고서를 제출하는 것이다. 지표와 지수를 구성하는 기존의 노력이 주로 경제적인 영역에 초점을 두었다는 한계를 지적하면서, 인간의 웰빙을 측정하는 지표와 지수가 필요하다는 인식이 그 바탕에 깔려 있다. 이러한 인식의 출발은 인권과 직접적인 관계를 갖는 것은 아니었지만, 인간의 경제적·사회적 생활조건과 그 개선에 대한 관심은 인권의 중요한 축인 경제적·사회적·문화적 권리의 핵심과 상통한다고 볼 수 있다. 따라서 인권의 다차원적인 측면을 종합적으로 고려하려는 본 연구의 취지에 비추어 볼 때, 인간개발지수를 글로벌 인권 지표의 하나로 고려하는 것은 자연스럽고 적절하다고 볼 수 있다.

인간개발지수는 인간의 웰빙과 경제·사회적 삶의 여건을 비교 국가적으로 측정한다는 점에서 PTS나 자유지수와는 그 내용을 달리한다. 그러나 인간개발지수는 기왕에 국내적·국제적 수준에서 집적되어온 각종 객관적인 통계자료에 의존한다는 점에서, 몇몇 권위적인 자료를 일정 기준을 가지고 코딩을 실시하여 지수를 구성한 앞서의 인권 지표와는 근본적인 차이점이 있다. 즉, 인간개발지수는 국내의 통계기관과 국제기구, 국제통계기관 등이 여러 가지 복잡한 과정을 통해 집적한 지표들(가령 GDP나 문맹률)을 2차적으로 가공하여 원하는 종합지수로 만드는 작업을 통해 구축된다.[9] 반면 PTS나 자유지수는 이렇게 미리 확립된 지표와 지수의 도움 없이 원자료(가령, 국제앰네스티와 미국 국무부의 인권보고서)에 대한 직접적인 코딩을 통해 구축되는 특징을 보여준다.

보다 구체적으로 인간개발지수는 다음의 네 가지 하위 지표를 포함한다. 첫째는 1인당 GDP다. 기본적으로 World Bank와 ICP(International Comparison Programme)에서 제공한 자료를 사용하고 있는데, 지역 간의 통화와 계산법의 차이 등을 하나의 기준으로 통일하기 위해 1996년을 기준 연도로 한 PPP(purchasing power parity)를 그 단위로 사용한다. 두 번째는 출생 시 기대수명(life expectancy at birth)이다. 이는 질병, 사고 등을 감안하여 출생 시 예상되는 평균수명을 의미한다. UNPD가 구축한 World Population Prospectus에서 추정된 출생 시 기대수명이 데이터로 활용되고 있다. 세 번째는 성인문해율(adult literacy)이다. 2000년 보고서의 경우 UNDP는 UNESCO가 추정한 성인문해율을 원용하고 있는데, 이 성인문해율은 UNPD가 계산한 각국의 인구추정치와 각국의 인구센서스 기관이 추정한 문해율 통계에 그 근거를 두고 있다.

인간개발지수에 고려된 마지막 하위 지표는 학교등록률(enrolment

---

9. 「인간개발보고서」가 활용한 국제기구나 국제통계기관에 의해 작성된 통계자료는 2000년 보고서의 경우 무려 24종에 이르며, 이 보고서는 UNICEF, UNCTAD, UNESCO, UNHCR 같은 UN 내의 기관들뿐 아니라 World Bank, WHO, OECD, ILO, FAO 같은 대표적인 국제기구들을 포괄한다.

ratio)이다. 교육에 대한 권리(right to education)는 국제인권공동체가 이의를 달지 않는 경제적·사회적 권리의 대표적인 유형이라고 할 수 있고, 인간개발지수는 교육권을 측정하는 지표를 포함시킴으로써 경제·사회적 권리에 관한 글로벌 지표로 인정될 수 있는 결정적인 계기를 만들었다고 평가할 수 있다. 학교등록률을 측정하는 몇 가지 글로벌 지표 중에서 인간개발지수에는 GER(gross enrolment ratio)이 사용되는데, 이는 초·중·고등학교 각각에 해당되는 학생들 중 등록을 했거나 학교에 다니고 있는 학생 수를 해당되는 단계의 총학생 수로 나누는 방법으로 계산한 것이다.

한편, 1995년부터는 인간개발지수와 더불어 젠더와 관련된 젠더발전지수(Gender-Related Development Index)와 젠더권능척도(Gender Empowerment Measure)가 추가되었다. 젠더발전지수는 인간개발지수에 사용된 것과 유사한 변수를 사용하고 있으나, 각각의 변수(1인당 GDP, 기대수명, 성인문해율, 학교등록률)를 남성과 여성에 관한 것으로 구분하여 그 비율을 측정하는 방식으로 구성되었다는 것이 차이점이다. 젠더권능척도는 남녀 간의 경제적·정치적 기회의 차이를 측정한다. 2년 후 1997년「인간개발보고서」에는 '인간빈곤(human poverty)'이라는 개념이 도입되었고, 인간빈곤지수(Human Poverty Index)가 추가되어, 인간 발전에 관한 지수가 다양해졌다. 인간개발지수가 인간 발전의 각 차원에서 인간의 평균적인 발전의 정도를 측정하는 것이라고 한다면, 인간빈곤지수는 이러한 차원에서 인간의 궁핍화(deprivation) 정도를 측정하는 데 그 목표를 두고 있다.[10]

---

10. 인간빈곤지수는 선진산업국가와 개발국가를 따로 구분하여 구축된다. 선진산업국가 인간빈곤지수의 경우 우선 삶의 수준(decent standard of living)이라는 차원에서 안전한 식수와 건강서비스에 접근 불가능한 인구 비율, 그리고 5세 이하 저체중 영아의 수와 비율을 고려하고 있다. 지식(knowledge)의 측면에서는 성인문해율을, 수명(longevity)의 차원에서는 40세까지 생존하지 못하는 인구 비율을 통합지수의 또 다른 측면으로 고려한다. 개발국가의 인간빈곤지수는 기본적으로 선진산업국가의 그것도 유사하나,

4) 글로벌 인권 지표의 생산적인 활용을 위하여

이 세 가지 글로벌 인권 지표는 상호 배타적이기보다는 상호 보완적이라고 보는 것이 적절하고, 이러한 여러 지표가 종합적으로 고려되어 각국의 인권 관행이 평가될 때 인권 상황에 대한 보다 객관적이고 총체적인 평가가 가능할 것이다. Hass(1994)가 지적한 것처럼 인권은 다양한 층위와 차원으로 구성되어 있고, 이러한 차원들 간에는 이론적·경험적 분석을 요하는 복합적인 관계가 존재한다. 이에 따라 글로벌 인권 지표들 역시 다양한 층위를 측정하는 복수적 측정도구가 그간 주목을 받아왔으며, 이러한 다양한 지표를 종합적으로 고려하여 인권을 평가할 때 비로소 인권에 대한 체계적이고 객관적인 이해에 도달할 수 있다.

다음 장에서 상세하게 분석하겠지만 개인통합권리, 시민적·정치적 권리, 경제적·사회적·문화적 권리를 각각 측정하는 PTS, 자유지수, 인간개발지수는 글로벌 인권에 대해 다소 상이한 평가를 내리고 있다. 단적인 예가 1990년대 초반의 한국인데, 당시 한국의 경우 PTS로 측정된 개인통합권리는 전 세계적 그리고 지역적 수준에도 못 미치는 수준이라는 평가를 평가받았으나, 인간개발지수로 측정된 경제적·사회적·문화적 권리의 차원에서는 세계적 혹은 지역적 수준을 훨씬 상회하는 양상을 보인다.

이렇듯 다차원적으로 인권을 측정하는 도구들이 인권에 대해 다른 평가를 보여주고 있기 때문에, 그 각각의 시계열적 그리고 국가 간 변이를 설명하는 '요인들'도 지표에 따라 달라질 수밖에 없다. 가령 경제적 요인의 경우 경제적·사회적·문화적 권리의 개선을 유도하는 데 다른 요인에 비해 더 큰 영향력을 발휘할 수 있고, 시민적·사회적 요인의 경우 개인통합권리의 향상을 이끄는 데 더 큰 영향력을 발휘할 수 있다. 그러나 이

삶의 수준의 차원에서는 빈곤층의 인구 비율을, 지식의 측면에서는 역시 성인문해율, 그리고 수명의 차원에서는 60세까지 생존하지 못하는 인구 비율을 지수의 하위 변수로 포함시키고 있다.

러한 복잡한 관계를 수미일관된 이론적 틀로 잡아내는 것은 대단히 어려운 작업이며, 경험적인 분석에서 이 모든 것을 개별적으로 분석하는 것도 쉽지 않은 일이다. 이 책에서는 다양한 인권 지표가 존재하고 이에 따라 인권의 평가가 달라질 수 있다는 점을 충분히 고려하고자 한다. 나아가 설명적 요인을 찾는 과정도 좀 더 복합성을 띤다는 점을 숙지함으로써 한국과 일본의 인권 개선의 요인 분석에 보다 엄정성을 기하고자 한다.

마지막으로 지적되어야 할 점은, 이렇듯 다양한 인권 지표를 통해 주요 사례의 인권 추이를 살펴보고, 이러한 변동을 촉발한 요인을 찾아보는 작업은 그간 거의 이루어지지 않았다는 것이다. 앞서 밝힌 것처럼 그간 글로벌 인권 분석 혹은 인권 개선조건 분석에서는 거의 대부분 PTS를 그 주요 종속변인으로 활용해왔고, 이로 말미암아 보다 광범위한 시민적·정치적 권리의 차원과 경제적·사회적·문화적 권리의 차원을 분석의 사각지대에 위치시킨 경향이 있었다. 이는 대부분의 학자들이 미국의 대학과 연구소에 연계되어 있고, 따라서 인권을 개인통합권리를 중심으로 파악해온 미국식 편견을 재생산한 사실과 깊은 연관이 있다.

3. 글로벌 인권 개선의 추이

1972~2007년의 인권 지표 분석

1) 글로벌 인권 분석

앞에서 밝힌 것처럼 이 책의 주요 목적은 한국과 일본의 인권 개선 패턴과 이에 영향을 미친 다양한 조건들을 탐색하는 것이다. 이 목적을 달성하기 위해 우선 전 세계적 혹은 지역적 인권의 개선과 후퇴의 패턴을 고찰할 필요가 있고, 이러한 전 지구적 맥락 속에서 한국과 일본이라는 특수한 사례를 살펴볼 필요가 있다. 이는 비교국가적인 관점을 통해서 한국과 일본의 인권 관행의 발전과 후퇴의 현실을 보다 객관적으로 평가할 수 있다는 인식에 바탕하고 있다.

제1장에서 논의한 것처럼 21세기 글로벌 인권의 최대 아이러니는 인권에 대한 열망과 현실 사이의 괴리이며, 이는 국제인권공동체가 함께 고민하고 해결해나가야 할 도전이라는 인식이 최근 확대되고 있다 (Hafner-Burton and Tsutsui 2005). 즉, 인권에 대한 관심과 열망의 증가에도 불구하고, 실제로 전 세계적인 수준에서 인권 관행은 이에 상응하게 개선되지 못했다는 것이다. 효율적인 인권정책의 입안과 집행이 더욱 중요해지는 대목이다.

본 장은 이러한 글로벌 인권의 '아이러니 가설'을 검증하고, 나아가 보다 객관적으로 글로벌 인권의 발전 패턴을 기술적으로 이해하기 위해 국제앰네스티 인권보고서에 기반을 둔 PTS A, 미국 국무부 인권보고서를 토대로 구축된 PTS B, Freedom House의 자유지수(Freedom Index), 그리고 UNDP의 인간개발지수(Human Development Index)라는 네 가지 글로벌 인권 지표에 대해 경험적 분석을 수행한다. 나아가 글로벌 인권 지표가 갖는 한계를 지적하고, 이를 넘어서는 다양한 지표(가령, 한국적 인권 지표)의 구축이 필요함을 강조한다.

여기서 활용하는 네 가지 인권 지표는 인권 연구자와 실천가에 의해 가장 많은 주목을 받아온 글로벌 지표들이고, 따라서 가장 신뢰할 만한 대표적인 인권 관행 평가자료라고 할 수 있다. 각각의 자료가 갖는 일정한 한계와 이를 극복하기 위한 대안적 지표의 필요성에도 불구하고, 이들 자료가 제시하는 바는 글로벌 인권의 역사적 발전 과정을 체계적으로 이해하는 데 큰 도움을 준다. 특히 이들 자료가 제시하는 내용들 간의 유사점과 차이점을 고려함으로써 인권의 다양한 차원들이 역사적으로 어떤 발전과 후퇴의 패턴을 보였는지를 종합적으로 이해할 수 있다.

〈그림 3-1〉은 개인통합권리와 시민적·정치적 권리를 중심으로 1976~2007년의 글로벌 인권 개선의 추이를 한눈에 보여주고 있다. 우선 〈그림 3-1〉이 제시하는 바는 글로벌 인권이 그간 대단히 역동적인 패턴을 보여왔다는 것이다. 즉, 단선적으로 개선되거나 후퇴한 것이 아니라 시기와 그 상황이 놓인 조건에 따라서 개선과 후퇴를 반복했다는 것이다. 물론 고려하는 지표가 무엇인지에 따라 인권에 대한 평가는 달라질 수 있다. 그러나 그간 가장 많은 주목을 받아온 대표적인 지표들이 보여주는 바는 기존의 인권 연구가들과 이 책이 주장하는 바와 같이 글로벌 인권 관행이 지난 30여 년 동안 대체로 현상유지를 해왔거나 오히려 악화되었다는 것이다. 개인통합권리를 측정하는 PTS A와 PTS B에서 이 패턴이 분명히 드러나는데, 국제앰네스티의 인권보고서를 통해 구축된 PTS A의 경우

〈그림 3-1〉 글로벌 인권 개선의 추이: 개인통합권리와 시민적·정치적 권리

(단위: 점)

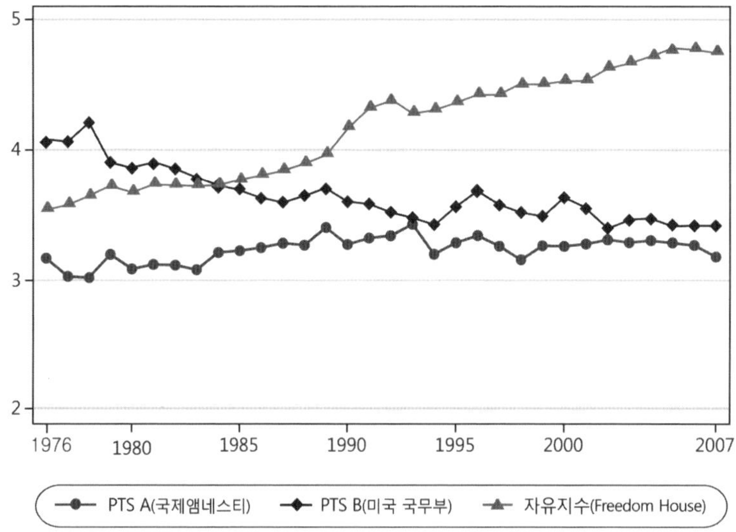

관찰이 시작된 1976년부터 2007년까지 글로벌 인권은 거의 제자리걸음을 한 것으로 드러난다(총 5점 중 3점이 조금 넘는 수준). 그리고 미국 국무부 보고서에 기반을 둔 PTS B의 경우 1976년에 비해 2007년의 글로벌 인권이 훨씬 악화되었음을 보여준다(4점이 넘는 초기의 수준이 2007년에는 3.5점 미만으로 하락).

그러나 Freedom House가 측정한 시민적·정치적 권리의 경우 대부분의 관찰 기간 동안 글로벌 수준에서 인권이 큰 폭으로 향상되었음을 보여준다. 동구권과 소련이 붕괴하고 구사회주의 국가들의 민주주의 이행이 시작된 1990년대 초반에 다소 후퇴하기도 하지만, 전 세계 국가들의 시민적·정치적 권리는 대체로 점차 개선된 것으로 보인다. 나아가 〈그림 3-1〉은 이러한 패턴이 2000년대 초반으로 접어들면서 가속화되었음을 보여준다. 그러나 2006년과 2007년의 경우 그 개선의 기세가 꺾이고 있으며, 이 가장 최근의 기간 동안 글로벌 시민적·정치적 권리는 현상유지

였거나 일정한 후퇴의 경향마저 보여준다. 이러한 최근의 '후퇴'는 개인통합권리 측정 지표들이 제시하는 패턴과 일치한다는 점에서 보다 주의 깊은 분석을 요구한다.

〈그림 3-1〉에서 드러나는 것처럼 각각의 지표들은 일정한 공통적인 패턴을 보여주기도 하지만 주목할 만한 차이 역시 드러내고 있다. 우선 첫째는 시민적·정치적 권리 지표가 개인통합권리 지표에 비해 글로벌 인권 상황에 대해 훨씬 긍정적인 평가를 내리고 있다는 것이고, 둘째는 개인통합권리를 측정하는 두 지표가 글로벌 인권의 초기에 대해 대단히 상이한 해석을 보여준다는 것이다. 즉, 국제앰네스티에 토대를 둔 PTS A의 경우 1970년대의 글로벌 인권에 대해 대단히 비판적인 입장을 취하고 있는 반면, 미국 국무부 자료에 기반을 둔 PTS B의 경우 상당히 긍정적인 평가를 내리고 있다. 그러나 이 평가의 차이는 시간이 흐를수록 줄어들고 있으며, 1990년대 중반을 경유하면서 그 편차는 거의 줄어든다. 또한 전체적인 평가도 개선에서 후퇴의 방향으로 바뀌었다는 공통적인 견해를 드러내고 있다.

시기별로 보다 구체적인 패턴을 보면, 국제앰네스티의 경우 자본주의와 공산주의권의 체제경쟁과 냉전이 절정에 달했던 1980년대 초반에 비해, 동구 공산권이 몰락하고 자본주의가 체제 경쟁에서 승리한 1990년대의 글로벌 인권 상황에 대해 호의적으로 평가하고 있다. 미국 국무부 역시 1990년대 중반 이후의 상황에 대해서는 1996년과 2000년 두 해를 인권 개선이라는 차원에서 의미 있게 평가하고 있다.[1] 그러나 2000년대로 접어들면서 미국 국무부는 글로벌 인권이 1990년대에 비해 악화된 것으로 평가하고 있으며, 국제앰네스티는 현상유지 쪽에 무게를 두다가 2007년 이후의 시기에는 다소 악화된 것으로 평가하고 있다.

---

1. 우선 보스니아와 헤르체고비나, 차드, 크로아티아, 에티오피아 등의 국가의 내전에 1995년에서 1996년 사이에 종결된 원인을 들 수 있다. 러시아와 체첸 간의 내전이 종식되고, 보스니아 사태에 관련한 평화협정이 채결된 것도 이 시기다.

〈그림 3-2〉 글로벌 인권 개선의 추이: 경제적 · 사회적 · 문화적 권리(UNDP 자료 분석)

(단위: 점)

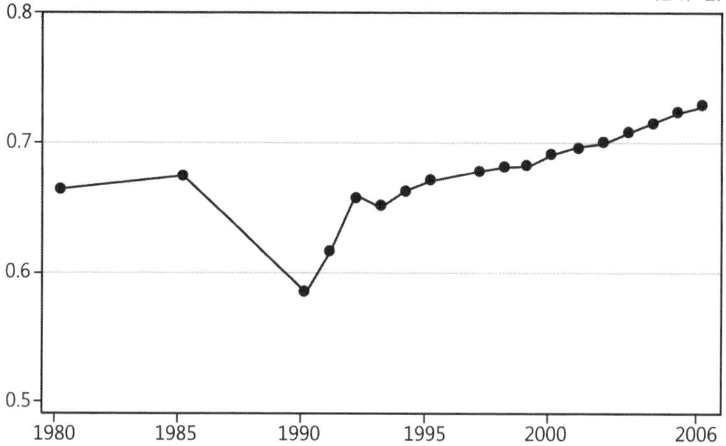

그렇다면 경제적·사회적·문화적 권리의 진화 역시 이러한 시민적·정치적 권리, 그리고 그 하위 유형이라고 할 수 있는 개인통합권리의 글로벌 패턴과 유사한 양상을 보이는가? 〈그림 3-2〉는 이에 대한 해답을 제시하고 있다.

〈그림 3-2〉의 UNDP의 인간개발지수는 전 세계적 수준으로 집적되고 통합된 점수로, 전 지구적 차원에서 경제적·사회적·문화적 권리가 개선 또는 후퇴했는지를 잘 드러내준다. 대체로 경제적·사회적·문화적 권리의 글로벌 패턴은 시민적·정치적 권리와 유사한 양상을 보여 1990년 중반 이후 이러한 권리의 두 가지 차원은 모두 점진적인 개선을 경험한 것으로 관찰된다. 그러나 이는 앞서 밝힌 것처럼 개인통합권리의 희생 속에서 가능했던 진보라고 평가할 수 있다. 차이점 역시 관찰되는데, Freedom House와는 달리 UNDP는 1990년대 초반 전 세계의 경제적·사회적·문화적 권리가 1980년대에 비해 악화되었다고 보고한다. 특히 1990년에 세계사회는 지난 사반세기 동안 경험하지 못했던 높은 수준의 경제적·사회적·문화적 삶의 질의 악화로 인해 고통을 받았다. 이듬해인

1991년에는 완만히 개선된 것으로 보이지만, 여전히 경제적·사회적·문화적 삶의 질은 낮은 수준에 머물러 있었다.[2]

글로벌 인권의 진화를 이해하는 또 다른 방법은 인권 준수 수준에 따라 국가를 몇 가지 그룹으로 나누고, 각 그룹이 시기에 따라 인권을 어느 정도로 보호했는지를 평가하는 것이다. 이를 위한 하나의 전략은 인권 점수에 따라 상위 25% 점수에 속하는 국가와 하위 25% 점수에 해당되는 국가로 분별하고, 이 각각을 인권보호국(protectors)과 인권테러국(terrorists)으로 명명하여 분석에 활용하는 것이다. 그리고 중간 50%의 점수에 해당되는 국가들은 인권남용국(abusers)으로 개념화할 수 있다. 이 각각의 국가군들의 비율이 시기에 따라 어떻게 변화했는지를 살펴봄으로써 글로벌 인권의 개선과 후퇴에 관한 또 다른 이해에 도달할 수 있다.

〈그림 3-3〉은 국제앰네스티의 개인통합권리 지표를 그 기준으로 보았을 때 인권보호국·인권남용국·인권테러국의 비율이 시기별로 어떻게 변화했는지를 보여주고 있다.

국제앰네스티 자료에 따르면(PTS A), 1970년대에 비해 1980년대의 글로벌 인권은 일정한 개선을 경험한 것으로 보인다. 인권보호국은 13% 증가하였고 인권테러국은 7% 줄었다. 1990년대로 들어서 이러한 개선의 패턴은 여전히 존재하나, 이는 완만하고 점진적인 개선에 그치고 만다. 인권보호국은 6%가 증가하여 전 세계 52%의 국가들이 인권을 보호하는 국가로 분류되지만, 반면 인권테러국은 6%가 증가하여 전 세계 28%의 국가들이 테러리스트의 명단에 이름을 올렸다. 이 완만한 개선의 패턴은 2000년대로 접어들면서 분명한 후퇴의 양상으로 변화하며, 전 세계적으로 인권보호국은 11%가 줄어든 41%를 기록한 반면, 인권남용국은 11%

2. 사하라이남 아프리카 국가들(가령, Benin, Burkina Faso, Guinea-Bissau 등)이 인간개발지표의 점수 하락에 결정적인 영향을 미쳤다. 이 지역 국가들은 수출하는 기초재의 국제가격 하락, AIDS 만연, 누적된 채무위기, 빠른 인구성장, 미약한 농업성장률과 식량난, 1970~80년대의 세계경제 불황 같은 요인이 복합적으로 작용한 결과 적지 않은 경제적인 어려움을 경험했다.

〈그림 3-3〉 개인통합권리의 글로벌 추이(국제앰네스티 자료 분석)

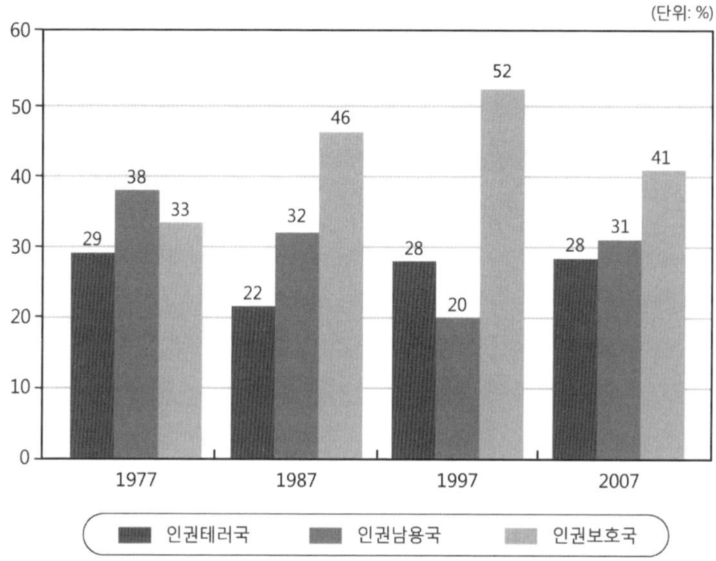

가 증가한 31%를 기록하고 있다. 이 결과는 2000년대로 접어들어 글로벌 인권이 후퇴했다는 일반적인 평가와 궤를 같이하는 것이다.

〈그림 3-4〉 역시 유사한 분석을 하고 있는데, 그 자료가 미국 국무부에서 발간한 '인권의 실천에 관한 국가보고서'(PTS B)라는 점에서 차이가 있다. 전체적으로 봤을 때, 앞서의 국제앰네스티 통합지수 분석에서 드러난 것처럼 글로벌 인권은 시간이 지날수록 퇴보하는 패턴을 보이는 것이 특징이다. 1977년에 비해 1987년에는 인권보호국이 무려 17%나 줄어 55%에 그쳤으며, 인권테러국은 12%가 늘어난 17%를 기록했다. 1997년에는 이러한 퇴보의 패턴이 다소 주춤하는 모습을 보이다가 2007년대로 접어들면서 전 세계적으로 인권보호국은 절반 이하(46%)로 줄어든 반면, 인권테러국도 20%를 넘어서게 되었다. 앞서의 분석에서 밝힌 것처럼, 미국 국무부의 자료는 초기의 글로벌 인권에 대해서 경쟁 자료인 국제앰네스티 자료에 비해 훨씬 관대했으나, 시간이 지날수록 부정적

〈그림 3-4〉 개인통합권리의 글로벌 추이(미국 국무부 자료 분석)

(단위: %)

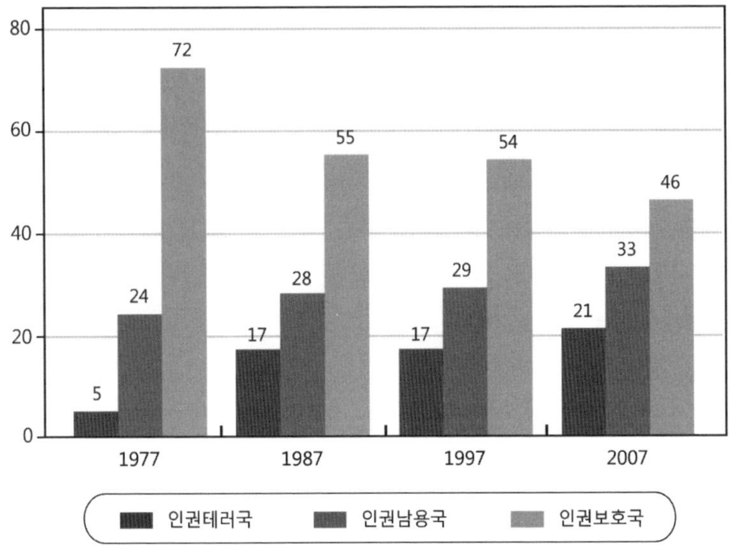

〈그림 3-5〉 시민적·정치적 권리의 글로벌 추이(Freedom House 자료 분석)

(단위: %)

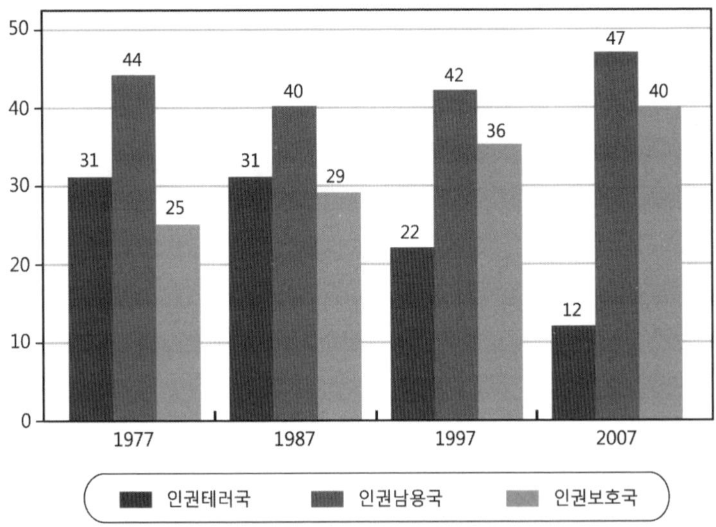

〈그림 3-6〉 경제적·사회적·문화적 권리의 글로벌 추이(UNDP 자료 분석)

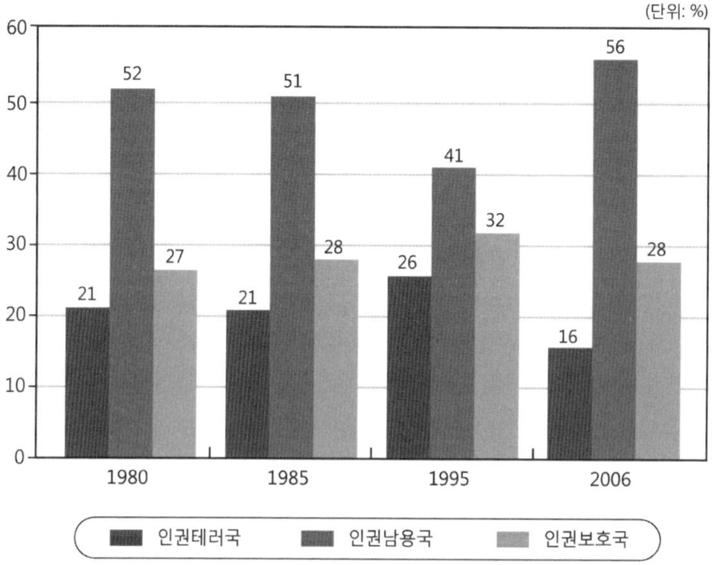

인 평가를 내리고 있다. 2000년대로 접어들면 국제앰네스티 자료의 평가와 마찬가지로 글로벌 인권이 명백한 후퇴의 국면에 들어섰음을 논증하고 있다.

〈그림 3-5〉는 Freedom House의 자유지수에 대한 분석을 토대로 인권보호국·인권남용국·인권테러국의 시기별 비율을 추정하고 있다. 자유지수의 글로벌 단일 지표에 대한 〈그림 3-1〉의 분석과 유사한 패턴이 여기에서도 보이는데, 우선 인권보호국은 1970년대 중반 이후로 점진적으로 증가하여, 1977년 25%이던 인권보호국 비율이 1997년의 36%를 거쳐, 2007년에는 40%로 증가하였다. 반면 인권테러국은 1977년에 31%로 인권보호국보다 높은 비율을 차지했으나, 1997년에 22%를 거쳐 2007년에는 12%로 급격히 줄어들어 글로벌 시민적·정치적 자유가 전반적으로 신장되었음을 선명하게 보여주고 있다.

그렇다면 경제적·사회적·문화적 권리 증진의 양상은 어떨까? 경제적·

사회적·문화적 권리의 보호국, 남용국, 테러국의 증감 패턴은 다른 유형의 인권과 어떤 차이를 보이는가? 결론적으로 이야기하면, <그림 3-6>에서 확인되는 것처럼, 시민적·정치적 권리의 증진 패턴과 유사하게 30여 년에 걸쳐 경제적·사회적·문화적 권리는 점진적으로 개선된 것으로 보인다. 그러나 <그림 3-6>을 주의 깊게 살펴보면, 30여 년에 걸쳐 인권보호국의 비율이 27~28%대에 그치고 있음을 확인할 수 있다. 인권테러국의 비율이 급격히 줄어든 것도 아니다. 1980년과 비교해볼 때 2006년의 인권테러국 비율은 21%에서 16%로 5% 감소하는 데에 그쳤다. 반면 인권남용국의 비율은 지난 30여 년 동안 50% 이상의 수준을 유지해왔으며, 2006년에 들어서는 56%로 1980년의 52%에 비해 4%가 증가하였다. 이러한 패턴은 전 세계적인 수준으로 통합한 단일 지수로는 파악이 안 되는 측면으로서, 전체적으로는 경제적·사회적·문화적 인권이 신장된 것으로 보이지만, 그 내용을 들여다보면 실제로는 인권남용국이 절대 다수라는 점을 통해 유추할 수 있는 것처럼, 만족할 만한 개선은 아니었다고 평가할 수 있다.

2) 동아시아 인권 분석

지역인권레짐의 모범 사례로 칭송을 받는 유럽인권레짐의 경우 '인권과 근본적 자유의 보호를 위한 유럽협약'이 1953년 효력을 발생한 이후 대부분의 유럽 국가가 비준하여 오늘날에 이르고 있다(Moravicsik 2000). 여기에서 주목해야 할 것은 이 유럽인권레짐이 1967년에 등장한 유럽공동체(EC)의 규범적 기반이 되었다는 사실이다. 즉, 유럽에서는 인권을 둘러싼 역내의 규범과 원칙의 확립이 역내 경제공동체 건설 노력에 선행했으며, 나아가 사회 전반의 발전에 윤활유 역할을 하였다(Fligstein and Sweet 2002).

이러한 견지에서 지역인권레짐 형성에 가장 소극적인 지역이 세계화

시대의 새로운 경제적 중심지로 각광을 받고 있는 동아시아라는 사실은 역설적이다. 동아시아는 전후 경제의 부흥을 이룬 일본, 1970~80년대 이래 눈부신 경제성장을 이룩한 한국, 대만 등의 신흥공업국가군(NICs), 21세기의 경제적·군사적 중심지로 각광을 받고 있는 중국, 그리고 높은 시장 잠재성을 갖는 아세안(ASEAN) 10개국을 포괄하고 있는 명실상부한 21세기 신경제와 발전의 중심지다. 그 경제적 잠재성이 어느 지역보다도 큰 만큼 노동권 침해, 환경권 침해, 생존권 침해 같은 각종 인권 침해와 차별의 가능성이 농후한 지역이라고 볼 수 있다. 이러한 점을 고려할 때, 이 지역에 지역인권레짐 형성이 가장 지체되어왔다는 것은 대단히 역설적이며, 나아가 그 원인을 밝히기 위해서는 체계적인 사회과학적 분석이 요청된다.

최근 동아시아에서도 인권의 중요성에 대한 인식이 확대되었고, 각국과 역내의 NGO를 중심으로 지역적 인권규범과 제도의 확립에 대한 필요성이 그 어느 때보다 커졌다. 이러한 의식 변화를 반영하면서 최근 동아시아 지역의 NGO 네트워크인 '아시아포럼(Asian Forum for Human Rights and Development)'이 창설되었고, 아세안 정책입안자와 지역 NGO의 연합체로 구성된 아세안인민회의(ASEAN People's Assembly; APA)가 만들어졌다. 아시아 지역의 인권 상황을 조사하고 인권 침해를 저지른 각국 정부에 권고 또는 정책 제안을 하는 아시아인권위원회(Asian Human Rights Commission)가 홍콩에 설립되었으며, 1998년에는 아시아인권위원회의 주도로 시민 수준의 인권헌장인 '아시아인권헌장(Asian Human Rights Charter)'이 채택되었다(이성훈 2008).

그렇다면 글로벌 인권 지표로 보았을 때 동아시아에서의 인권 보장 수준은 어느 정도이고, 그 역사적 궤적은 어떠할까? 동아시아는 지난 30여 년 동안 인권 관행에서 의미 있는 발전을 이루었는가? 아니면 지역레짐의 부재라는 지역적 조건과 맞물리면서 타 지역에 비해 인권 개선이 미미한 수준에 머물렀는가? 보다 일반적으로 평가해서 동아시아의 인권 보

〈그림 3-7〉 개인통합권리 지표의 지역별 패턴(국제앰네스티 자료 분석)

(단위: 점)

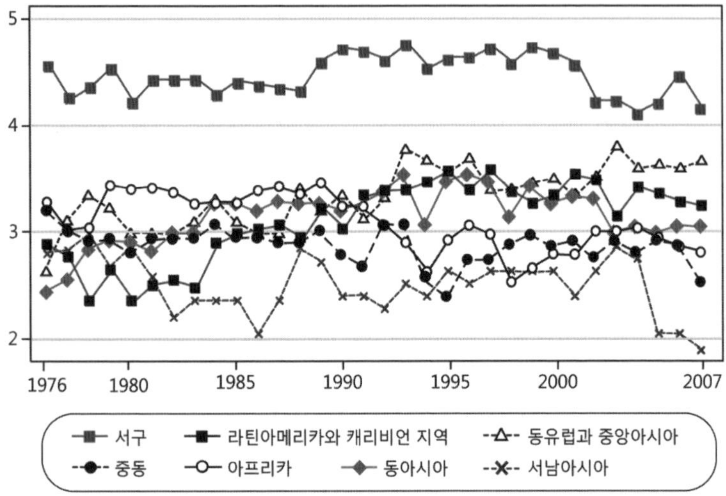

장 수준은 다른 지역과 어떻게 비교되는가? 글로벌리제이션 시대에 특정 지역은 다른 지역과의 협력과 경쟁 속에서 진화하며, 여타 지역의 발전 과정과 결코 유리될 수 없음을 고려할 때, 이러한 지역 간 비교분석은 동아시아의 인권 발전 수준을 객관적으로 이해하는 데 매우 중요한 첫걸음이 된다고 할 수 있다. 〈그림 3-7〉은 국제앰네스티 자료를 통해서 본 개인통합권리 보장의 지역별·시기별 패턴을 보여주고 있다.

앞서 수행된 글로벌 분석을 통해 지난 30여 년 동안 전 세계적으로 개인통합권리의 보장은 현상유지에 그쳤거나 오히려 악화되었다는 점이 확인되었다. 그러나 재미있게도 동아시아의 개인통합권리는 일정한 개선을 이룬 것으로 분석된다. 1976년 2.5점에도 미치지 못했던 인권점수는 2007년에는 3점을 넘겨 일정한 폭의 인권 개선이 이루어졌다. 그러나 글로벌 분석에서의 패턴과 유사하게, 2000년대에 들어서는 개인통합권리가 오히려 악화된 것으로 분석된다. 특히 2003년으로 접어들면서 개인통합권리의 후퇴는 두드러진다. 2003년부터 2007년까지의 인권 관행은

1970년대 후반과 1980년대 초반 수준으로 회귀한 것으로 분석된다. 사실 최근 몇 년 동안 관찰되는 이러한 후퇴의 징후는 1990년대 중반부터 감지되기 시작하였다. 1970년대부터 1990년대 초반까지 개인통합권리의 획기적인 발전의 패턴은 1993년에 정점에 올라섰다가 1994년에 1980년 초반 수준으로 급락하였고, 이내 잠시 회복되었다가 1998년에 다시금 급락하는 롤러코스터의 양상을 보여준다.[3]

〈그림 3-7〉에서 보이는 것처럼 2007년 현재 동아시아는 서구, 동유럽과 중앙아시아, 라틴아메리카와 캐리비언 지역에 이어 전체 7개 지역 중 인권 보호 수준에서 4위를 기록하고 있는 것으로 분석된다. 물론 이는 1976년 당시 동아시아의 인권 보호 수준이 7개 지역 중 최하위를 기록했었다는 것을 고려할 때 괄목할 만한 발전이라고 부를 수 있으나, 2000년대에 와서는 오히려 동아시아가 서남아시아와 더불어 인권 후퇴의 흐름을 주도하고 있는 것으로 분석된다는 점에서 대단히 우려스러운 일이 아닐 수 없다. 특히 1990년대와 2000년대에 동아시아가 보여준 높은 경제성장과 그에 따른 삶의 질의 향상을 고려할 때, 이 같이 낮은 개인통합권리 보호 수준은 인권 분야에서 동아시아 국가들의 적극적인 대처를 요청한다.

그렇다면 국제앰네스티 자료를 통해 파악된 동아시아의 개인통합권리 보호의 시계열 패턴은 미국 국무부 지표의 분석에서도 유사하게 드러나는가? 〈그림 3-8〉에 제시된 패턴을 보면, 두 자료의 적지 않은 이질성에도 불구하고, 동아시아의 인권 진화와 관련해서는 상당히 유사한 분석을 내놓고 있음을 알 수 있다.

우선 1970년대 후반의 널뛰기 패턴을 논외로 한다면 동아시아는 1980

3. 중국, 일본, 한국, 말레이시아, 태국은 1994년에 1993년에 비해 인권이 한 단계씩 하락하였다. 한국의 경우 1994년은 김일성 사망 후 국가보안법 적용 대상자가 급격히 증가한 시기다. 1998년의 인권 후퇴는 1997년의 아시아 금융위기와 연관이 있는 것으로 보인다.

〈그림 3-8〉 개인통합권리 지표의 지역별 패턴(미국 국무부 자료 분석)

(단위: 점)

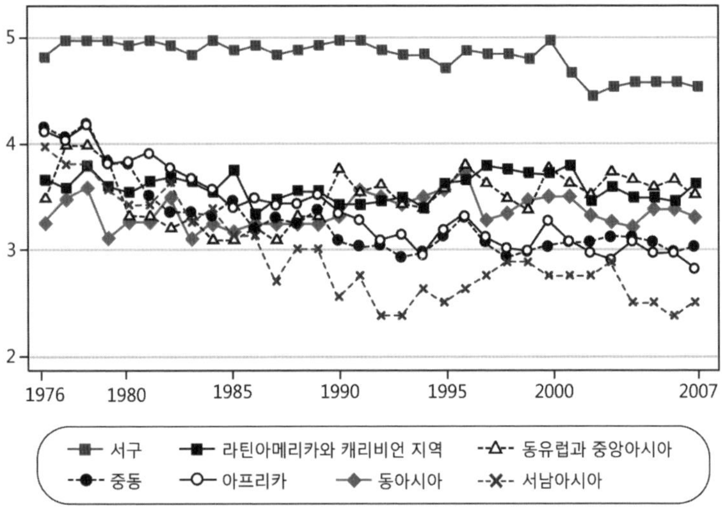

년대부터 1990년대 중반에 이르기까지 꾸준한 개인통합권리의 신장을 이룩한 것으로 보인다. 이러한 패턴은 미국 국무부에 기반을 둔 PTS A가 국제앰네스티에 기반을 둔 PTS B에 비해 시간의 경과에 따라 전 세계 인권을 부정적으로 평가하고 있는 일반적인 성향을 고려할 때 대단히 이례적이다. 즉, 대부분의 지역에서 1980년대와 1990년대를 거치면서 개인통합권리가 하락할 때 동아시아는 예외적으로 발전의 패턴을 보여주었다는 것이다. 이 점은 미국 국무부 자료 역시 1970년대 중반의 동아시아를 전형적인 인권테러지역(7개 지역 중 최하위)으로 구분했었다는 점을 고려할 때에도 분명 괄목할 만한 발전이라고 말할 수 있다.[4]

4. PTS A와 PTS B를 비교할 때 가장 눈에 띄는 차이점 중 하나가 서구의 인권 보장 수준에 대한 평가와 관련해서다. 국제앰네스티 자료에 기초한 PTS A는 지난 30여 년 동안 서구의 개인통합권리 보호가 끊임없는 발전과 후퇴를 반복한 것으로 파악하고 있는 반면, 미국 국무부의 관점을 담고 있는 PTS B는 서구의 개인통합권리가 2000년에 이르기까지 거의 완만한 현상유지를 했다고 평가하고 있다. 서구에 대한 평가가 주관기관의 이데올로기적 관점과 어떻게 관계되는지를 한번쯤 되짚어볼 대목이다. 일반적으로

〈그림 3-9〉 시민적·정치적 권리 지표의 지역별 패턴(Freedom House 자료 분석)

(단위: 점)

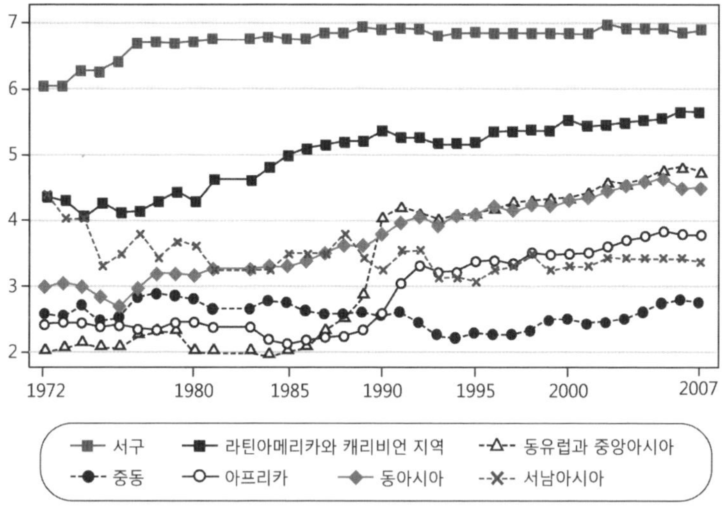

또 다른 주목할 만한 사항은 미국 국무부 자료 역시 2000년대에 들어서 동아시아의 개인통합권리 수준이 우려할 만하게 후퇴했다는 점을 보여주고 있다. 특히 2003년과 2004년의 수준은 1980년대 수준으로의 회귀라고 평가할 수 있다. 미국 국무부 자료 역시 2007년 동아시아의 인권보장 수준을 서구, 라틴아메리카와 캐리비언, 그리고 동유럽과 중앙아시아에 이어 7개 지역 중 4위를 기록하고 있는 것으로 평가했다.[5]

〈그림 3-9〉는 Freedom House의 시민적·정치적 권리 지표의 시계열 변화를 지역별로 제시하고 있다. 이른바 '자유지수'로 불리는 이 지표는 정치적 자유와 시민적 자유 두 가지를 모두 측정한다. 정치적 자유 지표

학자들은 미국 국무부의 지표가 미국의 동맹국들(서구 국가들을 포함한)에 대해서는 특히 우호적이라는 점을 지적하고 있다(Poe, Tate and Keith 1999).

5. 다만 미국 국무부 자료는 라틴아메리카와 캐리비언 지역의 개인통합권리 보장 수준을 동유럽 및 중앙아시아보다는 앞서는 것으로 파악하고 있다. 국제앰네스티 자료와 마찬가지로 최하위 지역을 서남아시아로 평가한다.

는 시민들의 투표나 정당참여와 같은 정치적 과정에의 참여가 얼마나 보장되는지를 측정하며, 시민적 자유 지표는 시민들이 정치·경제·종교적 시스템에 대해 자유롭게 발언하고, 이와 관련하여 결사체를 형성하며, 비판적 여론을 형성하는 등 '참여'가 얼마나 보장되는가와 관련된다. 즉, 자유지수는 이 두 가지를 함께 고려하는 통합지수로서 의미를 갖는다.

〈그림 3-9〉는 지역에 따른 차이는 있지만 전체적으로 대부분의 지역들이 자료 수집이 시작된 초기에 비해 시민적·정치적 자유의 수준이 큰 폭으로 향상되었음을 보여준다.[6] 가장 큰 폭의 개선을 보인 지역은 동유럽과 중앙아시아 지역이다. 소련과 동유럽 국가들의 자본주의 편입, 그리고 이에 따른 민주주의 체계의 실현이 자연스레 이 지역을 시민적·정치적 권리의 불모지에서 전 세계 7개 지역 중 세 번째로 높은 수준의 인권이 보장되는 '옥토'로 변모시켰다. 제3파 민주주의를 통해 많은 국가들이 민주주의로 전환을 이룬 사하라 사막 이남 아프리카 국가들의 시민적·정치적 권리 개선 역시 눈부시다.

〈그림 3-9〉는 사하라 사막 이남 아프리카 국가들 못지않게 높은 수준의 시민적·정치적 권리의 개선을 가져온 지역이 바로 동아시아라는 사실을 나타내주고 있다. 1970년대 중반 잠시 인권의 후퇴가 있었지만 이후의 인권 관행은 꾸준히 개선되었고, 특히 이 발전의 패턴은 1980년대 후반과 1990년대의 제3파 민주주의의 전개와 맞물리면서 도드라졌다. 그러나 앞서 살핀 개인통합권리 차원에서 2000년대에 이루어진 대규모의 후퇴와 그 궤를 같이하면서, 2006년과 2007년에 동아시아는 시민적·정치적 자유의 일정한 후퇴를 경험했다. 2006년 9월 태국에서 발발한 군사쿠데타와 이에 따른 정치혼란 그리고 같은 해에 필리핀에서 전개된 군부 내 좌파세력에 의한 이슬람계 세력 살해 같은 일련의 사태가 이러한 인

6. 그 예외가 되는 지역은 서남아시아와 중동이다. 서남아시아는 2000년대의 시민적·정치적 권리의 보호가 1970년대 수준에도 미치지 못하고 있으며, 중동 역시 최근의 인권 수준이 1970년대 후반보다 높지 않은 것으로 드러난다.

〈그림 3-10〉 인간개발지수의 지역별 패턴(UNDP 자료 분석)

(단위: 점)

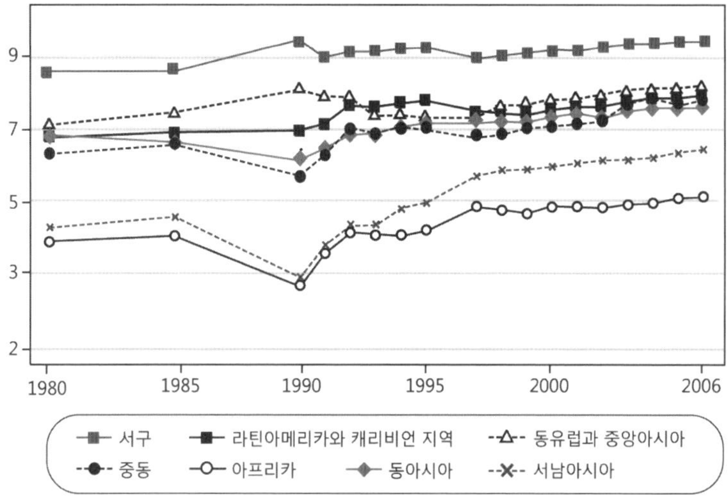

권 후퇴에 일조한 것으로 분석된다.

〈그림 3-10〉은 경제적·사회적·문화적 권리를 측정하는 UNDP의 인간개발지수의 지역별 변화를 시계열로 제시하고 있다.

글로벌 패턴 분석에서와 마찬가지로 전 세계 대부분의 지역들이 1980년에 비해 1990년대와 2000년대로 접어들면서 의미 있는 경제적·사회적 삶의 질의 향상을 경험하였다. 그러나 모든 지역들이 단선적 발전을 경험한 것은 결코 아니었다. 특히 1990년과 1991년에 경제적·사회적 권리가 악화되었으며, 이는 사하라이남 아프리카, 서남아시아, 그리고 중동 지역의 인권 악화에 의해 추동된 것으로 보인다. 동아시아 국가들도 이러한 '퇴조'의 경향에 일정한 기여를 하고 있으나 그 하락의 폭은 크지 않았다. 동아시아는 높은 수준의 경제성장에 힘입어 1990년대와 2000년대에 꾸준한 경제적·사회적·문화적 인권과 삶의 질의 개선을 경험하였고 동유럽이나 라틴아메리카와 비슷한 수준에서 3~4위의 위치를 지키고 있는 것으로 분석된다.

〈그림 3-11〉 개인통합권리의 동아시아 추이(국제앰네스티 자료 분석)

(단위: %)

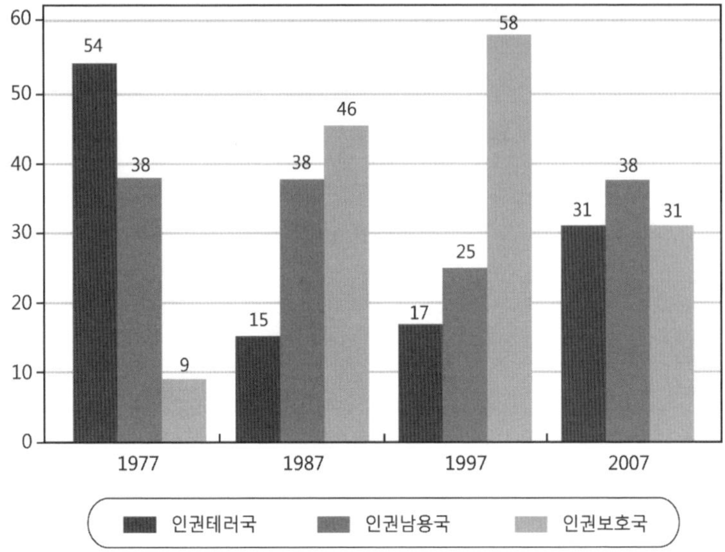

〈그림 3-12〉 개인통합권리의 동아시아 추이(미국 국무부 자료 분석)

(단위: %)

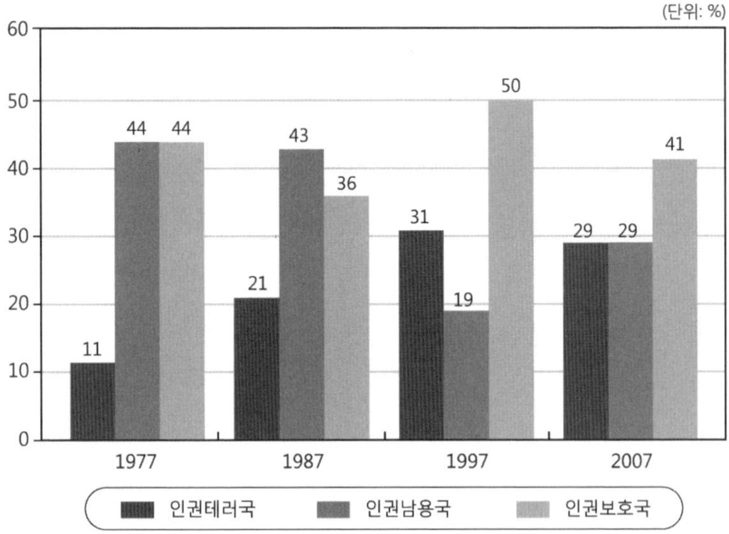

그러나 개인통합권리의 역사적 궤적과는 달리 동아시아의 경우 경제적·사회적 권리에서 3~4위권을 꾸준히 지켜왔다는 것이 특이할 만하다. 즉 고문, 강제실종, 사법외적 살인 등을 포괄하는 개인통합권리의 보호라는 차원에서는 1970년대 중반과 1980년대 초반에 최하위를 기록했다가 괄목할 만한 개선을 이룬 반면, 경제적·사회적 인권 차원에서는 큰 변동 없이 중위권 이상의 점수를 유지해왔다는 것이다. 이는 인권의 모든 측면이 유기적이고 일관되게 변화하기보다는 불일치와 부조응을 통해 진화한다는 일각의 관점을 반영하는 것으로 보인다. 나아가 Lee Kuan Yew나 Mahathir bin Mohamad 같은 동아시아 정치지도자들이 왜 집단권이나 발전권 문제에 그토록 집착해왔는지를 가늠하게 만드는 대목이다.

〈그림 3-11〉부터 〈그림 3-14〉까지는 동아시아에서 인권보호국·인권남용국·인권테러국 비율의 시계열적 변화를 제시하여 지금까지 분석한 동아시아의 인권 발전 패턴을 다시 한번 다른 각도에서 선명하게 보여주고 있다. 국제앰네스티와 미국 국무부 모두 1980년대와 1990년대에 동아시아에서 일정한 수준의 인권의 개선이 이루어졌음을 논증하고 있다(〈그림 3-11〉과 〈그림 3-12〉 참조).

미국 국무부의 경우는 1970년대보다 1980년대에 인권이 다소 후퇴한 것으로 평가하고 있지만 1990년대에 들어서는 인권의 개선이 이루어진 것으로 분석하고 있다. 국제앰네스티는 1970년대에 비해 1980년대와 1990년대에 동아시아의 인권이 꾸준히 개선되어왔다고 평가한다. 그러나 두 단체 모두 2000년대에 들어서서 전 세계적인 패턴과 맞물리면서 동아시아에서도 심각한 인권의 후퇴가 발생했다고 평가한다. 특히 국제앰네스티의 자료에 대한 분석은 동아시아에서 인권보호국이 58%에서 31%로 줄어든 반면 인권테러국은 17%에서 31%로 증가했음을 보여주는데, 이는 미국 국무부가 평가하는 것보다 훨씬 동아시아의 개인통합권리에 대해 비판적인 견해라고 할 수 있다.

〈그림 3-13〉 시민적·정치적 권리의 동아시아 추이(Freedom House 자료 분석)

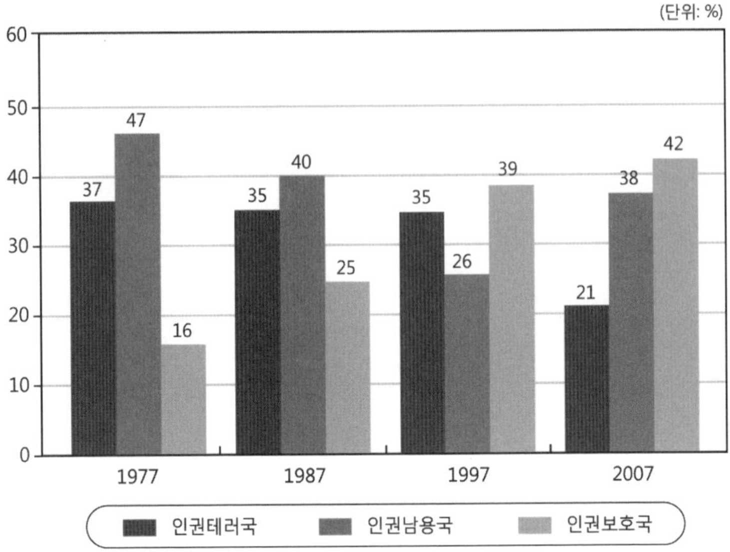

〈그림 3-14〉 경제적·사회적·문화적 권리의 동아시아 추이(UNDP 자료 분석)

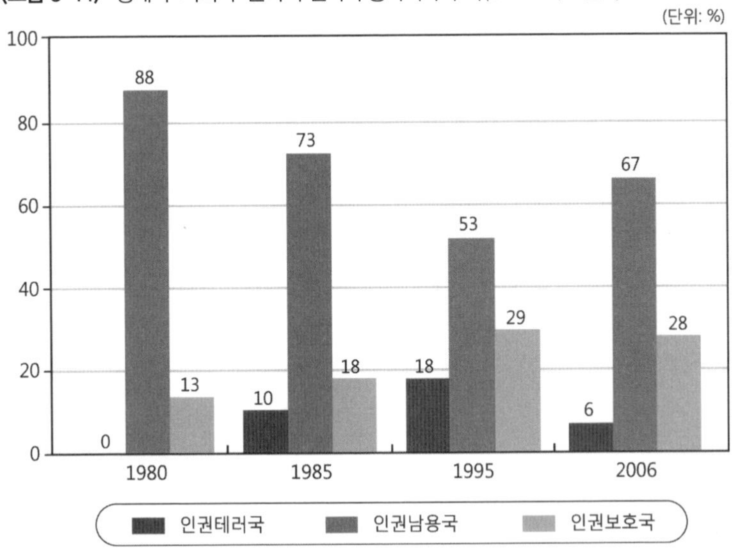

한편, 시민적·정치적 권리는 앞서 분석한 내용과 마찬가지로 동아시아의 경우 꾸준한 개선을 이루었다(〈그림 3-13〉 참조). 가령 1977년에 비해 2007년에는 인권테러국이 37%에서 21%로 16% 감소했고, 인권보호국은 16%에서 42%로 무려 26%가 개선되었다. 유사한 패턴은 경제적·사회적·문화적 권리를 측정하는 인간개발지수의 변화에서도 드러난다(〈그림 3-14〉 참조). 지난 30여 년 동안 인권보호국은 13%에서 28%로 15% 증가하였고, 인권남용국은 88%에서 67%로 21% 감소하였다. 그러나 여기에서 한 가지 주목을 요하는 것은 동아시아의 경우 경제적·사회적 차원에서 보았을 때 인권테러국이 1970년에는 한 국가도 없었으나, 시간이 지나면서 이 범주에 해당되는 국가가 생겨나게 되었고 이는 1990년대에는 18%, 2000년대에는 6%에 해당하는 수치다.

3) 글로벌 인권 개선의 조건

글로벌 인권의 개선과 후퇴의 역사적인 패턴을 객관적으로 기술하는 것이 글로벌 인권 연구의 중요한 과업의 하나라면, 그 다음으로 해야 할 작업은 이러한 전 세계적(혹은 지역적) 인권 관행의 차이를 낳은 요인을 찾아보는 것이다. 인권이 후퇴하였다면 왜, 어떤 요인에 의해 인권의 억압이 이루어진 것인지, 그리고 인권이 개선되었다면 무엇이 이러한 인권 관행의 진보를 촉발시킨 것인지에 대한 엄정한 분석이 필요하다. 이러한 인권 개선(혹은 후퇴)의 조건에 대한 체계적인 분석이 이루어질 때라야 비로소 글로벌 인권의 개선을 유도하는 신뢰할 만한 공공정책의 개발이 가능해진다.

본 절에서는 글로벌 인권의 개선조건에 관해 그간 출판된 연구 결과들을 종합하고 이를 가설 형태로 정리한다. 글로벌 인권의 개선조건에 관한 연구는 1980년대 이후로 지금에 이르기까지 대체로 정치학자와 법학자에 의해 주도되었다. 그러나 1990년대 중반 이후부터는 국가 간 비교의 방법을 사용하는 비교사회학자들에 의한 연구가 활발하게 진행되었고, 이를 통해 인권(개선) 연구에 학제 간 논쟁이 촉발되었으며, 연구의 폭과 깊이에 있어 의미심장한 진보가 이루어졌다.

(1) 국제인권조약의 체결과 비준

인권의 개선을 설명하는 기존의 국가 간 비교 연구들은 우선 국제인권조약을 중심으로 한 국제인권레짐의 팽창이 각국의 인권 개선에 미치는 효과에 주목해왔다(Cole 2005; Hathaway 2007). 즉, 인권과 관련된 국제조약의 숫자와 영향력이 증가하고, 이를 비준하는 국가가 늘어남으로써 인권의 점진적인 개선이 가능해졌다는 것이다. Elliott(2009)의 연구에 따르면 UN 인권고등판무관실(UNHCHR)에 의해 공인된 인권 관련 조약과 선언서 등의 이른바 인권문서(human rights instruments)가 1990년대 말에 이미 130개를 넘어섰고 여전히 증가하는 추세다.

대표적인 국제조약들은 1966년에 작성되어 1976년에 발효한 '시민적·정치적 권리에 관한 국제규약', '경제적·사회적·문화적 권리에 관한 국제규약'을 포괄하며, 이 밖에도 인종차별철폐조약, 여성차별철폐조약, 고문방지조약 그리고 '아동의 권리에 관한 협약'(이하 아동권리협약) 역시 국제사회에서 가장 큰 영향력을 갖는 국제인권조약이라고 할 수 있다. 이 여섯 개의 조약은 그 이행을 감시하는 해당 위원회를 설립하여 각 나라에 대해 수년에 한 차례씩 의무이행에 관한 보고서를 제출하게 하는 등 국제적 인권 기준의 국내적 이행을 감시하고 있다. 대다수의 국민국가들은 국가주권(sovereignty)에 제약과 위축을 가져올 가능성에도 불구하고 이러한 주요 인권조약을 비준 혹은 추인했는데, 아동권리협약의 경우 2004년 현재 192개의 국가들이 비준하고 서명하여 가입률이 무려 99%에 이르고 있다. 여성차별철폐조약은 2004년을 기준으로 전 세계 90% 이상의 국가들이 비준·서명하였다.

국제법이 국내의 인권 상황 개선을 실질적으로 유도하기 위해서는 국제법의 국내법화와 강력한 강화기제(enforcement mechanism)의 확보가 선행되어야 한다는 일각의 주장에도 불구하고,[7] 국제인권조약의 체결과 비준이 국내 인권 상황의 개선에 긍정적인 역할을 한다는 인식은 오랫동안 학계와 인권공동체 내에 퍼져 있었다. 국제인권법과 인권 개선 간의 관계는 다음과 같은 가설로 요약될 수 있다.

> **가설 1.** 각 국가의 인권 개선은 국제인권조약의 체결이나 비준과 긴밀히 연관된다: 보다 많은 국제인권조약을 비준한 국가들에서 인권 개선 효과가 더 클 것이다.

(2) 국제민간단체의 영향력

기존의 연구들은 전 세계적 차원에서 인권의 개선을 유도하는 또 다른 중요한 요인으로 국제민간단체의 역할에 초점을 맞추었다. 특히 인권 분야에서 중심적인 역할을 하는 국제인권민간단체(HRINGOs)의 영향력에 주목했다.[8]

세계사회이론(world society theory)을 옹호하는 Hafner-Burton과

7. 최근 일련의 학자들은 국제인권레짐의 확산과 인권 개선 간에 큰 인과적 관계가 없는 것으로 보고하고 있다. 특히 각 국가의 국제인권조약 비준과 비준한 국가들의 인권 개선 간에는 오히려 음의(negative) 관계가 있는 것으로 보고되고 있다(Hafner-Burton and Tsutsui 2005; Cole 2005; Hathaway 2007). 즉, 인권의 개선에 대한 확고한 의지 없이 국제인권조약을 비준하는 경우가 허다하며, 많은 경우 국가의 정당성 확보 차원에서 상징적으로 인권조약에 가입하고 이후에는 여전히 인권 유린 관행을 지속한다는 것이다.

8. Landman(2006)은 대표적인 국제인권민간단체로 국제앰네스티, Anti-Slavery International, Article 19, Human Rights First, Human Rights Watch, International Federation of Human Rights Leagues, International Service for Human Rights, Minority Rights Group, Penal Reform International, World Organization Against Torture 등을 꼽았다.

Tsutsui(2005)는 국제인권조약의 확산과 이에 따른 국제인권레짐의 팽창은 사실 인권 개선과 큰 상관이 없으며, 국가가 인권 개선의 의지를 보이지 않는 틈을 타 국제민간단체를 중심으로 한 NGO 그룹이 동원에 성공하며 이들에 의한 규범적 압력이 점진적으로 인권을 개선하는 데 공헌한다고 주장한다. 즉, 각국의 빈 공약(empty promise)이 지구시민사회의 동원을 촉진하는 아이러니를 낳는다는 것이다. Tsutsui(2006) 역시 일본의 소수인종(ethnic minority) 인권운동 동원 과정을 분석하면서 지구시민사회와 국제 NGO의 역할이 인권 개선을 유도하는 결정적인 요인이었다고 주장한다.

구성주의(constructivism)적 관점에서 라틴아메리카 국가들의 인권 개선 조건에 대해 연구한 Sikkink(1993) 역시 국제인권민간단체의 역할, 특히 이러한 민간단체들이 인권을 둘러싸고 이른바 '국제적 이슈 네트워크(international issue network)'를 구축하여 인권침해국을 압박하는 과정이 인권 개선에 결정적이었다고 주장한다. 이러한 국제 네트워크가 형성되어 정부에 대한 압박으로 작용한 경우(가령 1980년대 초반의 아르헨티나)에는 실제로 중·장기간에 걸쳐 인권의 개선이 이루어졌고, 국제 네트워크가 효과적으로 작동하지 않은 경우(1980년대의 멕시코의 경우)에는 인권이 지체되었다는 것이다. 이러한 연구의 결과를 종합하여 다음과 같은 가설을 추출할 수 있다.

가설 2. 각 국가의 인권 개선은 국제민간단체의 활동과 긴밀히 연관된다: 국제민간단체의 적극적인 역할이 이루어졌을 때 전 세계적인 차원에서 인권이 개선되는 경향이 있으며, 또한 국제민간단체에 적극적으로 참여하여 활동하는 국가들은 그렇지 않은 국가들보다 인권 개선을 이룰 가능성이 높다.

(3) 경제 발전과 정치민주화

인권 개선에 관한 글로벌 분석을 촉발시킨 Mitchell과 McCormick의 초기 연구에 따르면 각국의 인권 개선을 유도한 결정적인 요인은 각 국가의 경제 발전과 정치민주화다(Mitchell and McCormick 1988). 즉, 각국의 근대화 진행 정도와 인권 개선은 대단히 밀접한 연관이 있다는 것이다. 정치적 민주화는 자연스레 개인의 시민적·정치적 권리의 신장으로 이어지고, 경제적 발전은 인권 개선을 위한 비용을 감당할 수 있는 각국의 능력을 증대시킨다는 것이다.

합리적 선택적 관점에서 보자면, 정치적 민주화와 경제적 발전이 이미 높은 수준으로 이루어진 나라들일수록 그렇지 못한 나라들보다 인권 보호와 신장을 이루는 데 필요한 비용이 훨씬 적게 산출되기 때문에 적극적으로 인권 개선에 나서게 된다는 것이다. 이러한 '진보한' 국가들의 경우 인권 개선을 이루는 대가로 국제사회로부터 정당성(legitimacy)을 획득하게 되며, 이러한 '이익(benefit)'이 비용보다 더 큰 경우가 많다.

정치학자들 중 현실주의적 입장을 견지하는 이런 부류의 연구자들은 국제인권레짐의 팽창 혹은 국제민간단체의 영향력과 같은 국제적인 요인보다는 국내의 정치적·경제적 조건, 다시 말해 민주주의의 공고화를 달성하고 경제적인 발전을 이루는 것이 인권 개선이라는 견지에서 훨씬 중요한 조건이라는 주장을 개진한다(Mitchell and McCormick 1988; Poe Tate 1994; Poe, Tate and Keith 1999; Smith, Pagnucco and Chatfield 1997). 이러한 주장을 가설로 요약하면 다음과 같다.

> **가설 3-1 :** 각국의 경제 발전과 정치민주화는 인권의 개선을 유도한다.

(4) 시민사회와 사회운동의 성장

본 연구는 기왕의 연구들이 충분히 주목하지 못했던 인권 개선의 조건으로 각 국가 내의 시민사회와 사회운동의 성장에 주목한다. 기존의 글로벌 분석은 국제민간단체를 중심으로 한 지구시민사회의 역할에 적절히 초점을 맞추었던 반면, 각 국가 내의 시민사회와 사회운동의 성장과 영향력 증대에 대해서는 충분한 관심을 기울이지 못했다. 물론 이는 국가 간 비교에서 활용될 수 있는 신뢰할 만한 시민사회·사회운동 데이터의 부재가 그 큰 원인이다. 그러나 일국적 시민사회 혹은 사회운동이 어떤 메커니즘을 통해 인권의 개선에 기여하는지에 대한 이론적 틀의 부재 때문이기도 하다.

한국의 경우 1990년대 이후 시민사회와 사회운동의 성장과 발전이 인권운동을 유도했고, 이것이 관련 법적·제도적 변화와 인권 개선을 추동하는 핵심적인 조건이 되었다는 점을 상기할 필요가 있다(Koo Forthcoming). 이러한 국내 시민사회와 사회운동의 역할이 비단 한국에서만 중요했던 것은 아니고, 다른 나라들의 사례를 연구한 여러 연구들 역시 정도는 다르지만 국내 시민사회와 대중동원의 중요성에 논증하고 있다(Neary 2002, Hathaway 2007).

가설 4. 각 국가 내부의 시민사회와 사회운동의 성장은 인권 개선을 유도한다.

이상에서 살펴본 인권의 개선에 영향을 미치는 네 가지 주요 조건을 요약하면 다음과 같다.

첫째, 국제인권조약의 체결과 비준을 중심으로 하는 국제인권레짐의 팽창은 각국의 인권 개선에 긍정적 영향을 준다. 둘째, 국제민간단체의 활성화가 인권 개선에 긍정적 기능을 한다. 셋째, 각국의 정치적 민주화와 경제적 발전 수준의 고도화는 인권 개선을 유도한다. 넷째, 인권의 개선은 각국의 시민사회와 사회운동의 성장·발전에 의해 추동된다. 이 밖에도 실제의 분석에서는 국제규범의 국내적 이행의 상황과 정도를 측정하는 인권 관련 국내법의 제정, 진실위원회·국가인권기구의 설치를 통한 인권제도의 확립, 초·중등교육에서 인권교육의 실시 같은 여러 가지 변수를 포함시켜서 연구의 객관성과 설명력을 높일 예정이다(Skkar 1999; Hayner 1994).

4) 글로벌 인권 지표의 한계

글로벌 인권 지표가 인권 연구와 국가행위에 관한 일반적 연구에 기여한 바가 큼에도 불구하고, 그 한계와 문제점에 대한 논의도 꾸준히 전개되어왔다. 1986년 이슈에서 *Human Rights Quarterly*는 글로벌 인권 지표의 한계와 문제점에 대한 몇 편의 논문을 게재했고, 이를 기점으로 글로벌 인권 지표의 효용성뿐 아니라 그것이 내포한 이데올로기적·방법론적 문제점에 대해서도 논쟁이 확산되었다.

학계에서 진행된 글로벌 인권 지표에 관한 논쟁은 1990년대로 들어서면서 국제적·정치적 쟁점으로 확대되었는데, 이를 촉발시킨 계기는 UNDP가 공시한 인간자유지수(Human Freedom Index)를 둘러싸고 벌어진 국제사회의 논쟁이었다. 1991년에 발행된 두 번째 인간개발보고서에서 UNDP는 국제앰네스티에서 일했던 Humana가 개발한 인권 지표를 '인간자유지수'라는 이름으로 공시하여, 이를 통해 전 세계 국가들의 인권 수준을 계량화하고, 또 이들 간에 순위를 부여했다. 이것이 공시되자마자 저개발국들이 중심이 된 77그룹(The Group of 77)은 인간의 자유라는 것은 사회와 문화에 따라 다르게 정의될 수 있으며, 특정한 문화를 대변하는 한 학자에 의해 고안된 지표를 전 세계 모든 국가들의 상황에 적용하려는 시도는 용납될 수 없다는 주장을 하였다. 특히 40개의 지표들

중 하나가 동성애의 자유라는 사실에 대해서 큰 반감을 가졌다.

이에 대해 UNDP의 William Draper는 인간자유지수가 어느 특정한 문화의 영향을 받은 것이 아니라, 오히려 보편적 인권선언(Universal Declaration of Human Rights)을 중심으로 한 국제인권법안(International Bill of Human Rights)에 확고히 근거하고 있다고 주장하면서 비서구 국가들의 입장을 논박하였다. 그러나 결국 저개발국과 개발국을 중심으로 한 강력한 저항에 밀려 UNDP는 1992년 관리이사회(Governing Council)에서 인간자유지수를 더 이상 공시하지 않는 것으로 의견을 모았다. 대신 전 세계 국가를 자유와 인권이라는 차원에서 몇 가지 수준과 단계(즉 high, reasonable, modest, low의 네 수준)로 나누어 공시하는 훨씬 '온화한' 방안을 내놓고, 이에 따라 1992년부터는 이른바 정치적 자유지수(Political Freedom Index)라는 대안적인 지수를 공시하기에 이르렀다. 정치적 자유지수의 공시 과정에서 눈여겨 볼 대목은 UNDP가 그간 개발된 많은 글로벌 인권 지표들이 대략적인 근사치에 불과하고, 또 현존하는 데이터 역시 불완전하며 편견으로부터 자유롭지 못하다는 점을 인정한 대목이다. 그럼에도 불구하고 글로벌 인권 지표의 발전이 인권과 자유의 발전에 큰 기여를 한다는 점은 재차 강조되었다.

이러한 문화적인, 따라서 근본적인 문제제기와는 별개로 글로벌 인권 지표의 기술적·방법론적 한계를 지적하는 논의들이 다양하게 전개되어 왔다. 1993년 *Human Rights Quarterly*에 게재된 Russel Barsh의 논문에 따르면, 글로벌 인권 지표의 문제점은 ① 정의와 측정의 문제, ② 데이터의 신뢰성 문제, ③ 총합(aggregate) 개념인 단일 지표(composite index)가 내포한 문제로 요약될 수 있다.

측정의 문제는 개념적인 조작적 정의의 차원과 척도의 차원 두 가지로 나뉘는데, 우선은 본래 다차원성을 갖는 인권을 하나의 개념으로 포괄하여 이를 조작적으로 정의를 내릴 때에 불가피하게 인권의 다양한 차원을 무시하게 된다는 점이다. 가령 PTS의 경우 개인통합권리를 측정하는 지표로 알려져 있으나, 실제로는 개인통합권리 중에서도 '국가에 의해서만' 자행되는 인권 침해만을 다룬다. 즉, 국가가 아닌 다른 집단, 가령 반군이나 테러집단 등에 의해 범해지는 인권 침해는 측정의 대상으로 삼지 않으며, 이러한 차원에서 개인통합권리를 너무 좁게 조작적으로 정의하고 있다는 비판이 제기될 수 있다.

척도의 차원에서는 부여되는 점수의 자의성에 대한 문제가 제기될 수 있다. 다시 PTS의 사례로 돌아가 보면, 기준이 되는 1~5의 점수 중에서 4의 경우는 고문, 강제실종 등 인권 침해가 많은 수의 국민에게 확대된 경우, 그리고 5의 경우는 전체 국민에게 확대된 경우라고 정의되어 있다. 그러나 '많은 수의 국민', '전체 국민'이라는 기준이 대단히 모호하고, 따라서 코더의 자의성이 개입될 여지가 비교적 높다. 나아가 1부터 5까지의 점수가 일련의 순서를 갖는 것으로 간주하여, 연속변수로 처리하는 것도 문제가 있다는 비판도 제기되었다. 즉, 각 점수들 사이에 일정한 간격이 있는 것으로 보는 것은 잘못이며, 오히려 각 점수가 독특한 의미를 갖는 명목변수로 보는 것이 옳다는 것이다.

두 번째 문제점은 글로벌 인권 지표가 기반을 두고 있는 경험적 자료들의 신뢰성과 연관된다. 앞서 살핀 것처럼 글로벌 인권 지표들은 다양한 단체와 기관에 의해 발행된 다양한 자료와 데이터에 기반을 두어 구성된 것들이다. 가령, PTS와 자유지수의 경우는 국제앰네스티와 미국 국무부가 발행한 인권 연례보고서에 대한 코딩을 통해 만들어졌다. 나아가 이러한 연례보고서들은 다양한 정부와 비정부단체, 언론에 의해 출판된 문건들, 즉 2차 자료들을 종합적으로 검토한 끝에 구축된 것들이다. 인간발전지표 역시 국제기구에 의해 출판된 통계자료들을 광범위하게 활용하고 있으나, 이러한 통계 지표들 역시 각 국가들, 그리고 그 국가들과 연결된 민간단체들로부터 광범위하게 수집된 2차 자료에 바탕을 두고 있다.

Barsh(1993)는 2차적 자료들은 신뢰성과 완결성이라는 면에서 문제가 적지 않은데, 특히 각 국가들 간에 존재하는 자료의 수준 차이가 대단히 크다는 점을 지적한다. 특히 억압적인 국가들일수록 인권과 같은 민감한 자료에 대해서는 그 진실성을 숨기거나 왜곡하는 경향이 있으며, 따라서 결국 글로벌 인권 지표가 실제적인 인권 수준의 차이를 측정하기보다는 각 국가 간에 존재하는 자료의 질적 차이를 측정하는 데 불과할 수 있다는 점을 경고한다.

Barsh(1993)가 지적하는 글로벌 인권 지표의 세 번째 문제점은 최종적으로 구성된 단일 인권 지표를 어떻게 볼 것인가 하는 문제와 관련된다. Barsh에 따르면 단일 인권 지표의 경우 그 하위 지표들이 상호 간에 독립적이고 유사한 사회적 현상을 측정할 때라야 종합했을 경우 그 단일 지표가 정당화될 수 있는데, 글로벌 인권 지표들의 경우 반드시 그렇지는 않다는 것이다. 이럴 경우 종합된 단일 지표는 다양한 차원들의 융합체(amalgamation)에 불과하며, 인권을 효과적으로 측정하기보다는 오히려 그 내부의 다양한 측면과 차원들, 그리고 그 상호 간의 연관성을 무시하고 은폐하는 부정적인 효과를 낳는다고 주장한다. 사실 이 단일지표의 문제점에 대해서는 이후에도 여러 학자들에 지적이 되었고, 특히 Gupta 등은 단일 지표를 구성하는 하위 지표들의 중요성에 따라 적절한 가중치를 부여하지 않을 경우 최종적인 단일 지표의 타당성과 신뢰성은 의심받을 수밖에 없다고 주장한다(Gupta, Jongman and Schmid 1994).

이러한 논의들과는 별도로 글로벌 인권 지표의 가장 큰 한계 중 하나는 이 지표의 '글로벌'한 성격에 있다고 이해할 수 있다. 즉, 지표 구성의 목적 자체가 글로벌 분석 혹은 국가 간 비교 분석에 있기 때문에, 특정한 국가가 일정한 역사적 기간 동안 경험한 인권의 발전과 후퇴를 측정하는 데에는 적지 않은 한계를 드러낸다는 것이다. 가령 PTS의 경우, 그 지표가 1에서 5까지의 다섯 가지 유목으로 구성이 되어 있는데, 이러한 비교적 단순한 척도를 가지고 한 국가 내 인권의 복잡한 변화를 포착해내는 것은 쉬운 일이 아니다. 가령, 특정 국가가 수년에 걸쳐 1의 점수를 획득했다는 것이 이 국가의 인권 보장 수준이 이 관찰된 수년 동안 동일했다는 것을 의미하는 것은 결코 아니다. 또한 이 수년 동안 이 국가의 인권이 '완전히 보장되었다'라고 말할 수 있는 것도 물론 아니다.

이러한 스케일의 '과도 단순화'의 문제점과 별도로, 각 국가별로 당면한 인권 문제가 상당히 다를 수 있다는 점을 인정하는 것이 대단히 중요하다. 어떤 국가들은 개인통합권리의 광범위한 침해로 고통받고 있는 반면, 다른 국가들은 노동권이나 복지권 등의 문제가 인권의 최대의 화두일 수 있다. 이렇게 인권에서의 우선순위가 다를진대, 이러한 차이를 무시하고 모든 국가에 적용되는 '보편적' 기준을 가지고 전 세계 모든 국가들의 인권을 평가할 때 그 지표의 효율성이 크게 저하될 가능성이 있다. 이러한 의미에서 각 국가들의 당면한 인권 실태를 적절히 고려하는 이른바 '일국적 인권 지표'의 개발이 어느 때보다 시급하다 하겠다(Koo, Kong and Chung 2010).

글로벌 인권 지표의 한계라는 차원에서 마지막으로 지적해야 할 것은, 이러한 글로벌 지표들은 모두 '객관적 지표'라는 점이다. 객관적 지표라 함은 경제적·정치적·사회적 현실을 계량적으로 수치화한 지표를 의미하는데, 이러한 이유에서 개인의 주관적 의식을 측정하는 '주관적 지표'는 자연스럽게 배제된다. 인권 지표의 구성 전략에서 인권 현실과 인권 침해 등에 대한 개인의 의식을 측정하고 이를 인권 지표의 하나로 활용해야 한다는 아이디어는 이미 여러 곳에서 제시된 바 있다(Landman 2004). 글로벌 인권 지표의 '객관적' 성격이 갖는 한계를 극복한다는 취지에서 인권의 주관적 측면을 측정하는 '주관적' 지표들을 적극적으로 활용할 필요가 있다. 각 국가들의 인권 개선 패턴을 기술하고 이러한 변동에 영향을 미친 조건들을 찾는 과정에서 객관적 지표뿐 아니라 주관적 지표를 적극적으로 활용하는 것이 큰 도움이 된다는 것이다.

제 2 부

한국 인권의 추이와 개선조건

제1부에서 우리는 글로벌 인권 지표에 따라 각 지역과 국가의 인권 상황이 어떻게 변화하고 있는지를 살펴보았다. 그러한 변화를 불러온 조건들은 무엇일까? 제2부에서는 한국 인권의 개선에 영향을 미치는 조건을 크게 국제조건, 국내 정치기회구조, 경제 발전, 시민사회(인권운동) 역량 등 네 범주로 나누어 설명하고자 한다.

먼저 국제조건이라는 범주 속에 포함하고자 하는 요인으로는 양극적 냉전체제 붕괴와 다자주의 국제인권레짐의 등장, 국제인권 기준의 확산에 기여한 비국가 행위자와 연성법(soft law)의 부상, 신자유주의 자본주의 세계경제체제로의 급속한 편입, 그리고 초국적 공공영역(public sphere)을 활용한 초국적 인권 네트워크의 증가를 들 수 있다.

둘째, 국내 정치기회구조(political opportunity structure)에서는 주로 시민사회가 정부의 정책 결정 과정에 어느 정도 참여할 수 있는가를 가늠하는 '제도정치의 성숙도'에 초점을 두고자 한다. 1980년대 말 이후 절차적 민주주의가 강화되면서 군사정권은 점차 열린 기회구조 형태를 유지하지만, 진정한 의미의 개방성·형평성·접근성의 변화는 문민정부가 출범한 이후에도 사안에 따라 큰 차이를 보이고 있다. 군사독재와 압축적 근대화 시기, 절차적 민주화 시기, IMF 구제금융체제와 신자유주의 세계화 시기를 거치면서 인권 상황은 국내 정치환경에 큰 영향을 받지 않을 수 없었다. 특히 산업화·민주화·세계화라는 정치적 담론은 국가가 인권이라는 핵심 과제를 주변화시키는 데 적극적으로 활용한 마스터 프레임인 동시에 시민사회가 저항 프레임으로 적극 동원할 수 있는 정치적 자원이기도 했다(Snow and Benford 1992). 특히 2001년에 설치된 국가인권위원회는 국내 정치기회구조의 제도적 성숙도를 담보하는 결정적인 토대가 되었다.

셋째, 경제 발전 정도는 일국의 인권 개선에 중요한 조건이 아닐 수 없다. 인권의 양대 축이라 할 수 있는 자유권과 사회권은 불가분의 관계인데, 자유권은 법률과 제도적 차원에서 개선을 도모하기가 상대적으로 용이한 반면에, 사회권은 실질적 의미의 물적 조건이 구축되지 않을 경우에는 개선이 어렵다. 노동, 사회보장, 보건, 환경, 문화, 교육, 주거, 사회적 약자와 소수자 보호 등은 경제 발전을 통한 삶의 질과 환경 개선으로 어느 정도 진전될 수 있지만, 경제적 발전이 반드시 사회권의 달성을 보장하는 것은 아니다. 역으로 경제 발전이 과거에 문제시되지 않던 인권의 측면을 더욱 악화시키는 측면이 없지 않다. 돌진적 산업화 과정은 굴뚝산업의 창궐과 환경 파괴의 문제, 도시화와 농촌의 공동화 현상을 야기했고, 전통문화와 가치의 훼손, 가족공동체와 사회안전망의 와해, 사회적 차별 강화 같은 부산물을 남겼다. 이러한 경제 발전의 양가적 측면을 고려하면서 과연 경제 발전이 한국의 인권 상황에 어떤 영향을 미쳤는지, 특히 돌진적 산업화와 신자유주의 세계경제체제로의 편입 과정을 중심으로 살펴보고자 한다.

마지막으로 한국 시민사회와 인권운동의 역량을 인권 개선의 조건으로 들 수 있다. 한국 시민사회는 오랜 민주화운동의 경험을 통해 자생적으로 강한 시민사회의 역량을 갖추었고, 1990년대 초 절차적 민주화 시기를 맞이하면서 다양한 인권 이슈가 분출하자 주제별로 인권운동의 다양화를 추진하였다. 더 나아가 초국적 영역으로까지 운동을 확장하여 지역과 국제 이슈를 연결하는 브로커 역할에 눈을 돌리게 되었다. 특히 UN이라는 국제공간을 적극 활용하여 정부의 인권 개선 노력을 압박하는 초국적 동원전략을 점차 강화하고 있다.

그간 한국의 인권 상황은 급속하게 변모해왔다. 인권의 초점이 시민적·정치적 권리에서 경제적·사회적·문화적 권리로 전환되고, 청산되지 않는 과거사 문제 해결을 통한 역사정의(historical justice)에서 신자유주의 세계화로 야기된 전 지구적 불평등의 극복이라는 지구정의(global justice) 문제로 관심이 확대되고, 사회적 약자 혹은 소수자의 권익보호에서 일상생활에 배태되어 있는 다양한 차별의 관습과 제도를 극복하는 것에 이르기까지 한국의 인권 상황은 역동적인 전개 과정을 통해 복잡하게 얽혀 있는 형국이다(Cho 2005). 이러한 복잡한 상황에도 불구하고, 전반적으로 한국의 인권은 점진적으로 개선의 길을 걷고 있음을 강조하고자 한다.

이런 견지에서 제2부의 제4장에서는 세계적 인권 개선의 추이 속에서 한국의 인권 상황을 살펴보면서, 다른 지역 및 국가들과 어떤 특징적 차이를 보이는지 살펴볼 것이다. 제5장에서는 한국 인권 개선 조건을 설명하기 위해 추출한 네 개의 조건이 인권 개선에 어떠한 영향을 미칠 수 있는지를 경험적·이론적 배경을 검토함으로써 그 타당성을 강조하고자 한다. 이러한 배경 검토를 토대로 크게 세 시기로 나누어 한국 인권 현실의 시기별 특성을 살펴보고자 한다.

제6장은 한국 인권의 태동기로서 1970년대부터 1980년대 중반까지 군사독재와 압축적 근대화 시기를 다룬다. 제7장은 한국 인권의 부침기로서 1980년대 말에서 1990년대 후반까지 절차적 민주주의 달성과 시민사회의 분화 과정을 다룬다. 제8장은 한국 인권의 확장기로서 1990년대 말에서 2007년까지 신자유주의 세계화의 압박 속에서 한국의 인권이 어떻게 확장되고 있는지를 다룬다. 각 장은 두 가지 내용에 초점을 맞추고자 하는데, 하나는 인권의 침체, 잠재 그리고 성장 속에서 위의 네 가지 조건이 어떻게 개별적 혹은 상보적으로 인권 개선에 영향을 미치는가를 시계열적으로 추적하는 것이며, 다른 하나는 신체의 안전권, 정치적 자유권, 그리고 사회권이라는 인권의 세 가지 측면이 산업화·민주화·세계화라는 격랑 속에서 어떻게 침해되고 보호·신장되는가를 시계열적으로 추적하는 것이다.

4. 글로벌 인권 지표로 본 한국의 인권 개선

제1부에서는 글로벌 수준과 지역적 수준에서 인권의 추이를 몇 가지 대표적인 인권 지표를 통해 살펴보았다. 이를 통해 인권은 다양한 층위로 구성되어 있기 때문에 '다차원성'을 드러내주는 여러 지표를 종합적으로 검토하는 것이 인권을 체계적으로 이해하기 위해 대단히 중요하다는 점을 지적하였다. 검토된 글로벌 지표들 간의 차이와 그 각각의 독특성에도 불구하고, 글로벌 인권 지표들은 대체로 글로벌 인권이 지난 30여 년 동안 역동적인 발전 패턴을 보여 왔으며, 점증하는 관심과 열망에도 불구하고 충분히 개선되지 못했다는 점을 보여주었다.

특히 2000년대로 접어들어 개인통합권리를 중심으로 인권이 위협받고 있는 점이 뚜렷했으며, 이러한 패턴은 각 지역의 인권에 대한 탐색에서도 확인할 수 있었다. 가령 동아시아는 1990년대에 이르기까지 괄목할 만한 인권의 신장을 경험했음에도 불구하고, 글로벌 인권의 추이와 마찬가지로 2000년대로 접어들면서 인권이 후퇴하는 양상을 보이고 있다. 이 같은 견지에서 최근 태국과 파키스탄 등에서 전개된 정치혼란과 그에 따른 집회·결사의 자유 등 기본 시민권이 심대하게 제약된 사건들은 시사하는 바가 크다.

그렇다면 한국의 인권 개선 추이는 어떠할까? 글로벌 혹은 지역의 인권 추이와 유사한 양상을 보이는가, 아니면 거시적인 패턴과는 일정한 차이를 보이는가? 한국의 인권을 시민적·정치적 권리, 경제적·사회적·문화적 권리 등 세부 차원으로 나누었을 때 변화의 패턴은 유사하게 드러나는가, 아니면 그 다양한 층위 간에 긴장과 단절이 존재하는가? 이러한 인권의 추이를 보다 객관적이고 체계적으로 밝히는 것은 인권 연구와 관련 정책을 수립하기 위해 가장 기초적인 작업인 동시에 향후 이론적·정책적 작업의 토대가 된다는 점에서 그 중요성을 재삼 강조해도 지나치지 않다. 따라서 한국의 인권 발전 추이를 객관적·비교사회학적으로 드러내기 위해 제1부에서 탐색된 세 가지 글로벌 인권 지표의 한국 관련 자료를 검토할 필요가 있다.

PTS, 자유지수, 그리고 인간개발지수라는 세 가지 글로벌 인권 지표를 통해 한국의 인권 발전을 추정하는 것은 몇 가지 차원에서 중요한 의미가 있다. 첫째, 한국이라는 특수한 사례를 세계적·지역적 차원 그리고 다른 국가의 사례와 비교할 수 있다는 장점이 있다. 인권의 개념과 내용, 그리고 실천이 글로벌리제이션의 전개나 국제사회의 발전과 불가분의 관계에 있다는 점을 상기할 때, 이러한 비교사회학적 맥락은 중요한 의미를 갖는다(Meyer et al. 1997). 둘째, 보다 보편적인 관점에서 한국의 인권을 이해할 수 있는 장점이 있다. 인권에 대한 특수주의적 이해와 특수성을 강조하는 지표의 구성과 활용이 당면할 수 있는 위험성은 이미 국제인권법 학자들에 의해 지적된 바 있다(Welling 2008).

그러한 한계에도 불구하고 국제적으로 널리 알려지고 활용되어온 글로벌 지표라는 프리즘을 통해 한국의 인권을 이해하는 것은 한국 인권의 진화를 이해하는 중요한 단서를 제공할 수 있다. 그러나 글로벌 인권 지표의 한계에 대해 명확한 인식을 가지고 출발하는 것도 중요하다. 제1부에서 여러 번 지적한 것처럼, 글로벌 인권 지표들은 내부의 변이(variation)가 작고 다수의 국가들에 공통적으로 적용되는 '일반적인' 세부 지표들에 의존하기 때문에, 한 특정 국가의 인권 상황을 역동적이고 세밀하게 그려내기 어렵다는 한계가 있다. 따라서 한국의 특수성을 설득력 있게 드러내며, 따라서 과도하게 특수주의적이지 않은 지표, 그리고 각 특정 인권 영역(양심수, 사형, 남녀 임금격차 등)을 조망하는 세부 지표를 적절하게 활용하는 것도 바람직한 방법이다.

1) 개인통합권리 지표

(1) PTS

〈그림 4-1〉은 국제앰네스티의 인권보고서를 통해 구축된 개인통합권리 지수(PTS A)를 통해 바라본 지난 30여 년 동안 한국 인권의 발전상을 잘 드러내준다. 비교의 준거를 제공하기 위해 글로벌 인권과 지역 인권의 추이도 함께 제시되었으며, 특히 동아시아와 서구의 인권 발전 추이를 포함하고 있다.

앞서 제3장의 글로벌 인권 분석에서와 유사하게 한국의 인권 추이 역시 대단히 역동적인 패턴을 보여주고 있다. 즉, 단선적으로 발전하거나 후퇴하는 것이 아니라 시기와 조건에 따라 다양한 변화의 궤적을 보여준다. 우선 1970년대와 1980년대 군사정권하에서는 고문, 정치적 구금, 사법외적 살인 등이 공공연하게 이루어지는 등 개인통합권리가 심각하게 제한되어 있었던 것으로 분석된다. 즉 1993년 문민정권이 등장하면서 개인통합권리 보장의 수준은 3점에서 4점으로 한 단계 상승했는데, 이후 문민정권의 보수화와 맞물려 다시 권위주의 정권 시기의 수준으로 회귀하긴 하지만, 1997년에 다시 5점 만점 중 4점을 기록하면서 인권이 개선된 것으로 분석된다. 김대중 정부가 들어선 1998년 이후로는 2002년을 제외하고는 모두 4점을 기록하여 개인통합권리의 보호가 대체로 높은 수준에서 제도화되는 양상으로 전개된다.

〈그림 4-1〉 개인통합권리 지표의 세계적 추세와 한국의 경험(PTS A 분석)

(단위: 점)

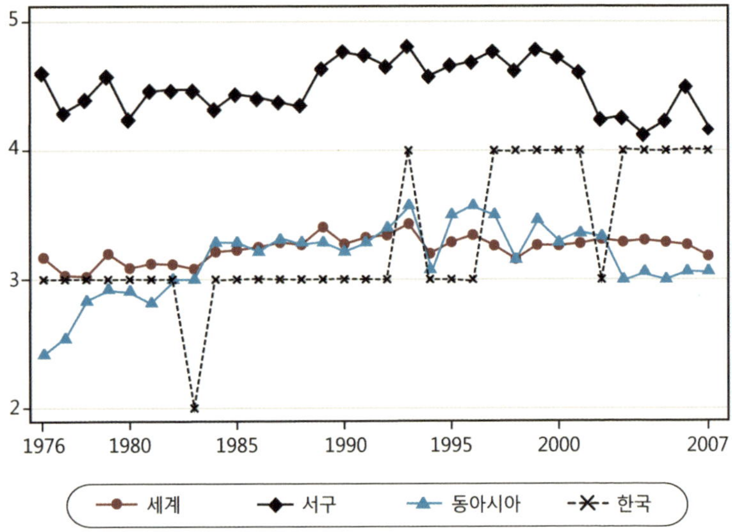

글로벌 인권 분석에서 발견되고 향후 살펴볼 일본의 사례에서도 두드러지는 2000년대의 인권 후퇴는 한국의 경우 발견되지 않았다. 1990년대 이후의 한국의 인권 개선은 대단히 눈부신데, 1990년대 초반까지 평균적으로 글로벌 수준과 동아시아의 인권 보장 수준에 밑돌던 한국의 인권은 2000년대로 접어들어서는 이 수준을 넘어서 유럽의 평균 인권보장 수준에 육박하는 정도로 발전하였다.

〈그림 4-2〉 역시 개인통합권리의 차원에서 평가한 한국의 인권 개선 추이를 보여주고 있다. 다만 지표나 지수 구성의 기준이 된 자료가 미국 국무부가 발행한 인권보고서라는 점에서 차이가 있다. PTS B라고 명명된 이 지수는 PTS A와 높은 상관관계에 있음에도 불구하고, 앞서 글로벌 분석에서 밝힌 것처럼 몇 가지 중요한 차이를 보여준다. 그중 하나는 미국 국무부가 1970년대와 1980년대의 글로벌 인권을 보다 긍정적으로 인식하고 있다는 것인데, 이 점은 한국의 인권지수 변화에도 그대로 드러

〈그림 4-2〉 개인통합권리 지표의 세계적 추세와 한국의 경험(PTS B 분석)

(단위: 점)

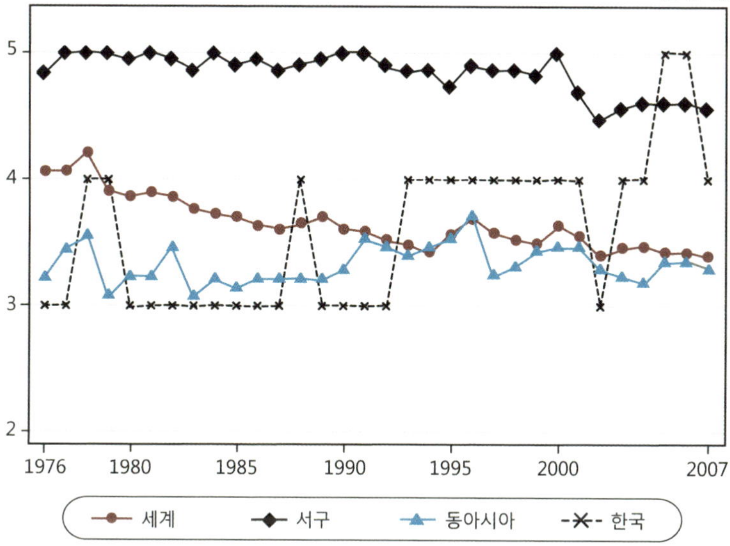

나 있다. 즉, 박정희 군사정부의 말기인 1978년과 1979년 그리고 민주항쟁이 일어난 다음해인 1988년에 대해 개인통합권리의 보장에서 일정한 개선이 있었다고 평가하고 있는 것이다. 그럼에도 불구하고 크게 보았을 때 PTS B 역시 한국에서 인권의 개선이 본격적으로 이루어진 시점을 문민정부가 들어선 1993년으로 인식하고 있다. 김영삼 정부의 전체 집권기와 이후 김대중 정부의 대부분의 기간 동안 개인통합권리의 보장은 대체로 높은 수준(5점 만점에서 4점)을 기록하고 있다.

한 가지 주목할 점은 PTS B의 경우, 〈그림 4-2〉에서 제시된 것처럼 노무현 정부의 집권기인 2005년과 2006년에 괄목할 만한 인권의 진전이 있었다고 보고 만점인 5점을 부여하였다. 이 시기에 한국의 인권 보장 수준은 서구의 평균 수준을 웃도는 대단히 높은 단계인데, 글로벌 패턴이나 지역적 패턴과 유사하게 2007년에 들어서는 인권이 다소 후퇴한 것으로 평가된다. 지난 30여 년을 통시적으로 보았을 때, PTS B 역시 한국의 인권이 1970년대와 1980년대에 전 세계적으로 최하위권에 랭크되어 있었던 것으로 평가하고 있으며, 1990년과 2000년대로 접어들면서 높은 수준의 개선을 경험했고, 현재에는 글로벌 혹은 지역적 평균 수준을 한참 웃돌면서 서유럽 국가들과 경쟁하는 양상으로 진화했다고 평가하고 있다.

(2) CIRI 지표

그렇다면 한국의 경우 개인통합권리를 구성하는 고문, 강제실종, 사법외적 살인, 정치적 구금 중 어느 영역에서 인권 침해가 가장 빈번하게 일어났던 것일까? 불행히도 PTS A와 PTS B는 이에 대한 답을 제공할 수 없다. 왜냐하면 이 두 지표는 개인통합권리의 네 가지 세부 요소에 대한 구별된 지표와 자료를 제공하고 있지 않기 때문이다. 이러한 질문에 대한 답을 얻기 위해서 최근에 PTS에 대한 대안적 지표로 개발된 CIRI 지표를 간략히 검토할 필요가 있다.[1]

CIRI 지표는 〈그림 4-3〉에 제시되어 있는데, 이를 통해 개인통합권리 세부요소들의 통시적 변화에 대한 정보를 얻을 수 있다. 이 그림에는 네 가지 세부요소인 고문, 강제실종, 사법외적 살인, 그리고 정치적 구금과 이 네 가지를 통합한 개인통합권리가 제시되어 있다. 네 가지 세부 요소는 각 3점 척도로 구성되어 있으며, 2점이 만족할 만한 보장을 나타내고 0점이 억압을 의미한다.

우선 통합지수를 보면 2000년대에는 대부분이 8점 만점에 5점을 기록하여 개인통합권리가 상당한 정도로 침해되고 있음을 드러낸다. 보다 세부적인 지표를 검토해봤을 때 인권의 억압을 초래하는 요인이 바로 고문과 정치적 구금이라는 점도 어렵지 않게 확인할 수 있다. 즉, 한국 정부

1. CIRI 지표는 비교적 최근에 주목받기 시작한 지표이고, 따라서 그간의 인권 연구에서 거의 활용된 적이 없기 때문에 본 연구에서도 주요 분석의 대상으로 삼지 않았다는 점을 밝혀둔다.

〈그림 4-3〉 개인통합권리의 세부요소들, 한국의 경험(CIRI 지표 분석)

(단위: 점)

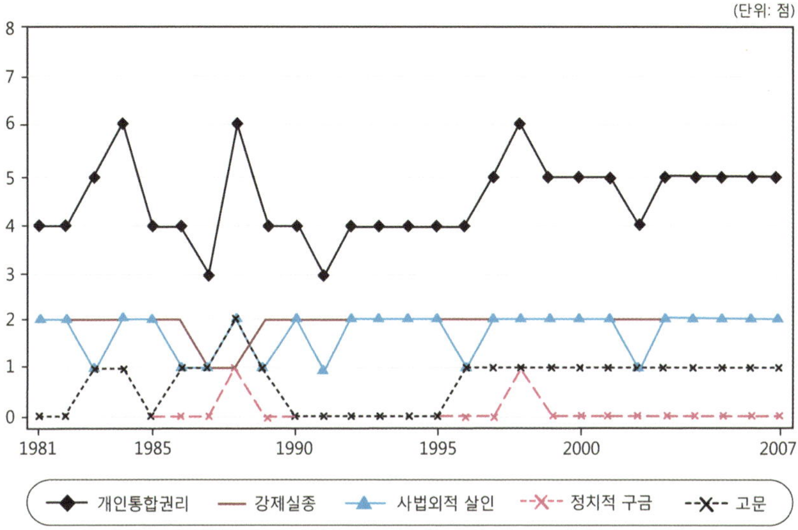

의 인식과는 달리 국제사회는 2000년대에도 여전히 한국에서 고문과 정치적 구금이 이루어지고 있다고 평가하고 있다. 특히 정치적 구금 지표는 진보적인 김대중·노무현 대통령의 집권기인 2000년대에도 여전히 최하점인 0점을 기록하고 있는데, 이는 정치적 양심수 문제가 완전하게 해결되지 않은 현실과 연관이 있다. 민주화실천가족운동협의회에 따르면 김대중 정부에 들어서 정치적 양심수의 숫자가 확연히 줄어들긴 했지만 여전히 수백 명에 달하고 있고, 노무현 정부에 들어서는 그 숫자가 더욱 줄어들었지만 여전히 100명에 육박하는 양심수가 존재한다(〈그림 7-3〉 참조).

2) 시민적·정치적 권리 지표

〈그림 4-4〉는 Freedom House의 자유지수를 통해 본 한국 인권 개선의 추이를 보여주고 있다. 제2장에서 소개한 것처럼 Freedom House는 정

〈그림 4-4〉 시민적·정치적 권리 지표의 세계적 추세와 한국의 경험(자유지수 분석)

(단위: 점)

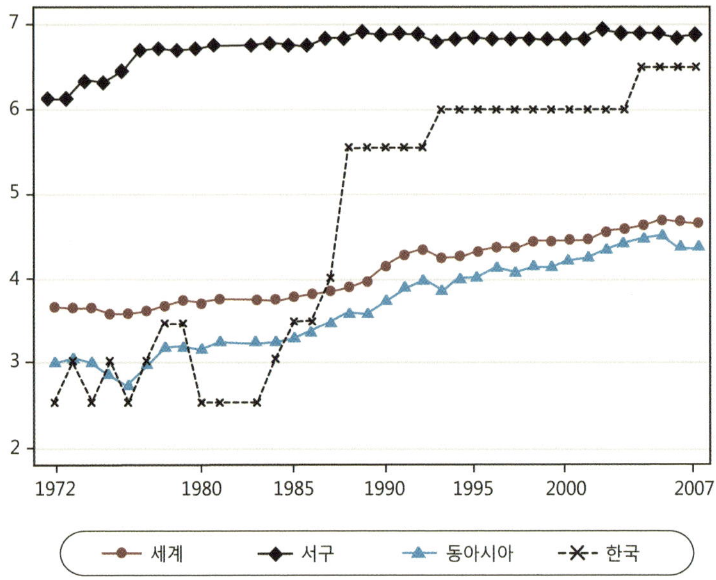

치적 자유지수와 시민적 자유지수를 각각 7점 척도로 구성하고, 이 두 지표의 평균값을 최종적인 '자유지수'로 명명하여 1972년 이후부터 공시해 왔다. 정치적 자유지수는 시민들이 선거와 정당 등의 정치 과정에 참여할 수 있는 권리의 보장 정도를 측정하며, 시민적 자유지수는 시민들의 종교권, 언론권, 집회의 자유나 결사권 등과 같은 기본적인 권리의 보호나 보장의 정도를 측정하는 지수라는 것은 앞서 설명한 바와 같다.

제2장에서 수행된 자유지수에 대한 글로벌 분석에서는 평균적으로 보았을 때 전 세계적으로 시민적·정치적 인권이 큰 폭으로 향상되었다는 점이 두드러졌다. 비교사회학적 관점에서 보았을 때 한국의 시민적·정치적 권리의 발전 추이는 글로벌 수준과 유사한 방식으로 전개된 것으로 보인다. 즉, 통시적으로 보았을 때 시민적·정치적 권리는 대체로 단선적인 발전의 패턴을 보인다는 것이다. 그러나 보다 주의 깊게 들여다보면

한국의 인권 발전 폭이 글로벌 수준이나 지역적 수준에 비해 훨씬 넓다는 것을 확인할 수 있다. 즉, 그 발전의 정도가 세계적으로 유례없이 크다는 것이다. 1972년에는 7점 만점에 3점에 채 미치지 못하는 수준이었으나, 1987년 민주화 이행 국면에서 4점을 돌파하고, 민주화가 공고화되는 시기인 1990년대에 접어들어서는 6점을 넘어서는 수준으로 급격한 발전을 보게 되었다. 2000년대 한국의 시민적·정치적 권리의 수준은 글로벌이나 동아시아의 평균보다 압도적으로 앞서고 있을 뿐만 아니라 서구의 수준에 근접해가는 양상마저 보여주고 있다.

3) 경제적·사회적·문화적 권리 지표

그렇다면 인권의 또 다른 중요한 층위인 경제적·사회적·문화적 권리로 바라본 한국의 인권의 역사적 변동은 어떠할까? 개인통합의 층위, 그리고 시민적·정치적 권리의 층위의 진화 패턴과 유사하게 변화해왔을까, 아니면 나름의 독특한 변화의 양상을 보여줄 것인가? 〈그림 4-5〉에 제시된 인간개발지수(HDI)의 변동 양상의 해독을 통해 이에 대한 부분적인 답을 얻을 수 있다. 인간개발지수는 경제적·사회적·문화적 권리를 측정하는 글로벌 인권 지표로서 최근 주목을 받기 시작했고, 그 상세 지표로는 1인당 GDP, 기대수명, 성인문해율, 그리고 학교등록률이 활용되었다는 점은 이미 2장에서 설명한 바와 같다. 〈그림 4-4〉에 제시된 한국의 일간개발지수는 불행히도 1990년 이후로만 공시되어왔다.

한국의 경우 1970년대와 1980년대에 수출주도 중화학공업의 촉진을 통해 급속도의 경제 발전을 이룩했다는 점을 감안할 때, 이 시기에 인간개발지수가 급속도로 높아졌을 것이라고 추측할 수 있다. 현재 제시되어 있는 통계 작성 기간 중 가장 초기라고 할 수 있는 1990년을 기준으로 볼 때 한국의 경제적·사회적·문화적 권리의 보장 수준은 이미 글로벌 수준이나 동아시아 수준보다 훨씬 앞서 있는 것을 확인할 수 있다. 이는 인간

〈그림 4-5〉 경제적·사회적·문화적 권리 지표의 세계적 추세와 한국의 경험(인간개발지수 분석)

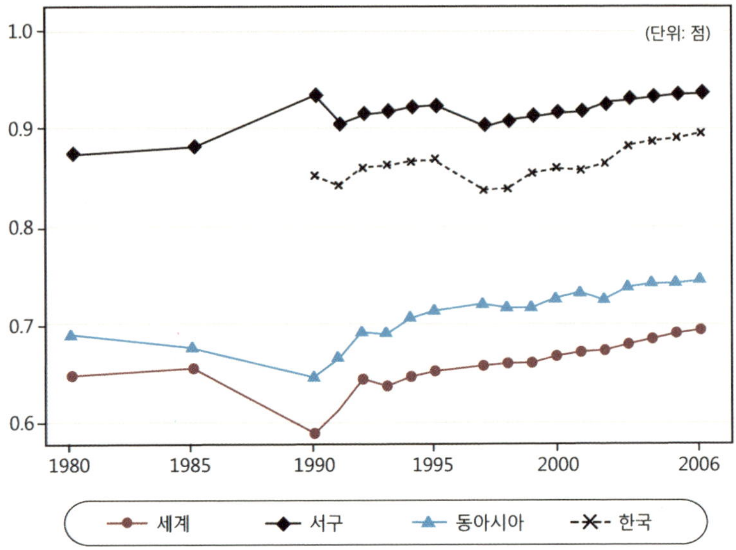

개발지수가 경제 발전으로부터 파생하는 요인들(1인당 GDP, 기대수명 등)에 비중을 두고 있기 때문인 것으로 풀이된다. 그러나 한국 혹은 동아시아의 특수성을 반영하듯 IMF 구제금융으로 상징되는 아시아 금융위기가 전개되었던 1997년과 1998년을 거치면서 인간개발지수는 하락하여 한국의 경제적·사회적·문화적 권리는 일정한 후퇴를 경험하게 된다. 이후 1990년대 말엽과 2000년대 초반을 경과하면서 경제위기가 어느 정도 극복되고, 경제적 권리 보장을 위한 물질적 토대가 마련됨에 따라 경제적·사회적·문화적 권리는 개선된다. 특히 2000년대에는 서구의 인권 보장 수준에 육박해 있는 것으로 분석된다. 이렇게 경제적 상황과 인간개발지수 사이의 높은 상관관계를 감안할 때, 글로벌 경제위기가 전개된 2008년 하반기 이후의 한국의 경제적·사회적·문화적 권리의 보장 수준은 일정 정도 후퇴했을 것으로 추정할 수 있다.[2]

요컨대, 글로벌 인권 지표를 통해 바라본 한국 인권은 지난 30여 년 동안 역동적인 진화를 경험했으나, 크게 보아서는 인권의 개선 쪽으로 움직여온 것으로 분석된다. 인권 지표가 공시되기 시작한 1970년대 중반 군사정권하에서 선성장 후분배 정책과 권위주의 정치체제의 작동 속에서 인권은 극도로 억압되었고, 이에 따라 인권후진국이라는 오명을 벗을 수 없었다. 고문과 은밀한 죽음이 비일비재했고, 집회·결사의 자유와 노동기본권은 철저히 배제되었다. 1987년 민주화대투쟁과 민주주의로의 이행이 이루어지면서 기본적인 시민적·정치적 권리가 보장되기 시작하였다.

Freedom House의 자유지수는 한국의 시민적·정치적 권리 지수가 1988년에 접어들어 대폭 상승하였음을 논증하고 있다. 1980년대를 통해 초고속 경제성장이 이루어지면서 경제적·사회적·문화적 권리의 보장을 위한 물적 토대가 형성되었고, 이는 자연스럽게 인간개발지수의 상승으로 이어졌다. 공시가 시작된 한국의 경제적·사회적·문화적 권리의 준수 정도는 1990년대 초반에 이미 글로벌이나 동아시아의 수준을 훌쩍 뛰어넘어 높은 수준에 이르렀음은 앞서 밝힌 바와 같다.

그러나 이 책의 서론에서부터 지적되었듯이 인간개발지수가 경제적·사회적·문화적 권리를 얼마나 효과적으로 측정하느냐에 대해서는 적지 않은 논란이 있기 때문에, 이 결과를 토대로 한국의 경제적·사회적·문화적 권리가 진작부터 충분히 보장되었다는 결론으로 치닫는 것은 위험하다. 이러한 결론에 도달하기 위해서는 측정되지 않은 노동권, 남녀 간 임금 격차, 산업안전, 복지 등에 대한 심도 깊은 탐색이 있어야 함은 두말할 나위가 없다.

이렇듯 괄목할 만한 인권의 개선에도 불구하고, 개인통합권리를 측정하는 여러 글로벌 지표를 통해 알 수 있는 것처럼, 국제사회적 시각에서

---

2. 2009년 10월에 공시된 인간개발지수의 2009년 판은 2007년의 경제적·사회적 권리를 측정하고 있으므로, 이 책이 집필되는 시점에서는 2008년 경제위기 이후에 인간개발지수가 어떻게 변화했는지는 알 길이 없다.

볼 때 한국의 개인통합권리의 보장은 기대에 못 미치는 수준이었다. 고문과 정치적 구금은 박정희의 '경제개발 5개년계획 시대', 전두환의 '정의로운 사회 시대', 노태우의 '보통사람들의 시대'에 공공연하게 자행되었지만, 김영삼의 '문민정부 시대'와 김대중의 '국민의 정부 시대'에도 은밀히 이루어졌다. 즉, 신체권의 억압이 완전히 사라지지 않았다고 전문가들은 지적하고 있다(박원순 2006). 국제사회 역시 이러한 평가에 동의하고 있으며, 이러한 견해가 최근 주목받기 시작한 CIRI 지표를 위시한 글로벌 인권 지표에 잘 반영되어 있다.

5. 한국 사회의 발전과 인권

역사적 경험과 이론적 배경

1) 역사적 경험

한국 사회의 압축적이고도 과속적인 사회 변동과 발전 과정을 설명하는 대부분의 연구는 산업화·민주화·세계화라는 세 가지 키워드를 중심으로 경제 발전과 민주화, 민주화 달성 조건, 민주주의의 공고화 과정 등에서 국가가 시민사회와 어떻게 상호 경쟁 또는 갈등관계를 유지했는지에 대한 해답을 구하는 데에 초점을 맞추었다고 해도 과언이 아니다(임현진 2006; 최장집 2005). 이런 맥락에서 본 연구도 한국 사회의 인권 개선의 경험적 조건이 산업화·민주화·세계화라는 세 가지 키워드를 중심으로 어떻게 시계열적 변화를 경험했는지를 다음과 같은 몇 가지 중요한 특징을 살펴보고자 한다.

첫째, 산업화 논의는 인권을 자유주의적 입장에서 바라보고 있다. 이는 급속한 경제 발전을 통해 한국이 이룬 근대화의 성공이 곧 인권 개선의 지름길임을 천명하는 근대화 이데올로기와 맥을 같이하며, 그 결과 인권 개선은 산업화 논의에 밀려 늘 부차적인 사안이 될 수밖에 없었다. 한국은 1960년대 이래 산업화를 통해 급속한 경제 성장을 이루어왔다.

농업사회를 산업사회로 급격히 변화시키면서 저임금 노동자가 도시로 대거 몰리게 되었고, 그 과정에서 노동자의 권리는 보장되지 않았고 농촌을 떠난 많은 사람들은 도시 빈민으로 생활하면서 산업예비군으로 남게 되었다. 노동조합을 결성할 권리와 파업을 할 권리, 그리고 서민들의 인간다운 생활을 할 최소한의 생존권 보장은 법조문에 나와 있는 것과는 늘 거리가 있었다. 정부는 노동운동을 공산주의적인 것이나 북한을 동조하는 것으로 몰아 탄압했고, 노동자와 서민의 생존권 투쟁은 경찰력을 동원하여 탄압하였으며, 친기업적 산업환경과 노동환경을 제공하는 등 모든 정책을 '개발지상주의'라는 마스터 프레임에 따라 결정하고 집행하였다.

둘째, 근대화 논의와 항상 함께 언급되는 것은 한반도 분단 상황이며, 이는 한국의 인권 개선에 가장 중요한 걸림돌로 작용한다. 한국전쟁의 경험은 사람들의 마음속에 공산주의와 북한에 대한 증오감과 불신 그리고 공포심을 깊이 심어놓았다. 정부는 '국가안보(national security)'를 명분으로 북한과의 관계개선을 꾀하기보다는 국가안보가 아닌 정권안보 차원에서 반공 혹은 반북한 이데올로기의 결정판인 '국가보안법'을 만들어 정부에 대한 저항을 강력하게 압박하였다. 동시에 국제인권레짐이 한국의 인권 현실을 비판하는 것에 대해서도 역시 국가안보를 이유로 중요한 국제인권 조항을 유보함으로써 국제인권레짐으로의 편입 과정에 저항하였다(한국기독교교회협의회·민변 1992: 19).

셋째, 한국의 민주화 과정은 인권운동이 성장할 수 있는 보호막이자 영양분이었다. 1980년대 말 한국은 과거 군사주의 정권이 강한 시민사회의 민주화투쟁에 항복하고 국내적으로 절차적 민주주의를 달성하였다. 그동안 민주화운동에 수렴되었던 시민사회의 각 영역이 다양한 국제 이슈에 눈을 뜨게 되면서 국제규범과 원칙을 국내에 동원하기 위한 국제연대활동을 주목하기 시작하였다. 사실 한국의 인권운동은 민주화운동의 큰 틀 속에 머물면서 군사독재 정권의 인권 탄압을 비판했다. 특히 인권운동은 박정희 정권 때부터 종교단체의 보호 아래에서 헌신적인 외국 선교사와 종교단체의 초국적 네트워크를 통해 비록 초보적인 수준임에도 불구하고 초국적 연대활동의 경험을 쌓았다(Kong 2006). 물론 이것은 지속적인 네트워크로 이어지지 않고 소수 종교지도자, 인권변호사, 그리고 정치적 망명인사를 통해서 우연히 형성되는 약한 고리 형태로 희미하게 유지되었다. 이러한 약한 고리가 본격적으로 작동한 것은 1980년대 민주화와 동서 냉전체제 해체라는 국내외 유리한 정치기회 구조가 갖추어지기 시작하면서부터다.

예컨대 1990년 한국 정부는 UN 인권협약(자유권과 사회권)에 가입하였고, 곧바로 1차 정부 보고서를 제출하였다. 이에 인권단체들은 신속히 'NGOs 반박보고서'를 UN 인권이사회에 제출하여 정부의 왜곡된 정보를 바로잡았고, 더 나아가 반인권적 정책과 법률에 대한 개정이나 폐지 권고를 이끌어냈다. 또한 1991년 남북한 정부의 UN 동시가입을 통해 새롭게 열린 UN이라는 국제 정치기회구조는 인권단체들로 하여금 이 공간을 적극적으로 활용하여 정부의 반인권적 탄압 실태를 국제적으로 알려 망신을 주는 정당성 동원전략(mobilizing legitimacy)을 활용할 수 있는 국제 조건이었다(Keck and Sikkink 1998a).

이렇듯 한국 인권단체는 그동안 정부가 가입한 국제인권규약의 중요성을 경험하면서 국내 인권 이슈를 국제인권규범의 준수라는 연장선상에서 이해하게 되었고, 국내 인권 사안에 대한 진단과 처방을 마련하는 데도 국제인권기준을 적극 활용하여 정부의 정책에 대한 비판과 견제를 가하기 시작했다. 뿐만 아니라 한국 인권단체는 초국적 공공영역을 적극적으로 활용하여 초국적 인권단체와 연계망을 구축함으로써 정부를 압박하거나 자신의 운동역량을 강화하기 위해 노력하였다. 그러나 한국 인권운동의 활동 대부분이 정부의 반인권정책을 대상으로 전개하는 비판과 저항활동이기에 법적·물적·인적 차원에서 많은 한계를 경험하고 있다. 대부분의 인권단체가 대중적인 운동으로 성장하기보다는 몇몇 중요한 인권 사안을 따라 전개되는 소규모 각개 전투식 저항운동에 머물고 있는 현실이다.

넷째, 민주화 달성 이후 한국의 인권은 어느 정도 개선되었지만, 신자유주의 세계화의 역풍은 또 다른 위협으로 다가왔다. 1990년대 말 민주적 정권교체로 출범한 인권 친화적 김대중 정권은 인권운동 부문에 새로운 기회 공간을 제공하였다. 2001년 국가인권위원회의 출범을 통해 인권운동이 제도권 정치 안으로 편입할 수 있는 채널이 마련되었다. 2000년대 초 노무현 정부의 출범으로 한국의 인권 이슈는 더욱 복잡성을 띠게 되었다. 과거청산과 국가보안법 폐지 노력과 같은 유리한 정치기회구조가 존재하는 동시에 신자유주의 세계자본주의 체제로의 급속한 편입으로 인하여 인권 악화 조건이 더욱 강화되는 불리한 국내외 여건을 마주하게 되었다. 세계금융기구 3인방(IMF, WTO, World Bank)을 중심으로 전개된 식량·의료·교육·서비스 시장의 개방 그리고 미국·일본과의 자유무역투자협정 추진 등으로 노동시장은 더욱 유연화되고, 노동자 간의 차별은 더욱 확대되며, 사회적 약자와 소수자는 법과 제도의 보호막 밖으로 점차 밀려나감으로써 차별이 더욱 강화되는 현실이다. 인권 탄압은 결코 일국 내 국가, 기업, 소수 특권층에 머물지 않게 되었다. 초국적 자본은 세계화된 시장 안에서 이주노동자와 여성, 아동, 원주민 같은 사회적 약자를 더욱 착취하는 또 다른 인권 탄압 주체로 등장하게 되었다. 이처럼 신자유주의 세계화는 한국의 인권 상황을 더욱 위협하는 핵심 요인으로 부상하였다.

그러나 세계화가 항상 인권을 위협하는 요인이 되는 것은 아니고 때로는 인권 개선에 새로운 기회를 제공하기도 한다. 통신기술과 운송수단의 발달로 초국적 만남의 기회를 증가시키며 이를 통한 초국적 공공영역이 물리적 공간을 넘어 사이버로 확대되어 이제는 시공간의 제약을 초월해 실시간 만남이 이루어지고 이를 통해 다양한 정보, 지식 그리고 규범이 항상적으로 상호 교류됨으로써 참여한 운동단체 간의 네트워크가 더욱 강화되고 있다. 이러한 외적 환경의 변화로 시민사회, 특히 인권단체는 미디어와 인터넷을 적극적으로 활용하고자 노력하고 있다. 물론 이러한 네트워크 강화 과정에도 정보인권, 정보격차 같은 한계와 장애물이 놓여 있다.

이상의 한국 인권의 역사적 경험은 인권 개선의 촉발요인인 동시에 한계요인으로 작용하고 있다. 시기별 분석에서 각 인권 이슈에 대해 보다 구체적으로 다루겠지만 역사적 경험을 통해 드러난 한국 인권 개선의 몇 가지 중요한 특징을 추출하면 다음과 같다.

우선 자유권과 관련하여 국가보안법이 인권 개선에 여전히 큰 장애물로 자리 잡고 있다는 점과 동시에 민주화 이후 새로운 정치기회구조 안에서 역사정의를 구현하는 구체적인 활동이 전개되었음을 들 수 있다. 역사정의는 과거 군사정권의 인권 침해 희생자들에 대한 명예회복, 진실규명, 보상지급 같은 인권 침해의 아픔을 치유하고 왜곡된 진실을 회복하는 것을 의미한다.

다음으로 산업화를 통해 일정 정도 개선된 사회권의 개선 과정은 1990년대 말 IMF 구제금융체제에 들어가면서 사회적 안전망이 붕괴되는 상황이 도래되었고, 이후 사회 양극화와 경제적 불평등이 더욱 확대되어 사회권 개선에 큰 위협을 맞게 되었다. 이로 인하여 한국 사회는 세기의 전환 과정에서 인권 개선의 초점을 자유권에서 경제사회권 확보로 그 관심을 바꾸어가고 있다. 예컨대 '워싱턴 콘센서스'에 기초한 신자유주의 세계화 정책은 한국의 산업구조와 노동관계를 급변하게 만들었고 그 결과 비정규직의 증가, 청년 실업 그리고 이주노동자의 증가 같은 사회권 이슈가 확대되었다.

동시에 동성애자, 외국인, 성매매 여성 같은 사회적 약자와 소수자에 대한 차별 문제는 사회권 구현 문제와 밀접한 관계가 있다. 특히 이들은 신자유주의 세계화의 광풍으로 이중 삼중의 착취와 차별을 경험하고 있다. 이제 인권은 일국의 문제가 아닌 전 지구적 이슈로 확대되었다. 사회적 약자와 관련해서 주목할 문제는 분단의 결과로 양산된 새터민(탈북자) 문제다. 사회적 약자와 소수자에 대한 차별 없는 정책과 지원이 필요함에도 불구하고 아직까지 우리 사회는 이들을 품을 정도의 성숙한 인권감수성을 갖추고 있지 못한 것이 현실이다.

이처럼 새로운 인권 개선 과제가 계속해서 등장하고 있다는 것은 한국의 인권 개선 과정이 결코 낙관적이지 않다는 것을 암시한다. 흥미로운 점은 한국의 인권 현실은 선진국처럼 인권 이슈가 점진적으로 전환되는 흐름이 있는가 하면, 동시에 전통적 인권 이슈가 다시 부상되는 인권 부침 현상이 지속되고 있다는 점이다. 최근 들어 증가하는 기본적 자유권 침해 사례나 아직도 해결되지 않은 국가보안법과 사형제 존폐 논쟁은 이것을 반증하는 보기들이다. 이러한 인권 개선의 부침은 앞서 제시한 네 가지 조건과 관련하여 시민적·정치적 권리, 즉 자유권, 경제적·사회적·문화적 권리(사회권)의 변화가 어떤 추이로 변화했는가를 살펴봄으로써 한국 인권 개선에 대한 전망과 과제를 추출할 수 있을 것이다.

마지막으로 강조하고 싶은 것은 인권 개선과 관련하여 국가의 역할이 변하고 있다는 점이다. 과거에는 국가가 인권 탄압의 대상으로 비판을 받아 왔지만 이제는 신자유주의 세계화의 위협을 막아줄 수 있는 보호막이며, 다양화된 인권 이슈를 국내적으로 구현할 수 있는 인권 구현 기관으로서의 국가를 새롭게 보기 시작했다(잭 도널리 2002). 사실 인권 개선을 위해 인권단체와 국가의 새로운 관계를 모색할 때가 도래한 것이다.

2) 이론적 배경

제4장에서 한국의 인권 현실이 전반적으로 개선되고 있음을 국제적 추이 속에서 살펴보았다. 본 장에서는 그 구체적인 개선 과정을 설명하기 전에 먼저 인권 개선의 네 가지 조건을 도출하기 위해 동원한 이론적 자원

이 어떤 것들이 있는지를 소개하고자 한다. 여기에는 국제인권레짐의 변화와 인권의 사회화 과정, 인권 관련 국제기구와 NGO의 참여 확대, 국제규약과 같은 연성법의 증대, 국내 정치기회구조의 초국적 영역으로의 확대와 상호작용, 경제 발전과 인권, 지역인권단체의 초국적 동원을 통한 국가 압박전략, 그리고 다양한 운동 이슈의 수렴 현상 등의 논의를 포함한다.

우선 인권 개선에 영향을 미치는 국제정치환경의 변화에 대한 이론적 배경을 살펴보자. 일국의 인권 개선이 점차 국제적 조건에 영향을 받기 시작한 것은 국제인권레짐의 출현으로 인한 것이라 할 수 있다. 제2차 세계대전이 끝나기 전까지 인권은 국제적 이슈가 되지 못했지만, 전쟁의 참혹상을 목도한 국가와 시민사회 모두가 인간의 존엄성에 대한 위기의식을 느끼면서 인간의 천부적 권리(인간의 존엄과 가치, 평등과 양도할 수 없는 권리 인정)를 보장하기 위해 세계인권선언(Universal Declaration of Human Rights)을 1948년 12월 10일 UN 총회에서 채택하기에 이른다. 이제 국제정치는 전쟁과 무역이라는 전통적 사안에 인권이라는 새로운 이슈를 추가하게 되었고 그 결과 일국 내 인권 침해에 대한 국제적 개입은 국가의 주권(sovereignty)과 내정 불간섭(non-interference in domestic affairs) 원칙에 점진적으로 도전하는 갈등 요인이 되었다(Donnelly 2003; Friedman, Hochstetler and Clark 2005).

그러나 세계 냉전체제 동안 인권 이슈는 체제 간 우위경쟁에 활용되는 도구로 전락되는 경우도 있었다. 1966년 12월 16일에 채택된 국제인권기준의 양대 기둥이라 할 수 있는 경제적·사회적·문화적 권리(사회권 규약)와 시민적·정치적 권리(자유권 규약)는 미국을 중심으로 한 서구 자본주의 국가는 자유권 규약 준수를 강조하는 반면에 구(舊)소련을 중심으로 한 동구사회주의 국가는 사회권 규약 준수를 강조하였다(Thomas 2001).

그러나 사회주의 체제가 붕괴한 이후 OECD 회원국들은 자본주의 세계경제체제의 구축을 통하여 인권 논의를 자유권 중심으로 진행하였다. 그 논의의 핵심은 인권 자체를 단순히 인정하는 것에 그치기보다는 언제 그리고 어떻게 특정 지역의 상황에 맞도록 구현하느냐 하는 것이다. 한국도 1987년 군사독재 붕괴 이후 절차적 민주화를 이루면서 탈냉전 국제인권레짐의 변화에 민감하게 반응하기 시작하였다. 남북한 UN 동시가입, 해외여행 자유화, 북방정책을 통한 한·중, 한·러 관계개선 등 국제관계에 큰 변화를 가져왔다. 특히 1990년에 자유권과 사회권에 가입함으로써 국제인권레짐에 편입하게 되었다.

둘째, 국제인권레짐을 강화시키는 다양한 정부 간 국제기구(IGOs)와 비정부 국제조직이 출현한 점을 들 수 있다. 지난 수십 년 동안 정부 간 국제기구, 비정부단체(NGOs) 그리고 다양한 개발원조단체는 제3세계 정부가 인권 보호와 개선을 국정 최우선 과제로 삼도록 다양한 채널을 동원하여 직·간접적인 영향력을 행사했다(Boli and Thomas 1999; Smith, Pagnucco and Chatfield 1997; Schmitz 2000; Sikkink 1993; Smith 1995). 대표적인 국제인권단체인 국제앰네스티는 1960년대부터 전 세계 정치적 수인(囚人), 즉 양심수 석방을 위한 초국적 연대망을 형성해 인권 침해 행위를 전 지구적으로 알렸다. 특별히 UN 회원국에 대한 연례 인권보고서를 발표함으로써 서구 선진국이나 국제원조기구로 하여금 수혜 국가들의 인권 침해 행위를 지원조건과 연결시키도록 압력을 행사하였다(Clark 2001). 이러한 인권의 국제화 과정은 1990년대 초 냉전체제 붕괴와 다자주의에 기초한 민주적 거버넌스(democratic governance)의 회복을 통해 가속화되었다.

Schmitz(2006)는 인권 개선 혹은 민주화가 단순히 경제 발전의 부산물이나 엘리트의 정권도전이라는 일국 내 과정으로 국한하기보다는 국제규범질서에 배태되는 과정도 주목해야 함을 강조한다. 국제규범질서의 구축에 점차 중요한 영향을 미치는 국제인권단체가 중심이 되어 구축한 초국적 인권 네트워크는 국제인권규범과 원리·정보를 전 지구적으로 확산시키고, 국가 단위 지역 파트너를 후원하며, 더 나아가 국제규범 준수를 꺼리는 국가들의 인권 현실을 폭로하여(reporting), 국제적으로 망신을 주며(shaming), 더 나아가 우회적으로 강대국의 정치·경제적 압력을 가하는 부메랑 전술(boomerang strategy)을 동원하기도 한다(Risse and Sikkink 1999).

셋째, 국제인권규범의 확산 과정은 정부관료와 시민단체, 그리고 기업에 이르기까지 인권감수성이 증대하는 소위 '인권의 사회화 과정(socialization of human rights)'을 의미한다. 이러한 주장은 사실 국제정치학의 사회적 구성주의(constructivist approach) 연구에 기초하고 있다(Wendt 1992). 사회구성론은 행위자와 구조는 어느 하나에 종속되기보다는 사회 변동을 상호 구성하며, 그것은 각국 정부의 정책집행을 유도하는 국제규범이 창출되는 과정으로 분명히 나타난다. 그 결과 국제규범이 국내 정책입안과 결정 과정에 영향을 미치는 과정에 초점이 맞춰진다(Risse and Sikkink 1999; Thomas 2001). 이 입장은 정치 엘리트들이 자신의 이해관계, 즉 정권획득을 위해 국제적 압력과 일시적으로 타협하는 합리적 실용주의와는 분명히 구분된다. 이는 정치적 과도기뿐만 아니라 이후 정치적 안정기에도 보편적 가치로서 국제규범의 확산 과정에서 자유로울 수 없기 때문이다. 사회적 구성주의는 기존의 물리적 자원에 기반을 둔 국제정치 현실론의 한계를 지적한다. 그들은 국제정치 시스템은 사회적인 성격이 훨씬 우세하다고 본다.

John Meyer를 중심으로 한 학자들이 신제도주의(new institutionalism)를 형성하며, 세계 발전의 핵심에는 '지구문화(global culture)'가 자리 잡고 있으며 이것은 제도와 정책의 확산(diffusion)과 동형화 과정(isomorphism)을 통해 이루어진다고 주장한다(Meyer et al. 1997; Boli and Thomas 1999). 국가와 국가정책을 이미 규정된 자신의 이해관계와 가치에 따라 행동하는 단일체로 보기보다는 세계 정치공동체의 일원으로서 국제조직·NGO과 더불어 다양한 목소리에 귀를 기울이고 전 지구적 공통의 문화를 구성하고 이에 조응하는 것으로 이해한다. 지난 60년 동안 국제인권조약 합의와 이와 관련된 국제기구의 지속적인 증가로 인하여 국가는 국내 정책결정에 국제조약의 내용을 더욱 빈번하게 참고하게 되었다. 그러나 이 주장은 국가나 NGO의 역할을 지나치게 수동적인 위치로 제한하고 있으며, 지구문화로 표현되는 국제규범과 원칙, 더 나아가 제도들이 지역의 저항과 변형 없이 그대로 전파되어 지역에 수용된다는 주장은 매우 일방향적이며 다양한 갈등과 경쟁 혹은 타협의 역동성을 구체적으로 보여주지 못한다는 비판에서 자유롭지 못하다(Kong 2006; Smith 2007).

넷째, 국제조건 중에 비구속적 국제규범이라는 소위 연성법(soft law)의 부상이 중요한 국제조건임을 주목할 필요가 있다. 개인, 집단, 지방, 국가 등이 시공간적 제약을 넘어 담론과 실천을 나눌 수 있는 초국적 공공영역에서 다양한 국제기구의 출현으로 정부 관료는 물론 시민사회, 기업 소속 인사들이 국제정책결정 과정에 개입하여 영향을 주기 위해 만남을 가지며, 이 과정 속에서 다양한 네트워크가 형성된다. 초국적 공공영역을 통해 조직, 전술, 자금, 인력 같은 자원이 국경을 넘어 움직일 수 있으며, 무엇보다도 국제규범, 원리, 정보와 지식 등이 지역, 국가, 지방으로 학습 과정을 통해 확산되며, 더 나아가서는 지역의 특수한 문화나 환경에 맞추어 새롭게 응용되는 소위 프레임 과정이 전개되는 곳이기도 하다(Guidry, Kennedy et al. 2000).

20세기 말에 접어들면서 정보통신기술의 혁신으로 말미암아 초국적 공공영역이 물리적 공간을 넘어서 인터넷을 통한 가상의 공간으로 확장되어 시공간의 제약을 뛰어넘어 이러한 학습과 프레임이 실시간으로 끊임없이 전개되고 있다(McCaughey and Ayers 2003). 그러면 이러한 학습과 프레임을 주도하는 주체는 누구이며 그 내용은 무엇인가? 이 책에서는 국제 NGO의 부상으로 연성법의 강화를 주목하고 있다.

다섯째, 정치기회구조 개념은 학문분과마다 다양하게 정의되고 있음에도 불구하고 다음의 네 가지 변수를 공통적으로 지적하고 있다. 정치제도의 접근가능성, 정치권의 안정성, 정치동맹의 유무, 사회지도층 내부의 분열 등을 통해 비(非)국가 행위자들이 정책이나 제도의 변화를 추동해낼 수 있게 된다(Tarrow 1998; McAdam 1982). 인권 개선 의지가 있는 리더의 출현은 분명 인권 개선에 중요한 요인이 아닐 수 없다. 또한 인권운동에 몸담았던 시민사회 인사들이 인권 관련 국가기구에 소속되는 것은 국가의 정책결정에서 인권 개선의 목소리를 반영할 수 있는 중요한 조건이다. 이러한 국내 정치기회구조는 정치지도자들의 인권감수성과 매우 밀접한 관련이 있으며, 이는 단순히 주어지는 것이 아니라 시민사회의 지속적인 압력을 통해 변화시킬 수 있는 것이다. 그런데 이 정치기회구조는 더 이상 국내 수준에서 정체되어 있기보다는 국제인권레짐 창출과 관련하여 역동적 관계를 발전시키고 있다.

최근 국제정치학과 사회운동론 연구들 사이에 일종의 수렴현상이 나타나고 있다. 그 대표적인 예가 정치기회구조의 초국적 확장과 상호 결합을 설명하기 위해 '둥지형 정치기회구조(nested political opportunity structure)' 개념이나 다층 수준에서의 정치기회구조의 상호작용 현상으로 정치기회구조의 접합을 설명한다(Price 2003; Meyer 2003). 국제정치 공간에서 제공되는 새로운 정치기회구조를 활용하여 국내의 닫힌 정치기회구조를 압박하여 새롭게 정책결정 공간으로 접근할 수 있는 기회를 창출하는 경우는 과거에는 상상할 수 없었던 새로운 국제조건이 아닐 수 없다. 국내 NGO는 우선 정부가 국제레짐 속으로 편입되도록 끊임없이 압박해야 하는데, 이는 주로 초국적 운동단체와의 연대활동을 통해 이루어진다(Smith, Pagnucco and Chatfield 1997).

초국적 단체가 국제 수준에서 제공되는 기회구조를 활용하는 것을 이해하기 위해서는 초국적 정치기회구조 개념을 활용할 필요가 있다. 그런데 지방의 정치기회구조는 국내 수준의 정치기회구조 속에 배태되며, 국내의 경우는 국제 정치기회구조에 배태되어 있는 구조로 상호 연결되어 있다. 이것을 형상화한 개념이 바로 둥지형 정치기회구조다. 예컨대, 미국과 브라질의 환경운동단체들은 일종의 연쇄적 정치기회구조를 활용하기 위하여 브라질 내의 닫힌 정치기회구조에서 답이 보이지 않자 미국 내 초국적 환경운동단체와 연대활동을 꾀하고 미국 의회에 로비를 통해 미주개발은행(Inter-American Development Bank)을 압박하여 아마존 지역의 고무생산 촉진을 위해 추진하려 했던 도로건설 프로젝트가 친환경적 기준을 준수할 때까지 지원을 보류하게 만들었다(Rothman and Oliver 2002).

이 사례는 국내 정책결정이 국제기구에 의존적일수록 지역의 운동단체가 국내보다는 초국적 차원의 정치기회구조에 점차 주목하게 됨을 보여준다. 물론 대상 국가가 국제레짐 속으로 들어오지 않는다면 지역 운동단체가 초국적 자원을 동원해 정부를 압박하더라도 정부는 국제기준과 조약에 합의하지 않았기에 그 전략은 효과적이지 못하다(Risse and Sikkink 1999). 따라서 국가가 국제레짐 속으로 편입되도록 끊임없이 압박하는 것이 무엇보다 중요한데, 이는 주로 초국적 운동단체와의 연대활동을 통해 이루어진다(Smith, Pagnucco and Chatfield 1997). 초국적 연대활동이 시작되는 곳은 바로 초국적 공공영역이며, 그 안에서 이어지는 것은 국제규범의 학습과 이를 지역에 적용, 응용하는 프레임 과정이다.

여섯째, 경제조건과 인권 개선의 관계에 대한 설명은 경제적 자유와 신체적 안전권 그리고 실질적 권리의 관계에서 그 실마리를 찾을 수 있다. 신체적 안전권은 사형, 고문, 강제실종, 강제구금 등 신체에 대한 직접적인 침해로부터 안전할 수 있는 권리를 의미하며, 실질적 권리는 신체적 안전을 넘어 보다 실질적 측면에서 삶을 영위할 수 있는 권리, 즉 오염되지 않은 공기, 물, 충분한 의식주 확보 그리고 최소한의 의료 서비스를 받을 수 있는 권리 등을 의미한다.

전통적으로 국가의 국민총생산이 높을수록 인간의 기본적인 권리를 증진되며, 부유한 국가일수록 더 많은 자유를 누린다고 보았다. 그러나 점차 이러한 단순한 도식관계를 넘어 몇 가지 요인을 결합하여 경제 발전과 인권 개선의 관계를 측정하려는 시도가 있었다. 그 대표적인 경우가 영아사망률(infant mortality)·기대수명(life expectancy)·문해율(literacy)을 결합한 '물리적 삶의 질 지수(Physical Quality of Life Index)'다. 이 지수는 100점 척도로 각국의 삶의 질을 측정하고, 이를 토대로 각국의 개발(경제) 정도와 인권(실질적 권리) 개선의 관계를 측정하였다(Milner 2002: 79). 이 주장을 한국의 경제 발전과 인권 개선의 관계를 적용해보면 긍정적인 상관관계가 존재함을 있음을 쉽게 확인할 수 있다.

그런데 전 지구화 과정이 가속화되면서 이제는 무역개방과 자본주의 세계경제체제로의 편입 정도에 따라 인권 개선이 어떤 유형으로 전개되고 있는가에 대한 분석은 더욱 중요해졌다. 한 연구에 따르면 무역 개방이 확대될수록 자유권 개선이 이루어지지만 실질적 권리의 개선에는 어느 정도 부정적인 영향을 미치고 있음을 보여준다(Milner 2002). 이러한 분석은 앞서 살펴본 한국 사회의 발전과 인권 개선의 관계를 뒷받침해준다. 한국은 산업화와 민주화, 더 나아가 신자유주의 세계화를 압축적으로 경험하였다. 경제성장을 통해 신체적 자유권은 크게 개선되었지만, 세계화를 통해 자본주의 세계경제체제로 급속도로 편입됨으로써 실질적 권리는 개선 속도가 완화되며 어느 시점에 이르러서는 부정적인 영향을 미치고 있다. 특히 IMF 구제금융체제 이후 한국의 실질적 권리, 즉 사회권은 더욱 위협을 받고 있는 실정이다.

일곱째, 지역시민사회와 인권단체는 국내뿐만 아니라 초국적 차원의 다양한 자원을 동원하는 전략, 즉 초국적 네트워크 구축과 글로벌 프레임 형성을 통하여 운동역량을 강화하고 있다. 앞서 소개한 사회학의 신제도주의 입장은 국제 NGO가 지구문화를 전달하고 이를 국제적 규범으로 제정하고 이를 전 지구적으로 확산하는 데 중요한 역할을 담당함을 강조한다. 더 나아가 국가의 경계를 넘나들며 활동하는 국제 NGO는 일국의 인권 침해를 반대하기 위해 초국적 옹호망(transnational advocacy networks)을 비롯하여 특정 기간 동안 한 사안에 집중적인 연대활동을 전개하는 초국적 캠페인(transnational campaign), 그리고 조직 간의 안정적인 네트워크에 기초한 장기적 활동에 초점을 맞추는 초국적 사회운동(transnational social movements)에 이르기까지 다양한 형태의 초국적 동원전략(transnational mobilization strategy)을 통해 일국의 정책, 법과 제도를 국제기준에 조응하도록 압박한다(Khagram, Riker and Sikkink 2002).

초국적 옹호망 개념은 환경, 여성, 인권 사안을 둘러싼 전 지구적 이슈에 대하여 공유된 가치체계를 견지한다면 비록 내부의 긴장요소가 있다 할지라도 다양한 행위자, 정부관료, 재단, 종교단체에 이르기까지 다양하게 이 옹호망의 구성원이 될 수 있다고 본다(Keck and Sikkink 1998b). 이 주체들이 활용하는 내용은 바로 연성법이며 이는 글로벌 프레임 형성의 기초자료가 된다. 연성법은 위반 국가에 대해 구속력을 발휘할 수 있는 제재 수단이 아닌 단순한 국제조약, 국제결의, 협약 등을 포함한다. 이 연성법은 냉전체제 붕괴 이후에 더욱 힘을 발휘하고 있는데 국가가 국제사회의 구성원으로서 일종의 약속을 위반할 경우 도덕적 책임과 신뢰에 큰 타격을 입어 국제관계에서 중요한 책무를 담당하지 못하고 주변국으로 전락하게 된다(Forsythe 2000; Risse and Sikkink 1999).

이렇듯 이제 인권 문제는 한 국가의 문제를 넘어서 전 지구적 이슈로 확대되고 있다. 국제인권규약의 비준, UN과 국제노동기구(ILO) 같은 정부 간 국제기구에의 가입 등은 인권의 향상을 위하여 노력하는 모든 사람들에게 새로운 열린 공간이 되었다.

시민적·정치적 규약에 가입한 정부는 규약에 가입한 때로부터 1년 안에 자국의 인권 상황에 관한 보고서를 UN 사무총장에게 제출해야 하며 그 후 5년마다 추가 보고서를 제출해야 한다. 그 보고서에 대해서 UN 인권이사회(UNHRC)는 보고서를 제출한 국가의 정부대표를 출석시킨 가운데 질의와 답변을 통하여 그 인권 상황을 검토하고 그 결과와 권고사항을 발표한다. 그러나 보고서 제출과 검토 과정을 거친다 하더라도 정부가 인권 침해 상황을 감추거나 보고하지 않는 경우가 많은 것이 현실이다. 이런 문제를 극복하고자 해당 국가의 인권단체나 초국적 활동을 하는 글로벌 인권단체가 반박보고서(NGO counter-report)를 UN 인권이사회에 제출함으로써 위원들이 정확한 정보를 바탕으로 검토하여, 올바른 권고를 할 수 있도록 돕는 것이 하나의 관례가 되었다. 현재 다양한 국제인권조약의 비준국이 증가하고 있으며, 각국이 취하고 있는 조약 내 유보조항도 점차 감소하고 있다는 점은 매우 고무적인 현상이다.

마지막으로 이론적 자원의 긍정적 기여를 인정하면서도 몇 가지 한계를 지적할 필요가 있다. 사실 국제인권레짐의 긍정적인 전망과는 달리 과연 국제규약이 가입 국가의 자국 법에 어느 정도 어느 정도 반영되고 있으며, 혹 자국법과 충돌할 경우 가입한 국제조약이 어느 정도 효력을 발휘할 것인가에 대해서는 여전히 회의적이다(Donnelly 2003). 이것을 극복하기 위해서는 정부를 지속적으로 압박할 수 있는 비국가 행위자의 도전과 견제 노력이 절대적으로 중요하다. 다행히 국내 인권단체와 초국적 운동조직 간에 지속적인 네트워크가 구축되고 있으며, 이 네트워크를 통해 운동 프레임의 전파·전수·적용이 지속적으로 이루어지고 있다.

신자유주의적 경제통합 과정을 통해 확대된 지구적 불평등 문제를 보다 종합적으로 진단하고 이에 대한 처방적 대안을 개발하고 있는 초국적 운동단체는 '사회적 정의(social justice)' 혹은 '지구적 정의(global justice)'라는 새로운 마스터 프레임을 선택하여 과거 제한된 의미의 인권 개념을 보다 포괄적이고 수렴적인 개념으로 확장시켜 운동의 폭을 더욱 확장시켜 다양한 운동 부문과의 연대활동을 촉진시키고자 노력한다(Andretta 2003; Ayers 2004). 예컨대, 경제적·사회적·문화적 권리는 과거 별개의 이슈로 활동하던 인권, 환경, 빈곤, 노동, 주거, 교육 등의 운동 부문이 '정의'라는 마스터 프레임을 중심으로 수렴되어 '지속가능한 정의(sustainable justice)', '기후정의(climate justice)', '지구적 정의(global justice)', '주거 정의(habitat justice)', '교육정의(education justice)' 같은 새로운 운동 프레임을 통해 운동 부문 간 연대활동을 강화하고 있다. 이러한 연대활동을 통해 시민사회의 목소리는 강화되어 국가의 정책결정 과정에 중요한 영향을 미치고 있다.

6. 산업화와 인권

한국 인권의 태동기(1970년대~1980년대 중반)

1) 해방, 분단 그리고 안보

한국 인권의 태동기에 국제인권규약 이행에 가장 큰 요소와 장애는 한반도의 분단이었다. 한반도 분단 상황은 일제 해방과 한국전쟁이라는 쓰라린 역사적 경험의 결정체였다. 1945년 8월 15일 일본 제국주의의 식민지배에서 해방된 후 한반도는 미군과 소련군의 3년여에 걸친 군정 끝에 남쪽의 대한민국과 북쪽의 조선민주주의인민공화국으로 분단되었다. 두 정부는 남과 북을 각각 적으로 간주 혹은 강요하면서 상대방의 합법성을 부인하였고, 1950년부터 1953년에 걸친 한국전쟁은 남한 국민이 공산주의와 북한에 대한 증오감, 불신 그리고 공포심을 가슴 속 깊이 새겨놓고 말았다(최장집 2005: 41-50). 따라서 반공과 반북 이데올로기는 권위주의 통치와 일련의 군사 쿠데타를 정당화하기 위해 동원한 가장 효과적인 정권안보 도구였다. 이런 상황 속에서 국가안보라는 명분으로 인권을 침해하는 억압적인 법률들이 만들어졌고, 정부에 대해 비판적인 말과 행동은 북한을 이롭게 한다는 이유로 모두 처벌의 대상이 되었는데, 그 결정판이 바로 1948년 특별법으로 제정된 국가보안법이다.

일본의 식민 지배와 한국전쟁이라는 긴 시련 끝에 출범한 대한민국 정부의 이승만 정권은 냉전 반공주의를 이념적 토대로 삼아 강력한 중앙집중화 정책을 전개하였다. 초기 경제는 미국의 원조정책에 절대적으로 의존하면서 국가안보와 경제개발을 국가 정책의 최우선 과제로 삼았다. 미국의 해외원조와 정치개입을 토대로 시작된 경제 발전과 사회적 안정 기조는 독재정권이 재벌육성정책, 노동부문의 포섭, 그리고 농촌지역의 배제라는 돌진적 산업개발정책으로 전개되었다. 독재정권은 기업의 전투적 동원과 노동과 농업부문에 대한 배제정책을 통해 압축적 근대화 전략을 강력히 전개하였다.

그러나 해방 후 분단과 한국전쟁 시기(1945~1953) 동안 심각한 인권침해 사건이 발생하였다. 1948년에 한시적 비상조치로 제정된 국가보안법은 전체 사형수(1,634명)의 50%에 달하는 약 800여 명을 사형 집행하는 데 악용되었다. 또한 1948년 4월 3일부터 1954년 9월 21일까지 약 3만 명의 민간인을 학살한 제주 4·3사건과 한국전쟁 발발 후인 1950년 7월에 발생한 미군의 노근리 주민 학살 등은 한국 인권의식의 부재를 극명하게 보여주는 사건이다. 군사독재시절 종교지도자들과 지식인들은 국민의 가장 기초적인 권리 존중을 정부에 요구했으나 이것은 철저히 무시당하거나 정치적으로 강력히 탄압당했다. 그러나 이러한 엄혹한 상황에도 불구하고 종교단체에 소속된 몇몇 인권단체들은 민주화운동의 소중한 보호막이 되었고, 민주화운동가들의 인권 침해를 해외에 알리는 초국적 채널 역할을 담당하였다.

2) 박정희 정권의 닫힌 정치기회구조와 선구적 인권운동 경험

1961년 군사 쿠데타를 통해 정권을 잡은 박정희는 군사독재와 압축적 근대화라는 키워드에 맞게 급속한 산업화를 통해 근대화의 토대를 마련했다는 점에서 높이 평가받을 수 있다. 그러나 장기간의 독재 시기에 자행된 지독한 인권 탄압에 대해서는 강한 비판을 동시에 받고 있다. 인권 개선이라는 측면에서 볼 때, 박정희 정권은 강력한 산업화정책을 주도했지만 시민적·정치적 권리를 제한하는 반민주적 반인권정책을 지향하였다. 1972년 10월 박정희는 계엄을 선포하고 국회를 해산하면서, 자신의 영구집권을 가능케 하는 유신헌법을 선포하였다. 박정희 정권은 중앙정보부를 신설하여 반체제 인사를 불법적으로 체포·구금하고 고문도 서슴지 않았다. 비록 경제 발전을 달성하고 북한이나 공산주의로부터 국가안보를 유지하기 위해 국민의 권리를 일부 제한할 수 있음을 인정한다 하더라도 초헌법적 독재정치로 기본적인 개인의 생명권과 자유권을 해치는 것은 결코 정당화될 수 없다. 1970년대에 박정희 정권을 비판한 학자나 정치인은 인권 침해는 물론 더 나아가 생명까지 위협받는 경우가 많았다. 1973년 중앙정보부에서 간첩 혐의로 조사를 받던 중 의문사한 최종길 서울법대 교수나 1975년 8월 17일 장준하 선생의 의문사는 당시의 인권 탄압을 극명하게 보여주는 예다.

그러나 이러한 무시무시한 탄압정권도 민주주의와 인권 보호를 향하여 전진하려는 시민들의 저항을 완전히 막을 수는 없었다. 독재정권의 탄압을 비판하는 시민들의 탈출구이자 보호막이 되어준 것은 종교단체들이었다. 특히 가톨릭과 개신교 소속 단체들은 인권피해자와 그 가족들의 지원을 호소하고 대책을 강구할 수 있는 공간이었다. 여기에 모인 사람들은 서로를 격려하고, 인권피해자의 결백과 권리 회복을 함께 주장함으로써 결국 모든 사람들의 인권과 사회정의를 위해 함께 투쟁을 결의하는 운동공동체 역할을 하였다. 박정희 군사독재정권이 '인민혁명당(인혁당) 사건'을 조작하여 학생, 교수, 교회 성직자 등을 대거 체포한 것을 계기로 1974년 한국기독교교회협의회 인권위원회와 천주교 정의구현 사제단이 결성되었다. 이 사건은 국내의 인권과 민주화 이슈로만 머물지 않았고, 초국적 지원 네트워크를 통한 국제연대와 옹호활동으로도 이어졌다.

초국적 연대활동을 가능하게 한 것은 선교사들의 브로커 역할이었다. 1960~70년대 초까지 활동한 미국 연합 감리교 George Ogle 목사와 James P. Sinnott 천주교 신부는 한국 선교사로 인혁당 사건의 조작과 인권 침해를 전 세계에 알리는 창구 역할을 하였다. 비록 그들은 한국 정부로부터 추방명령을 받아 떠나야 했지만, 그들의 헌신적인 저항활동은 한국의 민주화와 인권운동이 세계교회협의회(WCC)와 같은 초국적 종교단체의 지지와 연대로 연결되는 데 크게 기여했다(한국기독교교회협의회 1994).

아쉬운 것은 초기의 이러한 초국적 옹호 네트워크가 조직적 차원의 국내운동으로 연결되기보다는 개인적 차원의 비공식적 네트워크에 머물렀다는 사실이다. 물론 국내에 인권 문제를 전문적으로 다루는 단체가 없었고, 국제연대활동을 자유롭게 할 수 있는 열린 정치기회구조도 갖추지 못했기에 이 소중한 초국적 동원 경험이 이어지지 못했던 것도 그 이유다. 실례로 해외여행 자유화는 1989년에야 이루어졌기 때문에 1970~80년대까지 일반 시민은 자유롭게 해외활동을 할 수 없었다. 특히 반정부 저항활동과 관련된 초국적 연대활동은 국가안보 차원에서 철저히 통제되었다. 따라서 1980년대 말까지 한국 시민사회는 군사독재정권의 인권 침해와 탄압 사실을 국제적으로 알려 독재정권을 망신시키는 초국적 옹호망 전략은 몇몇 성직자 혹은 반정부 인사들만이 일시적으로 동원하는 데 그쳤다.

3) 박정희 정권의 경제 발전 모델과 인권

박정희 권위주의 정권하에서 한국 경제는 지속적으로 급속하게 성장하였고, 이러한 고도성장은 노동을 체제 내로 포섭하면서 억압의 대가로 성장을 제공하는 일종의 억압과 성장의 교환을 가능하게 하였다. 이승만 정권은 냉전반공체제를 통해 노동 부문을 탄압했지만, 실제적으로 노동

〈그림 6-1〉 한국 산업구조의 변화

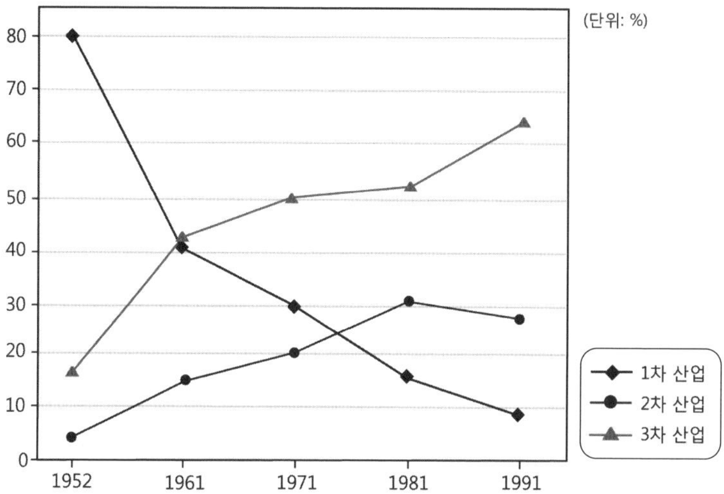

운동 부문은 매우 미약한 상황이었다. 그러나 1970년대 산업화를 통하여 노동운동 부문도 자연히 성장하게 되었고, 특히 유신체제는 노동자의 기본권을 철저히 억압하며 산업화를 통한 성장만을 강조하여 노동운동을 더욱 성장하게 만들었다. 유신체제는 박정희 정권의 정당성 위기를 의미하기 때문에 이 부분을 보완하기 위해 경제 발전에 더욱더 힘을 쏟게 되었다. S. Lipset으로 대표되는 근대화론자는 경제 발전이 중산층을 성장시키며, 교육과 문화적 태도를 확신시켜 민주주의의 가치가 널리 수용되고, 정치참여 증대를 가져온다고 주장한다. 이러한 측면에서 볼 때, 분명 박정희 정권의 경제발전정책은 〈그림 6-1〉과 같이 한국의 산업구조를 변화시키고, 민주화와 인권 개선의 성격도 변화시켰다.

박정희 정권은 1962년 야심찬 '경제개발 5개년계획'을 통해 산업화 프로젝트에 돌입했는데, 그 주역은 신흥 산업엘리트와 국가 행정관료였다. 국가적으로 경제기획원의 설립을 시발로 경제관료체제를 재정비하는 동시에, 중앙정보부를 신설하는 등 권위주의적 안보기구의 강화를 통해 국가주도의 고도성장정책을 추진하였다. 박정희 정권의 기본 철학은 성장, 효율성, 그리고 목표달성으로 전환되었고, 이는 한마디로 '발전주의'라는 국가이념이자 이데올로기가 구축되었음을 의미한다. 이러한 발전주의는 1962년부터 1982년까지 4차에 걸친 경제개발 5개년계획을 통해 전례 없는 빠른 성장률을 달성했다. 1973~1976년에는 평균 15%의 경제성장률을 기록하였으며, 공산품 수출은 연평균 25.7% 증가했고, 국내총생산은 연평균 10.3%로 성장했다. 이러한 수치는 마치 군사목표를 달성하듯이 목표를 세우고 보다 빨리, 보다 대규모적으로 그리고 보다 효율적으로 달성하기 위해 국가의 모든 기구와 자원을 동원한 '돌진적 산업화' 정책의 결과였다(최장집 2005: 71-77). 이러한 급속한 경제 발전은 GNP 증가, 영아사망률 저하, 기대수명 증가, 그리고 문해율의 증가로 연결되었고, 1980년대 들어 실질적 차원의 인권 개선이 이루어질 수 있는 물적 토대가 되었다.

4) 전두환 정권의 닫힌 국내 정치기회구조와 강한 시민사회

박정희 독재정권의 닫힌 정치기회구조는 영원히 유지될 수 없었다. 국내 정치기회구조는 중앙정보부장 김재규에 의한 박정희 시해 사건을 통해 급속도로 변했다. 이후 전두환 신군부세력에 의한 군사 쿠데타, 서울의 봄, 그리고 5·18민주화운동으로 이어진 1970~80년의 정치 격변은 인권운동이 민주화운동 속으로 더욱 깊이 편입될 수밖에 없는 국내 정치구조였다. 5·18민주화운동은 1980년 5월 18일부터 27일까지 이어진 민중저항 시위를 폭압적으로 탄압한 사건으로, 당시 시위 주동자들은 공산주의를 옹호하는 폭거로 매도되었다. 공식적으로 200명 이상이 사망했다고 발표했지만, 공수부대가 투입된 진압작전은 계엄 상황에서 군과 시민군 사이의 시가전까지 벌어졌기에 희생자 수는 훨씬 더 많았고, 지역 주민들은 수천 명이 군인의 총격으로 사망했다고 주장한다(Shin and Hwang

2003).

1980년 5·18민주화운동의 피와 희생을 밟고 권력에 오른 전두환 정권은 민주화운동 세력을 탄압하기 위해 1948년 이승만 정권이 제정한 국가보안법을 개정하여 더욱 강력한 정치도구로 삼았다. 비록 전두환 정권은 1961년에 제정된 반공법을 폐지하는 것을 자랑하였지만 이 두 법이 여러 가지 측면에서 중복되기 때문에 반공법을 폐지하고 그 안에 있는 핵심내용을 국가보안법에 포함시키는 방식으로 국가보안법을 거대 괴물로 만들었다. 그러나 역설적으로 이러한 압박과 탄압이 강화될수록 시민사회의 저항은 더욱 거세졌다.

사회운동의 중심세력은 1970년대의 노동운동에서 1980년대에는 학생운동으로 바뀌었고 5·18민주화운동을 자양분으로 하여 1980년대 말까지 군사독재정권에 대한 강력한 저항운동으로 전개되었다. 마침내 이 운동은 1987년 6월 민주화운동으로 이어져 절차적 민주화를 달성하고 1990년대 민간정부의 탄생이라는 놀라운 결실을 맺게 되었다. 1990년대 민주화 이후 들어선 민간정권은 광주민중항쟁을 군사독재로부터 민주주의를 회복한 운동으로 인정하고, 정부는 피해자와 그 가족에 대한 사과와 보상, 5·18 국립묘지 마련 등으로 과거의 왜곡된 역사를 바로잡았다.

이처럼 1980년대의 민주화운동을 견인한 5·18민주화운동의 경험은 한국 시민사회가 '강력한 저항 민주화 세력(strong contentious civil society)'으로 성장할 수 있는 소중한 토양이자 자양분이었다(Koo 1993). 그러나 민주화운동은 다양한 인권 이슈들을 '민주화'라는 하나의 마스터 프레임으로 묶어 전개되었기 때문에 포괄적이며 광범위한 인권 이슈가 보다 분명하고 구체적인 민주화운동에 파묻혀 수면상태에 머물 수밖에 없었다. 1980년대 말까지 민주화를 이루면 모든 것이 이루어질 수 있다는 착각을 할 정도로 한국 시민사회는 민주화운동에 모든 에너지와 활동을 집중하였다.

5) 인권태동기의 인권 현실

(1) 박정희 정권(1961~1979): 산업화와 반공제일주의

우선 박정희 정권 시기의 인권 현실을 글로벌 인권 지표를 통해 살펴보자. 제4장에서 글로벌 인권 지표를 통해 살펴본 한국의 인권 개선 추이에 따르면 국제앰네스티와 Freedom House의 개인통합권리 지표(5점 척도)는 2.5점에서 3점 사이를 오르락내리락하는 인권의 부침현상을 확인할 수 있다. 1970년대 한국의 인권수준은 세계 평균(3.5점)과 주변 동아시아 국가들(평균 3점)보다도 훨씬 낮은 것으로 평가되었다. 이는 1970년대 내내 한국이 인권 후진국 수준에 머물고 있음을 의미한다.[1]

이러한 인권 후진성을 야기한 요인은 몇 가지로 요약할 수 있다. 박정희 정권은 발전주의와 국가안보라는 이데올로기를 동원하여 학생, 지식인, 농민, 노동자, 일반 시민의 경제개혁이나 개발정책과 관련된 어떤 반대의 목소리도 듣지 않고, 오직 사회적 안정과 질서를 주장하며 반대를 압박하였다. 박정희 정권은 '돌진적 산업화(rush-to-industrialization)' 정책을 통한 빠른 경제성장을 달성하기 위해 저임금 노동력을 확보하고자 강력한 도시화 정책을 전개하여 전통적 농촌공동체는 파괴되었고, 노동자의 기본적 인권은 부당하게 제한되었다(Hart-Landsberg 1993). 뿐만 아니라 정부는 국가안보라는 이데올로기를 동원하였고, 경제성장정책을 강력하게 진행하였다. 이러한 무리한 경제개혁 드라이브는 국내적으로는 한반도 분단 상황이라는 특수성에 기초한 사회적 안정 이데올로기의 동원이었고, 국제적으로는 냉전체제에 기초한 자본주의와 사회주의의 체제 간 경쟁이라는 맥락 속에서 진행되었다.

숨 막힐 정도로 꽉 닫힌 정치기회구조에도 불구하고 노동·인권운동과

---

1. 제4장의 〈그림 4-1〉, 〈그림 4-2〉, 〈그림 4-3〉 참조.

학생운동은 조금씩 성장하기 시작하였다. 1969년 박정희 정권이 헌법 개정을 통해 3선을 시도하여 1971년에 대통령으로 임기를 연장하자 학생과 반정부 정치인은 독재정권 연장에 반대하는 저항운동을 다양한 방식으로 전개하였다. 이것을 두려워한 나머지 1972년 10월 17일 박정희 정권은 국회를 해산하고 유신헌법을 선포하여 종신집권을 시도하였다. 박정희 유신정권이 사용한 가장 강력한 탄압도구는 바로 국가안보를 위해 내린 '비상조치'로서 이는 국민의 기본적 시민권과 인권을 제한하는 내용을 담고 있다. 유신정권은 비상조치법을 통해 명분상으로는 국가안보를 내세우면서도 궁극적으로는 정권의 정당성과 정치경제 정책에 대한 비판과 저항운동을 탄압하기 위한 정권안보로 활용하였다.

비상조치 제1호는 1974년 1월 8일에 공포되어 유신헌법을 반대하는 어떤 출판활동이나 토론회도 금지하였다. 동일 날짜의 비상조치 제2호는 유신헌법이나 정권에 반대하는 자들을 구속영장 없이 체포할 수 있으며 최대 15년 동안 투옥할 수 있는 권한을 부여하는 비상조치 군법회의를 설치하는 내용을 담고 있다. 비상조치는 1974년과 1975년에 걸쳐 총 9호까지 공포되어 박정희 유신정권의 정치적 방패 구실을 하였다. 특히 비상조치 제4·5·7·9호는 가장 무자비했으며 유신정권에 대한 급증하는 비판과 저항운동을 탄압하기 위해 활용되었다. 비상조치 제4호는 정부가 조작한 '민청학련'이라는 반정부 단체에 관련된 자들을 처벌하기 위해 1974년 4월 3일에 공포한 것이고, 비상조치 제7호는 고려대학교 학생 소요가 확산되는 것을 막기 위해 고려대학교를 봉쇄하기 위해 1974년 4월 8일 공포한 것이다. 비상조치 제9호는 제정된 유신헌법을 반대하고 박정희 정권을 비방하는 어떤 행위라도 금지하기 위해 1975년 5월 13일에 공포한 것이다. 이렇듯 유신정권의 비상조치는 국민의 입과 귀를 막고 손발을 옥죄는 반인권적 정치 도구였다(국가인권위원회 2004).

비상조치의 공포 외에도 박정희 군사독재정권은 시민의 기본적 권리를 제한하기 위한 다양한 법령을 제정 또는 개정하였다. 〈표 6-1〉에 제시

〈표 6-1〉 박정희 정권의 인권 탄압 법령과 그 실태

인권 탄압 법령	제정·개정 연도	구속자 수
국가보안법	1962	1,968
반공법	1961	4,167
정치활동정화법	1962	3,849
사회안전법	1975	19
집회 및 시위에 관한 법률	1962	625
반국가행위자의 처벌에 관한 특별조치법	1977	15
국가보위에 관한 특별조치	1971	15
비상조치 제9호	1976	726

자료: 국가인권위원회(2004: 23).

된 것처럼 박정희 정권은 인권 침해 악법을 동원하여 반정부 저항운동을 탄압하였다. 박정희 정권은 1961년에는 반공법을 제정하고 1962년에는 국가보안법, 정치활동정화법, 집회 및 시위에 관한 법률(이하 집시법)을 제정 또는 개정하였고, 1964년에는 언론윤리위원회법을, 1975년에는 사회안전법과 국가모독죄를, 1977년에는 반국가행위자의 처벌에 관한 특별조치법을 제정하였다. 특히 국가보안법과 반공법은 박정희 정권이 군사독재를 유지하고 반대의 목소리를 압제하는 데 가장 강력한 법이었다.[2]

2. 국가보안법이 처음 만들어진 것은 1948년 12월 1일이다. 미국과 소련의 신탁통치가 끝나고 남한은 일련의 폭동으로 새로 수립된 이승만 정부가 위협을 받을 정도로 심각한 상황이었다. 이러한 내란상태에 대처하기 위해 한시적으로 6개 조문으로 된 국가보안법이 제정되었다. 이 법은 반국가단체를 조직하거나 그것에 가입하거나 반국가단체를 이롭게 하는 일련의 행위를 처벌하였다. 여기서 반국가단체는 본래 북한을 겨냥한 것이지만 그 밖에 한국 정부에 반대하는 조직을 두루 포함하는 개념이었다. 그런데 내란상태가 끝나고 한국전쟁도 종결되었지만 이후 국가보안법은 점차 강화되었다. 이후 일곱 번이나 개정되었는데, 특히 1958년과 1961년과 1980년의 개정이 가장 큰 변화를 주었다. 1961년 박정희가 이끄는 국가재건 최고회의는 반공법을 제정하였다. 1980년 다시 전두환이 이끄는 국가보위입법회의는 반공법을 폐지하면서 대부분의 내용을 국가보안법으로 수용하였다(박원순 1989).

그림 6-2〉 박정희 정권 시기의 국가보안법·반공법 위반 기소자 수

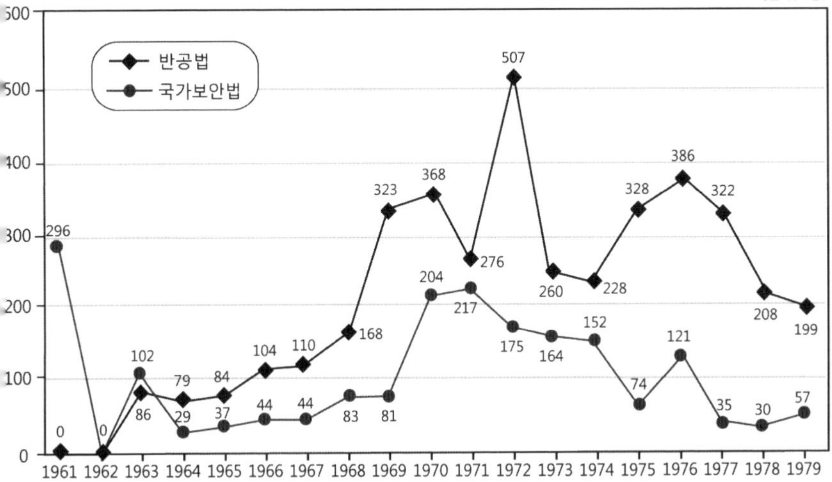

자료: 국가인권위원회(2004: 24).

이러한 역사를 가진 국가보안법을 박정희 정권이 어떻게 남용했는지를 시계열적으로 살펴본 결과는 〈그림 6-2〉와 같다. 1969년부터 1972년까지 자신의 정치적 위기를 벗어나기 위해 국가보안법과 반공법을 적극적으로 활용하고 있음을 수치를 통해 확인할 수 있다. 국가보안법 위반으로 기소된 경우는 81명에서 175명으로 2배 이상 증가했고, 반공법 위반으로 기소된 경우는 323명에서 507명으로 약 2배가 증가하였다.

그림에서 보면 1970년대 후반에 들어서면서 국가보안법과 반공법으로 기소된 경우가 감소하는데 이것은 박정희 정권이 이 양대 인권탄압도구보다는 비상조치법에 상대적으로 더 많이 의존했기 때문이다. 비상조치법을 적용할 경우 기소자에 대한 기존의 재판 과정을 거치지 않고서도 신속히 처리할 수 있기 때문에 비상조치법을 보다 적극적으로 활용한 것이다. 또한 1964년부터 1970년까지 반공법으로 기소된 경우가 국가보안법으로 기소된 경우보다 2배 이상 많은 것으로 나타났다. 이는 반공법 제

4조에 "반국가단체를 고무·찬양하는 경우에 처벌받을 수 있다"고 명시하고 있기 때문에 정부를 단순히 비판하는 어떤 행위나 내용에 대해서 이 조항을 남용하여 처벌했기 때문이다. 박정희 정권은 체제나 정책을 비판하는 어떤 것이든 '반정부행위'로 규정하여 처벌하였다. 이 반공법 제4조는 반국가단체를 지원하는 유형으로 찬양, 고무, 동조를 포함하고 있어 어떤 단체든지 임의대로 적용할 수 있는 매우 모호하고 반인권적인 조항이다. 심지어 제4조는 개인의 표현의 자유를 심각히 침해하는 것이며 개인의 사생활을 감시·통제하는 데까지 남용되었다(박원순 1989; 1992). 즉 반공법 제4조는 시민적·정치적 권리의 가장 핵심인 사상과 의사 표현의 자유를 심각하게 해치는 악법이었다.

반공법은 국내외로부터 인권 침해의 여지가 있다는 강한 비판을 받았기에 1980년 12월 전두환 정권은 결국 이 법의 폐지를 결정하였다. 그러나 인권을 침해하는 반공법의 독소 조항은 국가보안법에 그대로 포함되었고 이것은 독재정권이 계속해서 인권 침해를 자행할 수 있는 정치적 도구로 작동하였다. 요컨대, 박정희 정권은 돌진적 산업화 전략을 뒷받침하는 경제성장과 국가안보라는 두 가지 이데올로기에 의존하면서 국가보안법과 반공법 같은 강한 정치적 무기를 동원하여 시민사회의 비판과 저항의 목소리를 잠재웠고, 그 과정에서 국민의 기본권과 인권은 심각하게 침해받았다.

그러면 박정희 정권 시절의 시민사회는 어떤 모습으로 저항하면서 자신의 운동역량을 강화했는지를 살펴보자. 1970년대 박정희 정권의 감시와 탄압에도 불구하고 시민들은 정치사회적 정의를 회복하기 위해 운동역량을 결집하였다. 청년 노동자 전태일의 분신 사건은 침묵을 지키던 지식인, 노동자 그리고 일반 시민들까지 인권 보장의 절실함을 깨닫고 이를 지키기 위한 저항운동을 촉발시켰다. 1970년 11월 13일 전태일은 청계 피복노동자들의 시위 도중 '노동법 준수'를 외치면서 노동자의 열악한 노동현실(저임금, 장시간 노동, 비위생적이고 숨 막히는 작업 공간, 초과근

무수당 미지급 등)을 고발하였다. 전태일의 용기 있는 저항은 노동자들이 마땅히 누려야 할 기본적 권리를 보장받아야 하며 정권은 이 인권을 경제 발전이라는 명분하에 무시하고 있다는 것을 깨닫게 하는 소중한 불꽃이 되었다(조영래 2003).

남미의 인권운동 경험처럼 한국의 인권운동 태동기에는 기독교단체와 연결되어 활동하는 몇몇 종교단체들이 정부의 반인권적 경제정책, 특히 저임금에 기초한 경제 발전 모델을 비판하였다. 이 경제 발전 모델은 노동자의 인권을 무시하고 오직 기업 자본가의 이해관계만을 반영하는 정책을 지지하는 것이었다. 1970년대에 인권을 개선하기 위한 시민사회의 노력은 종교단체와 국가의 갈등관계를 중심으로 전개되었다. 박정희 정권은 유신헌법을 통한 영구집권을 도모하기 위해 인혁당·민청학련 사건을 조작하여 시민사회의 민주화운동과 인권운동을 탄압하였다.

역설적으로 이러한 조작 사건은 결국 종교단체가 이 운동에 적극적으로 개입할 수 있는 정치기회구조가 되었다. 개신교에서는 한국기독교교회협의회(KNCC)가 1974년에 인권위원회를 결성하여 정권 비판을 이유로 체포된 학생·학자·성직자의 인권 침해 상황을 국내외로 알렸다. 천주교에서는 1974년 9월에 정의구현사제단을 결성하여 민주화와 인권회복을 위한 저항운동에 동참하였다. 특히 지학순 주교와 김수환 추기경은 경찰 폭력으로부터 시위자들을 보호하며 인권옹호활동을 하였다.

1976년 박정희 유신정권의 탄압의 칼날을 더욱 날카로워져 2월 28일에는 정부를 비판해온 460명의 교수를 강단에서 쫓아내고 학생과 기자를 퇴학 또는 해고하였다. 거리로 내몰린 이들은 이러한 엄혹한 탄압에 굴하지 않고 조직적인 저항을 준비하였다. 시민사회는 3월 1일 '3·1 구국선언'을 갈릴리 교회공간을 통해 발표함으로써 박정희 독재와 유신개헌을 공개적으로 비판하면서 민주화와 인권운동이 초국적 옹호망을 동원할 수 있는 초석을 이루었다. 구국선언문을 발표한 인사들은 곧바로 연행되었지만, 이 선언문의 내용은 국내는 물론 국제적으로도 알려졌다.

이런 초국적 연계활동은 선교사들이 브로커 역할을 했기에 가능했다. 캐나다 선교사 Willia Kernent(한국명 구미혜)는 이러한 민주화운동과 인권운동을 전 세계 교회 관련 자매조직(세계교회협의회, 미국여성교회협의회, 캐나다 교회협의회, 아시아 교회협의회)과 미국 언론에 알려 한국 정부를 망신시키는 데 크게 기여하였다. 이후 외국 선교사의 보고활동을 통해 국내 재판 과정이 국제적으로 주목을 받았으며, 특히 스위스 제네바에 본부를 둔 국제법률가위원회(ICJ)는 한국에 대표를 파견하여 재판 과정을 감독하였다. 이러한 국제적 이목과 감시, 초국적 압박활동을 의식해서 박정희 정권은 대부분의 반체제 인사를 곧 석방하였다(한국기독교교회협의회 1994). 이러한 과정을 통해 종교단체들은 국내의 인권 이슈를 개선하기 위해 국제적 압력과 지원을 동원하는 것이 매우 효과적임을 경험적으로 학습할 수 있었다.

(2) 전두환 정권(1980~1987): 국가안보

1980년대 중반까지의 인권 현실을 살펴볼 때 한국의 인권 개선 과정에서 가장 큰 장애물은 국가보안법이었다. 국가보안법은 최고 상위법인 헌법을 초월하는 법으로 작동하며 수많은 무고한 시민들을 국가체제 전복자와 공산주의자로 낙인찍고 수형자 신세로 만들었다. 따라서 국가보안법이 더욱 강해진 전두환 정권 때에는 국가보안법 반대운동이 민주화운동과 인권운동의 가장 주된 요구사항 중 하나였다. 이런 견지에서 전두환 정권 시기를 '국가보안법 시대'라고 부르기도 한다. 제4장에서 소개한 글로벌 인권 지표를 보더라도 1980년대 초반의 인권 지표는 최하위를 기록하고 있다. Freedom House의 지표(7점 척도)에 따르면 이 시기 한국의 시민적·정치적 권리는 2.5점으로 최하위였으며, 1984년 정치 유화 국면을 지나면서 1980년대 후반에 이르기까지 점수가 급상승하는 것으로 나타난다. 국제앰네스티의 개인통합권리 지표(5점 척도)에 따르면 전두환

〈그림 6-3〉 전두환 정권 시기의 국가보안법·반공법 위반 기소자 수

(단위: 명)

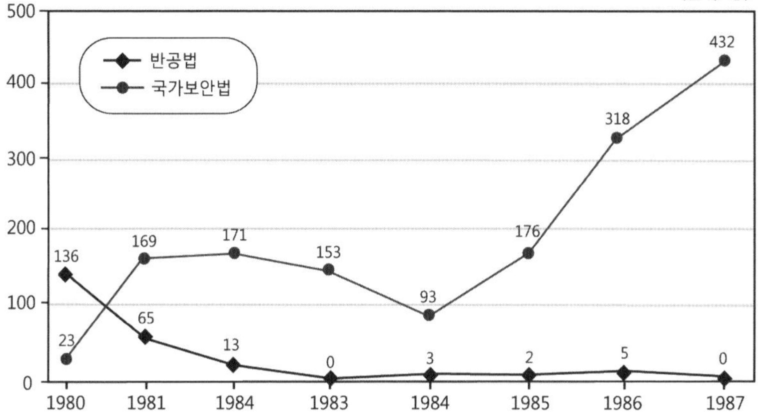

자료: 국가인권위원회(2004: 31).

정권 초기에는 최악의 인권 상황을 보이다가 정치적 유화 국면을 통해 어느 정도 개선되지만 1980년대 말까지 큰 개선은 없는 것으로 나타났다. 이것은 바로 개인의 신체적 권리와 사상, 표현의 자유를 억압하는 국가보안법이 국가안보가 아닌 정권안보를 위해 남용되었음을 반증하는 것이다. 〈그림 6-3〉이 보여주듯, 1980년대 전두환 정권이 들어서면서 시민사회는 '국가보안법 시대'라는 갈등 국면을 마주하면서 심각한 인권 침해를 경험하였다.

전두환 신군부세력은 1979년 12·12 군사 쿠데타와 5·18 광주민주항쟁 세력에 대한 폭압적 학살을 통해 권좌에 올랐다. 이들은 '국가보위입법회의'(국가보위)를 설치하여 법 개정을 진행했는데 그중에서 인권과 관련된 대표적인 것이 국가보안법 개정이다. 6차 개정 국가보안법은 비헌법기구인 국가보위에 의해서 추진되었기 때문에 비헌법적이라는 비판을 받는다. 앞서 지적한 것처럼 전두환 정권 시기의 국가보안법은 반공법의 반인권 조항을 그대로 포함하였을 뿐만 아니라 국가안보의 이름으로 사

형까지 집행할 수 있는 강력한 통치도구였었다. 남북이 분단된 준전시 상황이라는 특수성을 강조하며 시민적·정치적 권리 일부를 제한하는 것을 정당화하면서 국가보안법을 유지하였다.

앞서 언급한 글로벌 인권 지표에 나와 있듯이 전두환 정권이 약간의 정치 유화 국면을 펼치면서 개인통합권리와 시민적·정치적 권리가 조금씩 개선되었지만, 여전히 평균 이하의 점수에 머물고 있다. 이는 전두환 정권 시기의 국가보안법에 의해 기소된 사람 수가 지속적으로 증가하고 있다는 사실과 맥을 같이한다. 시민사회 역시 제한적이지만 열린 정치기회구조를 적극적으로 활용하여 운동역량을 강화하고자 노력하였다. 특히 학생운동은 정부의 탄압에 굴하지 않고 1980년대 민주화운동의 갈등정치(contentious politics)를 견인하였고, 이것은 1987년 6월항쟁으로 이어졌다.

이러한 갈등정치 국면을 거치면서 인권운동은 보다 조직된 모습을 갖추었고, 인권 관련 국제규범을 동원한 운동 프레임에 조금씩 관심을 갖기 시작하였다. 당시의 대표적인 인권단체는 '민주사회를 위한 변호사모임'(이하 민변)과 '민주화실천가족운동협의회'(이하 민가협)다.

1985년 12월 12일에 출범한 민가협은 기존의 종교 관련 인권단체와는 구분되는 최초의 순수 인권단체로서 민주화운동 과정에서 부당하게 구속되어 옥고를 치르는 대학생과 운동가, 즉 양심수 가족으로 구성되었다. 민가협은 전형적인 양심수 희생자 가족의 모임이며, 이 단체의 최우선의 목표는 사랑하는 아들·딸, 아빠·엄마가 하루속히 자유롭게 생활하는 것이었는데, 그것은 양심수 석방과 국가보안법 폐지운동으로 귀결되었다. 민가협은 국제앰네스티나 Human Rights Watch 같은 초국적 인권운동단체와 협력하여 한국의 양심수 현황과 인권 침해 사실을 국제사회에 알렸다. 민가협이 구축한 초국적 정보 네트워크는 한국의 인권 사실에 대한 객관적이며 신뢰할 만한 자료를 초국적 단체에 제공함으로써 초국적 인권단체가 한국 정부의 반인권 정책과 법의 남용을 방지하도록 압박하였다. 부메랑 전략은 이후 다양한 인권 이슈에 적용되어 장기수 석방, 고문방지, 목요집회, 인권의 날 기념 콘서트 같은 다양한 초국적 캠페인으로 이어졌다.[3]

비슷한 유형인 '민주화운동유가족협의회'(유가협)의 경우는 1980년대 민주화운동 과정에서 발생한 의문의 죽음에 대한 진실을 밝혀 희생자의 명예를 회복하고 그들을 기념하기 위해 1986년 8월에 조직된 인권단체다. 1980년 광주민주항쟁 당시 많은 학생과 일반 시민이 고귀한 목숨을 잃고 말았다. 회원들은 초기에는 단순히 희생자 가족을 지원하는 것에 관심을 가졌으나, 점차 지속적인 활동을 통해 인권 침해를 야기한 국가정책을 비판하며 보다 확실한 인권의식을 체득하게 되었다.

또한 학자와 변호사가 중심이 되어 조직한 인권운동단체가 등장했다. 인권 변호사들이 1988년 5월 28일에 설립한 민변은 전두환 정권의 인권 침해를 비판하며 노사분규와 국가보안법에 저촉된 양심수를 지원하였다. 민변의 모태가 되는 '정의실천법조인회'(정법회)는 1986년에 출발하였지만, 회원들은 1970년대부터 정치적 사건 또는 시국 사건에 연루된 양심수를 변론하였다. 1980년대에는 주로 노사분규 상황에서 노동자를 변론하는 젊은 인권변호사들로 구성되었다. 이 정법회 소속 변호사들은 일반 시민의 인권의식을 제고하기 위하여 군부정권이 자행한 고문과 같은 인권 침해 사실을 담대하게 공개하였다.[4] 권인숙, 박종철 그리고 김근태 등의 노동운동가, 학생 그리고 진보정치인은 전두환 정권에 의해 심한 고문을 당했으며, 박종철은 결국 고문으로 죽음을 맞게 되었다. 이 사건은 결국 1987년 민주항쟁의 도화선이 되었다.

1980년대 중·후반으로 가면서 통일 이슈는 민주화운동과 인권운동의 주요 과제가 되었다. 1989년 3월 문익환 목사의 북한 방문 사건은 국민

3. 민가협 홈페이지(http://www.minkahyup.org) 참조.

4. 민변 홈페이지(http://www.minbyun.org) 참조.

들 사이에 통일 문제를 본격적으로 논의할 수 있는 촉매제가 되었다. 이 사건은 그동안 인권을 심각하게 제한하는 국가보안법에 대한 정면 도전이었다. 유럽과 독일에 거주하는 해외 동포들도 이 운동에 적극적인 연대와 지원활동을 하였다. 그러나 국가보안법의 위세는 그렇게 쉽게 꺾이지 않았으며 그 결과 국가보안법에 의한 인권 침해는 1990년대까지 계속되었다.

요컨대, 1980년대 전두환 정권 시기의 민주화운동과 인권운동의 핵심은 5·18 민주화운동의 진실을 밝히고 그 책임자를 처벌하는 것이었다. 특히 민주화운동 희생자와 가족을 법적으로나 물적으로 지원하는 인권단체들이 설립된 것도 주목할 만하다. 이제 종교단체의 보호막을 벗어나 시민들 스스로 인권 문제를 가지고 희생자나 양심수를 지원하는 활동으로 발전시켰다. 인권운동은 아직까지 민주화운동의 그림자 안에 속해 있었으나 1987년 민주화운동을 통해 이루어진 절차적 민주화를 마주하면서 인권운동은 더욱 다양화되고 전문화의 길을 걷게 되었다.

(3) 인권 침해 사례

1970~80년대 군사정권은 산업화와 국가안보라는 이데올로기를 동원한 나머지 개인의 신체적 권리와 시민적·정치적 권리를 크게 침해하였다. 주목할 만한 인권 침해 사례를 생명권, 고문, 구속기간, 재소자 인권, 사생활 침해 등에 초점을 맞추어 살펴보고자 한다.

첫째, 생명권은 정치적 탄압과 위험한 산업현장으로 나누어볼 수 있다. 한국의 사형제도는 법적으로 사형을 광범위하게 부과할 수 있도록 구성되어 있는데, 이는 시민적·정치적 권리에 관한 국제규약(B규약) 6조 1·2항에 부합하지 않는 것이다.[5] 정치적 탄압의 결과로 학생, 교수, 군

5. '1. 모든 인간은 고유한 생명권을 가진다. 이 권리는 법률에 의하여 보호된다. 어느 누

인, 정치인사가 의문의 죽음을 맞았고, 인혁당 사건처럼 국가보안법·반공법·비상조치법에 의해 소중한 생명을 잃기도 했다. 뿐만 아니라 군사정권은 돌진적 산업화 정책을 최우선 과제로 삼았기에 산업현장 노동자들의 생명과 안전에 권리에 대한 의식은 매우 저조했다. 산업재해에 대한 보상은 부족했고, 직업병으로 보상을 받을 수 있는 질병은 적었다. 또한 이것에 대한 측정과 지원 과정이 매우 복잡했고 오랜 시간이 소요되었다. 원양어선 선원들의 인권 침해도 심각했는데, 이들은 열악한 작업환경, 불결한 위생, 강한 노동 강도로 인하여 기본적인 인권은 보장받지 못하였을 뿐만 아니라, 이를 벗어나고자 탈출을 시도하다 사망 혹은 실종되는 경우가 많았다.

둘째, 개인의 신체와 관련된 가장 큰 인권 침해는 고문이었다. 법적으로는 분명 고문을 금지하고 있음에도 불구하고, 군사정권은 국가보안법, 집시법, 화염병 사용 등의 처벌에 관한 법률, 노동쟁의조정법 등을 동원하여 노동자, 학생, 교수, 정치인 그리고 일반 시민의 구속수사를 관행처럼 여겼고, 심문 과정에서는 고문과 비인도적인 대우로 억지수사와 지나친 처벌을 부과하였다. 정치범에 대한 수사에서는 국가보안법의 독소조항인 '반국가단체, 이적단체 구성 혐의'를 무리하게 적용하고자 피의자를 고문하는 경우가 빈번했다. 권인숙 성고문 사건, 김근태 고문수사, 박종철 고문치사 사건이 그 대표적인 예다. 검찰 수사 과정에서 피의자의 자백만으로도 충분히 증거가 되기 때문에 피의자에 대한 강제연행, 구속수사 그리고 자백을 받아내기 위한 고문으로 이어지는 수사 과정을 무리하

구도 자의적으로 자신의 생명을 박탈당하지 아니한다. 2. 사형을 폐지하지 아니하고 있는 국가에 있어서 사형은 범죄 당시의 현행법에 따라서 또한 이 규약의 규정과 집단살해죄의 방지 및 처벌에 관한 협약에 저촉되지 아니하는 법률에 의하여 가장 중한 범죄에 대해서만 선고될 수 있다. 이 형벌은 권한 있는 법원이 내린 최종판결에 의하여서만 집행될 수 있다.' 시민적·정치적 권리에 관한 국제규약(채택: 1966년 12월 16일, 발효: 1976년 3월 23일, 제41조는 1979년 3월 28일 발효, 당사국 수: 147개국, 대한민국 적용일: 1990년 7월 10일)

게 진행한 것이다. 국가보안법 위반자의 경우 자백을 증거로 삼는 경우가 가장 빈번했던 것도 이들의 고문 가능성을 암시하는 것이다. 군사권에 충성스런 고문 기관에는 검찰, 경찰, 중앙정보부, 국군기무사 등 모든 수사기관을 총망라할 정도로 서로 경쟁하면서 정치범을 양산했으며 그 과정에서 개인의 신체의 자유와 생명권이 심각하게 침해되었다.

셋째, 국가보안법 위반 혐의로 구속된 피의자의 인권을 들 수 있다. 국가보안법 위반자의 경우 무조건 구속수사 원칙이 적용되었다. 이들의 구속기간을 보면 일반 형사사건과 큰 차이를 보이는데 이것은 신체의 자유를 심각하게 구속하는 처사다. 일반 형사자의 경우 구속기간은 10일이며, 2회 연장 가능하기에 최대 30일이지만, 국가보안법의 경우는 구속기간 10일에 10일을 추가할 수 있으며, 이러한 구속기간을 2회 연장할 수 있어 구속기간은 최대 50일이 된다. 이런 장기 구속기간 동안 피의자의 신체의 자유는 심각하게 침해받을 수밖에 없었다. 피의자는 중앙정보부, 경찰청 대공분실 등에서 심문을 받았고, 구속기간 동안 가족과 변호인은 물론 공정한 제3자 접견이 차단되는 상황이었기에 고문과 같은 가혹행위가 이루어질 가능성은 매우 높았다(한국기독교교회협의회·민변 1992).

넷째, 재소자의 인권 현실은 역시 열악하여 당시 재소자에 대한 인도적인 처우는 최저기준에도 미치지 못했다. 교도소의 열악한 여건, 교도 담당자들의 무성의와 무관심, 그리고 폭행과 가혹한 징벌은 재소자의 인권을 심각히 침해했다. 예컨대, 미결수는 무죄추정의 원리에 따라 죄인 취급을 받지 않아야 하는데도 기결수와 동일하게 취급되었으며, 정치범의 경우는 독거 수용을 했다. 교도소에서는 징벌방 운영, 계구 사용, 비녀 꽂기와 통닭구이 같은 고문이 자행되는 등 재소자의 기본적 인권은 철저히 무시되었다.

마지막으로 군사정권은 민주화운동세력은 물론이고 일반 시민들의 사생활까지도 심각하게 침해하였다. 정부의 정보기관은 국가안보를 명분으로 공공연히 사회 전반에 걸친 정보 사찰을 통해 반정부조직에 대한 도청과 검열을 진행하였다. 우편물 검색, 행정전산망 동원, 프락치 활용 등을 통해 민주화운동세력에 대한 감찰을 지속하였다. 이는 시민들의 사상·표현·결사의 자유를 철저히 억압하는 반인권적 행위였다.

이와 같은 인권 침해 사실은 글로벌 인권 지표에도 그대로 반영되고 있음을 주목할 필요가 있다. 1970년대의 엄혹한 정치탄압으로 시민사회는 닫힌 정치기회구조를 경험하였고, 인권 침해는 국가안보와 발전주의를 내세워 정당화되었다. 1979년 박정희 정권의 붕괴와 서울의 봄이라는 새로운 정치기회구조가 도래하여 개인통합권리와 시민적·정치적 권리가 열리는 듯했다. 그러나 신군부세력이 등장하여 과거보다 더 강력한 국가보안법을 동원하여 민주화운동세력을 탄압하였다.

1983년 정치적 유화 국면이 진행되면서 민주화운동과 시민사회가 조금씩 재정비되었고, 시민운동은 독재정권에 대해 더욱 강한 저항운동을 전개하였다. 이러한 정부와의 강한 갈등정치 관계를 유지하면서 시민사회는 운동역량을 더욱 강화하였다. 그 결과 강한 시민사회는 1987년 전두환 독재정권의 붕괴를 가져왔고 이것이 한국의 절차적 민주화를 달성하게 되는 계기가 되었다. 그러나 글로벌 관점에서 보면 한국의 인권 현실은 여전히 평균 이하의 점수를 보였다.

(4) 한국 인권 태동기의 특징

인권 태동기(1970~80년대)의 인권 개선 과정을 간략히 정리하면, '돌진적 산업화'를 추구한 권위주의 정권의 닫힌 국내 정치기회구조가 인권 개선의 가장 큰 장애요인으로 작용했다고 말할 수 있다. 시민사회의 초국적 동원은 비록 제한된 수준이었지만 선구적 경험이 존재했다. 초기에는 인권변호사와 종교계가 인권운동을 조금씩 견인하다가 1980년대 중반에 들어서야 인권 문제를 전문적으로 다루는 인권단체가 설립되었다. 경제조건의 경우 1970년대의 발전주의 이데올로기를 통해 달성한 경제성장은 1980년대에 그 열매를 조금씩 맺게 되었다. 빠른 경제성장을 토대로 민주화는 물론 자유권 부분에 집중한 인권개선운동이 강화되었다. 국제조건의 경우는 냉전체제와 분단 상황이 상승적으로 결합하여 한국의 인권 개선에 가장 큰 걸림돌로 작동했고, 정권은 이것을 충분히 활용하였다.

7. 민주화와 인권

한국 인권의 부침기(1980년대 말~1990년대 후반)

1) 노태우 정권 시기

(1) 국내 정치기회구조의 변화: 6월 민주항쟁과 절차적 민주주의

1987년 6월항쟁은 권위주의 독재정권을 붕괴시키고 6·29선언을 이끌어 절차적 민주주의를 달성하는 역사적 사건이었다. 제6장에서 살펴보았듯이 박정희 정권의 산업화 발전 모델은 강력한 산업 엘리트와 권위주의가 결합한 권위주의적 산업화로 노동자의 기본적인 권리를 제한하였다. 동시에 두 군사정권은 냉전 반공 이데올로기와 분단 상황을 철저히 활용하여 국가안보라는 강력한 마스터 프레임을 동원하여 시민사회의 저항운동을 억압하였다. 그러나 이러한 억압 속에서도 시민사회는 조금씩 열려진 정치기회구조를 활용하여 성장하였다. 특히 학생운동과 노동운동의 견인차 역할이 없었다면 시민들이 전격적으로 참여하는 민주화운동은 불가능하였다. 국가보안법과 집시법 등에 의해 구속된 사람 중 많은 수가 바로 학생·노동자·지식인이었다.

1987년 6월항쟁 이후 대통령 직선제가 마련되었지만 김영삼과 김대중의 대통합을 통한 군사정권 교체의 꿈은 물거품이 되었고, 이를 기회로 삼은 노태우는 '보통사람'을 기치로 대통령에 당선되기에 이른다. 노태우 정권은 출범 초기 과거 군사독재정권과의 차별성을 강조하였다. 그는 취임사에서 "경제성장과 국가안보를 구실삼아 인간의 자유와 권리가 등한시되던 시대는 이제 끝났습니다. 강압과 밀실 안에서의 고문이 묵인되던 날도 이제 지나갔습니다"라고 형식적이나마 인권 개선의 의지를 표명하기도 했다. 또한 1988년 4·26 총선에서 '여소야대'라는 보다 새로운 정치형국을 만들어낸 국민은 과거의 반인권적 악법의 개폐(改廢)를 통해 보다 나은 인권 상황을 기대하였다. 이에 1988년 7월 국회는 '민주발전을 위한 법률개폐특별위원회'를 설치하고, 국가보안법 등 38건의 법률을 개폐 검토 대상으로 선정하였다. 그리고 1989년 상반기에는 국가보안법, 국가안전기획부법, 남북교류협력에 관한 법률 등의 제·개정이 논의되었다.

이런 법 개정 과정을 더욱 촉진시키려는 시민사회의 압력도 작동하였다. 1988년 11월 26개 시민사회단체는 '반민주악법개폐를위한공동대책위원회'를 결성하여, 야 3당에게 반민주·반인권 악법을 철폐하고 개정할 것을 강력히 촉구했다. 보다 구체적으로 1989년 2월 민변은 민주주의와 인권을 훼손하는 법률의 폐지와 개정의 필요성을 정리하여 '반민주악법 개폐에 관한 의견서'를 발표하였다. 여기서 반민주·반인권 악법으로 언급된 국가보안법, 사회안전법, 사회보호법, 국가안전기획부법, 군사기밀보호법 등의 완전 폐지를 주장하였고 집시법, 노동관계법, 농업관계법, 교육법, 언론관계법 등의 개정을 요구하였다(국가인권위원회 2004: 35).

이렇듯 1987년 6월항쟁과 이후 제6공화국 출범 초기까지 인권 개선을 위한 국내 정치기회구조는 상대적으로 열려 있어 인권 개선의 가능성이 높아졌다. 제4장에서 소개한 글로벌 인권 지표도 이러한 변화를 그대로 보여주고 있다. 〈그림 4-2〉와 〈그림 4-3〉이 보여주듯 개인통합권리 지표

(5점 척도)는 한국의 인권 상황이 1987년의 6월항쟁을 통해 3점에서 4점으로 개선되었음을 보여주고 있다. Freedom House의 시민적·정치적 권리 지표(7점 척도)도 1987년을 기점으로 4점에서 5.5점으로 급상승한 것으로 나타났다(〈그림 4-4〉 참조). 반면에 〈그림 4-3〉의 국제앰네스티의 개인통합권리 지표(5점 척도)에 따르면 큰 변화가 없는 것으로 나타나는데 이것은 지표에 포함된 항목의 실질적 변화가 그렇게 크지 않았음을 의미한다. 이 시기 한국의 인권은 실질적인 차원에서 크게 개선되기보다는 부침의 모습을 보이고 있다. 실제로 국가보안법으로 인해 구속된 사람 수는 1988년에 대폭 감소하지만 양심수의 숫자는 여전히 높은 수준을 유지했기 때문으로 지표상에 큰 변화는 없는 것으로 보인다.

(2) 국제환경의 변화: 냉전체제의 해체와 국제레짐으로의 편입

1980년대 말 냉전체제의 해체와 같은 국제정치환경의 변화는 한국의 국제관계에도 일대의 혁신을 불러왔다. 해외여행 자유화 조치(1989), 남북한 UN 동시가입(1991), 그리고 노태우 정권의 북방정책의 일환으로 러시아(1990)·중국(1992)과 수교가 이루어졌다. 특히 냉전체제 붕괴 이후 UN이 다시금 부상하면서 UN의 국제정책결정 과정은 중요한 국제정치기회구조가 되었다.

1990년에 한국은 '시민적·정치적 권리에 관한 국제규약'(B규약), '시민적·정치적 권리에 관한 국제규약 선택의정서' 그리고 '경제적·사회적·문화적 권리에 관한 국제규약'(A규약) 같은 국제인권규약에 가입하였다. B규약과 UN 인권이사회의 규정에 의하면 가입국 정부는 B 규약에 가입한 후 1년 안에 자국의 인권 상황에 관한 보고서를 UN 사무총장에게 제출해야 하며 그 후에는 5년마다 추가 보고서를 제출해야 한다. 한국 정부는 모범적으로 인권이사회가 요구하는 정부이행보고서를 1991년 7월에 제출하였다. 한국 정부가 가입한 국제인권조약과 각 조약의 국내 이행에

〈표 7-1〉 한국이 가입한 국제인권규약과 보고서 심사 현황

규약	CAT (고문금지)	CCPR (자유권)	CESCR (사회권)	CEDAW (여성차별철폐)	CERD (인종차별금지)	CRC (아동권)
비준 연도	1995/ 유보 선택의정서	1990/ 유보 선택의정서2	1990	1985	1978	1991
심사 연도	1996/ 2004	1992/1999/ 2006	1995/2001/ 2009	1987/1993/ 1998/2007	1981, 82, 84, 87/ 1990, 93, 96, 99/ 2003, 2007	1996/ 2003

자료: UN 인권고등판무관실(http://www.ohchr.org).

관한 정부 보고서 제출 현황을 요약한 것은 〈표 7-1〉과 같다.

한국 정부는 국제인권규약을 비준하고 국가 이행보고서를 제출함으로써 인권 개선 의지를 국제사회에 보였다. 그러나 UN 인권이사회가 가입국의 인권 상황을 검토하는 회의를 갖는다 하더라도 해당 국가의 정부가 자국의 인권 침해 상황을 감추거나 보고하지 않는 경우가 빈번하기 때문에 각국의 인권단체들은 UN 인권이사회에 반박보고서(counter report)를 제출함으로써 이사회 위원들이 보다 정확한 정보를 갖고 정부보고서를 검토·평가할 수 있다.[1] 물론 이러한 UN의 정부보고서 심사 과정이 국내 인권 개선으로 곧바로 연결되는 것은 아니다. 국내 헌법은 국제법이 국내법과 동일한 효력을 가진다고 분명히 규정하고 있지만 국제인권조약에 근거한 재판은 거의 이루어지지 않고 있다. 또한 조약이 정하는 구체적인 권리를 정책으로 구현하는 과정에서 마주하는 문제점이나 장애물에 대해서는 거의 언급하지 않고, 정부의 정책을 중심으로 관련 법 개정

1. 한국 정부가 1991년 7월에 제출한 B규약에 관한 최초 보고서에 대한 검토 회의는 1992년 7월 13일 스위스 제네바 UN인권센터에서 개최되었다. 한국 시민사회도 이러한 변화에 발 빠르게 대응하여 정부보고서를 검토한 결과 그 내용 대부분이 규약의 조문과 관련된 국내법만을 열거해놓았을 뿐 구체적인 인권 현실에 대해서는 보고하지 않았음을 확인하고 반박보고서를 서둘러 준비했다. 1992년 7월 민변과 한국기독교교회협의회 인권위원회가 중심이 되어 독자보고서를 준비하여 UN 인권이사회에 제출하였다.

이나 제도적 개선에 대한 설명만을 단편적으로 열거하는 형식적인 보고만을 되풀이하고 있는 현실이다. 이런 이유로 과연 UN 국제인권레짐에 참여하는 것만으로 국내 인권 개선이 이루어질 수 있는가에 대해서는 부정적 입장도 존재한다(Schmitz 2006). 그러나 이러한 회의적인 입장에도 불구하고 UN 국제인권레짐에 참여함으로써 국가는 물론 시민사회의 인권사회화 과정이 꾸준히 진행되었음을 부정할 수 없다. 국제인권규약이 비준을 넘어서 구체적인 법으로 입안되고, 이후 정책으로 구현되기까지의 과정은 '인권의 사회화'라는 장기적 안목에서 바라볼 필요가 있다(Risse and Sikkink 1999).

한국 시민사회는 이러한 국제환경의 변화에 주목하고 초국적 영역에 더욱 깊은 관심을 갖고 초국적 정치기회구조를 통해 가능한 인적·물적 자원과 규범적 자원을 동원하기에 이르렀다. 앞서 언급했듯이 시민사회는 1991년 UN B규약 정부보고서에 대한 반박보고서를 준비하였고, 1993년에는 비엔나 세계인권회의에 국내 인권단체를 결집하여 참석하였다. 이 비엔나 세계인권회의의 경험은 인권단체는 물론 한국 시민사회 전체가 이슈의 폭과 깊이 그리고 운동전략과 전술에 획기적인 전환을 가져오는 계기가 되었다. 국내 인권단체는 이러한 초국적 영역으로 확대하는 과정을 통해 국내는 물론이고 초국적 정치기회구조의 유의미성을 깨달았으며, 초국적 인권단체와의 네트워크 구축이 중요함을 확인하였고, 무엇보다도 새로운 인권 이슈와 운동 프레임을 처음으로 접하는 이른바 학습 과정을 겪었다(Kong 2006). 이렇게 제네바와 비엔나에서의 새로운 초국적 경험을 통해 인권운동에 대한 새로운 비전을 가졌던 한국 시민사회는 그러나 국내의 닫힌 정치기회구조와 다시금 갈등정치 국면을 맞게 되었다.

(3) 불리한 국내 정치기회구조: 공안정국과 3당 합당

1987년의 열린 국내 정치기회구조는 1988년 들어 조금씩 과거 정권의 강압적 통치구조로 회귀하는 모습을 보이기 시작한다. 노태우 정권은 노동현장에 공권력을 투입하며 파업 노동자에 대한 탄압을 강행하였다. 특히 1989년 노태우 정권은 약속했던 중간평가를 철회하고 문익환 목사 방북사건을 계기로 강력한 공권력을 행사하며 공안정국을 조성하였다.

노태우 정권은 문익환 목사의 방북 사건을 재야 단체의 조직적인 체제 도전 행위로 간주하고, 4월 3일 전민련, 서총련 등 민주화운동세력을 국가보안법을 비롯한 실정법 위반 혐의로 일제히 수사하였는데, 그 전방위 역할을 담당할 '공안합동수사본부'(이하 합수부)를 새로 설립하였다. 합수부는 검찰, 경찰, 안기부, 보안사가 참여하여 상설수사기관으로 운영되었다. 합수부는 단순한 업무협조체제가 아닌 상설기관으로서 계엄선포기간 이외에도 활동하며, 민간인 수사기관에 군 수사기관인 보안사까지 포함할 정도로 법률적인 근거가 없는 불법적인 기구였다. 그해 5월 3일 동의대 사건이 발생하자 '화염병 사용 등의 처벌에 관한 법률'을 제정하면서 탄압을 강화하였다.

공안정국의 등장으로 국내 정치기회구조는 닫히게 되었고, 그 결과 노태우 정권의 출범과 더불어 적극적으로 논의되던 국가보안법을 비롯한 반민주악법 개폐는 무대에서 소리 없이 사라지고 말았다. 실제로 합수부가 설치된 이후 민주화운동세력에 대한 대대적인 탄압을 벌인 결과 합수부의 77일 활동기간에 국가보안법으로 구속된 수가 무려 85명이나 되었다. 더 나아가 합수부는 발족 이후 총 307명을 구속하고 126명을 불구속 입건하는 등 총 433명을 사법처리하는 대기록을 세웠다(국가인권위원회 2004: 37).

또한 1990년의 국내 정치환경은 민주화 공고화 과정을 역행하는 모습을 보이는데 그 결정판이 바로 3당 합당이었다. 노태우 정권은 여소야대

〈그림 7-1〉 노태우 정권 시기의 국가보안법 위반 기소자 수

자료: 국가인권위원회(2004: 36).

정국을 타개하기 위해 이른바 '보수대연합'을 비밀리에 추진하여 3당 합당을 통해 거대여당을 탄생시켰다. 1990년 1월 22일, 당시 집권여당이던 민주정의당은 제2야당인 민주당과 제3야당인 공화당과 합당해 통합 민주자유당을 출범시키는 소위 '3당 야합'을 비밀리에 추진했다. 이러한 3당 합당을 통해 거대여당으로 변한 노태우 정권은 초기의 개량적인 민주화 조치는 뒤로 하고 공안통치로 회귀하였다. 특히 이 시기에는 국가보안법이 노동운동에 집중 적용되는 양상이 두드러졌다. 노동상담소, 문화단체와 같은 공개적인 노동운동단체에 대해서는 국가보안법을 적용했다. 실례로 1990년 6월까지 구속된 노동자 총 404명 가운데 국가보안법이 적용된 경우는 23.1%(101명)에 이른다. 이는 업무방해죄로 구속된 노동자(27.7%) 다음으로 높은 수치인데, 구속된 노동자 4명 중 1명이 국가보안법으로 구속되었다는 사실은 노동운동 탄압에 국가보안법이 얼마나 심각하게 남용되었는가를 극명하게 보여준다.

노동조합과 노동운동이 외부의 불순세력에 의해 조직되었다는 인상을 주기 위하여 공안당국은 노동운동세력을 이적단체 혐의로 체포하였다. 그러나 대부분의 경우 이것을 입증할 수 있는 증거가 불충분했기에 가택 수색을 통해 입수한 몇 가지 노동자 교육 책자를 근거로 구속시키는 사례가 빈발했다. 문제는 노동조합을 결성할 권리와 파업을 할 권리를 인정하지 않는 대신에 국가보안법을 남용하여 노동자의 인권을 침해했다는 점이다. 정부는 노동운동세력을 제거하기 위해 사건을 왜곡·확대하여 피의자의 혐의 사실을 언론에 보도하여 유죄를 기정사실화하는 반인권적 행태를 보였다. 이는 국제인권기준에서 강조하고 있는 무죄추정의 원칙을 무시하는 것이며, 피의자에 대한 인권적 처우에 대한 고려가 전혀 없었음을 의미한다.

(4) 인권 침해 사례

1988년 이후 국가보안법은 개혁입법 과제로 최우선시되면서 구속자 수가 일시적으로 줄어들었고, 노동조합 설립도 급속도로 증가하였다. 이렇듯 노태우 정권은 시민사회에게 유리한 정치기회구조를 제공했지만 이것은 일시적인 현상이었다. 1989년부터 공안정국이 전개되면서 수많은 조직사건과 숱한 구속자를 발생시키면서 처벌 범위는 더욱 넓어졌다. 3당 합당이라는 불리한 정치기회구조를 양산하면서 인권 침해는 더욱 노골적으로 나타났고 이는 인권 개선의 후퇴로 빠르게 진행되었다.

특히 이 시기에는 이적표현물에 대한 국가보안법 적용으로 구속된 비율이 상대적으로 높게 나타났다. 출판물과 예술작품에 대한 탄압이 일상적으로 이루어졌는데, 이것은 1989년 합수부의 발족과 '좌익 출판물, 유인물 대책위원회'가 설치된 것과 밀접한 관련이 있다. 전두환 정권 때의 3배가 넘는 103명의 출판인이 국가보안법상 이적표현물 제작, 판매 등의 혐의로 구속되었다. 이 외에도 500여 회에 걸쳐 압수수색이 이루어졌고

15만 권 이상의 도서가 압수되었는데 이는 시민적·정치적 권리의 핵심인 표현의 자유가 심각히 침해되었음을 의미한다. 또한 문화예술인의 작품도 이적표현물로 간주되어 신학철의 〈모내기〉, 홍성담의 〈민족해방운동사〉 걸개그림 사건 등으로 1989년 8월 한 달 동안 무려 8명의 화가가 구속되었다. 형사 절차에서 신체의 자유도 여전히 제한된 것으로 나타났다(국가인권위원회 2004: 193-210).

당시 수사기관의 가혹행위는 노태우 정권의 '6·29선언'이 무색할 정도로 지속되었다. 수사기관의 불법체포, 구금, 허위자백을 강요하는 고문과 같은 반인권적 행태가 발생하였다. 안기부는 국가보안법 위반 피의자의 변호인 접견을 거부하기도 했다. 또한 사형집행 건수도 여전히 많았는데, 1990년에는 14명, 1991년과 1992년에는 각각 9명의 사형을 집행하였다. 이 사형집행 수는 한국 정부가 여전히 인권후진성을 극복하지 못했음을 보여주는 것이다. 이러한 인권 침해 상황이 반영되어 글로벌 지표에 따르면 1989년 이후 한국의 인권 개선은 다시 주춤하고 있는 것으로 나타난다.

2) 김영삼 정권 시기

(1) 새로운 국내외 정치기회구조

김영삼 민간정권은 집권 초기에 국민의 압도적인 지지를 받았지만 집권말기에 이르러서는 권위의 실추와 정부로서 기능할 수 없을 만큼의 무능력을 드러내면서 지지율의 급격한 추락을 경험했다. 이러한 민주정부에 대한 실망과 민주정부의 추락은 권위주의에 대한 향수를 불러일으키고 민주주의 자체에 대한 부정적 인식을 강화하는 방향으로 나갈 수 있는 위험을 낳았다(최장집 2005). 즉 폭발적 지지와 급격한 추락이라는 극단적 변화를 오르내리는 것은 성숙하지 않는 민주화 단계에서 한 정당이 선거경쟁에서 승리할 수 있는 기술과 국가를 운영하거나 개혁적으로 변화시킬 수 있는 능력 사이에 엄청난 괴리가 존재함을 의미한다. 김영삼 정권 시기의 인권의 부침은 바로 이러한 개혁 의지와 현실 사이의 괴리를 분명하게 보여준다.

1993년 2월 출범한 김영삼 정권은 최초의 민간 대통령의 탄생이라는 역사적 의의와 함께 새로운 정치공간이 열릴 것을 예고했다. 김영삼 정부는 기대에 부응하기 위하여 강력한 개혁 드라이브를 펼쳤다. 금융실명제 도입, 군부 개혁, 시민사회 인재 등용을 통한 경제정의 실천 등이 대표적인 예다. 초기 개혁세력은 민주화운동세력이나 시민사회운동 세력과 일정하게 결합하여 탄력을 받았다. 이러한 운동적 요소는 개혁적 요구를 대변하고 실현하기 위해 강한 개혁적 성격을 띠게 되었다. 이 과정에서 정부 내의 운동적 요소는 집권당 내의 운동적 요소와 결합하여 시민사회의 지지의 폭을 확대할 수 있었다. 즉 시민사회가 정책 변화에 영향을 줄 수 있는 채널과 공간이 확대되어 보다 유리한 정치기회구조를 갖추게 되었다.

그러나 긴 권위주의 시기를 지나오는 과정에서 한국 정치는 사회에 깊이 뿌리내리지 못하고 소수의 지도자와 그를 둘러싼 소수의 추종자 집단을 중심으로 한 계보정치, 보스정치, 지역정당정치가 유지되어왔기에 이러한 정치기회구조는 국내 정치 사안에 따라 쉽게 변하였다. 지역성과 보수라는 두 가지 장애물로 인하여 엘리트 구조는 쉽게 폐쇄성을 갖게 되며, 집권 능력의 부족으로 기존 관료에 의존함에 따라 기술 관료의 영향력이 증대되어 정책개혁의 속도는 금방 저하되는 형국을 맞이했다(최장집 2005: 126-135). 사실 그 이유는 김영삼 정부의 출발 과정에서 그 연원을 찾을 수 있다.

김영삼 정부는 비록 민주정부라 하더라도 3당 합당을 통해 구체제의 보수적 기득 이익의 지지를 획득하고 권위주의의 지역적·계층적 기반을 이어받음으로써 집권한 정부였기에 개혁정책은 한계를 노정할 수밖에 없었다. 정치기회구조 역시 지속적으로 열릴 수 없었던 것은 보수진영의 반운동이 강하게 작용했기 때문이다. 결국 김영삼 정권은 권력 기반의 중심 부분을 보수적 기득 이익으로부터 찾았기 때문에 권력의 지지 기반과 성격은 개혁정책의 실천에는 한계를 가질 수밖에 없었던 것이다. 이런 이유로 김영삼 정권 초기에 그 이전 권위주의 정권에 비해 국가보안법의 적용으로 인한 인신 구속 사례가 상당히 줄어들었음에도 불구하고, 1994년 7월 김일성 사망에 따른 조문 파동과 박홍 총장의 '주사파' 발언을 계기로 '신공안정국'이 조성되어 인권 침해 사례는 다시 증가하였다.

(2) 시민사회운동의 성장

1987년 민주화의 전환점을 지나 한국 시민사회가 보다 다양성을 가지고 성장했다는 사실은 다양한 운동단체의 폭발적인 증가에서 확인할 수 있다(〈그림 7-2〉 참조).

1970~80년대에 군사독재체제의 탄압하에 있던 시민사회는 정치적 민주화를 이루는 것을 최우선 과제로 삼고 모든 운동 역량을 집중했다. 1987년 6월항쟁을 통해 얻은 정치민주화라는 외연적인 성과 외에도 시민사회운동 측면에서 주목할 만한 성과는 시민사회운동이 조직화·다양화·제도화·전문화한 것이다. 탈권위주의를 기치로 추진된 정부의 다양한 개혁정책과 그 결정 과정에 시민사회운동 진영이 공식·비공식 채널을 통해 영향을 미치기 시작했다. 이 과정에서 시민사회운동은 과거 군사정권의 유물들을 하나씩 없애는 짜릿한 성과를 맛보게 되었다. 민중운동은 과거 민주화운동 방식에 발이 묶여 이념적 경직성에 빠졌고, 그 결과 일반 국민의 관심을 이끌어 내지 못해 운동의 침체기를 맞이하였다. 대조적으로 민주화, 물질적 풍요와 소비문화 확산, 중산층의 확대, 노동계급의 분화 같은 사회·경제적 변화를 새로운 운동 프레임으로 받아들이면서 그 변화에 맞는 정책과 이슈를 전문적으로 다루는 다양한 시민사회운동

〈그림 7-2〉 한국 시민사회운동단체의 설립 추이

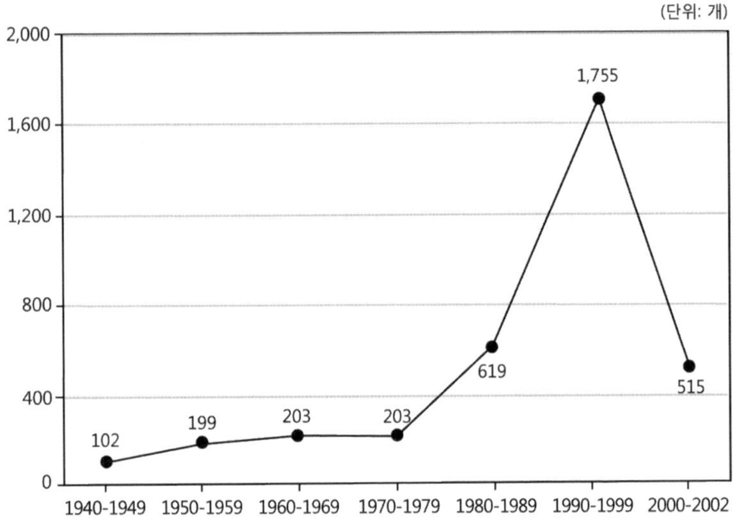

자료: 한국시민사회연감(2003).

의 필요성이 제기되었고, 그 결과 다양한 시민사회운동조직이 새로이 생겨났다.

그런데 시민사회운동의 성장에도 불구하고 한국 인권운동단체의 경우는 다른 운동단체에 비해 점진적인 증가형태를 보였으며, 그 운동방식에서도 큰 변화를 보이지 않았다. 이것은 인권운동이 아직도 기존의 민주화운동에 강하게 연결되어 있음을 의미한다. 1995년에 이르러서야 제도권 정치를 대상으로 한 운동방식에 인권운동 부문이 서서히 모습을 나타내기 시작하였다. 그 계기가 된 것은 무엇보다도 1993년 비엔나 세계인권회의에 참석한 경험이었다. 비엔나 회의에 참석한 이후 민변은 법제도 개혁과 인권 개선을 위해 공청회 중심의 인권운동을 전개하였다. 당시 대부분의 인권운동단체는 새로운 인권 문제를 국내에 소개하는 정도에 머물렀을 뿐, 다양한 인권 이슈를 이해하고 적용할 수 있을 만큼 운동이 성숙하지 않았고 운동역량도 부족하였다.

(3) 시민사회의 초국적 공공영역으로의 확장

1980년대 말 절차적 민주화를 달성한 이후 과거 민주화운동에 집중되어 있던 한국의 사회운동은 이제 삶의 질 개선에 더욱 관심을 쏟기 시작하였다. 국내외 경제호황은 민주화 이후 새로운 운동 이슈에 대한 시민들의 관심을 증대시켰다. 특별히 과거 민주화운동의 그림자로 인하여 주변부에 머물렀던 운동 부문이 새로운 이슈, 지식, 정보, 전술을 지역에 적용하고자 노력하였다. 경제성장으로 인해 증가한 중간층은 환경 문제와 사회복지 확충에 관심과 우려의 목소리를 높였는데, 이는 시민들의 관심이 사회권으로 이동하기 시작했음을 의미한다. 인권운동 역시 민주화와 통일 같은 거대 담론으로부터 소수자의 인권 개선 같은 구체적인 인권 이슈로 방향을 전환하였다.

1990년대에는 이주노동자, 난민, 게이와 레즈비언 등 성소수자 인권이 새로운 이슈로 떠올랐다. 시민사회가 이러한 새로운 인권 이슈에 관심을 갖게 된 것은 국내외 사회·경제적 맥락의 변화, 즉 민주화·산업화·세계화라는 거대 변화의 축이 작동하는 동시에 시민사회가 UN 국제인권레짐에 적극적으로 개입한 것이 계기가 되었다. 그 시발점은 1991년 시민적·정치적 권리에 관한 국제규약 정부보고서에 대한 NGO 반박보고서 준비 과정이었으며, 1993년 6월 비엔나에서 개최된 UN 세계인권회의에 참석한 것이 본격적인 계기가 되었다. 비엔나 세계인권회의를 통해 한국 인권운동은 크나큰 변화를 겪게 된다(Kong 2006).

1993년 6월 14~25일에 오스트리아 비엔나에서 열린 제2회 세계인권회의는 인권 관련 국제회의 중 가장 큰 규모였다. 1968년 이란 테헤란에서 개최된 제1회 세계인권회의에서 '세계인권선언'이 채택되었고, 이후 인권 개선에 대한 평가 그리고 '아파르트헤이드(apartheid)' 같은 인종적 차별을 없애기 위한 국제적 공동 노력이 논의되었다. 당시에는 UN으로부터 자문지위(consultative status)를 얻은 53개 인권단체만이 참여하는 수준이었으나 비엔나 세계인권회의에는 171개국의 1만여 정부대표, 3천여 명의 인권 NGO 활동가와 2천여 명의 기자가 참석하였다. 정부 간 회의와 병렬행사로 인권단체들이 개최한 NGO포럼은 정부 간 공식회의 시작 전 약 3일간 개최되었다. 이 포럼은 각종 세미나, 워크숍, 인권단체 홍보, 기자회견, 문화행사, 거리행진 같은 다양한 프로그램을 통하여 전 세계에서 참여한 인권단체 활동가들이 새로운 인권 이슈를 학습하고, 비슷한 활동을 하는 인권단체들과 초국적 네트워크를 결성할 수 있는 초국적 공공영역을 제공하였다.

한국 인권단체는 비엔나 세계인권회의가 개최되기 1년 전에 '시민적·정치적 권리에 관한 국제규약 정부보고서'에 대한 NGO 반박보고서를 준비하면서 UN 인권이사회로부터 최초의 반박보고서임에도 불구하고 다른 나라의 경우보다 매우 준비되었다는 평가를 받았다. 이런 소중한 경험은 이듬해 열린 비엔나 세계인권회의에 보다 적극적으로 참여할 수 있는 토대가 되었다. 민변을 중심으로 '유엔세계인권대회한국민간단체공동협의회(the South Korean NGOs' Network for the UN World Conference on Human Rights; KONUCH)'가 1993년 1월 초에 조직되었다. KONUCH는 그해 3월 방콕에서 열린 아시아 태평양 지역준비회의에 참여하여 아시아 인권시민단체들과의 연대의 틀을 마련하였다. KONUCH에 참여한 인권단체는 민변, 민가협, 한국기독교교회협의회 인권위원회, 천주교인권위원회, 불교인권위원회, 한국여성단체연합, 한국정신대문제대책협의회, ILO 공대위 등이었다. 1993년 6월 비엔나 세계인권회의에 참여한 한국 활동가는 KONUCH 소속 18명과 해외 동포 참가자 15명 등 총 33명이었다(KOUNCH 1994: 64).

재미 청년연합과 재독 한국 양심수후원회는 그동안 민주화와 통일운동 관련하여 국가보안법 위반으로 수감된 양심수를 후원하기 위해 민변, 민가협 등과 연대활동을 전개하였다. 만약 이 해외단체들의 적극적인 지원이 없었다면, 대부분의 참여자는 비엔나 세계인권회의가 첫 번째 국제회의 경험이었기에 그들이 기획한 심포지엄과 문화행사를 결코 성공리에 마칠 수 없었을 것이다.

KONUCH가 비엔나 세계인권회의에서 얻은 성과로는 한국 인권단체들 간의 연대 경험, 새로운 인권 이슈에 대한 학습, 다양한 세계 인권단체와의 네트워크 구축 등을 들 수 있다. KOUNCH는 국가보안법에 관한 심포지엄을 아시아 인권단체들과 공동으로 개최하였다.[2] 또한 한국정신대문제대책협의회는 '일본군의 전쟁범죄: 아시아의 해결되지 않은 일본군 위안부 문제'라는 주제 아래 전쟁 중에 여성에게 가해지는 폭력 상황을 '정신대 실상 보고 및 증언 대회'를 통해 전 세계에 알렸다. 이 회의는 전 세계 25개국의 많은 여성단체와 인권단체의 관심을 집중시켰고 이후 일본군 위안부 문제가 국제적 이슈로 부상하는 데 아주 중요한 계기가 되었다(KONUCH 1994: 204-206). 또한 한국 참여자들은 전 세계 다양한 인권단체들과의 비공식적 만남을 통해 다른 나라의 인권 상황을 이해하고 비슷한 인권 문제에 대해서는 공감하며 연대의식을 쌓을 수 있는 소중한 경험을 할 수 있었다.[3]

비엔나 세계인권회의 참가는 한국 인권운동에 새로운 인권 이슈를 학습할 기회를 제공했다. 대부분의 한국 참여자는 너무나 다양한 인권 이슈와 운동 프레임을 보고 충격에 빠졌다. 사실 참가 전에는 한국의 인권 현실, 예컨대 국가보안법 문제, 양심수, 민주화 과정 희생자 보상 등의 문제를 국제사회에 호소하는 것에 초점을 맞추고자 했던 국내 인권활동가들은, 비엔나 회의를 통해 인권 문제의 다양성, 전문성 그리고 국제인권

2. KONUCH는 6월 17일 '국가안보 대 민중안보: 아시아 국가에서 국가보안법 하의 인권 침해'라는 심포지엄을 개최하였다. 이 모임은 방콕 지역준비회의에서 계획되었고, 국제법률가위원회(ICJ), 아시아워치, 국제앰네스티와 같은 초국적 인권단체의 지원을 받았다. 영국, 인도네시아, 말레이시아, 방글라데시, 스리랑카 그리고 한국의 전문가들이 자국의 국가보안법과 인권 침해 사례를 발표하였다(KONUCH 1994: 204-205).

3. 이후 한국 인권단체는 비록 느슨한 형태의 조직임에도 불구하고 KONUCH 경험을 계승하는 차원에서 한국인권단체협의회를 결성하였다.

레짐 등을 새롭게 발견하였다. 원주민 인권, 게이·레즈비언 등 성소수자의 인권, 여성·아동·이주노동자 등 사회적 약자의 인권 문제에 이르기까지 인권 주제의 포괄성에 대해 새로운 눈을 떴으며, 이러한 이슈를 초국적 연대활동을 통해 국내 상황에 적용할 필요성을 확신하게 되었다(Kong 2006).

그러나 한국 인권단체는 이러한 과제를 국내에 바로 적용할 만한 역량과 유리한 정치기회구조를 갖추지 못하였다. 국내 인권 상황은 여전히 개악된 노동법과 국가보안법 등에 발이 묶여 있었고, 인권운동단체들도 강한 연대 기구를 형성하기보다는 느슨한 인권협의체를 이루는 데 그쳤다. 사실 인권운동 내부적으로도 새로운 인권 주제와 국제규범을 충분히 이해하고 이를 국내에 적용할 수 있는 역량을 갖추지는 못하였다. 비엔나에서 마주한 새로운 인권 이슈는 1990년대 중·후반에 이르러서야 한국 사회에서 주목받기 시작했다.

(4) 경제 발전의 파급효과: 삶의 질과 사회권

김영삼 정권은 과거와의 차별성을 내세우며 '신경제정책'을 내놓았다. 이어서 '신경제 5개년계획'을 발표하며 재정개혁, 금융개혁, 행정규제개혁, 경제의식개혁 등 4대 개혁과제를 추진했다. 그러나 김영삼 정부는 경제제도의 개혁보다는 경기활성화에 역점을 둔 정책을 펼쳐 금리인하, 재정조기집행, 기업투자 유인 등을 통해 경기부양을 꾀하였고 그 결과 경기가 잠시나마 회복되었다.

한국은 1996년 12월 아시아 국가로는 일본에 이어 두 번째로 OECD 회원국이 되었다. 대부분의 서방 선진국들이 소속된 OECD는 세계경제를 지도하고 있기에 회원국은 바로 선진국이라는 인식이 깔려 있다. 이런 견지에서 한국의 OECD 가입은 국내외적으로 선진국 대열에 진입하는 것으로 인식될 수 있었는데, 이는 김영삼 정권의 최대 화두인 세계화

정책과 잘 맞아 떨어진 것이었다. 국제사회에서의 한국의 위상을 경제선진국으로 한 단계 끌어올리기 위해 김영삼 정권은 OECD 가입을 적극적으로 추진하였던 것이다.

이러한 경제적 위상에 걸맞게 한국 사회 모든 영역에서의 삶의 질 개선이 시민사회의 주요 주제로 떠오르게 되었다. 이제 인권운동은 민주화운동 과정에서 어쩔 수 없이 발생하는 권력의 희생자 혹은 피해자에 대한 보상과 보호에 집중하기보다는 생활 모든 분야에 걸쳐 인간다운 생활을 할 수 있는 권리를 확보하기 위한 생활개혁 시민운동을 주목하기 시작하였다. 즉 환경개선, 사회적 약자와 소수자 보호가 새로운 이슈로 떠올랐다. 이는 인권 개념의 확장과 인권운동의 다변화·전문화를 의미한다. 민주화를 위한 인권적 과제가 이제는 정치제도를 포함하여 삶의 모든 영역의 인권 침해적 요인과 제도를 개선하고 이를 감수성 있게 바라볼 수 있는 시민들의 인권의식 제고가 중요한 과제로 부상하였다. 즉 경제 발전을 통해 생존의 문제에서 삶의 질 문제로 전환하였고, 인권 침해로부터의 보호에서 인권을 구체적으로 구현하는 인권의 실질화로 전환되었다. 시민적·정치적 권리를 넘어서 경제적·사회적·문화적 권리를 구현하는 것으로 인권 이슈가 확대되었다. 이것은 시민사회운동의 다양화·전문화와도 깊은 관련이 있다.

이제 인권은 사회적 정의의 관점에서 노동, 여성, 아동, 주거, 교육, 복지, 사회적 약자, 소수자 등을 보호하고 일상적인 차별을 미연에 방지하는 법적·제도적 변화를 진지하게 고민하였다. 특히 1990년대 중반부터 증가하기 시작한 외국인 노동자 문제는 한국 사회의 인권의식과 인권감수성 수준을 가늠하는 구체적 도전으로 다가왔다.

그런데 1997년 1월부터 한보철강, 기아자동차 같은 재벌기업들의 도미노식 부도사태가 발생하였다. 김영삼 정권은 그해 12월 5일 마침내 외환위기를 겪으며 IMF에 자금지원을 신청하면서 경제정책의 실패를 야기했고 한국 경제는 대위기를 맞이하고 말았다. 이제 한국은 IMF 구제금융체제로 편입되어 IMF의 '구조조정 프로그램(SAPs)'을 수행해야 했으며 경기 악화로 인해 시민들은 경제적으로 매우 큰 어려움을 겪었다. 이 과정에서 많은 회사들이 부도나 경영 위기를 맞게 되었고, 대량 해고와 장기적인 경기 악화로 온 국민이 큰 어려움을 겪었다. 일반 국민은 사회권 확보 측면에서 크게 후퇴했지만, 시민사회는 신한국당이 대선에서 패배하면서 평화적 정권교체가 이루어져 새로운 정치기회구조가 도래하였다.

(5) 김영삼 정권 시기의 인권 개선의 부침

김영삼 정권은 출범 당시 32년 만의 문민정부라 하여 국민들로부터 긍정적인 평가를 받았고 동시에 국민들에게 기대와 희망을 심어주었다. 그리고 공직자 재산등록과 공개 추진, 인사개혁, 감사원에 의한 성역 없는 사정 추진, 군내 사조직 척결을 통한 군부 개편, 금융실명제 단행 등 다양한 개혁 프로그램을 통해 어느 정도 성과를 기대할 수 있었다. 그러나 이러한 개혁의지는 보수의 저항을 맞아 쉽게 꺾이게 되었다(김선수 1994). 그 결과 김영삼 정부는 일관되고 체계적인 인권개선정책을 추구하기보다는 정국 안정에 초점을 맞추면서 법과 질서, 경쟁력 제고 등에 무게중심을 두었다.

사실 김영삼 정권은 인권과 사회정의를 정책결정의 중요한 준거로 삼지 않았고, 선거정치를 의식하고 오직 경제 활성화에만 초점을 맞추다 보니 노동자에게 보장된 기본 권리는 점차 제한하는 인권 후퇴의 모습을 보여주었다. 즉 김영삼 정권은 인권을 정책 수립의 중요한 고려 요인으로 삼지 않았다. 비록 1995년에 고문방지조약에 가입하고 국민인권기구를 세우겠다는 약속을 했음에도 불구하고 인권 개선의 큰 변화를 이루지 못했다.

김영삼 정권이 기존의 권위주의 정권과의 차별성을 보이기 위해 인권 개선에 역점을 두었다면 과거의 인권 침해에 대한 청산, 반인권적 법령과 인권 관련 국가기구의 개혁, 국제인권규약의 이행, 인권감수성을 높일 수 있는 정책 마련 등의 이슈에 초점을 맞춰야 했지만 김영삼 정권은 이를 위해 큰 노력을 기울이지 않았다. 제4장에서 소개한 것처럼 한국의 인권 추이는 국제앰네스티의 개인통합권리 지표(5점 척도)에 따르면 1993년 인권이 소폭 개선되었지만 그 이후 곧바로 인권 상황은 악화되어 권위주의 정권과 같은 수준인 3점에 머물렀다. 미국 국무부의 개인통합권리 지표(5점 척도)도 1993년 김영삼 정부의 출범으로 소폭 상승한 점수 4점을 정권 내내 유지한 것으로 나타났다.

김영삼 정권이 집권 초기에 의욕적으로 시작하였던 각종 개혁과 리더십은 얼마 못가서 변질되었다. 반면 집권 내부의 수구 보수세력은 냉전 이데올로기와 경제성장 제일주의 논리를 주장하며 과거 인권 침해에 대한 청산을 미완의 과제로 남겨버렸다. 김영삼 정권은 1995년 '성공한 쿠데타는 처벌할 수 없다'며 공소권 없음이라는 결정을 내림으로써 군사정권에 대한 처벌을 거부했지만, 시민사회의 강력한 저항에 의해 5·18특별법을 제정하여 소위 '역사바로세우기'의 일환으로 전두환과 노태우 두 전직 대통령을 법정에 세웠다. 그러나 1997년 말 대선 직후 국민적 동의 없이 이들을 사면함으로써 역사 정의 구현은 흐지부지되고 말았다. 김영삼 정권은 권위주의 군사정권 시기에 발생한 의문사, 사상전향, 고문, 부당해고 등 대표적인 인권 문제를 해결할 의사가 없음을 드러낸 것이다.

또한 김영삼 정권은 국가보안법, 노동법, 안기부법과 같은 반인권적 법령을 개혁하는 데 한계를 보였다. 김영삼 정권은 반인권적·반민주적 악법의 대명사가 된 국가보안법과 노동법에 대한 개정과 폐기를 보류하고, ILO에서 한국 정부에 폐지할 것을 권고한 '제3자 개입 금지', '복수노조 금지', '공무원과 교사의 단결권 금지' 등을 개정하기보다는 계속적으로 유보하였다. 1995년 6월에는 농성 중인 한국통신 노조를 진압하기 위해 명동성당 구내에 공권력이 투입되는 초유의 사태가 일어났고 다음해인 1996년 말에는 노동법·안기부법을 국회에서 날치기 통과시켜 김영삼 정권의 인권의식의 바닥을 보여주었다(김녕 1998).

이렇듯 김영삼 정권 시기에 반인권적 악법은 개폐되지 못하고 강한 시민사회운동세력을 탄압하는 데 더욱 남용되었다. 국가보안법, 노동조합법, 노동쟁의조정법(제3자 개입 금지 규정) 등의 추상적이고 애매한 내용은 집권세력의 구미에 따라 확대 적용되었다. 특히 이 법들을 적용하는 사법기관의 불공정성은 인권 침해의 가장 큰 원인이었다. 안기부, 경찰청 대공분실, 국군기무사령부 등이 국민과 국회의 통제를 벗어나 사회 구석구석을 감시하고 불법으로 사람을 체포·구속·고문하는 관행은 지속되었다.

역설적이게도 김영삼 정권은 1995년 1월 고문방지조약을 비준하였고, 5월 제네바에서 열린 UN 사회권위원회 한국 정부보고서 심의 공간에서 한국 대표는 김영삼 정권의 강한 인권 증진 의지와 법적·제도적 보장 노력을 천명하였다. 비슷한 맥락에서 1995년 3월 김영삼 대통령은 덴마크 코펜하겐에서 열린 사회개발정상회의에서 '인간안보(human security)'가 '국가안보(national security)'에 우선한다는 취지의 선언문에 찬성했지만, 귀국 후에는 국가보안법을 존속시킬 것이라는 일관되지 못한 인권정책을 전개했다. 〈그림 7-3〉에 제시된 민가협이 집계한 양심수 추이를 보면 김영삼 정권 후반기(1995년 이후)에 국가보안법과 노동법에 의해 구속된 숫자가 급속도로 증가했음을 쉽게 확인할 수 있다. 김영삼 정권 중반기를 넘어서는 시점인 1995년 김영삼 대통령은 인권의 이름으로 마틴 루터 킹 평화상을 수상했지만, 국내에는 30년이 넘는 12명의 장기수가 여전히 감옥에 있었다.

1995년에 국민소득이 1만 달러를 넘어서고 1996년에는 OECD 회원국이 되면서, 국내총생산이나 수출규모가 서구 선진국의 뒤를 이어 10위권 수준으로 올랐지만, 노동 부문에서는 ILO의 권고에도 불구하고 복수노조 금지, 노조의 정치활동 금지, 3자 개입 금지, 공무원·교원의 노동 3권

〈그림 7-3〉 민주화 이후 한국의 정치적 양심수 추이

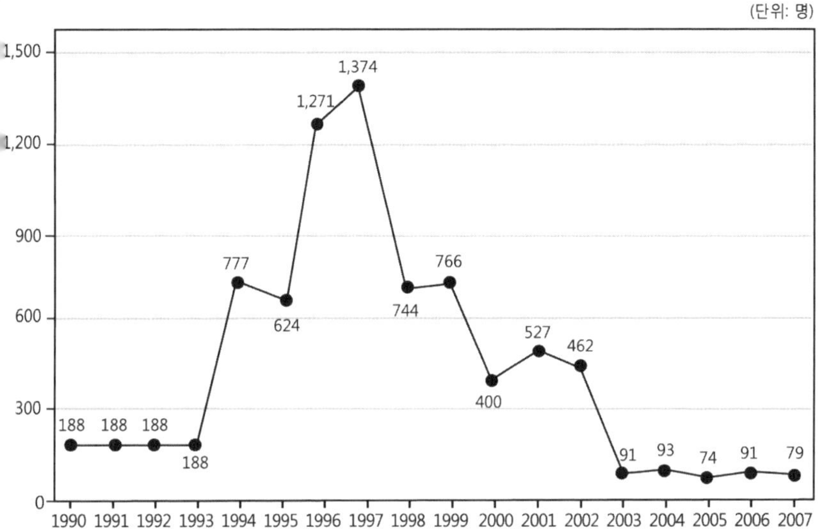

자료: 민가협 자료집(2004)과 민가협 홈페이지(http://www.minkahyup.org).

불인정, 악명 높은 국가보안법 탄압이 잔존하고 있었다. 초국적 인권운동단체인 국제앰네스티는 이러한 반인권적 법률의 폐지를 지속적으로 권고하는 한편, 한국 정부의 인권 현실을 국제적으로 알려 망신을 주었다. 〈그림 7-4〉에서 보는 것처럼 김영삼 정권 시기에 국가보안법으로 기소된 숫자는 과거 권위주의 정권보다 훨씬 더 높게 나타나고 있다.

또한 김영삼 정권은 사형제도를 폐지하지 않고 사형수에 대한 사형집행을 지속하였다. 〈그림 7-5〉가 보여주는 것처럼 김영삼 정권 초기에는 과거 권위주의 정권과 구별되게 사형집행을 유보했지만, 정권 후반기에는 오히려 사형수에 대한 사형집행을 강화하여 인권이 후퇴하는 모습을 보여주었다. 이렇듯 김영삼 정권은 초기의 의지에 부합하지 못하고 인권문제를 유보하거나 무시하는 일을 반복하였다. 과거의 인권 침해에 대한 청산, 반인권적 법령과 인권 관련 국가기구의 개혁, 국제인권 규약의 이

〈그림 7-4〉 김영삼 정권 시기의 국가보안법 위반 기소자 수

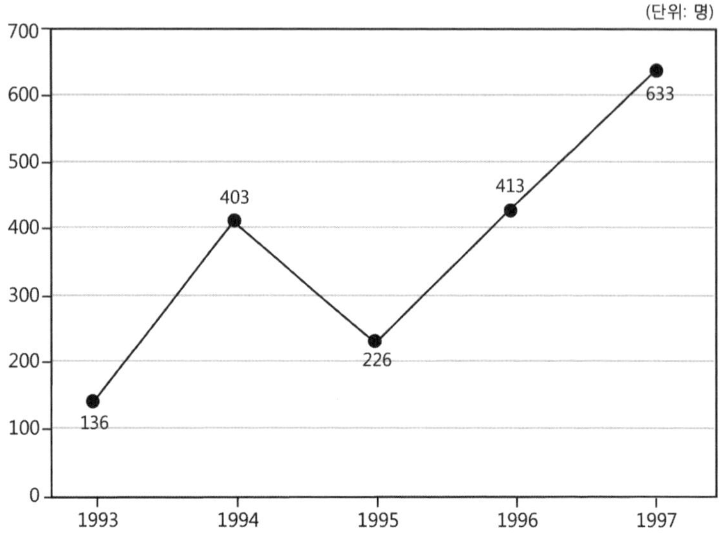

자료: 국가인권위원회(2004).

〈그림 7-5〉 1990년대 사형집행 건수

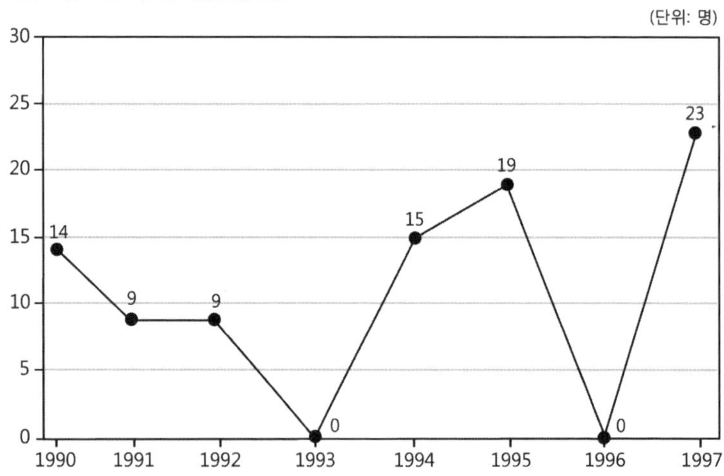

자료: 법무부.

행, 그리고 인권의식 제고를 위한 정책 마련에 실패하였다.

국제앰네스티의 Pierre Sanne 사무총장이 1997년 대선 때 후보들에게 보낸 다음과 같은 공개서한은 민주화 이후, 특히 김영삼 정권 시기의 인권 현실을 날카롭게 지적하고 있다.

> 현재 한국인들은 10년 전에 비해 보다 나은 자유와 인권을 누리고는 있으나 한국에는 여전히 역대 정권들이 해결하지 않은 수많은 인권 침해가 존재하고 있으며, 인권보호는 사회 안정과 국가안보에 배치되는 것이라는(전근대적) 사고가 잔존하고 있다. 한국에는 인권 개혁이 반드시 필요하며, 1998년 새로 취임하는 대통령은 세계인권선언에 설정하고 있는 보편성으로서의 인권을 그 가치로서 국내외적으로 증진시킬 수 있는 좋은 기회라고 주장하면서 기본적 인권 회복, 인권 보호장치 증진, 고문과 모든 가혹행위 종식, 인권을 위한 관련 법률 개정, 국제 인권규준의 이행과 증진 등 모두 5개항의 권고사항을 제시했다(천주교인권위원회 1997: 42-49).

(6) 한국 인권 부침기의 특징

이 시기에 인권 개선에 가장 중요한 영향을 미친 것은 시민사회운동이라고 할 수 있다. 1970~80년대를 거치며 지속되어온 장기적인 민주화운동 경험은 강한 시민사회를 낳았고, 시민사회의 운동역량은 새롭게 변화한 국내외 정치기회구조를 적극적으로 동원하였다. UN 국제인권레짐의 부상으로 새롭게 열린 초국적 정치기회구조와 국내 정치기회구조의 부침 현상 속에서 한국 시민사회는 인권 개선에 크게 기여하였다. 이 시기에 인권운동은 비엔나 세계인권회의 참석을 통해 국가보안법과 정신대 문제를 국제사회에 호소하였고, 이 과정에서 초국적 자원 동원의 중요성을 깨닫게 되었고, 그 결과 국내 인권단체 간의 인권단체협의회라는 협의체를 구성하게 되었다.

또한 한국의 경제조건은 인권 개선에 중요한 영향을 미쳤다. 88서울올림픽 개최와 3저 호황은 경제성장을 촉진시켰고, 국민의 생활수준이 점차 높아지면서 절차적 민주주의를 달성한 이후 삶의 질 개선에 대한 관심이 높아졌다. 경제성장을 토대로 환경보호, 노동의 질, 교육의 질, 주거의 질 등 사회권적 이슈에 눈을 뜨게 되었으며, 동시에 사회적 약자와 소수자의 인권 문제가 조금씩 사회 이슈로 부상하였다. 그러나 이러한 인권 문제는 IMF 구제금융체제의 도래로 더욱 복잡하고 다차원적인 전 지구적 이슈와 결합되기 시작하였다.

8. 세계화와 인권

한국 인권의 확장기(1990년대 말~2007년)

1) 김대중 정권 시기

(1) 국제환경의 변화: 신자유주의 세계화의 영향

1997년 말의 외환위기 이후 김대중 정부는 IMF의 구조조정 프로그램을 전격적으로 받아들이면서 하루 속히 IMF 체제를 벗어나고자 노력하였다. 정부는 1년여 동안에 금융과 기업의 구조조정에 60여 조 원의 막대한 세금을 투입했고, 공무원과 공기업의 인원을 일률적으로 감축했으며, 기업활동을 촉진하기 위해 모든 규제를 50%까지 철폐하라고 지시하고 구조조정 시 세금감면 혜택을 주었다. 이러한 구조조정 노력은 개방화·자유화·민영화라는 세 가지 키워드에 맞추어 매우 빠르게 진행되었다. 한국 경제는 시장이 주도하는 신자유주의 세계화 네트워크의 영향으로 세계경제체제에 급속도로 통합되었다. 그러나 이러한 자본주의 세계경제체제로의 편입 과정은 인간다운 삶의 질을 보장하지 못했고, 생태와 자연환경의 파괴는 가속화되고 사회적 불평등과 계층 간 격차는 더욱 확대되었다. 심지어 이러한 사회적 양극화와 삶의 질 후퇴 현상이 일국 내에 머물기보다는 전 지구적인 현상으로 확대되고 있다.

세계은행과 UN의 통계는 세계 100대 빈곤국가의 경제 상황이 지난 1980년대보다 더 악화되었음을 보여준다. 외환위기 초기에 대량 실업을 통해 빈곤이 증가했고, 그중에서도 전반적인 경기침체로 인해 일감이 급감한 노동자와 고금리하의 중소기업 연쇄 부도로 인해 실직한 단순 기능직 노동자가 대량 실업의 주축을 이루었다. 특히 20~29세의 중졸 이상 고졸 이하의 학력을 가진 노동자의 실업률이 가장 컸고, 여성 실업자와 장애인 실업자도 큰 폭으로 증가했다. 결국 고용보험에도 가입되어 있지 않고 퇴직금마저 제대로 받지 못하는 중소기업의 단순 기능직 노동자와 건설 및 일용직 노동자가 가장 큰 타격을 입었으며, 이들 중 상당수가 외환위기 이후 4개월 만에 노숙자로 전락하고 말았다(김녕 2004). 상위 20%의 소득은 증가하고 하위 20%의 소득은 큰 폭으로 감소하여 중산층이 무너지면서 새로운 빈곤층이 늘어나게 되었다.

김대중 정권은 IMF 구제금융체제를 모범적으로 졸업하였지만 이후 빈부격차와 불평등은 더욱 심화되었다. 사회보험제도의 확충과 국민기초생활보장제도의 도입과 같은 소득재분배를 위한 정부의 노력에도 불구하고 비현실적인 최저생계비 책정으로 인하여 차상위 빈곤층에 대한 대책은 사각지대에 머물고 말았다.

사회불평등 정도를 나타내는 지니계수(1에 가까울수록 불평등이 큰 것을 의미)의 경우 도시노동자가구의 지니계수는 IMF 위기 직전인 1997년 0.283에서 2001년에는 0.319로 높아졌고, 청년실업률도 1997년 5.3%에서 2001년에는 7.0%로 늘어났다. 또한 한국 상위 1.6%의 소비가 국내 소비 전체의 25%를 차지할 정도로 빈부격차는 커지고 있다. 전체 자살자 중 생활고 내지 사업 실패로 목숨을 버리는 '빈곤 자살자' 비율은 2000년에는 3.9%였는데, 2001년에는 4.28%, 2003년에 6.8%로 가파르게 증가하고 있다. 자살자 중에서 41~45세가 가장 많았는데, 이는 가장 왕성하게 일할 나이에 명예퇴직과 실업으로 인하여 가족의 생계를 책임지지 못하게 되어 어떠한 안전망도 갖추고 있지 못할 경우 심각한 좌절감에 빠지기 쉽기 때문이다.

IMF 구제금융체제로 더욱 강화된 신자유주의 세계화의 여파로 한국 사회의 가장들과 청년들은 일자리 위기, 더 나아가 생존의 문제와 직면하게 되었다. 인권의 측면에서 볼 때 모든 인간은 결핍으로부터의 자유와 생존의 권리를 보호받아야 한다. 이제 시민적·정치적 자유의 권리를 넘어서서 노동을 할 권리, 사회보장권, 가정에 대한 지원과 보호, 적절한 생활수준에 대한 권리, 건강권, 교육권, 무상의무 초등교육의 권리, 문화생활과 과학기술을 향유할 권리 등은 당연히 요구할 상황이다. 그러나 한국 사회의 경우 사회권은 쉽게 무시되었고, 개인이나 가족과 같은 사적 공간에서 충족되어왔다. 신자유주의하의 실업과 빈곤은 사실 개인의 탓으로 돌릴 수만은 없는 문제다. 신자유주의 세계화는 국가 경쟁력의 강화, 경제회생, 외환위기 극복, 자유화·민영화·개방화를 지향하기 때문에 위에서 언급한 사회권의 다양한 측면과 충돌할 수밖에 없는 구조다.

이렇듯 신자유주의 세계화는 한국 사회에 경제위기만을 낳은 것이 아니라 삶의 구석구석에 영향을 미쳐 생존권의 위기로까지 연결되는 인권 침해를 가져왔다. 비록 IMF 구제금융체제를 빨리 졸업했다고 하더라도, 한국 사회는 이미 자본주의 세계경제체제로 편입되었기에 사회양극화, 비정규직의 증가, 사회적 약자와 소수자의 차별 등 사회·경제적 권리는 심각한 영향을 받게 되었다.

(2) 국내 정치기회구조의 변화

앞 장에서 살펴본 것처럼 1993년 김영삼 문민정권의 출범 이후의 인권의 개선은 심한 부침 곡선을 보여주고 있다. 이것은 사형집행 건수, 국가보안법을 동원한 집회와 결사의 자유 침해, 사상 표현의 자유 억압, 노동법 개악을 통한 노동운동 탄압 사례 등을 반영한다고 할 수 있다. 반면에

1990년대 후반 평화적 정권교체를 통해 출범한 김대중 정권은 인권 개선에서 새로운 모습을 보여주었다. 자유권과 관련해서 1998년부터 지금까지 사형이 한 건도 집행되지 않았으며, 그 결과 최근 한국은 사형폐지국의 지위를 얻게 되었다. 그러나 소수자 문제, 특히 난민·외국인 노동자·이주민의 인권 부문에서는 큰 변화를 보여주지 못하고 있다. 난민의 경우 2001년에 이르러서야 처음으로 신청자 중에 1명에게 난민 지위를 부여하였다. 장기간에 걸친 매우 엄격한 심사로 2007년까지 1,804명의 신청자 중에 66명만을 난민으로 인정했으며, 이는 난민 소수자 보호에 한국 정부가 아주 소극적임을 보여주는 증거다(사회권규약 제3차 보고서 NGO 네트워크 2009).

또한 김대중 정권 시기에는 남북관계가 급진전되었다. 북한에 대한 햇볕정책을 통해 남북한 민간인 교류와 국가보안법 개폐 논의가 진행되어 노무현 정부까지 이어졌다. 자유권을 탄압하는 도구로 활용되어온 국가보안법은 과거처럼 인권 탄압의 전면에 나서지 못하였다. 집회·결사·사상의 자유는 1998년 김대중 정부가 출범한 이후 지속적으로 개선되었다. 김대중 정부는 인권국가라는 이미지를 구축하기 위해 노력했고, 평화와 인권의 프레임을 동원함으로써 자유권 개선에 박차를 가했으며 2001년 국가인권위원회의 설립으로 이어졌다. 국가인권위원회는 '독립성'을 조직의 핵심 특성으로 내세우며 입법부, 사법부, 행정부 어디에도 속하지 않는 독립기관으로서 독특한 위상을 확보하게 되었다. 그러나 국가인권위원회는 일부 인권위원의 자질 부족과 사무처의 역량 부족, 그리고 인권 개선을 위한 지도부의 의지 부족이라는 한계를 노정하였다.[1] 이와 같이 김대중 정권은 '인권국가 시대'임을 선언하고 친인권적 정책을 펼쳤다.

김대중 정권이 들어서면서 10년 만에 국가보안법 개폐 논의가 정치권

1. 물론 2002년 국정원의 테러방지법 제정 반대, 2003년 이라크전쟁 반대, NEIS 도입 반대 등을 통해 정부 또는 대통령의 정책에 반대하는 의견을 제시함으로써 국가인권위원회의 정체성을 분명히 하는 성과를 내기도 했다(오창익 2004).

의제로 상정되었고, 그 개정안을 만들고 검찰과 경찰 등 국가보안기관은 이 법을 엄격하게 적용하겠다고 선언하였다. 1998년 9월 박상천 법무장관은 Pierre Sane 국제앰네스티 사무총장을 만나 국가보안법에 모호한 내용이 있음을 인정하면서도 IMF 구제금융체제하에서 경제회복을 이루는 것이 시급한 문제이기에 논의 과정을 유보하여 불필요한 국민갈등을 피해야 한다고 주장하였다. 그는 단지 국가보안법 개정을 염두에 두면서 과도기적 형태로 국가보안법을 엄격히 해석하여 적용함으로써 이 법의 남용을 막겠다고 약속하였다.

2000년 6·15 남북정상회담과 공동선언이라는 남북 화해·협력 분위기가 고조되어 국가보안법의 개폐 가능성이 높아졌다. 그러나 한나라당과 자민련의 국가보안법 개폐 반대와 민주당의 소극적인 대응으로 인해 국가보안법 문제는 다시 원점으로 돌아가게 되었다. 국가보안법 위반 혐의로 구속된 사람은 계속 있었지만 그 숫자는 현저하게 줄어들었다.[2] 당시 국가보안법 적용에 논란이 되었던 사건은 한총련 대의원들에 대한 것이었다. 당시 '한총련 탈퇴는 불구속, 불탈퇴는 구속'이라는 반인권적 잣대를 갖고 행위에 대한 처벌이 아닌 인간 양심의 자유(특정 주장을 처벌함으로써 시민적·정치적 권리의 핵심 내용인 표현의 자유)를 심각하게 위협하는 것이 논쟁거리였다(국가인권위원회 2004: 69).

그러나 김대중 정부 시기의 정치기회구조가 자유권 개선에 이바지한 것과는 달리 사회권 개선에 대해서는 부정적인 입장이 우세하다. 그것은 김대중 정부가 IMF 구제금융체제에 너무나 쉽고도 빠르게 순응한 결과 한국이 신자유주의 세계경제체제로 급속히 편입되어 경제적·사회적·문화적 권리 보호에 큰 장애물을 만들었기 때문이다. 과거에는 주로 시민

2. 김대중 정권 시기에 국가보안법 위반 구속자의 대부분은 한총련 대의원들로, 이들은 이적단체로 규정된 한총련을 탈퇴하지 않았다는 이유로 이적단체 구성, 가입 죄로 구속되었다. 이 시기 국가보안법 구속자 중 학생이 79.3%(839명)를 차지했으며, 군인 신분으로 국가보안법 위반자는 군 입대 전 학생운동 경력이 문제가 되어 입대 후 구속된 경우에 해당한다(국가인권위원회 2004: 68-69).

적·정치적 권리 영역에서 정치적 자유를 중심으로 인권 문제가 제기되었지만, 1990년대 후반 김대중 정권 시기에는 사회권 확보와 차별의 문제에 이르기까지 급속히 확대되었다.

김대중 정권 시기 IMF 구제금융하에서 급격하게 진행된 구조조정은 대규모 실업사태를 야기했고, 이를 통해 과거 추상적 담론에 머물렀던 사회권 인권 이슈에 대한 일반인의 관심이 증폭되었고, 인권운동 역시 사회권에 관심을 집중하였다. 사실 사회권적 기본권에 대한 인식이 확장된 것은 신자유주의 세계화의 여파라는 객관적인 조건과 시민사회의 초국적 영역으로의 확장이라는 주체적 조건이 결합된 결과였다. 또한 비록 IMF 구제금융체제를 벗어나면서 전반적으로 회복세를 보였다 하더라도 김대중 정권의 노동유연화 정책은 노동권의 보호가 약화되고 적절한 생활보장 부분이 급격히 저하됨을 보여준다. 이제 한국 사회는 실업, 비정규직 양산, 여성차별, 외국인 노동자, 사회양극화, 사회보장 감소 등 경제·사회권 이슈를 둘러싼 지속적인 갈등과 저항의 정치를 경험하게 되었다.

이처럼 김대중 정권의 국내외 정치기회구조가 IMF 구제금융체제, 6·15 정상회담, 북핵 위기, 인권국가 시대 등의 다양한 국내외 조건과 결합하면서 인권 상황은 매우 복잡하게 전개되었다. 물리적 폭력은 사라졌지만 여전히 표현의 자유, 정보인권의 문제, 과거사 문제가 해결되지 않았으며, 사회구성원 간의 사회적 양극화에 따른 빈곤, 사회적 약자와 소수자에 대한 차별의 문제가 수면 위로 떠올랐다. 이제 인권운동은 시민적·정치적 권리뿐만 아니라 사회적 권리까지 관심을 확대할 수밖에 없는 상황이 된 것이다.

(3) 시민사회의 대응: 반신자유주의 운동 프레임으로의 수렴

1997년 말 외환위기로 시작된 한국의 경제위기는 심각한 실업 사태와 사회복지의 감소를 가져왔고, IMF 구제금융체제의 도래와 신자유주의 세계화 네트워크는 한국 정부의 정책결정능력을 더욱 취약하게 만들었다. 이런 상황에서 한국의 인권운동은 '경제적·사회적·문화적 권리에 관한 국제규약'(A 규약)을 적극적으로 동원하여 국가의 책임 있는 사회권 구현을 강력히 요구하였다.

사회운동론의 관점에서 보면 경제위기 상황은 오히려 기존에 느슨하게 연결되어 있던 인권 관련 사회운동 부문을 반신자유주의 운동의 틀 안으로 수렴하면서 정부의 책임 있는 개입을 요구할 수 있는 기회를 제공한다. 인권운동 부문은 사회권에 대해 보다 철저히 이해하고 학습할 수 있는 '사회권 사회화(Socialization of Social Rights)'를 경험하게 된 것이다.

1999년에 정부는 UN에 A규약에 대한 최초의 정부보고서를 'UN 경제사회문화 권리위원회'에 제출하였다. 그러나 그 내용은 법과 제도적 장치에 대해서만 서술되었고, 사회권 구현을 위한 구체적인 요인과 어려움에 대해서는 생략하였다. 심지어 정부는 인권단체들에게 사회권 보고서 제출에 대한 통지도 없이 정부보고서를 준비하였다. 인권운동은 여러 차례 사회권 구현과 관련한 공개적인 토론회를 정부에 요청했으나 정부는 이를 거절하고 보고서를 독자적으로 준비하였으며, 보고서 제출 2주 전에야 인권단체와의 간담회를 제안함으로써 형식적으로나마 구색을 갖추려는 전략을 취했다. 이런 불성실한 정부의 태도에 인권단체들은 실망하게 되었고 서둘러 정부 보고서에 대한 반박보고서를 준비하였다. 사회권의 복잡성과 다양성으로 인하여 여러 사회운동 부문이 함께 준비할 수밖에 없었으며 그 과정은 다른 형태의 사회운동단체들의 정보교환과 연대활동의 기회가 되었다.[3]

---

3. 1995년 최초 반박보고서는 오직 5개 인권사회단체가 참여하여 준비하였지만, 2001년의 경우에는 총 17개 시민사회운동단체가 사회권규약 제2차 반박보고서연대회의(약칭 사회권연대회의)를 구성하여 준비하였다. 사회권연대회의에는 건강사회를위한보

NGO의 반박보고서는 다양한 사회권 이슈를 포함하고 있다. 먼저 사회적 소수자 문제를 본격적으로 다루기 시작해 난민, 장애인, 이주노동자 등의 인권 상황을 구체적인 자료를 통해 보고하였다. 노동권과 관련해서는 작업장 환경, 산업안전과 보건, 기본노동권 보장, 비정규직 노동자의 불안전한 지위, 사회적 안전망 붕괴 등을 다루었다. 또한 전통적인 사회적 약자인 여성, 아동의 권리 부문은 제도적 개선을 통해 여성의 권리가 신장되었음에도 불구하고 여전히 해고, 임금, 비정규직 비율 등에서 여성들이 가장 먼저 그리고 많이 피해를 보고 있음을 지적하였다. 마지막으로 사회복지와 관련해서 생명, 건강, 교육, 그리고 건전한 문화생활을 누릴 수 있는 권리까지 포함하고 있다.

이렇듯 자유권에서 사회권으로 사회적 관심이 전환되면서 다양한 시민사회운동은 반신자유주의 운동 프레임에 대응하는 사회권 프레임 구축을 위한 연대활동에 참여하였다. 그러나 한국의 인권운동은 아직도 자유권 중심의 편향을 보이고 있으며, 대안을 창출하기 위한 공동의 노력에 적극적으로 참여해야 하는데도 이러한 대안 창출 부분에서는 미약한 수준을 보이고 있다.

한편 한국 시민사회는 1990년대 중반을 넘어서면서 이주노동자, 난민, 동성애자, 외국인, 난민, 새터민(탈북자) 등이 새로운 인권 이슈로 떠올랐다. 이것을 반영하듯 새로운 이슈를 다루는 인권운동단체가 1990년대 중반부터 속속 설립되었다.

〈그림 8-1〉은 1990년대 중·후반에 새로운 인권 이슈를 다루는 운동단체가 급속히 증가했음을 보여준다. 이것은 사실 상대적으로 단순해 보였

건의료단체대표자회의, 노동과건강연대, 녹색연합, 문화개혁시민연대, 민족예술인총연합, 민주노총, 민주사회를위한변호사모임, 민주화를위한전국교수협의회, 사회진보연대, 외국인노동자대책협의회, 이주노동자투쟁본부, 인권운동사랑방, 장애우권익문제연구소, 전국교직원노동조합, 참여연대사회복지위원회, 한국도시연구소, 한국여성단체연합 등 경제적·사회적·문화적 권리 각 분야에서 활동하는 17개의 인권·사회단체들로 구성되어 2000년 6월부터 2001년 5월까지 활동했다.

〈그림 8-1〉 한국 인권운동단체의 이슈와 운동 프레임의 변화

(단위: 개)

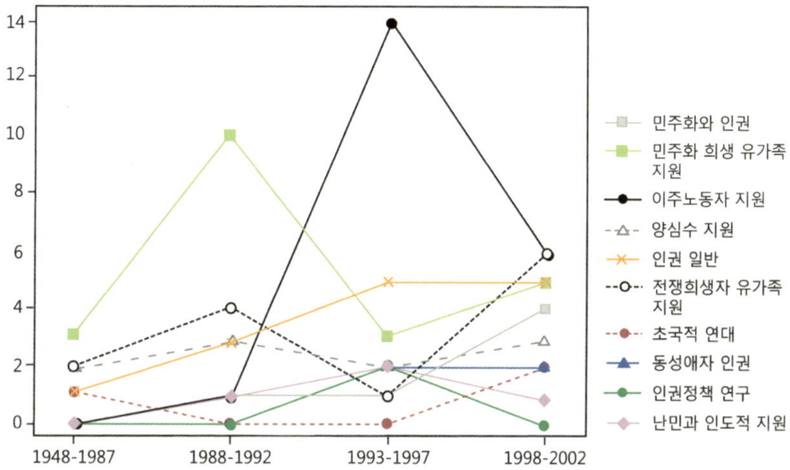

자료: 한국민간단체총람(2003).

던 인권 상황이 신자유주의 세계화의 영향으로 더욱 복잡해졌음을 의미하며, 이에 대응하여 인권운동의 관심의 폭이 점차 확대되었음을 반증하는 것이다. 전통적인 인권단체인 민주화 희생 유가족 지원단체는 1980년대 말 절차적 민주주의를 달성하면서 점차 감소하는 추세를 보이는 반면에, 이주노동자 권리를 위한 지원 단체는 1990년대 중반에 급속도로 증가하고 있다(Kong 2006: 173). 이는 이주노동자에 대한 인종적 차별은 물론이고 임금체불, 폭행, 성폭력 등이 심각한 인권 문제로 등장했음을 반증하는 것이다.

사실 새로운 인권 이슈를 다루는 인권단체는 재정, 회원규모, 활동범위 등에서 열악한 수준에 머물고 있다. 그러나 이러한 조직적·재정적 한계에도 불구하고 신자유주의 세계화의 영향이 강화되면서 한국 사회에는 이주노동자, 국제결혼, 새터민, 난민, 동성애자의 인권보호와 관련하여 '사회정의'와 '차별'이라는 운동 프레임을 중심으로

〈그림 8-2〉 한국 인권운동단체의 설립 추이

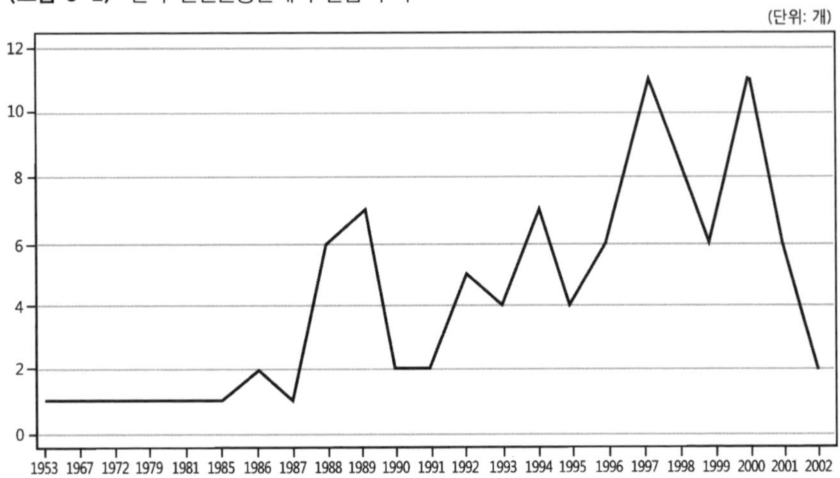

자료: 한국민간단체총람(2003).

인권운동단체가 지속적으로 증가하고 있다.

〈그림 8-2〉는 『한국민간단체총람』의 분류에 따른 인권운동단체의 흥망성쇠를 시계열적으로 보여준다. 1987년과 1997년 그리고 2000년을 중심으로 인권단체 설립이 증가하는데 이는 국내 정치기회구조, IMF 구제금융체제의 도래 등과 높은 연관성이 있는 것으로 해석할 수 있다(Kong 2006: 155).

(4) 김대중 정권의 인권 개선 노력과 한계

김대중 정권은 인권대통령답게 과거 정권과 달리 인권 개선에 확실히 유리한 정치기회구조를 제공하였다. 사형집행을 중단하였고, 국가보안법 개폐에 이르지는 못했지만 국가보안법 적용에 신중했으며, 의문사 진상규명에 관한 특별법을 제정하고, 국가인권위원회 설치법을 제정하여 2002년에 그 역사적인 출범을 맞이하였다. 또한 1998년에는 교원노조를

〈그림 8-3〉 민주화 이후 국가보안법 위반 기소자 수 추이

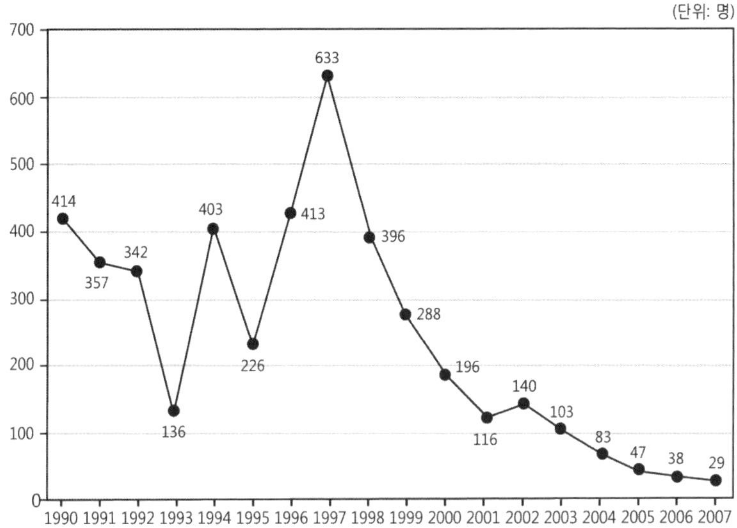

자료: 민가협 자료집.

인가하였고, 여성부의 설립과 UN 난민고등판무관 서울 사무소를 설치하는 등 UN 국제인권 규약의 권고를 국내에 구현하고자 노력한 점은 주목할 만한 사항이다. 제4장에서 제시한 국제앰네스티의 개인통합권리 지표에 따르면 1997년에 다시 인권점수는 소폭 증가(4점)한 것으로 나타난다. 이는 〈그림 8-3〉이 보여주는 것처럼 국가보안법에 의한 인권 침해 사례가 김대중 정권 출범 이후 급격히 감소했기 때문이다.

그러나 2002년 김대중 정권 말년에 인권 지표는 다시금 하락하는 것으로 나타났다. 국제앰네스티의 개인통합권리 지표는 3점(5점 척도)을, 미국 국무부의 개인통합권리 지표 역시 3점(5점 척도)을 부여하였다. 이는 인권 현실을 획기적으로 개선하기에는 아직도 한계가 많음을 의미하는데, 그 대표적인 사례가 2002년 발생한 미군 장갑차에 의한 의정부 여중생 효순·미선 압사 사건이다. 주한미군지위협정에 따라 한국의 형사재판권 행사는 매우 제한적으로 작동했으며, 그 결과 소중한 두 여학생의

〈그림 8-4〉 시민적·정치적 권리 보호를 위한 제도개선(인권이사회 지적 사항의 집행 비율)[4]

(단위: %)

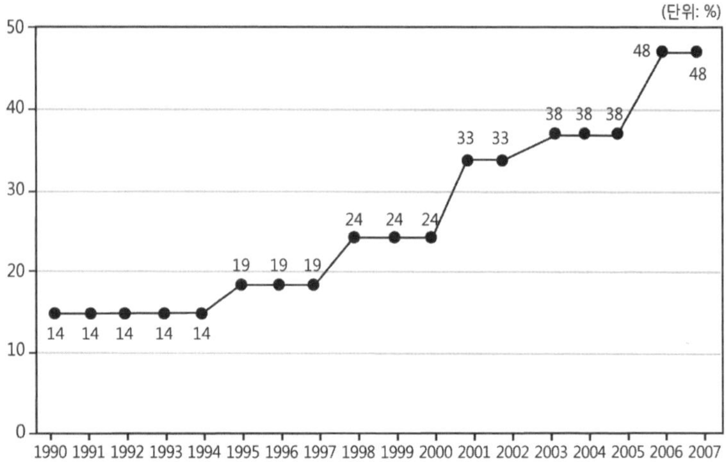

자료: Koo, Kong and Chung (2010).

인권은 철저히 짓밟히고 말았다. 촛불집회를 통해 인권을 외친 한국 시민사회는 국제법의 원칙인 상호 주권존중과 호혜평등을 보장하는 방향으로 불평등한 주한미군지위협정의 전면 개정을 주장하였다.

또한 김대중 정권은 노동자의 파업권을 인정하지 않고 경찰이 파업노동자를 폭압적으로 진압하도록 방치하였다. 그 대표적인 사건이 바로 롯데호텔 노동자파업에 대한 폭력진압 사건이다. 이런 이유로 인권운동단체는 김대중 정권에게 남북한 화해와 교류를 통해 국가보안법 폐지를 이끌며, 교원노조 허용을 넘어서 공무원 노동 3권 보장과 직권중재 조항 폐지를 강력히 요구하였다. 또한 여성부 설치로 그치는 것이 아니라 호주

4. UN 인권이사회가 시민적·정치적 권리에 관한 국제규약 이행과 관련해 한국 정부에 지적한 내용 중에 법과 제도와 관련한 항목 21개에 대한 집행 비율을 시계열적으로 표시한 것이다. UN 인권이사회가 지적한 내용으로는 다음과 같은 항목이 있다. 국가보안법, 양심수, 장기수, 전향, 사형제도, 낙태, 고문, 검열, 구금, 자백, 준법서약서, 집시법, 국선변호인, 검찰/경찰 인권교육, 가정폭력, 양심적 병역거부자, 공무원 노조, 국가인권위 설치, 기타 인권관련 법 제정, 구금 보호시설 개선 등이다(공석기 2009a).

제 폐지를 통해 남녀 차별 문제를 보다 철저히 개선하고, 신설한 국가인권위원회와 의문사진상규명위원회에 실질적 권한을 보장하여 인권 개선에 보다 적극적인 효과를 얻을 수 있기를 촉구하였다.

김대중 정권은 〈그림 8-4〉와 같이 시민적·정치적 권리 보호를 위한 법적·제도적 노력에 크게 기여하였다. 그러나 김대중 정권은 사회권과 관련한 새로운 이슈들에 대해서는 여전히 한계를 보였다. 1990년대 후반에 북한 인권 문제는 새로운 주제로 떠올라 탈북자의 남한 사회에 정착은 정부와 시민사회의 통합능력과 인권감수성을 가늠하는 중요한 잣대가 되었다. 1998~2001년에 한국으로 이주한 탈북자 수는 급격히 증가하여 1,747명에 달하였다. 또한 1994년부터 2001년까지의 난민 신청자 117명 중에서 오직 1명만을 난민으로 인정하는 매우 낮은 수준의 인권감수성을 보여주었다.

또한 군대 인권의 새로운 이슈로 부상한 '양심적 병역 거부자' 문제를 김대중 정권은 해결하지 못하고 이들을 '양심적 병역 기피자'로 판단하여 감옥에 보냈다. 이렇듯 김대중 정권은 개인통합권리나 시민적·정치적 권리 부문에서 대체로 큰 진전을 보인 반면에 새롭게 부상한 인권 이슈인 이주노동자, 난민, 새터민, 양심적 병역 거부자 등의 문제에 대해서는 인권감수성을 발휘하지 못하고 제한된 정책구현에 머물고 말았다.

한편, IMF 구제금융체제를 모범적으로 극복한 김대중 정권은 그 여파로 새로운 인권 과제를 직면했는데 그것은 바로 빈곤과 사회 양극화 문제였다. 비록 1999년 9월 17일에 시작한 '국민기초생활보장법'은 빈곤선 이하 사람들의 소득을 보충하기 위한 정책으로 높이 평가받을 만하지만, 수급기준의 엄격성과 4대 사회보험의 사각지대 문제는 여전히 남아 있다. 〈그림 8-5〉는 도시노동자가구의 소득 지니계수 추이를 보여주는데, 1997년에 0.283이던 소득 지니계수가 외환위기를 겪으면서 높아지기 시작하여 2004년에는 0.3을 넘어섰고, 2007년에는 0.324를 기록하였다. 이는 한국 사회의 양극화가 점차 확대되고 있음을 보여주는 것이다(류정순

〈그림 8-5〉 도시노동자가구의 소득 지니계수 추이

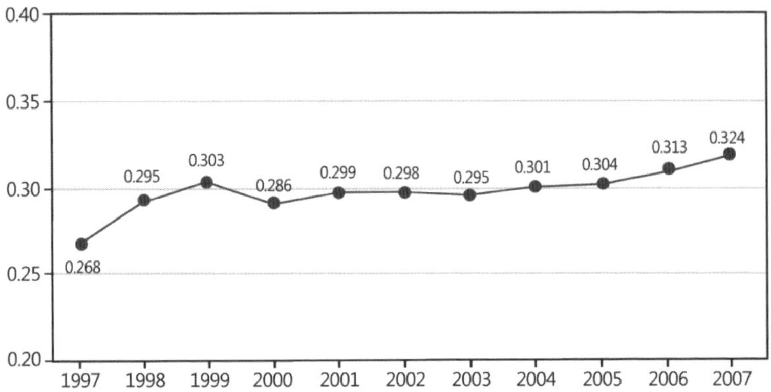

자료: 통계청, '가계동향조사'.

〈그림 8-6〉 비정규직 여성노동자 수 추이

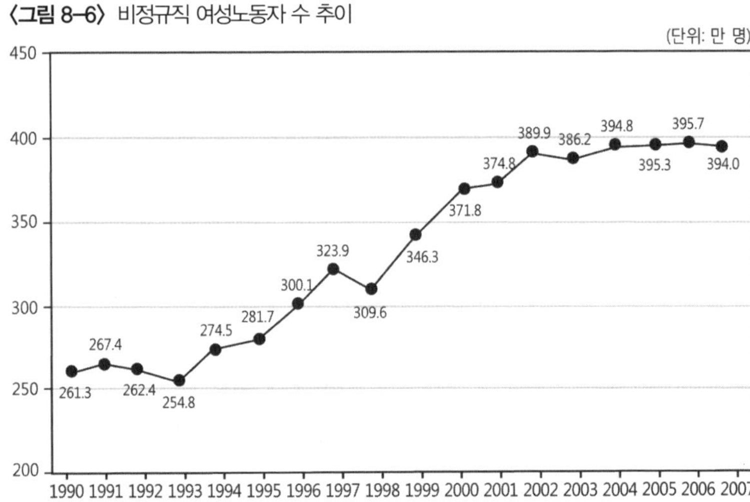

자료: 통계청.

2009: 70).

김대중 정권은 비정규직 형태의 취업을 증가시켜 실업률을 낮추고자 했지만, 이는 오히려 고용구조를 더욱 악화시켰으며 비정규직의 증가는 빈곤과 사회양극화를 양산하는 원인이 되었다. 비정규직 노동자는 동일한 업무를 수행하고 있음에도 불구하고 임금, 연금혜택, 실업, 의료혜택, 직업안정성 등에서 정규직 노동자와 차별적인 대우를 받고 있다. 비정규직 노동자의 비율이 50%에 가깝고 그중에서도 여성이 대부분을 차지하고 있다는 점에서 여성은 이중의 고통을 경험하고 있다. 〈그림 8-6〉은 비정규직 여성 노동자의 증가 추이를 보여준다.

요컨대, 김대중 정권은 시민적·정치적 권리 영역보다는 경제적·사회적 권리 부분에서 보다 복잡하고 다양한 인권 과제에 직면하게 되었다. UN 경제사회문화 권리위원회로부터 개선을 권고받은 항목 중에 어느 정도 성공적으로 개선한 부분도 있지만 대부분은 미완의 과제로 노무현 정권의 과제로 넘길 수밖에 없었다.[5]

2) 노무현 정권 시기

(1) 국내외 정치기회구조의 변화

노무현 정권 시기에는 신자유주의 정책이 강화되면서 사회권적 기본권은 심각하게 후퇴하면서도 자유권적 기본권은 과거청산 노력으로 큰 성과를 보였다. 국제 경제 조건은 인권 후퇴를 압박했지만, 정치권의 개혁 의지로 유리해진 국내 정치기회구조는 인권의 일부 영역에서 큰 변화를 가져왔다. 사실 포괄적인 과거청산이나 국가보안법 폐지 논의는 노무현 정부의 개혁 의지와 개혁정당을 표방한 열린우리당이 집권당이 되었기

5. UN 경제사회문화 권리위원회가 한국정부 보고서(1995/2001) 심사를 통해 지적한 권고 사항으로는 산재 발생, 교원노조, 해고자 수, 실업률, 정규직과 비정규직 간 임금 격차, 성추행, 장애인 고용, 기초생활보호법, 4대 보험가입, 국민연금, 사회보장예산, 호주제도, 가정폭력, 결손가정 자녀보호, 아동 노동 착취, 의무교육, 이주노동자센터, 불법체류자와 자녀 산재보험, 중소기업의 여성 고용 비율, 사교육비 등이다(공석기 2009a).

에 가능했던 것이다. 예컨대, 의문사진사규명위원회가 전향공작으로 목숨을 잃은 장기수들을 민주화운동 관련자로 인정하면서 보수세력의 저항과 비판을 받았음에도 불구하고 노무현 정권은 이 위원회의 활동을 지원하였다. 노무현 정권은 역사정의를 회복하는 차원에서 과거 군사정권의 국가폭력 문제를 전면에 드러냈지만, 보수세력의 저항을 쉽게 극복하지는 못했다.

2004년 대통령의 국가보안법 폐지 주장과 사법개혁 노력은 반인권적 요소를 제거할 수 있는 새로운 정치기회구조였다. 그러나 이러한 성과에도 불구하고 사회보호법과 같은 악법은 폐기되지 않았으며, 신체의 자유가 침해되는 사회복지시설이 그대로 유지되고, 집시법은 개악되어 자유권을 저해하는 걸림돌로 남게 되었다. 또한 노무현 정권 시기에 자유권과 관련하여 주목할 만한 새로운 이슈인 정보인권 문제가 등장하였다. 2004년 노무현 정부는 DNA 생체정보 데이터베이스 축적사업, NEIS를 통한 개인정보의 집적, CCTV 설치의 확대, 핸드폰을 이용한 위치추적, 작업장에서 감시 강화, 전자정부 추진 등 개인정보를 매우 광범위하게 침해할 수 있는 정책을 내놓았다(인권단체연석회의 2005: 12-24).

노무현 정권의 열린 정치기회구조는 시민사회의 인권 영역 부문이 제도화 전략을 취했다는 점과 많은 시민사회 인사가 정부에 참여했다는 사실에서 쉽게 확인할 수 있다. 그 결과 인권운동 진영의 주장과 요구가 제도화되어 개혁의 이름으로 인권 과제가 수행되었다. 국가인권위원회는 과거 폐쇄적이었던 구금시설을 개방하여 인권 개선의 큰 진전을 이루었다.

그러나 이러한 열린 정치기회구조에도 불구하고 노무현 정권은 신자유주의 세계화 네트워크에 적극적으로 결합하여 개방화·민영화·자유화를 강력하게 추진한 결과 비정규직의 수는 급속도로 확대되고 사회권은 김대중 정권 시기보다 더욱 후퇴하는 경향을 보였다. 비정규직 노동자가 전체 노동자의 60%에 이르고 빈곤층이 10%를 넘어섰으며, 빈곤층으로 전락할 위기에 처한 차상위 빈곤층은 급속도로 확대되었다. 자본의 해외 진출과 산업의 공동화가 급격히 진행되면서 일자리는 창출되는 것이 아니라 줄어드는 소위 '고용 없는 성장'이 지속되어 사회양극화는 더욱 확대되었다. 이러한 빈부격차를 더욱 악화시킨 것은 노무현 정권의 부동산 정책의 실수였다. 부동산 투기를 잡겠다고 선언했지만 이미 부동산 투기를 통해 거대 부를 장악하며 고착화시킨 부동산 투기 시장을 개혁하기보다는 기름을 붓고 말았다.

이처럼 노무현 정권은 시민적·정치적 자유권 측면에서는 개선 의지가 두드러졌지만, 사회권 측면에서는 국가보다는 시장을 우선시하는 신자유주의 정책을 추진하였다. 그 결과 노동시장이 유연화되고 미국·일본과의 자유무역협정을 추진함으로써 식량·의료·교육 시장이 개방되고, 비정규직은 더욱 양산되는 악순환 현상이 지속되고 있다. 더 나아가 사회 전반에 걸쳐 나타나는 차별 현상은 더욱 심화되고 있는데, 청년 실업군의 확대로 정규직과 비정규직 간의 차별, 이주노동자에 대한 차별, 그리고 사회적 약자와 소수자에 대한 차별이 점차 강화되고 있다.

(2) 시민사회의 대응: 인권운동의 다양화

앞서 노무현 정권 시기의 인권 이슈는 어느 시기보다 더 복잡하며 다양화되고 있음을 지적하였다. 이런 상황에서 시민사회 역시 새로운 인권이슈에 대해 새로운 인권단체를 설립하거나 연대활동을 통해 대응하고자 노력하였다. 종합적인 인권운동을 전개하는 단체, 종교권 인권단체, 인권변호사나 학자가 중심이 된 전문인권단체, 민가협과 유가협과 같은 피해자 인권단체, 장애인의 권익을 보호하기 위한 장애인 인권단체, 동성애자의 인권 문제를 다루는 성소수자 인권단체, 과거청산 문제를 다루는 인권단체, 이주노동자의 인권보호를 위한 인권단체, 지역도시를 중심으로 인권활동을 하고 있는 지역인권단체, 그리고 사회권과 정보인권과 같은 특정 주제를 중심으로 활동하는 인권단체, 더 나아가 초국적 기업들의 인권 침해를 다루거나 국제빈곤과 연대활동에 관심을 갖는 초국적 인권단체 등이 점차 자신의 영역을 개발, 확장함으로써 다양한 인권운동 부문의 길 찾기가 진행되었다.

뿐만 아니라 각 인권단체는 의제별, 특히 사회권과 같이 복잡하고 전문적인 이슈를 다루어야 할 경우에는 주제별 연대활동을 전개하고 있다. 2003년 국내에는 노동자들의 분신정국이 있었고, 국제적으로는 미국의 이라크 침공으로 인하여 반전운동에서 연대활동이 집중되었다. 이에 따라 '이라크 파병 반대와 노동기본권 쟁취를 위한 인권단체 공동행동'이 꾸려져 2개월 동안 한시적으로 활동하였다. 이 연대활동의 결과로 2004년 5월에 32개 인권운동단체가 일상적인 소통과 협의를 목적으로 '인권단체연석회의'라는 네트워크를 구성하게 되었다. 연석회의는 매월 정기회의를 갖고 인권 사안을 공유하고, 제기되는 공통의 과제에 대한 공동행동을 운동으로 조직했다. 연석회의가 중심이 되어 전개한 연대활동으로 무엇보다 중요한 것은 국가보안법폐지 국민연대활동이다. 이 외에 이라크파병 반대 공동행동, 사회보호법폐지 공동대책위원회, 장애인이동권쟁취를 위한 연대회의, 불안정노동과 빈곤에 저항하는 공동행동이 있다(인권단체연석회의 2005: 24-27).

이처럼 노무현 정권 시기의 인권운동은 이슈의 다양화·전문화 그리고 주제별 연대활동을 강화함으로써 국내 시민사회 역량을 강화하는 데 기여하였다. 주제별 연대활동을 통해 인권운동단체는 한국 인권 개선의 현주소를 다시금 확인할 수 있었다. 아직도 사상의 자유와 표현의 자유에서 인권 침해가 나타나고 있으며, 신자유주의 세계화의 영향으로 사회적 양극화는 확대되었고, 사회적 약자와 소수자에 대한 차별 문제는 이들이 권리주체로 설 수 있도록 반차별운동이 절대적으로 필요한 상황이다. 뿐만 아니라 인권운동단체는 북한의 인권 문제를 보다 철저하고 객관적인 인권 프레임을 가지고 접근할 필요성을 공감하고 있다. 또한 국가인권위원회와의 새로운 관계 설정은 제도정치 활용과 동시에 갈등적 경쟁관계를 전술적으로 병행하는 데서 찾고 있다.

(3) 인권운동의 초국적 동원전략

노무현 정권 시기에 들어서 한국 시민사회는 국내 인권 개선을 위해 UN 공간을 적극적으로 활용하고 있다. 인권운동단체는 UN 인권이사회의 각국 인권 현실에 보고서 검토에 한국 NGO단을 파견하여 정부가 국제인권 규약을 국내보다 적극적으로 구현하도록 압박활동을 전개하고 있다. 또한 한국 시민사회운동은 신자유주의에 반대하는 지구정의운동(global justice movements)에 대해 지속적인 관심을 갖고 활동에 참여했다. 그러나 반신자유주의 운동은 초국적 캠페인으로 연계되기보다는 한미 FTA 체결로 인한 미국산 쇠고기 수입 반대 운동에 모든 운동이 집중되는 한계를 보였다. 한국의 대표적 인권운동단체의 초국적 연대활동 사례를 통해 초국적 동원전략의 특징을 살펴보자.

첫째, 참여연대의 경우 국제연대위원회를 중심으로 동남아시아 국가의 민주화운동 옹호활동에 집중하고 있다. 또한 참여연대는 한국 NGO 참가단의 일원으로 UN 인권이사회 정기총회에 참석하여 한국 정부가 인권 개선에 더욱 노력할 것을 압박하고 있다. 참여연대의 국제연대전략은 과거 초국적 옹호망에 기초한 담론 네트워크를 넘어서 안정적인 초국적 캠페인과 사회운동으로 발전하기 위해 아시아의 지역 네트워크 구축에 적극적으로 참여하며, 동시에 UN 인권이사회 공간에서도 적극적인 로비활동을 통해 정부의 인권 개선을 촉구하고 있다.

둘째, 인권운동 사랑방은 주간 인권소식지인 『오름』을 통해 아시아 지역의 인권 침해 상황을 지속적으로 알리며, 초국적 옹호활동을 전개하고 있다. 인권운동사랑방은 국민의 인권의식을 제고하기 위한 인권교육 프로그램을 개발·운영하고 있으며, 구체적인 인권 침해 상황에 대해서는 국제인권규약을 근거로 정부를 압박하는 글로벌 프레임 동원전략도 활용하고 있다.

셋째, 국제앰네스티 한국 지부는 런던 국제 사무국의 핵심 사업에 동참하는 것과 한국 인권 상황을 개선하기 위해 국제사무국의 주요 활동가를 동원하여 한국 정부의 인권 개선을 압박하는 지렛대 전략을 적극 활용하고 있다. 또한 국제앰네스티의 연례보고서를 발표함으로써 한국의 인권 상황이 국제인권기준과 어떤 차이가 있으며, 국제 수준에서 가장 중요한 인권 현안이 무엇인지를 국민에게 지속적으로 알리고 있다. 이러한 인권정보 공유 활동은 일반 시민의 인권감수성을 높이고자 기획한 연례 캠페인이다.

한국 시민사회의 초국적 동원과 국제연대활동은 그 방식, 대상 범위, 규모, 활동 영역에 따라 큰 변화를 보이고 있다. 특히 인권운동은 국내외 불리한 정치 환경을 돌파하기 위해 새로운 대안을 찾아야 할 상황에 직면하고 있다. 지역적인 이슈가 전 지구적인 이슈이며, 지역적인 문제를 초국적 차원의 운동방식으로 해결할 수 있는 운동전략, 전술에 대한 새로운 접점을 찾아야 할 시점이며 이것이 지구정의운동임을 경험적으로 확인하고 있다. 사실 경제, 환경, 인권, 교육, 여성, 남북관계, 국제개발협력사업 모두가 전 지구적 차원의 이슈로 복잡하게 상호 연결되어 있기 때문에 운동 영역, 대상, 전술도 당연히 전 지구화 맥락에서 새롭게 접근할 필요성이 있다. 비록 한국 시민사회운동의 초국적 연대활동이 급속히 증가하고 있음에도 불구하고, 그 운동방식은 대부분 담론 네트워크(discursive networks) 전술에 의존한 초국적 옹호운동에 머물고 있다(공석기 2009b).

(4) 노무현 정권의 인권 개선과 한계

제4장에서 소개한 글로벌 인권 지표에 따르면 노무현 정권 시기의 개인

통합권리와 시민적·정치적 권리는 크게 개선된 것으로 나타났다. 〈그림 8-3〉에서 확인할 수 있듯이 노무현 정권 시기에 국가보안법 위반 구속자 수는 급격히 감소했으며, 양심수도 거의 100명 이하 수준을 유지하였다. 그러나 정권 후반기로 갈수록 인권 개선의 속도는 완화되었고, 2007년에는 인권 수준이 오히려 후퇴하는 양상을 보인다. 이것은 2007년에 한국 시민사회운동 전체가 참여한 한미 FTA 반대운동에 대한 탄압 사실을 반영하는 것으로 해석할 수 있다.

인권단체는 인권의 이름으로 한미 FTA 협상에 반대하며 직접행동을 전개하였다. 시민사회는 노무현 정권이 '참여정부'라는 이름이 무색할 정도로 비민주적이고도 졸속적인 방식으로 진행한 FTA 협상을 강력히 비판하였다. 사실 노무현 정부는 국회의원들조차 그 협정내용을 알 수 없을 정도로 철저히 비공개로 진행하였다. 미국산 쇠고기의 수입 개방, 초국적 기업의 의약품 개방, 교육시장 개방, 공공서비스 부문 민영화까지 거의 모든 부문을 개방하는 수준이기에 이는 생존권에 대한 위협을 느낄 정도로 심각한 상황이었다. 이런 견지에서 시민사회는 민주주의에 대한 권리와 인권을 되찾기 위해 노무현 정권에 강력히 저항하였다.

이에 대해 노무현 정권은 FTA 반대운동과 노동자의 총파업운동에 대해 헌법이 보장한 집회와 표현의 자유를 부정하면서 대량 구속자를 양산하였다. FTA 총파업에 참여한 30여 명의 금속노조 간부에게 체포영장을 발급하고, 범국민대책운동본부 간부 150여 명에게 소환장을 발부할 정도로 강력한 공안탄압을 전개하였다. 이렇듯 노무현 정권은 초기에 자유권적 인권 영역에서 적극적인 개혁을 전개했음에도 불구하고 정권 말기에 한미 FTA를 무리하게 체결하는 과정에서 민주주의와 기본적인 인권을 심각하게 침해하여 인권이 후퇴하는 모습을 보였다. 이것은 사회권이 지속적으로 후퇴하고 있음을 암시하는 정책이기도 하다.

한국은 1996년에 경제선진국 클럽인 OECD의 회원국이 되었고, OECD 회원국 가운데 국민총생산이 10위권에 해당하는 규모로 성장했고, 1인

〈표 8-1〉 비정규직 근로자의 규모와 비율 (단위: 천 명, %)

구분	2005. 8	2006. 8	2007. 3	2007. 8	2008. 3	2008. 8	2009. 3
임금근로자	14,968	15,351	15,731	15,882	15,994	16,104	16,076
정규직	6,564	6,905	6,946	7,268	7,414	7,707	7,665
비정규직	8,404	8,446	8,785	8,614	8,580	8,397	8,441
비정규직 비율	56.1	55.0	55.8	54.2	53.6	52.1	52.3

출처: 통계청 경제활동인구 부가조사.

당 국민총소득(GNI)은 2만 4,800달러를 넘어섰다. 그러나 한국 국민은 이 정도의 경제규모에 부합하는 사회·경제적 권리를 보장받지 못하고 있다. 제4장의 〈그림 4-5〉에서 제시한 UNDP의 인간개발지수에 기초한 경제적·사회적·문화적 권리 지표에 따르면 한국의 사회권 지표는 분명 점진적인 개선 곡선을 보여주고 있다. 그러나 이 지표는 현실의 다양하고 복잡한 인권 현실을 충분히 반영하지 못한 것이다. 한국 사회는 2000년대 들어 사회양극화, 기초생활보장, 그리고 사회보장 서비스 부분을 고려할 때 사회권 개선 부분에서 결코 긍정적인 평가를 할 수 없는 현실이다. 〈그림 8-5〉와 〈그림 8-6〉을 통해 언급한 것처럼 도시근로자가구의 지니계수와 비정규직 여성 노동자 수의 변화 추이에서 지적했듯이 김대중 정권 시기보다도 노무현 정권 시기에 사회양극화 현상은 더욱 확대되었음을 확인할 수 있다. 특히 〈표 8-1〉과 〈표 8-2〉는 노무현 정권 시기에 비정규직 근로자가 증가하고 정규직과의 임금 격차(50%)도 회복되지 않고 있음을 보여준다.

비록 여기서 사용한 자료는 2005년 이후의 상황만을 보여주고 있지만, 신자유주의 세계자본주의 경제체제로 편입된 이후의 한국 산업구조에 미친 영향을 극명하게 보여주는 것임은 틀림없다. 비정규직의 비중은 정규직의 2배를 넘어선 지 오래되었고, 정규직과의 임금 격차 역시 2배 수준을 유지하고 있다. 이러한 임금격차는 생계비는 물론 주거, 의료, 교육,

〈표 8-2〉 비정규직 근로자의 월평균 임금수준 (단위: 만 원, %)

구분	2005. 8	2006. 8	2007. 3	2007. 8	2008. 3	2008. 8	2009. 3
임금근로자	159	166	172	175	181	185	185
정규직	220	226	238	239	247	250	253
비정규직	112	116	120	120	124	125	124
정규직 대비 비정규직 임금	50.9	51.3	50.5	50.1	50.3	49.9	48.9

주: 월평균 임금수준에 월 근로시간은 반영하지 않음.
출처: 통계청 경제활동인구 부가조사.

문화생활 전반에 걸친 삶의 질의 저하를 낳고 사회분열과 양극화 문제를 야기하게 된다. 사회권 개선을 위한 정부의 개입과 시민사회의 참여가 점차 중요해지는 시점이다.

노무현 정권 시기에 인권 사안 중 가장 중요하게 대두된 것은 100만이 넘은 이주민의 인권 문제다. 법무부 출입국 자료에 의하면, 국내 등록 외국인은 1998년 14만 7,914명, 2003년 43만 7,954명, 2008년 85만 4,007명으로 10년 동안 6배나 증가했으며, 전체 인구의 1.7%를 차지하고 있다. 단기 혹은 불법 체류자까지 포함한 외국인은 115만 명 정도로 추정된다. 특히 2015년에는 167만 6,100명이 될 것으로 추정되어 한국 사회가 외적으로 급속히 다문화사회로 변화하고 있음을 보여준다. 출신 국가별로 보면 중국 동포를 포함한 중국인이 48만 4,674명으로 전체 등록 외국인의 57%를 차지한다. 베트남 7만 9,848명, 태국 3만 51명이고 미국, 인도네시아, 대만, 몽골, 일본 등의 순으로 비중이 높다. 한국 사회가 하루가 다르게 다문화가정이 늘어나면서 다문화가정의 2세 교육 문제가 심각한 인권 문제로 부상하였다(김선미 2009: 180).

이런 상황에서 노무현 정권은 정부와 지방자치단체, 민간기업, 비영리 민간법인 등 다양한 주체들이 다문화가족 지원사업을 진행하고 있다. 이른바 '다문화사업'의 붐이 일면서 이제까지 민간단체에 의존했던 다문화

지원사업에 정부와 지방자치단체가 개입하면서 그 수가 급속히 확산되고 있다. 관심의 폭도 예전의 '이주노동자'에서 결혼이민자, 새터민, 난민 지원에 이르기까지 이주민의 범주가 확장되면서 자연스럽게 '이주·다문화'에 대한 관심이 높아지고 있다.

노무현 정권 시기의 이주자 문제는 국제결혼의 증가와 깊은 관련이 있다. 국제결혼을 통해 야기된 다양한 인권 문제는 한국 사회의 통합능력을 시험하는 중요한 잣대로 부상하였다. 등록 외국인 중 결혼이민자 비율도 2000년 3.5%였던 것이 2008년에는 11.0%로 증가하였다. 통계청의 2008년 혼인통계 결과에 따르면, 2008년 외국인과의 혼인은 3만 6,204건으로 전년보다 3.6% 감소했다. 한국 여자와 외국 남자와의 혼인은 총 8,041건으로 전년보다 10.5% 감소했으며, 외국 남자의 국적은 일본 2,743건(34.1%), 중국 2,101건(26.1%), 미국 1,347건(16.8%) 순이었다. 한국 남자와 외국 여자와의 혼인은 총 2만 8,163건으로 전년보다 1.5% 감소하였다. 단 베트남 여자와의 혼인은 8,300건으로 전년보다 1,700건(25.3%) 증가하였다. 한국 남자와 결혼한 외국인 여자의 국적은 중국 46.9%, 베트남 29.4%, 필리핀 6.6%의 순이었다. 또 외국 여자와 혼인한 비율은 농어촌(13.8%)이 도시(7.6%)보다 높게 나타났다.

2008년 농림어업에 종사하며 혼인한 남자 6,500명 중에 38.8%인 2,500여 명이 외국 여자와 혼인하였는데, 이들의 국적을 보면 베트남(1,290명), 중국(673명), 필리핀(207명), 기타(302명) 순으로 나타났다. 그러나 2008년 외국 여자와 혼인한 건수는 도시지역이 1만 9,900건으로 읍면 농어촌 지역의 7,900건보다 더 많은 것으로 나타났다. 또 한국 남자와 외국 여자 부부의 연령차가 평균 11.8세로 한국인 부부의 연령차(2.3세)보다 9.5세 많게 나타났다. 이 같은 변화는 노동력 부족과 농촌총각 결혼 문제를 해결하기 위해 정책적 차원에서 외국인 노동자와 결혼이민자가 2003년 이후 급격히 증가하고 있음을 의미한다(김선미 2009: 181-182). 〈표 8-3〉은 통계청의 2008년 혼인통계로 전체 혼인의 11.0%가 다문화가

〈표 8-3〉 외국인과의 혼인통계

구분	총혼인 건수	외국인과의 혼인 건수	총혼인 건수 대비 외국인과의 혼인 비율
2000	332,090	11,605	3.5
2001	318,407	14,523	4.6
2002	304,877	15,202	5.0
2003	302,503	24,776	8.2
2004	308,598	34,640	11.2
2005	314,304	42,356	13.5
2006	330,634	38,759	11.7
2007	343,559	37,560	10.9
2008	327,715	36,204	11.0

자료: 통계청 2008년 혼인통계.

정을 형성하고 있음을 보여준다.

이 외에도 이주노동자나 결혼이주자에 비해 수적으로는 적지만 새터민과 난민도 한국 사회에 새롭게 유입되고 있는 이주자들이다. 새터민은 1998년 이후 매년 꾸준히 증가하고 있으며 2007년 2월 1만 명을 넘어선 뒤 2009년 6월까지 총 1만 6,354명이 국내에 입국했다. 북한의 경제난이 심각해지면서 탈북자가 지속적으로 증가하면서 1994년부터 가파른 상승세를 보이고 있다.

현재 새터민은 '북한이탈주민의 보호 및 정착지원에 관한 법률'에 따라 종합적인 보호와 정착지원을 받고 있다. 정부는 탈북자가 2,000명을 넘어서면서부터 정착지원의 방향을 '보호'에서 '자립·자활' 중심으로 바꾸었다. 그러나 현실적으로 하나원의 총 280여 시간의 사회적응교육 프로그램이나 1인 세대 기준 130만 원의 정착지원금으로는 경제적 자립이 어려운 것이 사실이다. 이들의 취업지원을 위한 여러 가지 정책이 마련되어 있기는 하지만, 장기적이며 안정적 직업을 통해 사회에 적응하는 것

〈표 8-4〉 새터민과 이주자 추이 (단위: 명)

연도	인원	연도	인원	연도	인원
~1990	607	1996	56	2003	1,281
1990	9	1997	85	2004	1,894
1991	9	1998	72	2005	1,383
1992	8	1999	148	2006	2,019
1993	8	2000	312	2007	2,548
1994	52	2001	583	2008	2,809
1995	41	2002	1,139	계	15,063

자료: 통일백서(2008).

이 결코 쉬운 일이 아니다. 새터민의 경우 경제적 자립이 한국 사회에 정착하는 데 가장 큰 어려움으로 드러났다. 생계형 범죄가 늘어나고 있는 것도 이런 현실을 단적으로 말해주는 것이다. 4대보험이 가입되지 않은 직장에 취업할 경우 일반 의료보험 부담이 경제적 자립에 장애물로 작용하고 있다.

또 다른 인권 문제는 난민 인정 문제다. 한국 정부에 난민 신청을 한 외국인도 1992년 난민협약에 가입한 이래 2009년 4월까지 총 2,262명에 이른다. 〈그림 8-7〉은 노무현 정권 시기 난민 신청자 중 난민 지위를 획득한 수를 보여준다. 이 가운데 난민으로 인정받은 사람은 고작 114명에 불과하다. 2008년까지 한국의 난민 인정 비율은 OECD 국가 중 최하위를 기록했다. 아직까지 난민 인정자로서 대한민국 국적을 취득한 사람은 한 명도 없다. 이처럼 노무현 정권 시기 이주의 증가에 따른 한국 사회의 급격한 다문화 현상은 한국 사회에 새로운 문제로 부상했으며, 이주자들의 인권 개선을 위한 정부의 체계적이고 종합적인 지원 정책은 미미한 수준이다. 더 나아가 이주자들과의 공존과 공생을 위한 사회통합은 인권 개선의 가장 큰 과제로 떠올랐다.

요컨대, IMF 구제금융체제 이후 한국 사회에 불어 닥친 신자유주의

〈그림 8-7〉 노무현 정권 시기의 난민 인정자 수

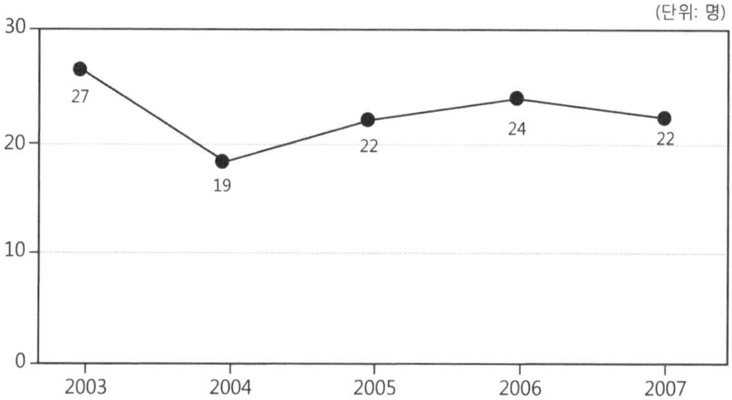

자료: 국가인권위원회.

세계화는 새로운 국내외 정치기회구조에도 불구하고 인권 문제를 더욱 복잡한 초국적 차원으로 확대시켰다. 국제레짐의 변화, 유리한 국내외 정치기회구조의 등장, 신자유주의 자본주의 경제체제의 확산, 초국적 동원전략을 통한 시민사회의 역량 증가 등은 인권 개선에 직·간접적인 영향을 주었다.

그러나 국제조건과 정치기회구조는 끊임없이 변화하며 세계자본주의 경제체제는 일국의 보호 장벽을 무너뜨리고 있으며, 자유권에 초점을 맞추었던 인권운동은 이제 사회권이라는 보다 복잡하면서도 설득력 있는 대안을 만들어야 할 과제를 안고 있다. 이런 견지에서 김대중·노무현 정권 시기의 인권 개선은 결코 '경로의존성(path dependency)'의 문제가 아니며 언제든지 회귀할 수 있다는 사실을 인권의 개선과 후퇴의 동시적 존재 현상에서 확인할 수 있다.

(5) 한국 인권 확장기의 특징

이 시기는 무엇보다도 경제조건이 인권 개선에 가장 큰 영향을 미쳤다고 말할 수 있다. IMF 구제금융체제를 통해 가속화된 신자유주의 경제세계화는 한국의 정치, 경제, 사회, 문화 모든 측면의 변화를 가져왔다. 산업구조와 노동구조의 변화, 이주노동자의 증가, 사회적 약자와 소수자의 차별이 인권의 주요 테마로 등장했다. 물론 국내 정치기회구조가 중요한 변수임에는 틀림없다. 김대중 정부의 친인권적 정책, 국가인권위원회의 설립, 국가보안법 개정 추진, 사형집행 중단, 남북 화해 분위기 조성 등은 과거의 자유권 문제가 크게 개선될 수 있는 조건이었다.

한편, 경제조건의 악화는 사회권의 악화를 가져왔다. 노무현 정부의 인권정책도 비슷한 방식으로 이해할 수 있다. 국가보안법 철폐 의지, 사법개혁, 역사정의 구현 노력, 사회보장 개선, 남북 화해의 노력에도 불구하고, 경제조건의 변화는 새로운 인권 이슈를 야기했다. 비정규직 증가, 경제적 불평등, 이주민 인권, 난민, 국제결혼여성, 생명안전권, 불안정한 주거 문제 등은 세계적인 경제위기와 연결된 인권의 저발전 사례다.

물론 시민사회도 초국적 동원을 통해 새로운 인권 문제에 대한 대응능력을 키웠다. 특히 시민사회는 UN 인권레짐에 한국 정부가 더욱 깊숙이 들어갈 수 있도록 압박하였다. 초국적 인권단체와의 지속적인 연대활동도 증가하여 이제 정보교환과 담론 네트워크 활동은 일상화되었다. 국제앰네스티와의 연대활동 사례에서 확인한 것처럼, 시민사회 역량이 이 시기의 인권 개선에 가장 큰 영향을 미쳤다고 보기는 어렵다. 아직까지 대안을 제시하기보다는 국내 사안 중심의 활동에 집중하고 있으며, 활동가 역량 역시 미약한 수준이다.

요컨대, 한국 인권 개선의 궤적을 살펴봤을 때, 네 가지 인권 개선 조건은 모두 중요하지만 서로 다른 영향력을 보여주면서 때때로 이것이 상승적으로 결합하여 한국의 인권 개선에 기여했다고 볼 수 있다. 그리고 시기별로 각 인권 조건은 차별성을 보이면서 상호 영향을 미쳤다고 볼 수 있다.

제 3 부
일본 인권의 추이와 개선조건

제3부에서는 1·2부에 이어 일본의 인권 상황을 검토한다. 제9장은 우선 앞의 글로벌 인권 지표와 한국 인권 지표에서 사용한 동일한 자료를 가지고 일본의 전반적인 인권 추이를 검토했으며, 제10장에서는 앞서 한국의 인권 상황에서 논의한 인권 개선의 조건에 더하여, 일본의 사회 발전과 관련하여 인권 개선의 사회적 조건을 살펴보았다. 제11장에서는 1970년대 이후만을 다룬 글로벌 지표를 보완하고, 일본의 특수성을 고려하며, 서구에서 인권 개념이 도입된 메이지유신 시기부터 1980년대까지의 인권 발전의 역사적 과정을 분석했으며, 제12장에서는 인권 발전에서 다소 침체를 보이는 1990년대의 상황을 다루었다.

글로벌 인권 지표로 보았을 때 일본의 인권 상황은 서구보다 더 발전된 수준에 있다. 제9장에서는 세계 전체와 서구, 아시아 그리고 한국의 인권 지표와 비교하여 일본의 인권 수준을 평가해보았다. 그러나 이 글로벌 지표들은 1970년대 이후 상황만을 보여주고 있다. 인권의 개념이 사회적으로 구성되며 모든 사회와 문화가 인권 개념의 싹을 가지고 있으므로, 일본의 전통 시기에 나름의 인권 관념이 존재했다고 생각한다 해도 1970년대 이후 일본의 이러한 높은 인권 수준은 서구와 같이 점진적으로 오랜 시기에 걸쳐 발전해왔다고 보기는 힘들다. 일본의 사회 발전 전반과 마찬가지로 인권의 발전도 서구 국가들과는 다른 경로를 거쳤다고 보이며, 그런 점에서 일본 사회의 특수성 논쟁을 살펴볼 필요가 있다.

일본은 서구에 비해 늦게 산업화를 시작했으나 비약적인 성공을 이룬 사례로 세계 사회와 학계의 주목을 받아왔다. 성공의 요인은 무엇이며, 성공의 이면에 후진적 측면은 없는가, 서구와 유사한 점은 무엇이며 아시아 다른 나라들과 다른 점은 무엇인가 등 일본 사회 발전의 일반적 성격과 특수성의 논리에 관한 연구는 다각적으로 발전되었다. 경제 발전에서 점화된 이러한 일본 연구는 정치 발전과 사회운동으로 확산되었고, 여기서도 전반적인 발전의 방향에서 나타나는 일본의 독특한 특성과 그에 대한 설명이 다각적으로 이루어졌다. 정치에 대해서 자민당 체제의 긴 지속에 대한 긍정적 평가와 부정적 평가에 대한 논쟁이 이루지고 있으며, 사회운동에서도 지역발전이나 기초질서, 자원운동 등 정부와 협조적인 분야의 성공에 대한 평가(박원순 2001)와 사회운동 본연의 비판적 기능의 상실에 대한 주목(정진성 2001; Ogawa 2009)이 엇갈린다. 여성의 지위나 부락민, 외국인 문제에서는 성공한 후발산업국으로서의 일본의 입지가 다소 흔들린다. 아직 일본의 인권에 관한 비교적 관점의 연구는 많지 않으나, 지금까지의 연구를 보면 인권 분야도 마찬가지로 전반적인 발전의 방향에서 일본의 독특한 성격이 드러난다(Burks 1985: 33). 일본은 다른 아시아 국가들에 비해 일찍이 서구 문물을 받아들이고 아시아와의 차별성을 강조했지만 중국과 한국 같은 아시아 국가들과 마찬가지로 유교문화의 전통을 가지고 다른 아시아 국가들보다 더욱 가족주의적·집단주의적 특성을 나타낸다(Woodiwiss 2005: chap. 6, 10).

이러한 인권의 특성은 일본 사회 발전의 전반적인 성격과 밀접히 연관되어 있을 것이다. 인권은 사회적 공백 속에서 움직이는 것이 아니라 보다 넓은 사회적 관계와 발전을 반영하고 그것에 기여하면서 변화하기 때문이다(Woodiwiss 2005: 3). 이러한 인권의 '사회적 성격'에도 불구하고, '인간이기 때문에 갖는 양도할 수 없는 권리'라는 인권의 관념은 어떤 사회에서도 지향하는 절대적이고 보편적인 가치의 측면도 있다.

이렇게 볼 때 일본에서 인권 관념의 변화는 한편으로 일본 사회의 특수성, 그리고 다른 한편 인권의 보편성과 특수성이라는 두 개의 축의 매트릭스에서 이해될 것이다. 즉 일본에서 인권의 발전은 앞서 논의한 인권 개선의 주요 네 가지 조건인 국제환경의 변화, 국내 정치기회구조, 경제 발전, 시민사회운동 역량과 더불어, 인권의 보편성을 향한 발전에 영향을 미치는 일본 사회의 특수성이 중요하게 고려될 필요가 있다는 것이다. 이러한 특수성의 영향이 인권 영역에 따라 달리 나타난다는 점(예컨대 부락민의 경우 정치적·경제적 인권의 발전에도 불구하고 사회적 차별이 강하게 남아 있다)에도 유의할 필요가 있다. 이런 점에서 일본의 인권 발전은 글로벌 지표로 파악하는 데 한계가 있으며, 또한 인권의 보편성 – 특수성 논쟁에도

새로운 시사점을 줄 것이다. 제10장에서는 이러한 일본 사회의 특수성 논쟁과 인권의 보편성 논쟁에 대한 이론적 논의와, 그것을 국제적 요인, 국내 정치적 조건, 경제적 조건 그리고 시민운동과 함께 고려하는 분석틀을 논의할 것이다.

이러한 일본 사회 발전의 특수성을 고려할 때 글로벌 지표가 생산되기 시작한 1970년대 이후의 상황만으로 일본의 인권 발전을 파악하기는 어렵다. 적어도 인권 개념이 서구로부터 도입되기 시작한 메이지 시기부터 고찰할 필요가 있다. 메이지유신을 전후하여 서구의 문물이 도입되는 과정에서 근대적 인권 관념이 형성되었기 때문이다. 그러나 일본의 근대화는 바로 천황제의 확립과 군사주의화와 함께 진전되었으며, 따라서 인권 관념은 상당히 왜곡되어 발전되었다. 전체 사회가 우선시되고 그 요구의 틀 안에서 개인의 권리가 인식되었던 것이다. 이것은 가부장적인 일본의 문화에도 순응하는 것이었다. 이러한 전체주의적 인권 관념은 전쟁 후에 연합군사령부가 개혁을 시도하는 과정에서 변화되는 듯하다가, 곧바로 이어진 보수화로 다시 후퇴하였다. 이러한 가운데도 시민사회가 발전하여 인권은 착실하게 발전한 것으로 보인다. 그 발전에 도약의 계기가 된 것은 1970년대 공해반대운동을 비롯한 시민사회의 성장이라고 볼 수 있다. 이후 1980년대까지 일본에서 인권은 사회 여러 분야에서 착실하게 진전되었다. 제11장에서는 메이지시기 이후 1970~80년대의 인권 발전 상황을 논의할 것이다.

1990년대 이후 이러한 발전은 전반적으로 후퇴 현상을 나타냈으며, 이후 2000년대를 통하여 발전하기 시작했지만 1980년대의 수준을 회복하지 못한 채 침체를 벗어나지 못하고 있다. 1990년대 이후 이러한 인권 후퇴와 이후 발전과 침체의 현상은 매우 복잡한 요인들의 결합으로 설명할 수 있다. 그중 가장 중요한 요인은 일본의 장기 경제침체와 아시아 여러 나라들의 일본에 대한 강도 높은 전쟁책임 추궁이었다. 경제침체는 곧바로 인권의 후퇴로 연결되었으며, 아시아 국가들의 충격은 경제침체로 인한 사회적 보수화를 가속화하는 부정적 효과도 만들어냈지만, 다른 한편 일본의 대내외적 윤리의식을 고취시키면서 정부에 대해 비판적인 시민단체를 형성하게 했다. 체제 내적인 인권 관념은 조금씩 틀을 벗어나, 일본 내외의 과거 전쟁 피해자와 외국인의 인권도 사회의 관심사가 되기 시작했다. 이러한 경향은 이전부터 발전해왔으나 1990년대 후반 급증한 일본의 광범위한 시민활동(NPO)과 함께 향후 일본의 인권 관념이 보다 보편적인 성격을 갖도록 하는 데 기여할 것으로 보인다.

이러한 전반적인 인권의 발전은 일본에서 여러 인권 이슈별로 다소 다른 양상을 나타내왔다. 예컨대, 일본의 가장 예민한 인권 문제인 부락민 차별의 경우, 일본 사회의 특수한 성격에 깊이 뿌리내리고 있는 문제로서 보편적 인권을 지향하는 속도와 내용에 있어서 다른 분야의 인권 이슈와 다르다. 또한 다른 선진산업국과 마찬가지로 갖고 있는 소수민족과 외국인 노동자 문제에서는 일본인의 '단일민족신화'가 폐쇄적인 태도의 개선에 장애가 되고 있다. 보다 보편적인 노동자, 여성의 문제에서도 일본 사회의 특수한 가부장적·가족중심주의적 특성을 보인다. 그러나 아동·노인·장애인의 인권에서는 보편적인 인권의 관념이 지속적으로 향상되고 있다고 보인다. 인권의 보편성과 특수성의 양상이 한 국가나 사회 단위로 전망되는 것이 보통이지만, 한 사회 내에서도 이슈에 따라 다른 양상을 나타내기도 한다는 것을 알 수 있다. 제12장에서는 1990년대 이후의 일시적 침체와 이후 다양화되는 일본의 인권 상황을 검토할 것이다.

9. 글로벌 인권 지표로 본 일본의 인권 개선

제1부와 제2부에서 글로벌 지표에 따라 세계와 한국의 인권 동향을 검토했다. 같은 지표에 따라 이 장에서는 일본의 인권 동향을 살펴볼 것이다. 앞에서 논의한 것처럼 지표는 크게 개인통합권리, 시민적·정치적 권리, 경제적·사회적·문화적 권리 지표로 구성된다.

제1·2장에서 이 지표들에 관하여 자세하게 논의했으나, 일본의 지표들을 살펴보기 전에 이해를 돕기 위해 각 지표에 대해 간단한 설명을 붙여두고자 한다. 시민적·정치적 권리는 비차별, 삶과 신체에 대한 권리, 법에 의한 동등한 보호, 사생활의 자유, 거주의 자유 등을 포함하며, 널리 알려진 사상·양심·종교의 자유, 표현의 자유, 집회와 결사의 자유 등을 말한다. 경제적·사회적·문화적 권리는 노동의 자유, 사회보장권, 기본적 생활권, 교육권, 건강권, 생존권, 휴식과 레저의 자유, 자기결정권 등을 포함한다.

시민적·정치적 권리와 경제적·사회적·문화적 권리라는 양대 분류에 더하여 개인통합권리(personal integrity rights) 혹은 신체통합권리(physical integrity rights)가 독립적인 인권의 유형으로 인식되기 시작했는데, 이것은 개인이 정부와 국가에 의해 행사되는 육체적인 억압으로부터 자유로

울 권리를 의미하며, 특히 사법외적 살인(extrajudicial killings), 고문(torture), 강제실종(disappearances)과 정치적 구금(political imprisonment)에 초점을 맞춘다. 이것은 시민적·정치적 권리의 하위 유형이지만, 다른 모든 시민적·정치적 권리나 경제적·사회적·문화적 권리보다도 근본적이고 일차적인 중요성을 갖는다는 점에서 독립적인 지위를 부여받아왔다.

개인통합권리 지표는 미국 국무부에서 만든 인권의 실천에 관한 국가보고서(Country Reports on Human Rights Practices)와 국제앰네스티가 발간하는 연례보고서에 근거한다. 5점 척도로서, 이 글에서 사용하는 지표에서는 점수가 높을수록 권리가 보장된 상황을 가리킨다. 이 두 지표가 한 국가의 인권 관행을 계량화하기 위한 간주관적 코딩(inter-subjective coding), 즉 인권보고서에 담겨 있는 맥락적 요소들을 토론과 합의를 통해 파악하고 점수를 부여하는 점을 보완하기 위해 보다 세부적인 차원에 대한 개별 점수의 부여하는 CIRI 그룹(Cingranelli와 Richards가 주축이 된 빙엄턴 정치학자들)의 지표도 살펴보았다. 이들은 개인통합권리 중에서 강제실종, 사법외적 살인, 정치적 구금, 고문 등을 따로 구분하여 각각에 대해 0, 1, 혹은 2의 점수를 부여하고, 이 네 가지를 통합하여 8점 척도의 신체적 통합권리 지수(Physical Integrity Rights Index)를 만들었다.

시민적·정치적 권리 지표는 Freedom House가 1972년 이래로 매년 공시한 것으로 7점 척도로 되어 있고, 점수가 높을수록 인권 상황이 좋은 것을 나타낸다. 이것 역시 개별 상황에 대한 지표가 없으므로 이것을 보완하기 위해 CIRI 그룹이 만든 집회·결사의 자유, 종교의 자유 등 8개의 지표를 검토했다.

경제적·사회적·문화적 권리 지표는 UNDP가 만든 인간개발지수(Human Development Index)를 사용하였다. 이것은 국내의 통계기관과 국제기구, 국제통계기관이 이미 여러 가지 복잡한 과정을 통해 집적한 지표들을 가공한 것으로, 1인당 GDP, 출생 시 기대수명, 성인문해율, 학교등록률의 네 가지 하위지표를 더해서 종합지수로 구축한 것이다. 앞의 지표들과는 달리 각 하위 개별 지표들도 추적할 수 있다. 1975년부터 1980년대 후반의 기간까지는 5년에 한 번씩 측정하고, 이후에는 매년 측정하고 있다.

일본의 인권 상황을 글로벌 지표를 통해 검토하기 위해서 세계와 한국의 상황도 같이 보면서 비교분석을 하고자 한다. 1970년대부터 생산되기 시작한 글로벌 지표들에 나타난 일본의 인권 상황은 1990~2000년대에 시민적·정치적 권리에서 서구 지역에 비해 다소 떨어진 것을 제외하고 전 권리 영역에서 세계 최고 수준을 나타냈다. 특히 경제적·사회적·문화적 권리 지표는 1990년대 이후 서구가 거리를 점점 좁히고 있지만, 한 시기도 빠짐없이 세계 선두를 달리고 있다. 이런 점에서 볼 때, 한국과 같이 1970년대 이후 엄청난 격변을 이루며 성장해온 국가의 경우 그 역동적 변화를 글로벌 지표에서 실감할 수 있는 반면, 일본처럼 1970년대 이래 세계 최고의 경제·정치 수준을 유지해온 국가일 경우 그 세세한 변화는 좀처럼 잡아내기 힘든 것이 사실이다. 그럼에도 불구하고 세계 전체에서의 위상, 미미하지만 나타나는 변화를 중심으로 일본의 인권 상황 변화를 해석해보기로 한다.

1) 개인통합권리 지표

개인통합권리를 나타내는 두 지표는 모두 일본의 상황을 전체적으로 서구보다 높게 평가하고 있다. 세계와 지역의 지표들이 여러 나라들의 지표를 통합하여 평균을 냈으므로 그 추이를 어느 정도 잘 보여주는데 비해, 한국이나 일본이라는 단일 국가의 지표 추이는 단층적으로 나타날 수밖에 없다. 전 세계의 추이는 두 글로벌 지표가 모두 비관적인 전망을 보여주는 반면, 한국의 경우 모두 상승 추세를 보인다. 일본의 인권 상황을 나타내는 지표는 모두 4점과 5점 사이를 오가는데, 이 같은 진동은 국제앰네스티의 지표에서 그 주기가 더욱 짧다. 국제앰네스티에서는 1983

〈그림 9-1〉 개인통합권리 지표의 세계적 추세와 일본의 경험(국제앰네스티 자료 분석)

(단위: 점)

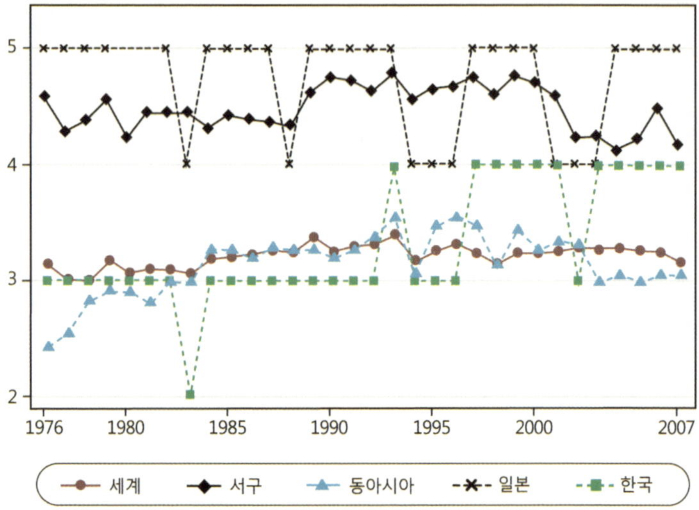

〈그림 9-2〉 개인통합권리 지표의 세계적 추세와 일본의 경험(미국 국무부 자료 분석)

(단위: 점)

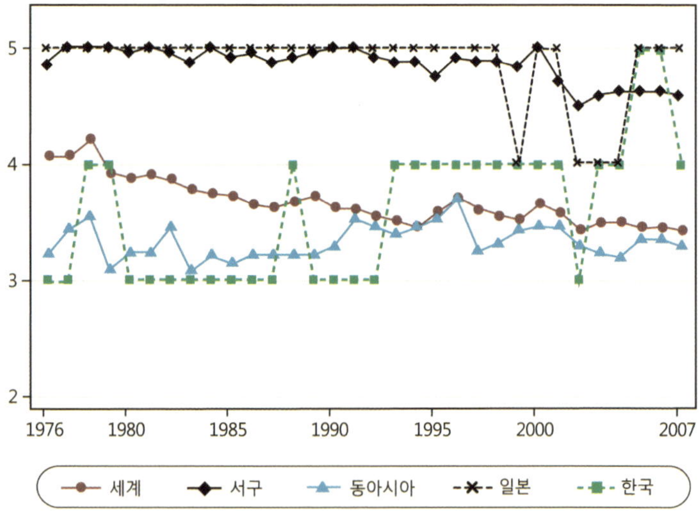

〈그림 9-3〉 일본의 개인통합권리 추이(CIRI 지표 분석)

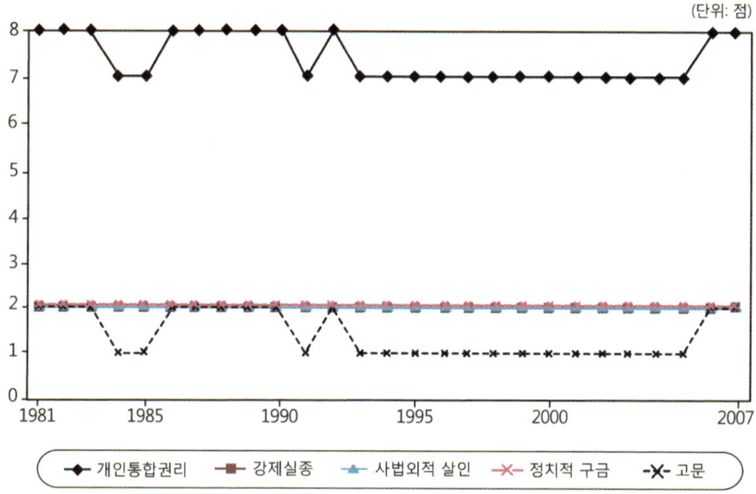

년, 1988년, 1994~1996년, 2001~2003년, 미국 국무부에서는 1999년, 2002~2004년을 일본에서 신체통합권리가 한 단계 후퇴한 해로 평가했다. 2002~2003년의 후퇴는 두 지표에서 겹쳐 나타난다. 1955년 자민당 체제가 수립된 후 1993~1996년 사회당 연립정부가 들어섰던 기간을 제외한 전 기간에 자민당 체제가 유지되었다. 국제앰네스티 평가에 따르면 바로 이 사회당 정부 기간에 개인통합권리 지표가 한 단계 후퇴했다. CIRI 지표도 같은 결과를 보여주고 있다. 한국의 경우 군사정권으로부터 문민정부로 바뀌고 계속 민주주의가 발전하면서 개인통합권리 지수가 상승한 것에 반하여, 일본에서 정권의 변화는 별다른 효과를 나타내지 않으며 오히려 진보정권에서 더 부정적인 평가를 받았다는 점은 보다 미세한 변화의 양상에 대한 깊이 있는 탐구를 요한다.

이러한 진동의 구체적 양상 중 일부가 CIRI 지표에 의해 설명될 수 있다. 〈그림 9-3〉을 보면 일본에서 강제실종, 사법외적 살인, 정치적 구금은 모두 '전혀 없다'에 해당하는 2점을 받았는데, 고문의 경우 '간혹 이루어진다'고 하는 1점을 받은 해가 있었고(1984~1985), 특히 1990년대 들어 2005년까지(1991, 1993~2005) 줄곧 그러한 상태를 유지했다. CIRI 지표에서 이 고문의 상황은 곧바로 신체통합권리 지수 전체에 반영된다. 일본에서 고문이 왜, 어떠한 경우에 이루어지고 있는가는 중요하게 연구되어야 할 지점이다. 이 밖에 외국인 노동자 처우나 재일조선인에 대한 폭력 등이 고려될 수 있을 것이다.

2) 시민적·정치적 권리 지표

일본의 시민적·정치적 권리 지표 역시 대체로 세계 최고의 수준을 유지하고 있다. 다만 1970년대 6.5에서 1980년대 7점 만점을 나타냈고, 다시 1990년대 전반에 6점까지 떨어졌다가 2000년대에 1970년대 수준인 6.5를 유지하고 있는 미세한 변화를 보인다. 개인통합권리 지표에서 볼 수 있는 단기 진동이 아니라, 1980년대까지 발전하다가 1990년대 전반에 후퇴한 이후 장기적인 침체 상태에 있다고 해석해야 할 것이다. 시민적·정치적 권리가 서구에서는 점진적 발전을 보이고, 전 세계와 아시아에서도 아직 낮은 단계이긴 하지만 점차 증진되어 가고 있는데다가, 한국이 비약적인 발전을 거듭하고 있는 것에 비하면, 일본의 경우는 다소 특이하다.

앞서 개인통합권리 지표가 전 세계에서 하락세를 보였는데 시민적·정치적 권리 지표가 지속적인 상승세를 보이는 것은 테러와 내전으로 인한 살인, 구금, 강제실종 문제가 세계 곳곳에서 벌어지는 동안에도 세계 각국에서 법적·제도적 정비는 착실히 이루어져 가고 있음을 반증한다. 한국의 경우 군부독재를 거쳐 민주화를 달성하는 1980년대 말 단번에 몇 단계씩 뛰어오른 후, 1990~2000년대를 통하여 절차적 민주화 과정을 착실히 밟아가고 있음을 명확히 보여준다.

일본의 경우 1990년대 갑작스런 후퇴는 역시 경기 하락에 따른 사회적

〈그림 9-4〉 시민적·정치적 권리 지표의 세계적 추세와 일본의 경험(Freedom House 자료 분석)

(단위: 점)

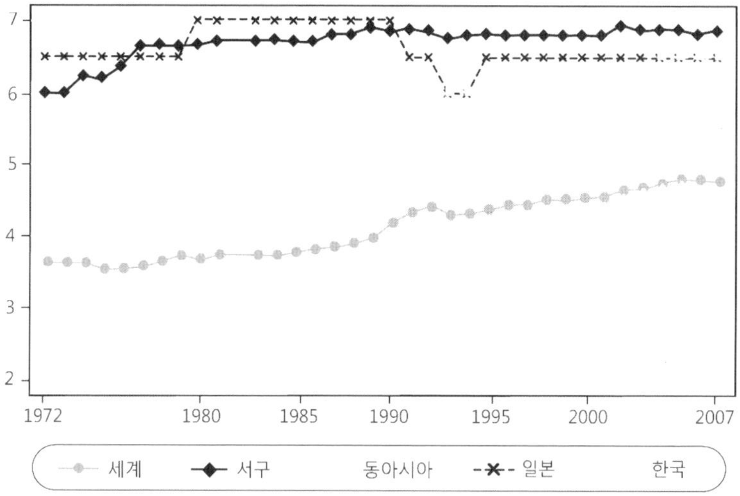

보수화와 궤를 같이하는 것이 아닐까 생각된다. 뒤에 논의할 경제적·사회적·문화적 권리의 하락은 더욱 명확하여, 1990년대 이후 일본의 경기 하락과 인권 침체를 웅변하고 있다. 앞서도 언급한 것처럼 1993~1996년의 사회당 정부 기간에 오히려 시민적·정치적 권리가 후퇴한 것은 참으로 아이러니컬하다. 지속적인 경기침체의 여파 때문이며, 그것을 회복하지 못했기 때문에 다시 자민당 정부로 바뀌었다고 볼 때, 일본에서 정치체제는 경제적·사회적·문화적 권리뿐만 아니라 시민적·정치적 권리까지에도 큰 영향을 미치지 못한다고 해석할 수 있다.

전반적인 침체에도 불구하고 주요 시민적·정치적 권리 지표는 여전히 최고로 높은 수준을 유지하여, 큰 흐름에서 일본의 인권 상황이 크게 후퇴했다고 결론짓기는 힘들 것 같다. CIRI 지표가 그것을 말해준다. 집회·결사의 자유, 해외이동의 자유, 국내 이동의 자유, 이동의 자유, 언어표현의 자유, 선거의 자유결정권, 종교의 자유, 노동자의 권리 등 모든 항목에

〈그림 9-5〉 일본의 시민적·정치적 권리 추이(CIRI 지표 분석)

(단위: 점)

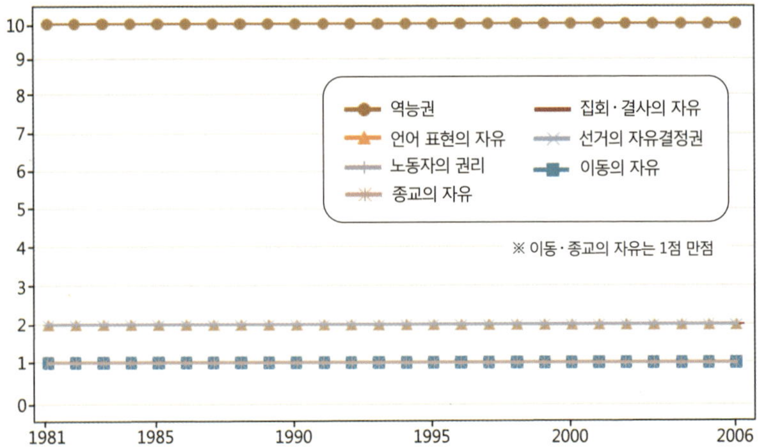

서 일본은 만점을 기록하여 1980년대 이후 2000년대까지 시민적·정치적 권리 지수 만점을 이어가고 있다고 CIRI 그룹은 평가했다. 그들은 이 권리를 '역능권(empowerment rights)'이라고 명명하고 있다.

3) 경제적·사회적·문화적 권리 지표

일본의 경제적·사회적·문화적 권리를 평가하는 글로벌 지표는 1990년대 초 급격히 하락한 이후 아주 느린 발전을 보여준다. 이 지표는 다른 어느 권리의 영역보다도 일본이 세계 최선두를 지속적으로 유지하고 있으며, 그것은 일본의 장기적인 경기침체에도 불구하고 한 번도 흔들림이 없었다. UNDP의 인간개발지수에 근거한 이 지표는 1인당 GDP를 주요 4개 하위 지표의 하나로 넣고 있으므로 경제 상황은 이 권리 영역에 직결된다. 뿐만 아니라 일본의 경우 세계 최고의 평균연령과 교육수준을 유지하고 있으므로 기대수명, 문해율, 학교등록률 등 다른 하위 지표 부문에 있어서도 최선두를 달리는 것이 이상하지 않다.

한국과 서구 역시 1990년대 초에 경제적·사회적·문화적 권리가 일시적으로 침체했으며, 이후 유사한 침체 경향을 보인다. 한국은 1997년 아시아 금융위기의 영향을 더욱 강하게 맞아서 다시 크게 후퇴했지만, 일본은 아주 미미한 영향만을 받으며 안정적으로 권리의 향상을 이루어가는 것을 볼 수 있다.

그런데 흥미로운 것은 1990년 일본-서구-한국 간의 경제적·사회적·문화적 권리 지표의 차이가 점차 줄어들고 있다는 것이다. 2006년에는 거의 근접하고 있다. 일본과 한국의 1인당 GDP가 아직도 크게 차이가 나고, 기대수명 등에서도 일본이 앞서가는데도 불구하고 2006년 거의 근접한 것은 7점 척도로 전 세계를 구분한 때문이라고 보인다. 여기에 대해서는 좀 더 세밀한 비교가 필요하다고 본다.

CIRI 지표가 이러한 보완 작업을 하고 있다. 이 지표는 여성의 권리에서 별도로 지표를 만들고 있는데, 여성의 권리를 정치적 권리, 경제적 권리, 사회적 권리의 세 부분으로 나누어서 살펴보고 있다.[1] 앞서 CIRI 지

---

1. 경제적 권리는 Equal pay for equal work, Free choice of profession or employment without the need to obtain a husband or male relative's consent, The right to gainful employment without the need to obtain a husband or male relative's consent, Equality in hiring and promotion practices, Job security(maternity leave, unemployment benefits, no arbitrary firing or layoffs, etc...), Non-discrimination by employers, The right to be free from sexual harassment in the workplace, The right to work at night, The right to work in occupations classified as dangerous, The right to work in the military and the police force를 포함한다.
   정치적 권리는 The right to vote, The right to run for political office, The right to hold elected and appointed government positions, The right to join political parties, The right to petition government officials를 포함한다.
   사회적 권리는 The right to equal inheritance, The right to enter into marriage on a basis of equality with men, The right to travel abroad, The right to obtain a passport, The right to confer citizenship to children or a husband, The right to initiate a divorce, The right to own, acquire, manage, and retain property brought into marriage, The right to participate in social, cultural, and community activities, The right to an education, The freedom to choose a residence/domicile, Freedom from female genital mutilation of children and of adults without their consent, Freedom from forced sterilization을 포함한다.

〈그림 9-6〉 경제적·사회적·문화적 권리 지표의 세계적 추세와 일본의 경험(UNDP 자료 분석)

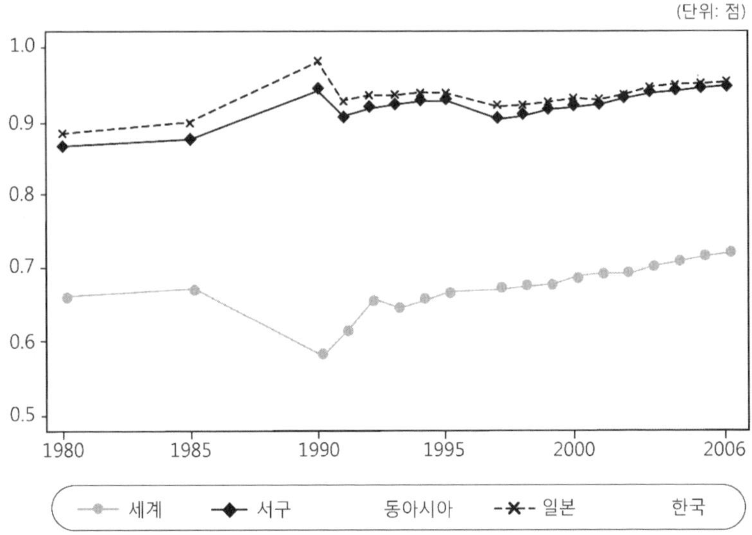

〈그림 9-7〉 일본 여성의 권리 추이(CIRI 지표 분석)

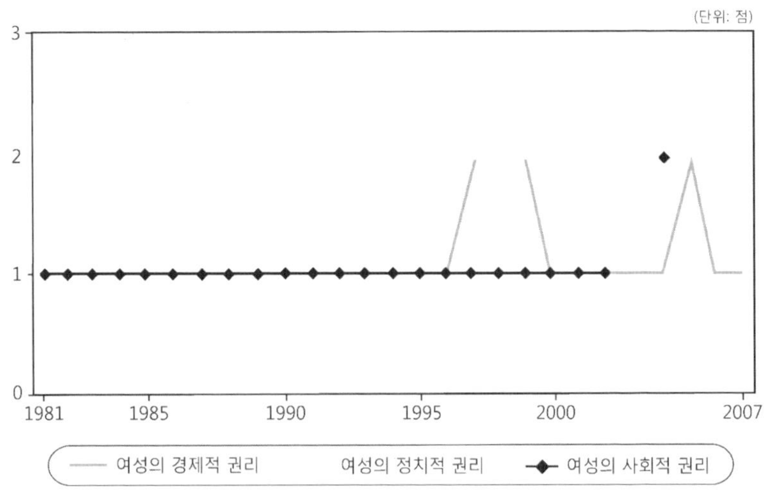

표에서 일본의 시민적·정치적 권리가 모두 만점이 나왔는데, 그중 한 부분인 여성의 권리는 정치적·경제적·사회적 권리 모두에서 모자란 점수가 나왔다. 3점이 만점인 척도에서 정치적 권리는 2점을 면치 못하고 있으며, 경제적 권리는 1점과 2점을 왕복하며, 사회적 권리는 거의 1점 수준에 머물고 있다. 이렇게 구체적인 인권의 영역으로 들어가면 모자라는 부분들이 자세히 보일 것이다.

전반적으로 글로벌 지표상으로 보아 일본의 인권수준은 세계에서 가장 높다고 말해도 무방할 것이다. 그럼에도 불구하고 고문이 아직도 공공연히 이루어져 지표상에 나타나고 있는 점은 충격적이다. 시민적·정치적 권리가 서구에 비해 떨어진 상태에 있는 것은 다분히 여성의 권리나 그 밖에 부락민, 외국인 등 소수자 집단의 차별적 상황에 기인한다고 보인다. 이러한 보다 자세한 부문별 권리 지표의 구축과 조사가 보완되어야 한다고 보인다. 경제적·사회적·문화적 권리는 일본의 경제침체가 계속되는 한, 서구와 한국 등의 나라와 점점 더 근접하여 추월될지도 모른다는 예상을 할 수 있다.

10. 일본 사회의 발전과 인권

앞서 언급한 것처럼, 일본의 인권 발전을 논의하기 위해서는 인권 논의에서 대체로 동의한 개선의 보편적인 조건들에 더하여, 일본의 사회 발전 특수성과 인권의 보편성에 관한 이론적 논의가 필요하다. 일본에서 인권의 발전은 이러한 여러 조건들이 만나는 과정에서 이루어졌다고 볼 수 있다.

1) 인권 개선의 보편적 조건[1]

앞선 장들에서 논의한 인권 개선에 영향을 미치는 조건은 크게 네 가지 범주, 즉 국제조건, 국내 정치기회구조, 경제 발전, 그리고 시민사회(인권운동) 역량이다(McAdam 1982).

첫째, 국제조건에 속하는 요인으로는 양극적 냉전체제 붕괴와 다자주의 국제인권레짐의 등장(Friedman, Hochstetler and Clark 2005), 국제인권기준의 확산에 기여한 비국가 행위자와 연성법(soft law)의 부상(Risse and

1. 이 절은 책의 전체적 틀을 맞추기 위하여 제5장의 틀을 대체로 따랐음을 밝혀둔다.

Sikkink 1999), 신자유주의 자본주의 세계경제체제로의 급속한 편입, 그리고 초국적 공공영역(public sphere)을 활용한 초국적 인권 네트워크의 증가를 들 수 있다(Keck and Sikkink 1998a). 서구로부터 인권 관념이 도입된 일본의 경우 국제적 요인은 매우 중요하다. 국제적 요인은 서구의 영향에 국한되지 않는다. 식민지배와 제국주의 침략을 행했던 일본은 인권규범을 이끌어가는 역할을 포함한 국제사회에서의 리더십에 큰 제약을 받아 왔으며, 특히 아시아 피해국으로부터의 전쟁 책임 요구는 일본 국내의 정치기회구조와 시민운동, 인권 상황에 중요한 영향을 미쳤다.

둘째, 국내 정치기회구조(political opportunity structure)의 조건은 인권 침해를 야기하는 법의 폐지와 개정, 인권증진법 제정, 인권증진 국가기구 설립, 인권친화적인 정치지도자의 증가 등이다(Tarrow 1998). 한국의 경우 독재와 민주화, 2001년의 국가인권위원회 설립 등 엄청난 속도의 정치적 변화는 인권 개선에 매우 큰 중요성을 갖는다. 일본의 경우, 서구에 비해서는 빠르지만 한국에 비하면 느리다고 할 수 있는 정치적 변화 과정을 겪었다. 메이지시기 이후의 천황제와 전쟁체제를 거쳐 짧은 변혁기 후 1955년 이후 장기간 지속된 자민당 체제 등 정치적 변화는 그 고비마다 인권 개선에 중요한 족적을 남겼다. 메이지헌법과 일본국헌법이 그 대표적 계기들이다.

셋째, 경제 발전 정도는 인권 개선에 중요한 조건이 아닐 수 없다. 특히 노동, 사회보장, 보건, 환경, 문화, 교육, 주거, 사회적 약자 그리고 소수자 보호 등 경제적·사회적·문화적 권리는 실질적 의미의 물적 조건이 구축되지 않을 경우에는 그 증진이 요원한 것이 현실이다. 물론 경제적 발전이 반드시 경제적 권리의 달성을 보장하는 충분조건은 아니다. 역으로 일정 정도의 경제 발전은 과거에 문제시되지 않던 인권의 측면을 더욱 악화시키는 측면이 없지 않다. 일본의 고도성장은 계층 간 격차, 도시와 농촌의 격차, 환경 파괴 같은 문제를 야기하였다. 그러나 결국 이러한 사회문제 속에서 시민의식이 성장했으며, 그것은 인권의 개선으로 이어졌다. 1990년대 일본 인권의 일시적 후퇴의 저변을 이루는 것이 경기침체였다는 것은 누구도 부인하지 못할 것이다.

넷째, 시민사회와 인권운동의 역량은 인권 개선의 또 다른 핵심 조건이다. 시민운동, 특히 인권운동은 여러 인권 영역에서 인권 개선의 주요 변수가 되었을 뿐만 아니라, 초국적 연대를 통해 세계 인권규범을 견인하는 역할도 담당하고 있다. 한국의 경우 인권운동은 민주화를 이끈 주요 동력이었고, 국가인권위원회 설립을 성취한 힘이 되었으며, 국제연대를 통해 일본군 위안부 문제 등 UN에서 인권 개선의 진전을 이루기도 했다. 일본에서도 부락민, 재일한국인 문제 등 일본 사회의 특수한 인권 문제에서 시민운동이 지속적으로 이루어져 왔으며, 여성운동, 평화운동 등도 꾸준히 성장했다. 그러나 아직도 국가인권위원회가 설립되지 못한 것에서 볼 수 있는 것처럼, 중앙정부에 대한 비판적 시민운동의 힘은 크다고 볼 수 없다. UN에서 일본 시민단체들이 전시 치안유지법 피해 등의 문제를 제기하고 있지만, 그 효과에 대해서는 회의적이다. 일본 사회 발전의 특수성으로 시민사회의 유순함이 논의되고 있음에도 일본의 글로벌 인권 지표가 높은 수준을 나타내고 있는 것은 아이러니라 할 수 있다. 일본 인권 발전의 중요한 측면을 놓치지 않기 위해서는 시민운동의 이러한 양면성을 잘 파악할 필요가 있다.

이 네 가지 조건들은 결코 독립적으로 작용하는 것은 아니다. 상호작용을 통하여 인권 개선 과정에 영향을 미치며, 그 작동방식이 일국에 국한되지 않고 다층적 차원의 수직적·수평적인 긴밀한 연계성을 유지한다. 또한 네 가지 조건들은 일본의 인권 개선 과정에서 역사적 시기별로 인권 개선의 세 가지 측면인 개인통합권리, 시민적·정치적 권리 그리고 경제적·사회적·문화적 권리의 증진에 정도 차이를 보이면서 영향을 주고 있을 뿐만 아니라 인권(대상) 영역별로 다른 모습을 나타내며 작동해왔다. 여기에다 일본 사회의 특수성과 인권의 보편성을 지향하는 다른 모습이 결합하여 작동하는 양상은 매우 흥미롭다.

2) 일본 사회 발전의 특수성 논의와 인권

1990년대 이후 냉전체제가 붕괴되면서 세계 여러 나라의 발전 양상은 매우 복잡다기해졌으며, 한국은 비약적 발전으로 세계의 주목을 끌고 있다. 그러나 그 이전까지만 해도 비서구 국가로서 유일하게 선진국 대열에 진입한 일본의 사회 발전은 학문적·실천적으로 전 세계의 비상한 관심을 모았다. 일본 사회 발전의 요인은 곧잘 일본의 특수성과 연관되어 설명된다.

첫째, 일본의 발전을 이끈 일본 사회의 특수성을 다른 아시아 국가들과의 차이점에서 파악하는 시각이 있다. 그것은 곧 일찍이 발전을 이룬 서구와의 유사성으로 연결된다. 일본의 사회 발전을 설명할 때 자주 논의되는 것이 전통사회의 구조가 서유럽에서 발견되는 봉건제적 요소와 그와 관련된 계급구조의 특성 그리고 생산력의 발전 상황이 유사하다는 점이다. 이러한 관점은 Barrington Moore, Theda Skocpol, Perry Anderson 같은 1970년대 역사사회학자들뿐 아니라 John Hall, Edwin Reischauer 같은 근대화론자들에게서도 나타난다. 한편 도쿠가와 시기의 무사들의 원리가 자본주의 정신과 친화력을 갖는 점(Robert Bellah), 충효가 강조되었던 유교가(중국에서는 인의가 강조되었다) 국가 이데올로기로 쉽게 전환될 수 있었던 점이 논의된다(정진성 2001: 48-51, 62-64). 1950년대 후반 일본을 휩쓴 우메사오(梅棹)의 생태사관 역시 일본 문화와 서구의 유사성을 강조하는 것이었는데, 이것은 거대한 대륙의 주변에 위치한 일본과 서구의 생태학적 유사성에서 출발한다(아오키 다모쓰 1997: 69-85).

앞서 논의한 대로 인권 개선에서 정치적 기회구조와 경제적 조건이 중요한 기반이 되며 인권 개념이 서구의 근대화 과정에서 형성된 것이라고 볼 때, 다른 아시아 국가들에 비해 월등하게 높은 수준을 보인 일본의 전반적인 인권 상황을 설명하기 위해 일본 사회와 서구의 유사성을 찾아보는 것도 다른 아시아 국가들과의 비교적 관점에서 하나의 전략이 될 수 있다. 그러나 여기서 논의되는 일본과 서구의 유사성은 생태학적 조건이나 전근대의 사회구조와 가치이므로, 메이지 시기 이후 역동적인 사회변화 속에서 이루어진 일본 자체의 인권 발전에는 큰 설명력을 갖는다고 볼 수는 없다.

둘째, 일본의 발전을 이끈 일본 사회의 특수성과 서구의 차이점을 강조하는 시각이다. 가족주의로 대표되는 일본식 고용 관행이나(James Abegglen, Ronald Dore, Robert Cole 등), 교육열(Robert Bellah), 시민사회를 압도하는 효율적 국가(Ezra Vogel) 등이 그 대표적인 논의다. 1970년대에 이르러 일본이 서구보다 우월한 문화를 가지고 있다는 시각이 일본 내에서도 등장했는데, 간인주의〔間人主義, 하마구치(濱口)〕, 간병주의〔間柄主義, 사람 사이의 관계에 중점을 두는 입장, 무라카미(村上) 등〕 등 서구식 개인주의를 넘어서는 일본 사회의 특성을 강조하는 것이었다(아오키 다모쓰 1997: 86-133).

이러한 서구와 일본 학자들이 주목한 일본의 '긍정적' 특수성에 더하여, 일본 사회의 집단주의와 수치(恥)의 문화를 비관적·부정적으로 본 시각〔마루야마(丸山), 오츠카(大塚), Ruth Benedict 등〕도 있었으나, 일본인의 배타성과 폐쇄성을 집중적으로 논의한 것은 찾기 힘들다. 정치·경제적으로 선진국이면서 아직도 뿌리 깊은 신분차별이 존재한다든가, 구식민지인에 대한 차별이 지속되고 있는 현상은 이러한 일본인의 폐쇄성에 대한 구명 없이는 설명하기 힘들 것이다. 실제로 일본의 가족주의나 집단주의가 구체적으로 노동자나 여성 인권에 어떠한 모습으로 나타나는가를 연구하는 학자들은 있으나(Anthony Woodiwiss 등), 부락민이나 재일한국인에 대한 사회적 차별을 일본인의 폐쇄성과 연결시키는 연구는 찾기 힘들다.

셋째, 외부적 요인을 강조하는 시각도 있다. 세계체제론이 그 대표적인 설명인데, 중국·인도·베트남 등이 서구 여러 나라의 식민지로 전락하는 동안 일본은 비교적 자율성을 유지하면서 세계체제로 진입할 수 있던 점이 지적된다. Frances Moulder는 중국과의 비교연구에서 이 점을 체계적으로 밝힌다. 서구의 학자들이 주목한 외부적 요인은 일본보다 강한 서구에 대해 일본이 지킨 독립성이다. 그 독립성이 일본을 식민지로 전락하는 것을 막았으며, 이후 발전의 기초가 되었다는 것이다. 그러나 서구학자들이 놓치고 있는 부분은 주변 아시아 국가들에 대한 일본의 침략적 팽창주의다. 아직도 자본주의적 발전이 초보적인 단계에 있던 일본이 대만과 한국을 식민지화했으며, 패전 후 경제를 회복한 일본이 1970년대에 곧바로 공격적인 해외투자를 한 것이 일본의 자본주의적 발전에 중요한 역할을 했다는 점을 간과할 수 없다(정진성 2001: 53-61).

후발산업국인 일본에서 외부적 요인은 매우 중요한데, 인권에서도 마찬가지다. 메이지 시기에 서구로부터 도입된 인권 관념을 실질적으로 발전시키는 데 국제적 요인은 매우 중요했다. 실제로 일본의 인권을 연구한 여러 학자들(Ian Neary 등)은 국제적 요인에 주목했다. 그러나 일본의 사회 발전 연구에서와 마찬가지로 서구 학자들에게 국제적 요인이란 곧 서구의 영향을 의미했을 뿐이다. 일본 인권 발전에 대한 아시아 국가들의 영향에도 주목할 필요가 있다. 1990년대 이후 아시아 국가들의 일본에 대한 전쟁 책임 추궁은 일본의 시민운동과 인권 개선에 큰 충격을 가했던 것이다.

매우 중요한 또 다른 요인은 일본 발전의 국가주도적 성격이다. 이것은 독일을 포함하여 후발산업효과라는 이론으로 설명되기도 하는데, 일본에서 시민사회를 압도하는 국가주도의 경향은 전쟁 후에도 다각적인 모습을 띠며 지속되었다. 후발국 일본의 초기 인권 발전에서 국가의 역할은 지대했으며, 이후에도 국가와 시민사회의 관계는 특수한 모습을 나타내며 인권 개선의 모습을 만들어갔다.

이와 같이 일본 특수성에 관한 여러 차원의 논의는 일본의 인권 상황을 설명하는 데에도 중요한 설명력을 갖는다. 특히 앞 장에서 살펴본 것처럼 일본의 인권 상황이 아시아, 아프리카 등은 물론 서구보다도 더 높은 수준이라는 사실을 보여주는 글로벌 인권 지표의 한계를 넘어서, 일본의 여러 인권 영역에서 나타나는 편차를 설명하는 데 가족주의, 집단주의 등 서구와 다른 일본적 특수성은 중요한 기반이 될 것이다.

3) 인권의 사회적 구성과 인권의 '실천적' 보편성

이와 같이 일본의 사회 발전과 일본 사회의 특수성과 관련하여 인권 개선의 여러 조건들을 논의하는 것은, 인권이 전반적인 사회적 관계를 반영하면서 그 속에서 구성된다고 하는 전제에 기초하는 것이다. 그렇다면 인권은 단지 사회적으로 구속되는 상대적인 것인가. 꼭 그렇게만 말할 수 없는 보편적인 인권에 대한 믿음이 다른 한편에 존재하는 것도 사실이다. 인권의 보편성과 사회적·문화적 특수성 논의가 이루어지고 있는 지형을 다음의 몇 가지로 요약해보기로 한다.

첫째, 이전의 많은 사상과 철학이 권리의 개념을 말해왔지만, '인간이기 때문에 갖는 양도할 수 없는 권리'라는 '인권(human rights)' 개념은 근대 서구라는 특정 시점에서 형성되었으며, 그것은 사회·문화에 관계없이 인간이라면 보편적으로 평등하게 갖는 권리라는 시각이 강고하게 존재한다(Donnelly 2002: 50; 마이클 프리먼 2005: 141).

둘째, 인간의 권리라는 개념이 다소의 편차가 있기는 하지만 서구 이외의 지역에서도 다양하게 진전되었으며, 오히려 서구에서 발전된 인권 개념이 개인의 사유재산권을 중심으로 이루어졌으므로 지나치게 개인의 권리 중심으로 되어 공동체와 책임의 관념이 경시되고 있다는 점이 지적되고 있다. 공동체와 책임이 강조된 것으로서 아프리카 지역인권기구의 헌장이 주목할 만하다. 개인/공동체 문제는 자본주의 진영과 사회주의 진영에서 인권의 강조점이 차이를 보이는 것과도 연관된다. 서구 자본주의 국가에서는 주로 개인의 시민적·정치적 권리에 초점을 맞추는 반면, 사회주의 진영에서는 경제적·사회적·문화적 권리를 우선시했으며, 이것은 1966년 UN에서 시민적·정치적 권리규약과 경제적·사회적·문화적 권리규약이 별도의 규약으로 제정되는 결과를 낳았다. 1990년대에 들어 냉전이 와해되면서 이러한 자본주의와 사회주의 진영의 인권 관념 논쟁은 약화되었다. 반면에 다른 한편으로 아시아의 일부 지역에서 서구 인권 개념의 개인주의적 지향을 비판하고 공동체의 가치를 주창하기 시작했다.[2] 소위 '아시아적 가치(Asian value)' 논쟁이다. 서구의 개인주의적 인권 관념은 결국 가족과 공동체의 파괴로 이어진다고 비판하고, 아시아적 가치는 가족을 중시하며 공동체를 위해 개인의 욕구를 유보하여 권리와 동시에 책임을 강조하는 것으로 서구의 개인주의를 넘어서는 가치라는 것이다. 아시아적 가치는 민주주의 가치를 부정하고 권위주의적 통치를 합리화할 수 있다는 점에서 비판을 받았지만, 한편으로 개인주의적 서구와 공동체적 아시아의 논쟁은 다각도로 진행되었으며, 아시아적 가치 자체를 둘러싸고도 아시아 여러 나라에서 다른 차원의 여러 논의가 진행되었다(다니엘 벨 1996).

셋째, 사회적 조건과 문화의 특수성에 따라 인권의 개념은 융통성 있게 해석되어야 한다는 입장이 있다. 사회적 조건에서는 국가안보와 경제 발전이 주로 논의되는데, 국가의 안보와 경제 발전을 위해 개인의 인권은 잠정적으로 유보되어도 할 수 없다는 소위 흥정(trade-off)의 논리가 제기되어왔다. 사실상 경제 발전과 국가안보를 명분으로 인권이 탄압되는 경우는 적지 않게 발견된다. 1980년대까지의 한국과 싱가포르가 그랬으며, 현재 미얀마와 북한 등의 억압적인 체제는 우리와 가까운 예에 불과하다. 아직까지 인권을 측정하는 지표와 방법이 충분히 개발되어 있지 않았으므로, 이러한 사회적 조건과 인권의 관계를 밝히는 직접적인 연구를 찾기는 힘들지만, 경제 발전과 민주주의의 정도 또는 권위주의적 통치 간의 관계와 같은 사회과학의 연구는 적지 않게 이루어져왔다. 이러

---

2. 싱가포르의 Lee Kuan Yew와 말레이시아의 Mahathir bin Mohamad가 주창자.

한 연구들의 대체적인 결론은 경제 발전과 민주주의의 억압 사이에 아무런 상관관계를 발견할 수 없다는 것이다. 한편 최근 인권법 학자들에 의해대테러(anti-terro) 정책과 인권 문제에 관한 연구들은 테러의 심각성을 충분히 인지한다 해도 테러를 막기 위해 인권이 과도하게 탄압되는 것을 경고하고 있다(Marks and Clapham 2004; Koufa 2006 등). 결국 사회적 조건과 인권의 문제에서 인식과 믿음에 관한 한, 인권의 보편성을 향하여 어느 정도 수렴되어간다고 보인다.

그러나 문화적 특수성과 인권의 문제는 그리 간단하지 않다. 논쟁의 양극단에는 문화적 상대주의와 인권의 보편주의가 있다. 문화적 상대주의는 문화의 특수성을 존중하여 인권의 보편성은 신축적으로 생각해야 한다는 것이고, 인권의 보편주의는 문화를 존중하되 인권의 보편성은 양보될 수 없다는 주장이다. 그러나 양자 사이에서, 문화란 고정불변한 것이 아니라 끊임없이 변화하는 것이며, 인권의 보편성이라는 것도 실천적으로 지향해야 하는 개념으로 생각해야 한다는 보다 현실적인 합의점을 도출하고자 하는 노력이 있다(조효제 2007: 203-228).

이렇게 볼 때, 인권의 보편성은 실천적 개념으로서 모든 사회가 지향해야 할 가치로 존재하지만, 서구뿐만 아니라 여러 다른 지역의 문화에도 그 가능성이 잠재해 있으며, 각 사회의 정치·사회·문화적 조건에 따라 인권은 다른 모습을 나타내며 보편적 가치를 향해 나아간다고 정리할 수 있다. 결국 인권은 특정한 사회·문화·역사적 맥락에서 만들어지는 사회적 구성물이라는 사고와 연결된다. '인권의 토착화(localizing human rights)'라는 개념이 인권사회학자들에게 중요한 화두인 이유가 그것이다. 일본의 인권 관념의 발전을 추적하는 출발점 역시 바로 그것이다. 사회 발전 단계에 따라 일본 사회의 특수성을 반영하면서 인권이 발전해왔으며, 인권 영역에 따라 그 특수성이 다른 형태로 반영되면서 인권의 상황을 구성해왔던 것이다.

4) 일본 사회의 발전과 인권

일본 사회의 특수성이 일본의 인권 발전 과정에서 어떻게 작용하여 여러 영역에서 인권 개선을 이루었는가를 다음 제11장과 제12장에서 논의할 것인데, 우선 여기서 그 분석 결과를 정리할 것이다. 다른 지역에서와 마찬가지로 일본에서도 인권이 보편성을 향해 발전해갈 것이지만, 인권 이슈별로 그 속도와 양상은 다를 것이라고 가정했다. 또한 일본의 사회 발전 과정에서 중요하게 작용했던 국제적 요인, 정치적 기회구조, 경제적 조건과 시민운동이 인권 발전에도 중요한 영향을 미칠 것으로 가정했다. 메이지 시기로부터 시작되는 사회·역사적 배경에서 인권이 형성·발전되는 과정을 검토하기 위해 법, 정책, 사람들의 의식 등을 살펴보았다.

일본의 인권 발전과 관련하여 다음과 같은 사항이 발견되었다.

첫째, 일본에서 인권 관념은 메이지 시기에 서구로부터 도입되었으나 군국주의로 인하여 발전하지 못했다. 종전 후 정부주도로 인권의 제도화가 이루어졌으며, 1980년대까지 다각적으로 발전하여 세계 최고 수준을 나타냈으나 1990년대에 다시 후퇴하여 침체상태에 있다. 이러한 발전은 일본의 헌법을 비롯한 여러 법제도의 변화와 사람들의 의식에서도 나타난다.

둘째, 발전을 이끈 변수는 매우 명확하다. 전반적인 수준과 방향을 결정하는 변수는 경제 상황이다. 이것은 경제적·사회적·문화적 권리 지표에서 가장 명시적으로 나타나지만, 시민적·정치적 권리와 신체통합권리에서도 유사하게 드러난다. 또 다른 중요한 변수는 국제적 요인과 시민운동이다. 국제 요인이 인권 상황에 매우 중요한 요인이 되고 있는 것은 다분히 일본적 특수성이라고 말해도 무방할 것으로 보인다. 국제적 요인은 일본 사회 발전의 정부주도의 특성과 맞물려 보다 직접적으로 시민사회에 영향을 주었다. 특히 패전 직후의 평화헌법 제정과 인권과 관련된 여러 정부조직의 설치는 단적으로 국제 요인과 시민사회에 대한 정부 우위가 결합된 결과다. 일본에서 국제적 요인은 서구의 압도적인 중요성에서 출발했지만 1990년대에 이르러 아시아, 특히 한국과 중국의 영향이 매우 주요해진 점은 특기할 만하다. 시민운동의 상황이 국제적 요인에 따라 그 성격이 변화된 것도 매우 특이하다. 일본의 시민운동 자체가 일본적 특수성을 나타내고 있기도 하다. 근대 초기부터 시민사회에서 형성된 사회운동은 곧 정부가 흡수했으며, 전쟁 말기에 사회운동은 초국가주의적인 정부 주도의 운동이 되었다. 이후 일본의 사회운동은 지역에 뿌리를 내리고 정부와 협력적인 성격을 굳혀 왔으나, 1990년대 아시아 국가들의 전쟁 책임 추궁에 충격을 받으며 태동된 비판적인 사회운동은 규모는 작으나, 매우 중요한 사회적 파장을 일으키며 인권 발전의 요인이 되고 있다. 정치적 조건은 인권 관념이 도입되는 메이지 시기로부터 종전 후 일본국헌법의 수립과 여러 제도화 과정에서 매우 강력하게 작용하여 정부 주도의 사회·경제적 발전이라는 일본적 특성을 유감없이 보여주었다. 그러나 1990년대 이후 정치적 효과는 경제적 효과에 압도되어 약화되었다. 두 번에 걸친 자민당 체제의 붕괴는 인권에 별다른 영향을 보이고 있지 않다.

셋째, 인권의 대체적인 '보편적' 발전 과정은 일반적인 인권 범주(개인통합권리, 시민적·정치적 권리, 경제적·사회적·문화적 권리) 전반에서 이루어졌다. 그러나 인권 부문별로 보면 장애인, 아동, 노인 등 상대적으로 '보편적인' 부문에서 지속적인 발전이 이루어진 반면, 일본의 가부장적·가족주의적 특수성이 반영된 노동자나 여성의 경우 다소 특수한 상황을 보였으며, 민족주의나 단일민족의식이 반영된 재일한국인이나 외국인 노동자의 경우에는 인권 발전 자체가 저조한 상황이다. 일본 사회의 특수한 성격을 유감없이 드러내는 부락민의 경우 인권 발전은 저조할 뿐만 아니라 특수한 상황을 보이고 있다.

11. 인권 관념의 성장

메이지유신에서 1970~1980년대까지

메이지 시기에 서구의 인권 관념이 일본에 도입되었지만, 기본적으로 천황을 정점으로 하는 신분사회와 가부장적 요소를 바탕으로 하는 헌법과 사회구조에서 인권의 발전은 제한적이었다. 전쟁체제의 지속과 국가의 사회운동 흡수는 전반적으로 인권의 발전을 더욱 지체시켰으며, 뿌리 깊은 신분 문제인 피차별 부락과 일본 내 소수민족집단을 형성한 식민지 조선인의 문제는 일본 특유의 가장 심각한 인권 문제였다. 서구의 인권 관념의 도입은 전쟁 후 여전히 제한적이면서도 기본적인 사회제도의 틀을 잡는 데 크게 기여했다. 평화헌법의 제정과 전후 민주개혁은 일본 사회의 봉건적·가부장적 유제에도 불구하고 인권 발전의 기틀이 되었다. 따라서 내용면에서 일본적 특성을 내포하면서도 전반적인 인권 수준을 높이게 된 것이다. 이러한 제도적 기반 위에 고도 성장기를 거쳐 경제적 안정기에 들어선 일본의 인권 상황은 1970~80년대에 착실히 성장했다.

1) 인권 관념의 태동: 메이지 시기

일본에서 인권 관념은 서구로부터 영향을 받으면서도, 일본의 독특한 문화

속에서 형성되고 발전되어왔다. 일본 문화(유교문화를 포함하여) 자체가 가지고 있는 인권 관념이나 그 발전가능성에 관해서는 앞으로 깊은 연구가 필요할 것이나, 일단 인권 관념이 형성된 것은 메이지유신 이후 본격적인 근대화 과정에서 서구 문물을 받아들이면서부터라고 볼 수 있다.

(1) 인권사상의 도입

1868년 메이지유신을 기점으로 정부주도의 근대국가 설립이 이루어지던 19세기 말부터 일본에 서구의 계몽사상과 함께 인권 개념이 도입되었다. '통의(通義, 후쿠자와 유키치)'나 '민권'(자유민권운동), '인권'(츠다) 등의 용어로 번역되었던 인권 관념은 당시 또 하나의 중요한 서양 사상인 사회진화론과 경쟁관계(천부인권논쟁)를 이루면서 발전하였다. 이것은 또한 국가 전체를 중시하는 입장과 개개인의 천부인권사상의 대립(국권과 민권 논쟁)으로 나타나면서,[1] 국수주의에 기초한 천황제 국가 수립 과정의 일본에서 '국권 맥락 내에서의 민권'이라는 독특한 인권 관념을 형성했다.

(2) 천황제를 확립한 메이지헌법

1889년 '대일본제국헌법'(메이지헌법)이 발포되어 근대 일본의 입헌정치의 기틀을 잡게 되었다. 이 법은 프러시아, 프랑스 등 서구 여러 나라의 법을 참고로 하여 서구식 제도를 도입하고자 한 것이었으나, 다른 한편으로는 강력한 천황제를 뒷받침하는 기반을 만들려는 것이었다. 거기에 정부주도의 위로부터의 자본주의화가 이루어지고 있던 당시 일본의 사회 상황이 반영되어 서로 양립하기 어려운 요소들이 혼재하고 있었다.

무엇보다 주목할 점은 '인권'이 없고 '신민(臣民)의 권리'만이 있어, 인

---

1. 이 점에 관해서는 이정은(2005)을 참조할 것.

간의 권리는 자연권이 아니라 천황이 신민에게 은사로서 부여한 권리로 정의되어 있었다(安藤高行 2005: 7-8). 메이지헌법은 국민주권이 아니라 천황주권에 기반한 것이다. "대일본제국은 만세일계(萬世一系)의 천황이 통치한다"는 헌법 제1조는 천황주권을 단적으로 보여준다. 이것은 당시 산업화를 비롯한 여러 사회적 변화가 정부주도로 이루어진 것과 마찬가지로, 헌법 제정도 광범위한 사회적 합의에 의해서가 아니라, 완전히 정부주도로 추진되었다(이정은 2005: 207-211).

메이지헌법에서는 서구의 헌법처럼 공무취임의 자유, 거주이전의 자유, 법률에 의하지 않은 체포·감금·심문·처벌의 금지 같은 시민적·정치적 권리는 보장되어 있으나, 농민조합이나 단체교섭은 봉건 시기와 마찬가지로 금지되었다. 가부장제적 유제도 강하게 남아서(Woodiwiss 2005: 67-70), 성에 의한 차별금지와 법 앞의 평등 보장 등이 결여되어 있고, 보장되어 있는 권리의 대부분도 법률의 유보를 동반하고 있다. 메이지 헌법에서 여성은 참정권이 없었으며, 민법상 무능력자로 취급되어 남편의 관리하에 놓였고, 여성에게만 간통죄가 적용되었다(스기하라 야스오 1995: 62-63, 153). 경제적·사회적·문화적 권리 개념은 찾기 힘들다.

(3) 군사주의와 인권 탄압

헌법이 이렇게 인권 보장에 취약했으므로, 당시 군사주의하에서는 기본적인 개인통합권리조차도 지켜지지 못했다. 노동자는 신체적 구속을 동반하는 기숙사 생활을 강요당했고 철야작업을 불사하는 강도 높은 노동에 시달렸으나, 이들을 보호할 법은 없었다. 노동자들의 단결권·단체교섭권·쟁의권은 없었으며, 오히려 노동쟁의에 가담한 사람들을 처벌할 형법만이 존재했다. 농민들도 기생지주와 소작관계를 규정하는 법으로 인해 고통당했다. 가장 치명적인 것은 사상을 통제한 치안유지법(1925)이었다. 이 법은 천황제에 반대하는 사람들을 처벌할 목적으로 제정되었고 전시에는 그 처벌의 범위와 형량을 늘렸다. 그 과정에서 참혹한 고문도 다반사로 행해졌다(스기하라 야스오 1995: 141-162). 부락민과 재일조선인에 대한 차별은 뿌리 깊은 사회적 편견에 기초하고 있었고, 법과 제도는 이러한 차별에서 이들을 보호할 능력과 의지를 보이지 못했다.

(4) 근대 사회운동의 발생과 국가 주도 운동에로의 흡수

1870~1880년대 메이지 정부가 근대적 사회제도를 정비하는 과정에서 서구 자유주의 사상의 영향을 받은 자유민권운동이 대두되었다. 자유민권운동은 의회와 헌법이 정비되면서 더 이상 발전하지 못하고 곧바로 체제내화되었다. 지식인과 귀족층이 중심이 된 자유민권운동과 달리, 노동운동과 사회주의운동은 민초에 뿌리를 내리며 발전하여 제1차 세계대전기 산업화와 1920년대 다이쇼 데모크라시 시기에 만개했다가 1930년대 만주사변을 기점으로 전쟁기에 들어서면서 탄압이 심해짐에 따라 강한 중심세력을 형성하지 못한 채 약화되었다. 한편 같은 시기에 서구의 압력에 대한 반발로 아시아주의와 천황주의를 표방하는 국가주의 운동단체가 형성되기 시작했다. 일본개조사상을 드높인 기타잇키(北一輝)는 그 대표적 운동가다. 이러한 좌우파 운동 사이에서 자발적으로 교육·위생·방범 활동을 하는 자치조직과 여성운동, 생협운동 등도 전국적으로 확산되었다. 이렇게 자생적으로 형성된 사회운동은 1930년대 들어 국가 주도의 흐름에 흡수되기 시작했으며, 1937년 이후에는 소수의 마르크스주의자와 종교인을 제외하고 국가주의운동까지도 거의 모두가 국가 주도 운동에 흡수되기에 이르렀다(정진성 2001: 제1장).

2) 전후 인권 관념의 성장과 제도화(1945년~1960년대)

전후 일본은 1952년까지 미군정기를 거쳤으나 이 시기에도 미군정은 일본 정부의 자율성을 크게 억압하지는 않았다. 한편 미군정기 이후 일본 정부는 냉전체제의 영향을 받으면서 대체로 미국과 같은 방향의 정책을 취했는데, 인권정책도 예외가 아니었다. 전후 일본 정부는 미국 정부와 같이 UN을 비롯한 국제인권레짐에 적극적으로 참여하지 않으면서도 (Neary 2002: 17), 국내적으로는 헌법에 기본적 인권 보장을 명기하고 정부에 인권 관련 공식기구를 설치했으며 여러 민주적인 개혁을 시도했다. 그러나 이러한 개혁에 이어 곧바로 보수적 정책으로 회귀하여 진보적 그룹에 대한 억압을 행함에 따라 법제도적인 정비가 인권 상황의 개선으로 이어지지는 못했다. 따라서 이 시기의 특징은 인권을 위한 법제도의 정비와 완만한 인권 상황의 개선으로 요약할 수 있다.

(1) 일본국헌법

일본에서 '인권' 또는 '기본적 인권'이라는 개념은 전후 민주적 개혁과 함께 사용되기 시작했다. 전쟁에 패한 일본이 1945년 8월 14일 수락한 포츠담선언 중에 "언론, 종교의 자유와 기본적 인권(fundamental human rights)의 존중은 확립되어야만 한다"(20항)는 내용에 '기본적 인권'이라는 용어가 사용되고 있는 것을 볼 수 있다. 일본은 1946년 연합국 사령부의 관리하에 헌법을 제정하게 되었는데, 이는 인권 개념 확립의 중요한 계기가 되었다.

헌법 제11조는 "국민은 모든 기본적 인권을 향유할 수 있다. 이 헌법이 국민에게 보장하는 기본적 인권은 침해될 수 없는 영구한 권리로서 현재 및 장래의 국민에게 부여된다"고 규정하고 있다. 또한 제97조에서 "이 헌법이 일본 국민에게 보장하는 기본적 인권은 인류의 수년에 걸친 자유획득의 성과이며, 이 권리는 과거 수많은 시련을 겪어내어, 현재와 장래 국민에 대해서 침해될 수 없는 영구한 권리로서 신탁된 것이다"라고 규정하고 있다(中村陸男 1999: 5). 이 외에도 일본헌법 제3장(제10~40

조)은 생명, 자유 그리고 행복 추구의 권리, 법 앞의 평등, 선거권, 사상과 양심의 자유, 신앙의 자유, 표현의 자유, 고문당하지 않을 권리, 재판을 받을 권리 등 국민의 기본적인 권리를 자세히 명기하고 있다. 특히 형사 절차에서의 신체 등의 자유가 세심하게 보장되어 있다.[2] 제3장에서 경제적·사회적 권리가 명기되어 있는 것이 일본국헌법의 또 다른 발전이다. 모든 국민에게 '건강하고 문화적인 최저한도의 생활을 영위할 권리'를 보장하고 있으며, 교육을 받을 권리, 근로의 권리 등을 보장한다.

이 헌법은 미군정에 의해 초안되어 일본 내각이 수락한 형태이긴 했지만, 헌법에 대하여 일본 국민들 사이에서 다양한 논의가 있었으며, 초안이 발표되었을 때 국민의 85%가 찬성했다는 조사 결과도 있다(Neary 2002: 18-19). 다음 절에서 논의하겠지만, 이러한 패전 직후의 개혁과 헌법제정의 분위기는 곧 일본 사회의 특수한 상황에 따라 보수화되었지만, 일본국헌법은 인권의 보편성을 지향하는 것이라고 말할 수 있다.

(2) 정부의 인권전담기구 설치, 인권 NGO의 설립

일본국헌법 제정과 같은 맥락에서 1948년에 법무성 내에 인권옹호국(Civil Liberties Bureau)이 세워졌고, 1949년 인권옹호위원법에 의거하여 각 시정촌(市町村)에 인권옹호위원(Civil Liberties Commissioners) 체제가 만들어졌다. 이것은 법무대신이 위탁하는 자원활동(volunteer) 제도로서, 주된 업무는 국민의 기본적 인권이 침범되는 일이 없도록 감시하고, 이것이 침범당한 경우 구제를 위해 속히 적절한 조치를 취하고, 자유인권 사상을 보급, 고양하는 것이다. 인권옹호위원은 인권옹호국 직원과 함께 인권 침해 사안을 조사하고, 인권 침해 피해자에게 상담과 권고를 한다. 2009년 현재 약 1만 4,000명의 인권옹호위원이 활동하고 있다.[3] 그 밖에

---

2. 메이지헌법하에서 형사절차상 많은 인권 유린이 행해졌던 경험 때문이라고 할 수 있다(스기하라 야스오 1995: 156).

정부는 인권옹호의 날과 헌법주간을 정하고, 인권 증진 아이디어 대회와 에세이 쓰기 대회를 개최하는 등 인권 증진 노력을 기울였다(Neary 2002: 30-31).

이러한 정부의 인권활동은 한국 정부가 해방 후에 시도한 노력과 매우 흡사하여,[4] 미국 정부의 전반적인 영향이 아닐까 추측된다. 한국의 경우 2001년에 정부 부처에서 독립된 국가인권위원회가 설립되었으나 일본은 아직 법무성 소속의 인권옹호위원 체제가 지속되고 있는 점에 주목할 필요가 있다.[5]

정부조직은 아니지만 민중 차원의 운동과도 다소 다른, 변호사 중심의 시민단체로서, 일본변호사연합회(1949년 설립)와 자유인권협회(1947년 설립)의 역할은 눈여겨 볼 만하다. 일본변호사연합회는 내부에 인권위원회를 두었으며, 자유인권협회는 맥아더의 주도로 만들어진 조직이다(Neary 2002: 22-32).

(3) 전후 민주적 개혁에 이은 정치 보수화와 '체제 내적 인권 관념' 형성

미군정은 전후 민주적 개혁을 실시했으나 중국, 러시아 등 아시아의 다른 지역에서 사회주의가 확산되고 있는 상황에 직면하여 일본을 아시아 자본주의의 기둥으로 만들기 위해 진보적 세력을 억압하는 정책으로 선회했다. 1948년경부터 시작된 소위 '역(逆)코스'는 1950년 한국전쟁을 계기로 더욱 강화되었다. 이 기간에 미군정과 일본 정부는 협력하여 공사 분야에서 레드 퍼지(red purge)를 행했다. 이러한 보수화는 1955년 자민당 체제가 출범하면서 안정화 단계로 들어갔다. 공산당과 사회당은 체제 내화되었고, 노동조합도 춘투(春鬪)로 대표되는 유화적 입장으로 돌아섰

3. 법무성 인권옹호국 홈페이지(http://www.moj.go.jp/JINKEN/index.html) 참조.
4. 해방 후 한국 정부의 인권활동에 관해서는 이정은(2008) 참조.
5. 일본변호사연합회는 1998년 이 체제가 정부로부터 독립적이지 못하다는 점을 비판하는 보고서를 UN에 제출한 바 있다(Neary 2002: 31).

다. 이러한 전후 보수화 과정에서 정부주도의 법제도 정비와 인권기구 설치는 글자 그대로 '체제 내적 인권 관념'을 형성하고 있었던 것이다.

(4) 시민사회의 문제제기

일본의 진보적 세력이 패전 직후 미군정의 개혁 드라이브와 함께 잠시 목소리를 높였으나, 곧이어 이루어진 보수화(역코스)와 궤를 같이하면서 급격히 약화되는 동안, 인권 관념에 기초한 시민사회의 문제제기를 몇몇 분야에서 발견할 수 있다. 일본 사회의 뿌리 깊은 신분 차별 문제인 부락민 차별 문제와 단일민족으로 알려진 일본 사회에 숨겨진 소수민족인 재일한국인 집단 문제가 그것이다.

일본에서 오랫동안 인권 문제는 부락민 문제와 동일시될 정도로 부락민 문제는 일본 사회의 깊은 상흔과 같다. 1871년 메이지 정부에 의해 부락해방령이 이루어졌으나 사회적 차별은 여전히 강하게 잔존하여, 1922년부터 부락민들은 자신들의 조직(수평사)을 만들어 투쟁해왔다. 1946년 일본국헌법은 "모든 국민은 법 아래서 평등하며 인종, 신조, 성별, 사회적 신분 또는 가문, 지역에 의해 정치적·경제적 또는 사회적으로 차별받지 않는다"(제14조 제1항)라고 규정하고 있으나 차별은 여전하여 1955년 부락해방동맹이 결성되었다. 부락민의 상황은 1969년 일본 정부가 '동화대책사업'을 시작하기 전까지 뿌리 깊은 차별과 편견 속에 사회적으로 공론화되지 않은 채 묻혀 있었다.

부락민 문제가 일본 사회의 숨기고 싶은 상흔이라고 한다면, 재일한국인은 드러내놓고 차별할 수 있는 외국인 집단이다. 일제시기에 노동을 위해서 이주하거나 강제연행당했다가 귀국하지 못한 채 일본에 정주하게 된 한국인들은 해방 후 극렬한 투쟁을 전개했다. 여러 인권 개념을 포함한 일본의 신헌법도 제외시켜버린 외국인, 재일한국인 집단의 국적 문제와 민족교육을 위한 투쟁은 그 대표적 경우다(朴慶植 1989 등).

1900년대에 일본공산당의 지도를 받으면서 성장했다가 전후에 크게 고양된 학생운동은 1955년 공산당의 체제 내화와 함께, 공산당계와 반공산당계로 나뉘었다. 반공산당계는 안보투쟁, 반베트남전쟁운동 등 주요 투쟁을 주도하면서 일본 사회의 비판세력으로 존재했다가 약화되었는데, 이들은 1970년대 주민운동과 그 후 새로운 사회운동에도 그 씨앗을 전파했다(정진성 2001: 26-27). 이 밖에 평화운동, 여성운동 등이 일본 사회에 인권 관념 형성에 조그만 기반을 만들고 있었다(정진성 2001: 제11장). 이러한 시민사회의 꾸준한 움직임은 1970년대 후반부터 일본의 인권상황을 새로운 단계로 접어들게 하는 중요한 동력이 되었다.

3) 1970~1980년대 인권 상황의 개선

1970~1980년대부터 세계 인권 상황의 변화 추이와 국제비교를 위하여 이루어진 인권 지표들에 의하면,[6] 일본의 1970~1980년대 인권 상황은 개인통합권리, 시민적·정치적 권리, 경제적·사회적·문화적 권리의 모든 측면에서 지속적인 발전 경향을 보인다(제9장의 그림 참조). 전 세계적으로 볼 때 시민적·정치적 권리가 완만하게 증진되었을 뿐, 개인통합권리와 경제적·사회적·문화적 권리는 지속적으로 하락한 시기였다. 특히 모든 권리 지표에서 일본은 이 시기에 서구를 앞지르며 세계 최고 수준을 나타냈다.

---

6. 인권 지표화를 촉발한 역사적·정치적인 계기는 Jimmy Carter 정부의 인권 상황과 대외원조를 연관시키는 정책이었다. 1977년부터 미국 국무부는 인권에 관한 국가보고서를 매년 발행하기 시작하여, 세계 150여 개국의 인권 상황을 점검하기 시작했다. 비슷한 시기에 국제민간단체인 국제앰네스티도 전 세계 국가들의 인권 상황을 정리하는 연례보고서를 발간하기 시작했으며, Freedom House도 이에 가세했다. 1980년대 중반 이후 Charles Humana를 비롯하여 글로벌 인권 지표 구성을 위한 새로운 노력들이 경주되었으며, 1990년부터 UNDP는 인간개발보고서(Human Development Report)를 출판하고 자체 개발한 인간개발지수(Human Development Index)를 공시하기 시작했다(구정우 2009 참조).

이 시기 일본 사회에 관한 여러 연구들도 이를 뒷받침한다. 1950~1960년대 고도 성장기를 거쳐 경제 회복이 안정기에 들어섰으며, 1955년 체제의 정착을 통해 정치적 상황도 안정되었다. 다른 한편 그와 동시에 이 시기 일본에서 특기할 만한 것은 주민운동의 확산과 혁신자치체의 수립이다. 이와 더불어 일본 사회 전체적으로 자신감이 높아졌고 일본에 대한 세계적인 평가도 크게 높아진 점을 들 수 있다. 이 시기에 부락개선정책이 진전되고, 재일한국인의 제도적 개선이 이루어지는 등 여러 인권 문제에서 착실한 향상을 보였으며, 일본 정부는 국제조약에 가입하고 국제 NGO가 크게 늘어났다.

(1) 사회운동과 혁신자치체의 수립

일본에서 사회운동은 1955년 자민당 체제 이후 차츰 약화되었는데, 1980~90년대에 소위 '새로운 사회운동'으로 성격이 전환되는 과정에서 교량 역할을 한 사회운동은 주민운동 또는 공해반대운동이었다. 고도성장에 따른 여러 문제들에 대응하여 개발과 재개발 반대, 반공해, 주민자치를 요구하는 운동이 1960년대 말과 1970년대 전반에 전국적으로 폭발적으로 이루어진 것이다. 처음에 이 운동은 학생운동 출신이 대거 참여하여 반자본주의·반정부운동의 성격이 강했으나 차츰 주택, 도로, 환경 문제, 주민참여 등에 대한 주민운동의 성격이 확산되기 시작했다.

이러한 사회적 분위기에서 도쿄 시를 비롯한 여러 지방자치체에서 공산당·사회당 출신의 시장이 당선되어 이른바 혁신자치체가 전국적으로 확산되었다. 1971년에는 전국의 3분의 1에 해당하는 시에서 혁신시장이 당선되었다(구보 다카오 1996). 이와 함께 지방자치에 대한 주민들의 참여도 확대되어 주민들의 요구가 지방행정에 적극 반영되었다.

1970년대 중반에 이르러 경제성장이 지속, 안정화되고 공해 문제를 비롯한 지역의 문제가 어느 정도 해결되었으며 개혁적 학생운동의 재생산이 끊어지고, 혁신자치체의 무능함과 불편함이 드러나면서, 다시 자민당과 관료 출신이 지방행정을 장악하게 됨에 따라 전투적 주민운동은 일상적인 지역운동과 환경운동으로 변화되었다. 그러나 이 시기의 경험은 일본 사회에서 인권 관념의 발전에 한 획을 그었다고 말할 수 있다.

다만, 이 시기에도 부락민운동과 재일한국인운동은 계속 이어졌다는 점을 상기할 필요가 있다. 부락해방동맹의 활동과 재일한국인의 지문날인거부운동, 취직차별반대운동 등이 이루어졌다.

(2) '세계 최고 일본'의 자신감 부활

이 시기에 짚고 넘어가야 할 또 다른 중요한 사회적 조건은 일본인의 자신감이 크게 높아졌다는 것이다. 세계와 일본인 자신이 일본을 어떻게 평가하는가는 다분히 일본 사회의 상황 그 자체에 기반한 것이었다. 1930년대 '대동아공영권'과 1940년대 '근대의 초극' 논의에서 극대화되었던 일본의 자신감은 전후 1950년대 중반까지 극히 부정적으로 돌아서서, 일본에 대한 자기인식이나 외국인의 평가는 부정적 특수성에 주목하는 것이 대부분이었다. 경제회복이 어느 정도 이루어진 1950년대 후반부터 1960년대에 걸쳐서 일본의 자기인식은 서구와 동일시하거나(문명의 생태사관), 서구와는 다르지만 동렬에 위치시키는(잡종문화론) 태도로 변화되었다.

1970년대에 이르러 일본의 자신감은 다시 부활하여, 다른 아시아 국가는 물론이고 서구와도 비교해서 우월한 일본의 특수성을 구성하는 작업이 일본 안팎에서 전개되었다. 일본이 왜 세계에서 최고인가를 설명하는, 1979년에 출판된 E. Vogel의 *Japan as No.1*과 무라카미 야스스케(村上泰亮) 등의 『문명으로서의 이에사회(文明としてのイエ社会)』는 그 절정이었다(아오키 다모쓰 1997). 이러한 일본의 자신감이 인권 상황의 개선으로 이어진 것은 당연한 일이라고 할 수 있다.

(3) 인권 상황의 개선

일본 정부는 그동안 사회적으로 터부시되어 회피하고자 했던 부락민 문제를 전면적으로 드러내는 동화대책사업을 1969년에 시행하였다. 낙후되었던 부락민 거주지역을 정비하고 차별을 없애는 노력을 기울였다. 이로 인해 부락민 거주지역의 상황은 대폭 개선되었지만, 사회의 차별은 여전하여 특히 취직과 결혼 시 어려움을 겪고 있다.

재일한국인의 법적 지위도 부단히 개선되어 1952년 일본 국적을 박탈한 후 외국인등록법(1955)을 만들어 지문날인제도를 시행해왔던 일본 정부는 1965년 한일협정을 체결한 후 재일한국인에게 영주권을 부여했다. 1982년 난민협정에 가입한 후 북한계 재일동포에게 특례영주권을 부여했으며, 1985년 여성차별철폐조약에 가입한 후에는 국적법을 종래 부계혈통주의에서 부모 양계혈통주의로 변경하여, 부모 중 어느 일방이 일본 국민이면 그 사이에서 출생한 자는 일본 국적을 취득하도록 했다. 1991년 한일각서 후에는 3세에까지 영주권을 부여하였고 조선적 동포도 특별영주권자로 통일했으며, 1992년에는 특별영주권자에 대한 지문날인제도가 철폐되었다(정인섭 1996).

1985년 여성차별철폐조약에 가입한 후 1986년에 남녀고용기회균등법을 시행하였으며, 1960년에는 신체장애인고용촉진제도가 성립되었다. 일찍이 일본 정부는 1947년 아동복지법을 제정했으며 1960년대 고도성장기에 기혼여성을 노동시장으로 흡수하기 위해 전국적으로 보육원을 설립했다. 이후 아동부양수당법(1961), 특별아동부양수당의 지급에 관한 법률, 모자 및 과부 복지법(1964), 모자보건법, 정신박약아동복지법(1965), 아동수당법(1971) 등 지속적으로 제도를 개선했다. 세계에서 가장 앞서가는 초고령화사회인 일본에서는 일찍부터 연금제도를 정비하고 1983년 노인보건법을 제정한 후 재택복지, 시설복지 등의 서비스를 확충하는 등 노인복지도 개선되어왔다.

〈그림 11-1〉 일본의 사형집행 건수(1970~1991)

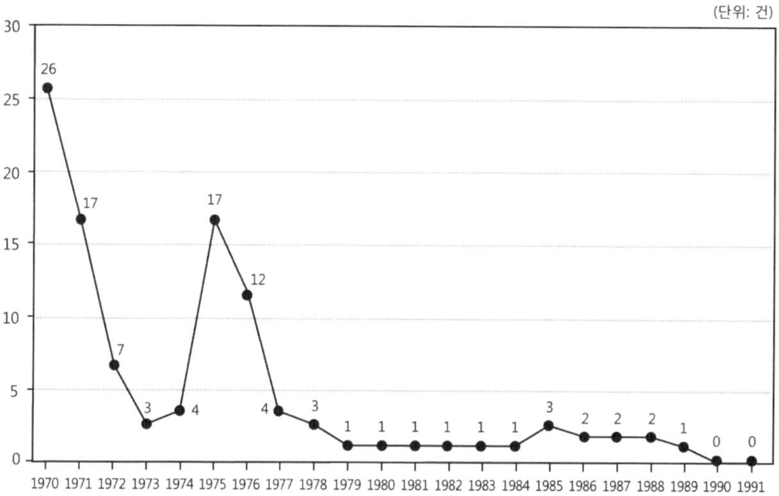

자료: 일본 검찰통계연보.

사람들은 생명의 권리가 가장 기본적인 인권이라고 보아 어떤 경우에도 사형은 금지해야 한다는 생각이 세계사회에 확산되어왔으며, 사형을 국가폭력의 한 형태로 보기도 한다. UN은 1989년 사형제를 폐지한다는 시민적·정치적 권리규약 제2선택의정서를 채택했다(Marks and Clapham 2005: 49-60).[7] 〈그림 11-1〉에서 볼 수 있는 것처럼, 일본에서 1970년대 사형집행 건수는 차츰 감소하여 1980년대에는 매년 3명 미만까지 줄어들었다가 1990년에는 0명이 된다. 다음 장에서 논의하겠지만, 1990년대에 사형집행 건수는 다시 증가하기 시작한다. 대부분의 선진국이 사형제도를 폐지하거나 집행을 하지 않으며, 사형집행은 다분히 당시의 사회여론에 좌우된다는 점을 생각하면, 1970~1980년대를 통해 일본에서 인권의식이 크게 발전했음을 알 수 있다.

7. 한국과 일본은 아직 이 선택의정서에 가입하고 있지 않다.

(4) 국제사회의 기대와 일본의 UN 조약기구 가입

전쟁 후 일본은 급속한 경제성장을 이루었으나 군대를 가질 수 없는 위치에 있었다. 국제적으로 경제력은 강력하여 1980년대 말 일본은 미국을 넘어서 세계 제1의 원조대국이 되었지만,[8] 정치적 입지가 약한 불균형적인 상태가 지속되었다. 따라서 UN을 중심으로 한 인권 논의에 적극적이지 않았으며 방어적 태도를 취해, 경제대국으로서 맞지 않게 난민 문제 등 국제인권 신장에서의 역할은 미약하기만 했다. 일본은 1970년대 말까지 아무런 국제조약에도 가입하지 않은 채, 국제적으로 '폐쇄적인 국가'의 이미지를 보유하고 있었다(Peek 1992: 217-220).

이러한 일본의 태도가 1970년 말에 변하기 시작했다. 1979년에 시민적·정치적 권리규약과 경제적·사회적·문화적 권리규약에 가입한 것이다. 1985년에는 여성차별철폐조약에 가입했으며, 이들 조약기구에 많은 보고서를 제출했다.[9]

(5) 인종차별철폐조약과 고문방지조약 가입의 지연: 여전히 취약한 인종차별과 고문 문제

〈표 11-1〉에서 모든 형태의 인종차별철폐조약과 고문방지조약에의 가입이 1990년대 후반으로 늦어진 것을 볼 수 있다. 이것은 일본에서 인종차별과 고문이 여전히 취약한 부분이라는 것을 말해주는 것이다.

우선 인종차별철폐조약의 가입이 왜 지연되었는가를 살펴보자. 인종차별철폐조약은 시민적·정치적 권리에 관한 국제 규약과 경제적·사회

8. 이 세계 최고 수준은 경기침체가 계속된 2000년대에 들어 2위로 떨어지다가 2007년에는 5위가 되었다.

9. UN 조약기구에 관해서는 부록4의 '한국과 일본의 UN 조약 가입과 보고서 제출'을 참고할 것.

〈표 11-1〉 일본의 UN 조약 가입과 보고서 제출 현황

조약	조약 체결 연도	일본 가입 연도	보고서 제출 연도
시민적·정치적 권리에 관한 국제 규약	1966	1979	1980, 1987, 1991, 1997, 2006
경제적·사회적·문화적 권리에 관한 국제 규약	1966	1979	1981, 1984, 1986, 1998
고문방지조약	1984	1999	2005
여성차별철폐조약	1980	1985	1987, 1992, 1993, 1998, 2002, 2008
인종차별철폐조약	1966	1995	2000
아동권리협약	1990	1994	1996, 2001, 2008
장애인협약	2006	2007	

적·문화적 권리 규약보다도 먼저 1966년 3월에 체결된 조약으로 한국도 일찍이 1978년에 가입했으나, 일본은 1995년에야 가입했다. 그것은 일본 정부가 인종차별을 글자 그대로 '인종(race)에 대한 차별'로 좁게 해석하면서, 일본에는 이러한 인종이 존재하지 않기 때문에 인종차별철폐조약에 가입할 필요가 없다는 입장을 고수해왔기 때문이다.[10] 그러나 인종차별철폐조약의 제1조는 "이 협약에서 인종차별(racial discrimination)이라 함은 인종(race), 피부색(color), 가문(descent) 또는 민족이나 종족의 기원(national or ethnic origin)에 근거하여"라고 명기하고 있다. 2001년에 인종차별철폐위원회가 2000년 일본 정부가 제출한 보고서를 심사한 평가의견에도 "일본 정부가 'descent'를 정의한 것은 위원회의 입장과 다르다"면서, 재일한국인과 오키나와 집단은 물론이고 부락민 문제도 이 조약의 사안임을 명백히 했다.[11] 이러한 명확한 조약의 정의에 따르면 부락

10. 흥미로운 것은 한국은 1978년에 이 조약에 가입하면서 "대한민국에는 인종이나 언어가 다른 소수민족이 존재하지 않는다"고 서론에 언급했다.

11. Committee on the Elimination of Racial Discrimination, 27 April 2001. "Concluding

민, 재일한국인, 아이누, 오키나와, 외국인 등에 대한 차별은 곧바로 인종차별조약의 사안이 되는 것이다.

UN 난민고등판무관실 일본 사무소의 대표였던 사이토 야스히코(斎藤恵彦, 전 도쿄외국어대학교 교수)도 인종차별철폐조약은 부락민 차별 문제와 재일한국인 차별 문제, 아이누 차별 문제, 오키나와 문제, 재일외국인 차별 문제 등 '종교와 성'에 기인한 차별을 제외한 대부분의 차별에 적용된다고 말한 바 있으며, 1984년 3월에는 당시의 사토 요시마사(佐藤良正) 지역개선대책실 실장도 "조약의 적용범위에는 지역(부락민)개선 대책 문제까지 포함된다고 이해하고 있다"고 언급한 바 있다.[12] 이러한 맥락에서, 인종차별철폐조약에의 가입이 지연된 것은 곧바로 일본에 부락민 차별 문제, 재일한국인 문제 등 복잡한 사회적 차별 문제가 아직도 남아 있다는 사실을 말하는 것이다.

1970~1980년대를 통하여 여러 면에서 인권 발전이 착실하게 이루어진 가운데, 제9장의 〈그림 9-1〉에서 볼 수 있는 것처럼 국제앰네스티가 만든 일본의 개인통합권리 지표는 몇 번의 하락을 보였고, 〈그림 9-3〉은 그 진동이 곧바로 고문 지표와 직결된다는 것을 보여주고 있다. 다시 말하면 일본에서 고문이 간간이 이루어지고 있다는 것이다. 그렇다면 고문방지조약에 1980년대에 가입하지 않은 것은 이러한 고문 상황과 관련이 있는 것이 아닐까.

일본에서 주로 고문이 이루어지는 곳은 경찰서에 있는 피의자의 구류장소인 대용형사시설(代用刑事施設, 구 대용감옥)이다. 일본의 형사피수용자처우법에 따르면 구류된 피의자와 피고인을 "형사시설에 수용하는 것에 대체하여" 경찰의 "구치시설에 유치시킬 수 있다"고 되어 있다. 즉 피

---

observations of the Committee on the Elimination of Racial discrimination: Japan. 27/04/2001." para.8.

12. 사단법인 부락해방·인권연구소 홈페이지(http://blhrri.org/kokusai/un/un_0004.htm) 참조.

의자와 피고인은 우선 실제의 감옥이 아니라 대용시설인 유치시설에 구류되면서 경찰의 수사를 받게 되는 것이다. 여기서 문제가 되는 것은 이 대용형사시설에서 수사하는 과정에서 자백을 유도하기 위해 폭력적 행위(이것이 고문으로 간주되는 부분이다)가 발생할 수 있다는 것이다. 일본에서는 이러한 대용형사시설에서의 유치 기간을 법으로 제한 없이 연장할 수 있도록 되어 있기 때문에 그 위험성은 더욱 커진다. 일본에서는 경찰 수사에서의 자백이 유력한 수사 자료의 하나로 취급되어왔기 때문이다. 이러한 상황은 일본의 고문방지조약 가입이 1999년으로 매우 늦어진 이유가 되고 있다(葛野尋之 2007).

12. 인권 발전의 침체

1990년대 이후

일본의 인권을 연구하는 서구의 학자들이 1990년대에 일본이 냉전체제의 붕괴로 인하여 국내외적으로 인권에 대하여 보다 진지한 태도를 보이며 중요한 진전을 이루었다고 평가한 것(Neary 2002; Woodiwiss 2005 등)과는 달리, 제9장의 그림에서 보면 1990년대에 일본의 인권 침체가 명확히 파악된다.

개인통합권리는 이 지표가 생산되기 시작한 1970년대 후반 이래 줄곧 세계 최고 수준을 유지하고 있지만, 일본 자체만을 보면 1990년대 이래 진동을 계속하고 있다(〈그림 9-1〉과 〈그림 9-2〉 참조). 시민적·정치적 권리는 1980년대까지 서구보다 높은 수준에 있다가 1990년대에 들어 후퇴한 후, 1990년대 후반에 다소 회복되지만 1980년대에 비해 다소 낮은 1970년대의 수준을 유지하고 있다(〈그림 9-4〉 참조). 경제적·사회적·문화적 권리는 1990년대 초 현격하게 후퇴했다가 이후 침체 상태를 면치 못하고 있다(〈그림 9-6〉 참조). 1990년대 이후 일본의 인권 상황은 전반적으로 침체되어 있다고 평가할 수 있는데, 이것은 같은 시기에 비약적인 성장을 이룬 한국과 대조를 이룬다.

1990년대 이후 인권 상황이 후퇴했다는 전반적인 경향이 포착되는 것은 명확하지만, 그 세부 상황에 대해서는 여러 지표가 일관되게 보여주지는 못하고 있다. 이것은 글로벌 지표의 한계이기도 하지만, 1990년대 이후 일본의 여러 사회적 조건들이 인권 발전에 교차적인 영향을 미치고 있기 때문이기도 하다.

특히 1990년대 이후 일본에서는 경기침체라는 명확히 부정적인 요소를 제외하고는 국제적 요인, 국내 정치 상황과 시민운동은 인권에 긍정적인 영향과 부정적인 영향을 모두 미치는 다각적인 모습을 띠며 전개되고 있어서, 더욱 인권 상황이 발전도 후퇴도 아닌 침체의 모습을 나타내고 있다고 판단된다. 예컨대, 정치적 변동에 따른 인권 상황의 별다른 변화를 발견하기 힘들며, 국제적 요인은 매우 복합적이다. 아시아 국가들의 전쟁책임 추궁은 일시적으로 일본 사회의 보수화를 가져왔으나 이후 비판적 시민운동의 성장으로 인권의식을 증진시켰으며, 경제침체로 공적개발원조(ODA)를 삭감했지만 UN에서 일본 정부는 매우 공격적으로 인권활동을 펼쳤다. 시민운동은 우파운동과 비판적 운동이 함께 형성되는 가운데 시민활동조직(NPO)이 크게 성장했다. 즉 이렇게 서로 다른 복합적 성격의 요인들은 인권의 성장을 촉진하기도 하고 가로막기도 하면서 전반적으로 1990년대 일본에서 인권이 침체되는 현상을 결과했다고 볼 수 있다.

1) 1990년대 이후 인권 상황의 침체

(1) 경제적·사회적·문화적 권리

가장 명확하게 1990년대 초 인권 상황의 후퇴를 보여주는 것은 경제적·사회적·문화적 권리 지표다. 제9장의 〈그림 9-6〉은 1980년대를 통하여 증진되어왔던 경제적·사회적·문화적 권리가 1990년대 초 급격히 하락한 후 침체를 면치 못하고 있는 상황을 보여준다. 이 지표가 1인당 GDP, 출생 시 기대수명, 성인문해율, 학교등록률을 포함한 UNDP의 인간개발지수(Human Development Index)라는 것을 감안하면, 이 지표의 하락이 일본의 경기침체와 직결되어 있다는 사실을 알 수 있다.

일본의 기대수명은 세계 최고이며(2007년 82.6세), 문해율과 학교등록률도 최고수준이나, 1인당 GDP는 1995년(42,237.8달러)을 정점으로 하락했다(2000년 36,790달러, 2007년 34,326달러; 각각 OECD 국가 중 3위, 19위). 종신고용과 연공제로 대표되던 일본의 특수한 고용 관행은 경제침체와 함께 효율성을 위해 바뀌기 시작하여 성과급제를 대폭 도입하고 파견노동법(1985년 제정 이후 수차례 개정하면서 현재에 이름) 제정 등으로 노동의 유연화를 꾀했다. 이로 인해 1990~2000년대를 통하여 노동의 불안정성이 커지고(비정규직 비율: 1990년 20.2% → 2008년 34.1%), 실업률도 증가했다(1990~1999년 3.1% → 2000~2007년 4.7%). 청년층 사이에서는 취업이 어렵고, 자유시간을 이용하기 위해 자발적으로 비정규직을 선택하는 소위 '프리터족(freeter)'이 늘어나고, 특히 여성의 시간제(파트타임) 고용의 증가로 고용 불안정성이 심각하게 되었다(2002~2008년 평균 비정규직 비중은 여성 52.0%로 남성의 17.1%에 비해 3배 정도 높은 상황).[1] 이러한 모든 상황이 경제적 권리의 저하로 표현된 것이다.

제2장에서 논의한 것처럼 국제앰네스티와 미국 국무부의 간주관적 코딩(inter-subjective coding)의 한계를 극복하기 위해 각 지표에 대해 개별 점수 부여와 계량화를 시도한 CIRI 그룹은 여성의 권리를 별도로 계량화했는데, 그에 따르면 일본에서 1980~1990년대를 통하여 여성의 정치적 권리는 0~3의 척도(3점이 법과 실제에서 모두 보장됨)에서 2점(법에는 보장되어 있지만 실제로는 다소 침해됨)을 받은데 비해, 경제적·사회적 권리는 주로 1점(법에는 보장되어 있지만 효과적으로 집행되지 않음)을 받았다(〈그림 9-7〉 참조).

---

1. 일본 후생노동성 자료.

(2) 시민적·정치적 권리

시민적·정치적 권리 지표(제9장의 〈그림 9-4〉)도 1990년대 초 인권의 후퇴를 보여준다. Freedom House로부터 최고점을 받았던 상황[2]에서 1990년으로부터 1995년에 걸쳐 그 다음 단계[3]로 평가가 떨어졌다. 1995년 후반부터 다시 상승하기는 하지만 최고 수준을 회복하지는 못했다. 1990년까지 서구보다 높게 평가되었던 일본은 1990년대에 들어서부터 줄곧 서구에 비해 낮게 평가되고 있으며, 1970년대에 매우 낮은 평가를 받던 한국은 계속 성장하여 2000년대 후반부터는 일본과 같은 수준의 평가를 받고 있다.

전반적으로 장애인, 노인, 아동 등의 인권을 위한 제도가 확충되고 저출산 문제로 고심하는 일본 정부의 여성과 보육을 위한 노력이 지속되었다. 앞에서 언급한 CIRI 지표의 일본 여성의 권리에서도 정치적 권리는 경제적·사회적 권리와 달리 1980년대 이후 3점 척도 중 2점에 계속 머물렀다. 전반적인 시민적·정치적 권리에 대한 평가가 왜 이렇게 낮아졌는가.

일본에서 1980년대 후반부터 노동력 부족 현상과 농촌 문제와 연관되어 외국인 노동자와 국제결혼이주여성 문제가 새롭게 대두되었다. 일본 정부는 1952년 '출입국관리령'을 시행하여 외국인 노동자의 취업을 엄격

---

2. 정치적 자유에서, 완전히 경쟁적인 선거가 이루어지고 이렇게 선출된 공직자들이 국가를 통치하는 경우. 시민적 자유에서 합리적이고 정치적인 의견을 표현하는, 특히 정당한 정치적 과정에 영향을 줄 수 있는 출판이 자유롭게 이루어지는 국가. 주요 미디어가 정부의 대중선동에 동원되지 않는 국가. 법원이 개인을 보호하고, 개인은 정치적 이유로 투옥되지 않으며, 개인의 교육권, 직업을 가질 권리, 종교를 가질 권리, 거주권이 일반적으로 보장되는 국가.

3. 정치적 자유에서 경쟁적 선거제도가 확립되어 있고 선출 공직자에 의한 통치가 이루어지긴 하지만 높은 경제적 불평등, 문맹률, 폭력 등의 요인에 의해 그 효율성이 떨어지는 국가, 또는 정치 집단 간의 권력이용이 거의 일어나지 않아 본연의 정치적 경쟁이 이루어지지 않는 경우. 시민적 자유에서 경찰과 사법부가 더욱 많은 권위주의적 전통을 유지하고 전체적으로 자유가 덜 제도화되어 있는 경우.

히 제한해왔고, 1950년대 중반 이후 1970년대에 이르는 고도 성장기에도 외국인 노동자를 수입하지 않았다. 그러나 계속되는 외국인 노동자의 불법체류 현상에 부딪치면서 1989년 '출입국관리 및 난민인정법'을 일부 개정하여 외국인 고용상황보고제도를 실시함으로써 불법체류자를 엄격히 단속하였다. 외국인연수제도를 확충하고 기능실습제도(1993)를 설립했으나 한국과 같은 고용허가제는 아직 시행되고 있지 않다. 한국과 마찬가지로 UN의 '모든 이주노동자와 그 가족의 권리보장을 위한 UN협약'(이하 이주노동자조약)에는 가입하지 않고 있으며 단순노동자의 입국은 허용하지 않는다(김희재 2003: 79-83).

중국, 필리핀, 태국 등으로부터 입국하는 결혼이주여성에 대한 특별한 정책은 없지만, 1990년대 초부터 국민건강보험, 후생연금보험법, 국민연금법, 고용보험법, 노재보험법, 개호보험법, 사회수당법 등의 외국인 적용 범위를 확대하고 있다. 그러나 아직 국내인과 동일한 정도는 아니며, 자국민우선론(특별공공이익론)의 극복이 과제가 되고 있다(임경택·설동훈 2006).

재일한국인에 대한 처우는 한국의 국제적 위상의 제고와 더불어 개선되고 있지만, 북한계 재일조선인에 대한 차별은 납치 문제 등으로 사회적 차별의 심화로 인하여 악화되었다. 치마저고리를 입은 조선학교 여학생에 대한 폭력이 증가하고 조선학교에 대한 세무사찰 같은 압력이 강해졌다. 조선학교에 대한 일본 정부와 사회의 차별에 대해서는 UN 인권소위원회 등에서 지속적으로 문제 제기가 이루어졌다.[4] 그러나 2009년 민주당 정부가 들어서면서, 일본의 과거 문제에 전향적 자세를 보이고 있으며, 오랫동안 미루어왔던 재일 한국 동포 등 영주외국인의 지방참정권을 허용하는 법안을 일본의 정부와 여당이 2010년 정기국회에 제출하기로 합의했다.[5]

---

4. 일본의 조선학교에 관해서는 정진성(2007)을 참고할 것.

부락민에 대한 일본 정부의 경제적 지원이 1970년대 이후 지속되어 거주환경과 교육여건이 크게 개선되었지만, 취직과 결혼의 어려움이 계속되는 등 사회적 차별은 여전하다. UN 인권소위원회는 1999년부터 인도, 네팔 등지에서 지금도 강고히 남아 있는 카스트제도하의 불가촉천민 차별 문제를 다루었는데, 일본의 부락민 상황도 이와 유사한 신분과 직업에 따른 차별 문제로 보고, 사회적 차별을 없애는 방안을 강구할 것을 일본 정부에 권고했다(Yokota and Chung 2009).

(3) 개인통합권리

제9장의 〈그림 9-1〉과 〈그림 9-2〉에서 볼 수 있는 것처럼, 일본에서 개인통합권리 수준은 5점 척도의 지표에서 4~5점 사이를 왕래했다. 국제앰네스티 조사에 의하면 4~5점 사이의 진동이 1970년대 이래 몇 차례 있다가 1994~1996년과 2001~2003년에 4점으로 침체가 다소 장기화된 것으로 나타났다. 또한 미국 국무부 조사에 의하면 1970년대 이후 최고수준을 벗어나지 않다가 1999년과 2002~2004년, 2007년에 후퇴를 보였다. 무엇이 이러한 후퇴를 야기했을까.

CIRI 그룹의 조사에 의하면, 일본에서 강제실종, 사법외적 살인, 정치적 구금은 1980년대에는 없는 것으로 나타났지만, 고문은 1984~1985년, 1991년과 1993~2005년에 아직도 간혹 이루어지고 있다고 보고되었다.

---

5. 민주당이 2009년 의원입법으로 준비했던 외국인 참정권 법안은 영주외국인 선거권 부여 대상을 '일본과 외교관계가 있는 국가의 국적을 보유한 자와 그에 준하는 지역 출신자'로 한정했다. 따라서 법안이 이렇게 확정되면 대한민국 국적을 가진 재일동포는 지방 참정권을 가질 수 있지만 북한을 국적으로 하는 조총련은 배제될 가능성이 크다. 또 지방 참정권이 부여되더라도 자치단체장이나 지방의원에 입후보할 수 있는 '피선거권'은 허용되지 않을 것으로 보인다. 법안이 제출되면 영주외국인에게 참정권 부여를 요구해왔던 공명당과 공산당이 찬성할 것으로 보인다. 하지만 연립여당 내에서 사민당은 찬성하고 있으나 국민신당이 반대하고 있고 민주당 일각에서도 신중론이 있어 논란이 예상된다(조선일보 2010. 1. 12).

〈그림 12-1〉 일본의 사형집행 건수(1991~2008)

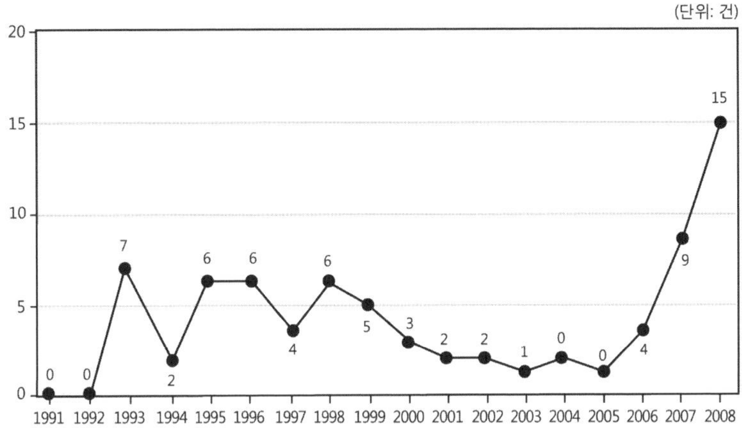

자료: 일본 검찰통계연보.

이 조사에 의하면 시기에 따른 개인통합권리의 진동은 고문에 의한 것으로 나타났다.

강제실종, 사법외적 살인, 정치적 구금, 고문의 네 변수를 포함시키는 개인통합권리 범주에는 들어가지 않지만, 사형집행 건수가 개인통합권리의 추이와 유사한 변화를 보인 것은 흥미롭다. 일본 검찰통계연보에 나타난 사형집행 건수를 보면, 1990~1992년에는 사형집행이 한 건도 없다가 1993년에 크게 늘어났으며 2000년대에 들어서 줄어들다가 2007년 이후 다시 크게 늘어났다.

(4) 인권의식에 대한 주관적 평가

일본의 내각부대신관방정부홍보실(内閣府大臣官房政府弘報室)은 1958년부터 '인권옹호에 관한 세론조사(人權擁護に關する世論調査)'를 실시하여 2007년 열 번째 조사를 마친 바 있다. 이 조사에 관해서는 제14장에서 자세히 논의하겠지만, 전반적으로 인권 상황에 대한 일본인의 평가는 1990년대

이후 부정적으로 변화된 결과를 보여주었다.

'기본적 인권은 침해할 수 없는 영구적인 권리로서 헌법으로 보장되어 있다는 것을 알고 있는가'라는 질문에 대하여 1988년 이후 1993년, 1997년, 2003년, 2007년 다섯 번의 조사에서 모른다는 사람의 비율이 점점 많아졌다(각각 16.1%, 19.3%, 20.1%, 20.0%, 22.2%: 〈그림 14-1〉 참조). 또한 1971년부터 2007년 이르기까지 대체로 '지난 5~6년간 일본 사회에서 인권 침해가 증가했다'고 보는 사람이 늘어났으며(〈그림 14-5〉 참조), '자신의 인권이 침해되었다고 생각한 적이 있다'고 답한 사람의 비율도 늘어났다(〈그림 14-6〉 참조). 이것은 인권 침해에 대한 민감성이 증가한 것으로 해석할 수도 있으나, 어찌되었든 일본 사회와 자신의 인권 상황에 대한 평가가 부정적으로 변화되었다는 것을 보여준다. 이와 더불어 '자신의 인권만을 주장하여 타인에게 끼치는 폐를 생각하지 않는 사람이 늘어났다'고 생각하는 사람도 늘어나서(〈그림 14-8〉 참조), 전반적으로 인권에 대하여 부정적인 생각이 많아졌다는 것을 알 수 있다.

이러한 부정적인 평가는 공동체의 붕괴나 일본 사회의 침체에 대한 일본인의 위기의식과 관련 있는 것으로 판단된다.

2) 인권 상황 침체의 사회적 조건

일본 인권 연구자들 대부분은 1990년대에 들어 일본에서 평화헌법 개정 움직임이 확대되고 경기침체와 함께 사회 전반에 보수적인 흐름이 전면에 등장한 것과 인권의 후퇴를 연결시키는 데 주저하는 듯하다. 또한 일본이 1990년대에 들어 그동안의 소극적 자세에서 벗어나 국제사회에 매우 적극적으로 임하여 UN의 여러 조약에 가입하고 이미 가입한 조약기구에는 그동안 밀린 보고서를 대거 제출한 것을 단지 인권의 큰 진전이라고 평가할 뿐 그 다면성에 대한 판단을 보류하는 듯하다. 그러나 이것은 마치 북한이 1990년대 말부터 2000년대 초에 걸쳐 UN에서 인권 상황에 대한 비판을 대면하면서 여성차별철폐조약에 가입하고 시민적·정치적 권리에 관한 국제 조약, 아동권리협약 등 여러 이미 가입한 조약기구에 그동안 밀렸던 보고서를 대거 제출했던 바와 같이(정진성 2006 참조), 다분히 방어적인 자세라고 봐야 할 것이다. 앞서 살펴본 것처럼 1970년대 혹은 1980년대 이후부터 발전하기 시작한 글로벌 인권 지표들은 일본의 인권 상황이 1970~80년대를 통하여 꾸준히 발전하다가 1990년대에 들어 일시적으로 후퇴하는 경향을 보여주었다.

그와 관련하여 서구와 일본의 학자들은 일본에 대한 국제적 영향을 서구 국가들에 한정하여 보는 경향이 있다. 1990년대 초부터 아시아 국가들의 일본에 대한 전쟁 책임 추궁이 시민운동과 인권 상황에 미친 영향을 간과하는 것은 그 한 예다. 그것은 일본의 경제 발전 과정에서 주변 아시아 국가들에 대한 침략과 공격적 투자의 영향을 무시하는 것과 같은 맥락이다. 특히 일본의 인권 발전에 있어서 아시아 국가들과의 관계는 재일한국인이나 외국인 노동자, 결혼이주여성 등의 직접적 대상뿐만 아니라 사회 전반의 의식 변화에 중요한 영향을 준다는 점에 주목할 필요가 있다.

(1) 장기 경제침체

1990년대 들어 일본에서 인권이 후퇴한 것의 명시적이고 중요한 배경은 경제침체가 장기화된 것이다(실질GDP 성장률: 1990~1999년 1.5%, 2000~2007년 1.7%). 앞서 본 것처럼 일본의 1인당 GDP는 1995년의 최고 수준을 아직도 회복하지 못하고 있다. 주가·지가·정부채무의 추이는 1990년대 초부터의 경기후퇴를 매우 극적으로 보여준다(〈그림 12-2〉, 〈그림 12-3〉, 〈그림 12-4〉 참조). 이러한 경기후퇴가 보수적인 사회분위기를 만들고, 그것이 인권보다 경제 발전을 우선시하는 경향을 만들었다는 것은 쉽게 추론할 수 있다.

〈그림 12-2〉 일본의 주가 변동 추이

자료: http://blog.daum.net/chateau_henry/6400615

〈그림 12-3〉 도쿄 공시 지가 추이

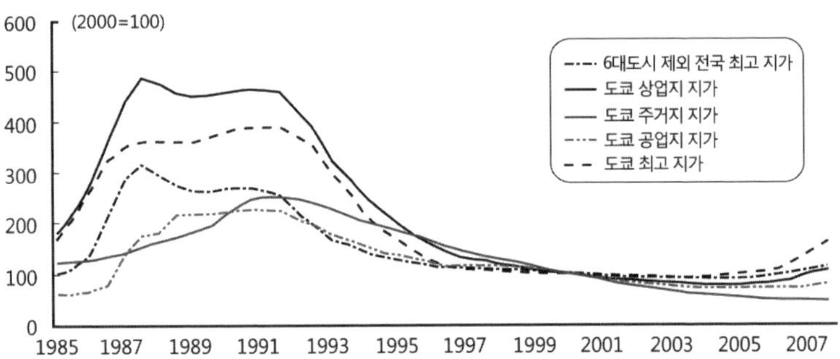

자료: 日本 国土交通省; 노희순·최현우(2007)에서 재인용.

일본의 대외원조 액수도 감소했다. 경제 상황이 나빠지면서 해외원조에 대한 일본 국민의 인식이 부정적으로 변한 것도 그 한 이유다. 내각부에서 실시한 '외교에 관한 세론조사'에 따르면, 공적개발원조(ODA)에 대한 지출을 감소 또는 즉시 중단해야 한다는 응답이 1990년대 10%대에서 2000년대 중반에는 30% 정도로 증가했다.

〈그림 12-4〉 일본의 재정

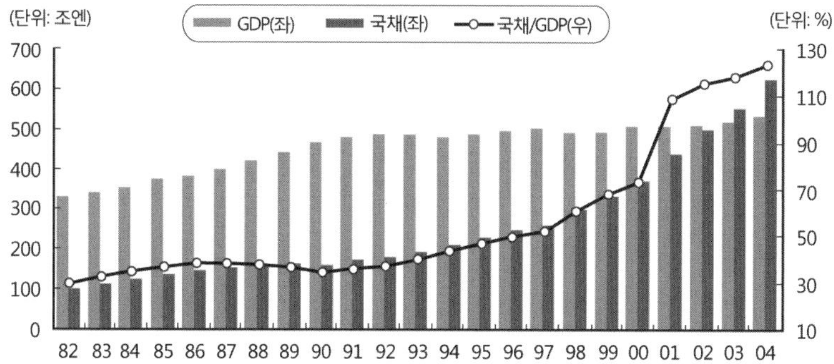

자료: 日本 財務省; 경제정책비서관실(2006: 23)에서 재인용.

〈그림 12-5〉 일본의 공적개발 원조금액 추이

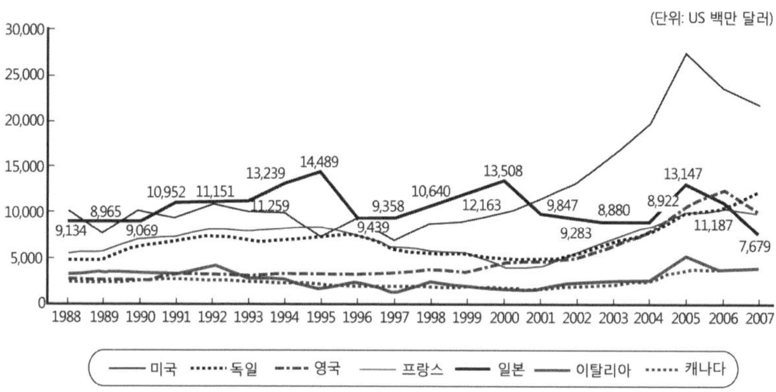

자료: 日本 外務省(2009).

(2) 국제적 조건

1990년대 이후 인권 상황의 침체는 몇 가지 국제적 조건들이 상호 교차하는 가운데 형성되고 있었다. 이 국제적 조건들은 1990년대에 일시적으로 일본의 인권 상황을 후퇴시켰지만, 장기적으로 볼 때 인권을 회복시

키는 효과를 가져온 요소들이라고 판단된다.

① 아시아 국가들의 전쟁 책임 추궁

1990년대 초 냉전체제의 붕괴와 아시아 여러 나라들의 경제회복 등으로 새롭게 과거 일본의 전쟁 책임을 추궁하는 움직임이 한국을 비롯하여 대만, 필리핀에 이어 중국으로 확산되었다. 무엇보다도 국내의 민주화와 여성운동이 비약적으로 성장한 한국의 시민단체들이 운동을 주도하여 전 세계의 지지를 얻어내는 데 성공했다.

일본의 자존심에 큰 상처를 준 문제는 특히 1930년대 초부터 제2차 세계대전이 끝날 때까지 지속되었던 일본군위안부제도다. 이 문제는 보편적인 여성 인권의 침해 문제로서 전 세계 인권·여성단체에 큰 파장을 일으켰으며, 일본의 여성운동에도 중요한 영향을 미쳤다. 한국과 일본, 필리핀 등의 여성단체는 1992년 UN 인권소위원회에, 1993년에는 인권위원회에, 1995년에는 국제노동기구(ILO)에 이 문제를 제기하여 일본 정부가 인도에 반한 죄와 전쟁범죄를 저질렀다는 국제법적 판단을 이끌어냈다. 이후 강제노동 동원 문제, 교과서 문제 등 일본의 식민지배와 전쟁동원의 문제는 일본의 자기인식과 국제적 이미지에 큰 손상을 입혔다(정진성 2004 참조).

이러한 아시아 여러 나라의 일본에 대한 비판과 자신감의 흔들림은 한편으로 일본 사회를 보수화시키는 결과를 낳았다. 『諸君』, 『正論』, 『文藝春秋』와 같은 잡지에 한국과 중국을 비난하며 일본의 전쟁 책임을 미화하는 글들이 무수히 쏟아져 나왔으며, 일본의 사회교과서는 1990년대 전반에 전쟁 책임을 다소 인정하는 내용이 들어갔다가 1990년대 후반 이후 일제히 그 비중이 줄어들고 있으며, 후쇼사(扶桑社)의 교과서처럼 극단적으로 일본의 전쟁 책임을 미화하는 교과서가 만들어지기도 했다.

이러한 가운데 1970~1980년대에 확산된 일본의 긍정적 특수성에 대한 인식은 1990년대에 들어 혼돈에 빠지게 되었다. 더 이상 일본이 다른 나라에 비해 특별히 우수하다거나 열등하다는 일본적 특수성 논의는 점차 사라졌다. 아오키는 이러한 상황을 '특수에서 보편으로' 일본사회 진단이 바뀌어갔다고 판단하였다(아오키 다모쓰 1997: 제6장). 이러한 일본인의 자기인식은 경제불황과 더불어 이러한 윤리적 비난에 직면해서 이루어진 것으로, 인권의식의 신장에 부정적인 영향을 미쳤다고 볼 수 있다.

그러나 다른 한편 아시아 국가들의 전쟁 책임 추궁은 정부 비판을 하는 기능이 거의 없어진 일본의 시민운동 가운데 새롭게 비판적인 사회운동이 형성되고 재일한국인 등 외국인 문제에 대하여 사회적 관심을 환기시키는 계기가 되기도 했다. 결과적으로 아시아 국가들의 문제 제기는 다소 획일적이었던 일본 사회를 다양화시킨 효과를 낳았다고 볼 수 있다. 인권에 미친 영향도 일시적으로 부정적이지만 궁극적으로는 질적인 향상을 가져올 것이라고 판단된다.

② 국제기구의 일본 정부 비판

일본은 경제적으로 부흥하여 UN을 비롯한 국제기구에 가장 큰 분담금을 내는 나라 중 하나이지만 국제인권레짐에서 리더십을 갖고 있다고 볼 수는 없다. 오히려 국제인권레짐으로부터 여러 비판적 권고를 받고 있는 상태다. 앞서 언급한 것처럼 전시 성노예제에 대하여 인권소위원회와 인권위원회, 국제노동기구(ILO)로부터 국가 차원의 공식 사죄와 피해자가 원하는 방식의 보상 등을 요구받았다. 1992년부터 강도 높게 시작된 인권소위원회와 인권위원회에서의 아시아 시민단체들의 비판, 1996년 인권위원회의 '여성폭력' 특별보고관의 보고서에 실린 일본 정부에 대한 권고(Coomaraswamy 1996), 1998년 인권소위원회의 '전시하 체계적 강간, 성노예제 및 그와 유사한 관행' 특별보고관의 일본 정부에 대한 권고(McDougall 1998), 1995년부터 거의 매년 나온 ILO 전문가위원회의 일본 정부에 대한 권고(International Labor Organization 1996, 1997 등)는 일본 정부가 제2차 세계대전 중에 저지른 전쟁범죄와 인도에 반한 죄에 대하여 현재까지 적절한 조치를 취하지 않고 있다고 비판했다. 이러한 UN에서의 논의들이 1990년대 일본의 글로벌 인권 지표 평가에 부정적 영향을 미쳤을 것임에 틀림없다.

뿐만 아니라, 앞서 논의한 것처럼 종전 후에 일본 정부가 설립한 여러 인권옹호제도가 발전하지 못하고 그대로 정부의 법무성 소관 아래 놓여 있다는 것도 국제사회의 비판의 대상이 되었다. 예컨대, 법무성의 인권옹호위원이 종전 후 설립되어 현재까지 일본 전 지역에서 활동하고 있으며, UN이 권장하고 있는 정부 기관으로부터 독립된 국가인권기구는 설립되지 못한 상태다.

UN이 1993년에 합의한 '파리원칙'은 인권 구제 기관을 정부로부터 독립된 형태로 설치해야 한다고 명시하고 있다. 그로 인해 1998년에 UN 시민정치 권리위원회로부터, 일본 법무성에서 독립된 형태로 인권 구제 기관을 설치할 것을 권고받았다.

2002년에는 UN 인권고등판무관실의 국가인권기구에 대한 특별 자문위원(Special Adviser on National Institutions to the High Commissioner for Human Rights, the United Nations)인 Brian Burdekin이 일본을 방문하여, 일본의 시민단체와 국제 인권 NGO(IMADR)와 함께 일본의 인권 상황에 대한 의견 교환회를 가졌다. 여기서의 주된 주제는 아직도 일본의 인권옹호법안이 파리원칙에 합치하지 않고 있으며, 특히 정부로부터 독립된 인권위원회가 존재하지 않는다는 점이었다. Burdekin 씨는 이러한 생각을 담은 문서를 코이즈미 총리에게 전했다.[6] 이러한 문제들이 글로벌 인권 지표에 영향을 미쳤을 것이라고 판단된다.

이러한 국제사회의 비판이 글로벌 인권 지표에 부정적인 영향을 미쳤을 것이지만, 궁극적으로 일본 정부와 사회에 충격을 주어 인권 상황 개

6. http://www.eda-jp.com/satsuki/2005/050401.html

선에 계기를 만들고 있는 것도 사실이다. 따라서 이러한 국제적 조건은 앞서 아시아 국가들의 비판과 마찬가지로 일시적으로 일본을 방어적으로 만들었지만, 결국 일본을 차츰 변화시켜 2000년대에 인권 상황을 다소 회복하게 한 요소가 되었다고 볼 수 있다.

③ 일본 정부의 국제인권레짐에의 참여

1990년대에 들어 일본에 대한 국제사회의 비판은 다른 한편으로 일본 정부를 인권과 관련한 국제사회에서 보다 활발하게 움직이도록 만들었다. 앞의 〈표 11-1〉에서 볼 수 있는 것처럼, 1990년대에 들어 일본 정부는 계속해서 여러 UN 조약(아동권리협약, 인종차별철폐조약, 고문방지조약)에 가입했다. 이 가운데 아동권리협약은 체결 자체가 1990년이므로 1994년에 일본이 가입한 것은 크게 주목할 만하지는 않다. 그러나 1966년에 체결된 인종차별철폐조약과 1984년에 체결된 고문방지조약에의 가입이 1990년대 중반 이후에 이루어진 것은 아무래도 1990년대 전반의 급격한 인권 하락에 대한 국제적 차원에서의 방어 전략이라고 판단된다.

앞서 언급한 것처럼 일본 정부는 부락민, 재일한국인, 외국인 노동자, 아이누, 오키나와 문제 등 여러 심각한 사회적 차별 문제가 국제사회에서 논의되는 것에 대한 부담을 가지고 인종차별철폐조약에 가입하지 않고 있었다. 인종차별철폐조약 가입을 요구하는 시민사회의 움직임이 있었지만, 그것이 이루어진 것은 사회당 연립정부에 의해서다. 1994년 12월 7일, 당시의 여당(자민당, 사회당, 신당 사키가케) 내에 '인권과 차별 문제에 관한 프로젝트'가 설치되어 1995년 6월까지 14회에 걸쳐 회의가 거듭되었다. 이 프로젝트에서는 그해 국회 회기 중에 조약 비준을 일본 정부에 요구하기로 하였다. 1995년 말에 개최된 제134회 임시 국회에서 인종차별철폐조약 체결 안건이 국회에 상정되었다. 이때에도 '인권과 차별 문제에 관한 프로젝트'는 '동 조약의 대상에는 부락 문제 등 사회적 문제도 포함된다'고 주장했으나 외무성 측은 '동 조약은 어디까지나 인종, 민족, 종족 등에 기초한 차별을 대상으로 함으로써 부락 문제와 같은 사회적 출신에 기초한 차별까지는 포함되지 않는다'고 주장하였다. 그러나 앞서 언급한 대로 인종차별철폐조약 제1조는 인종차별이 신분 또는 가문(descent)에 기초한 차별을 포함한다고 명기되어 있다.[7]

일본 정부는 인종차별철폐조약에 가입한 후에도 2000년에 단 한 차례의 보고서만을 제출한 상태다. 또한 고문방지조약에도 1999년에야 가입한 것은 앞서 논의한 대로 아직도 일본에서 고문이 이루어지고 있는 상황과 무관하지 않을 것이다. 일본은 고문방지조약에 가입한 후에도 보고서를 2005년에 단 한 번만 제출한 상태다. 경제사회문화 권리위원회에는 1986년에 보고서를 제출한 후 12년 만인 1998년에 다음 보고서를 제출했다. 이주노동자조약에는 아직 가입하지 않고 있다.

한편 일본 정부는 시민사회를 지원하여 UN 인권기구에 일본의 이미지를 높이는 작업도 적극적으로 추진하고 있다. 예컨대 니뽄재단(Nippon Foundation)이 오랫동안 노력해온 세계의 한센병 환자 지원을 인권소위원회에 알렸고, 2008년 인권소위원회가 해체되고 새롭게 출발한 인권이사회자문위원회에 주요 의제로 한센병 환자의 인권 문제를 제기하는 데 적극적인 역할을 했으며, 창가학회(創価学会, 소카가카이)가 힘을 기울이는 인권교육 문제를 인권소위원회와 그 후의 인권이사회자문위원회의 주요 의제로 상정하도록 하는 적극성을 보이고 있다.

1992년에는 공적개발원조(ODA)의 조건으로 상대국의 인권 상황을 고려한다는 방침을 세웠으며(Neary 2002: 49), 앞서 본 것처럼 미국보다 많은 세계 최대 액수를 지원했으나, 1990년대 중반 이후 점차 그 액수가 감소하여 2007년에는 세계 5위 원조국으로 후퇴했다.

1990년대 일본의 인권 지표가 급격히 하락한 상황에서 이루어진 이러

---

7. 사단법인 부락해방·인권연구소 홈페이지(http://blhrri.org/kokusai/un/un_0004.htm) 참조.

한 정부의 UN 조약 가입과 보고서 제출은 다분히 침체되어 있는 국내 상황을 타개하고 일본의 국제적 이미지를 높이고자 하는 방어적인 자세라고 해석된다. 이후 계속해서 보고서를 제출하는 것에 그다지 성의를 보이지 않는 것은 그러한 국제인권레짐에의 참여가 최소한의 방어 수준에 그치고 있다는 것을 보여준다.

(3) 정치적 변화와 보수화

1955년부터 굳건히 자리를 지키던 자민당체제는 일시적으로(1993~1996) 사회당 연립정부에게 자리를 내어주었다. 아이러니컬하게도 이 시기에 모든 글로벌 인권 지표들과 주관적 지표는 일제히 후퇴의 기록을 보여준다. 이것은 이전 시기에 누적되었던 문제들이 드러난 것이라고 해석해야 할 것이다. 실제로 사회당 연립정권은 아시아 국가들의 전쟁 책임 추궁에 대하여 총리 차원의 사과 발언을 했으며, 피해자와 지원단체들이 정부의 공식적이고 법적인 책임을 회피하는 조치라고 생각하여 반대하기는 했지만, 민간 모금을 통하여 일본군위안부 피해자들에게 위로금을 지급하는 조치를 취했다. 또한 사회당 연립정부는 오랫동안 미루어왔던 UN 인종차별철폐조약 가입을 1995년에 마침내 단행했다.

다만, 1995년 전후하여 신체통합권리 지표와 시민적·정치적 권리 지표가 일시적으로 하락했던 시기에 일어난 정치적 사건에 주목할 필요가 있다. 사회당 연립 정권 시기였던 1995년 3월 20일, 옴진리교 신자에 의해 지하철 사린 사건이 일어났다. 이 사건을 계기로 무라야마 내각은 이 교단에 대한 파괴활동방지법[8]의 적용을 검토하고 이에 따라 공안조사청

---

8. 폭력주의적 파괴 활동을 행한 단체에 대한 규제 조치를 정한 법률. 1952년 시행 당시에는 일본공산당, 일본적군 등의 공산주의 세력 확대를 방지하는 목적도 있었기 때문에, 원래 사회당은 이 법률에 대해 부정적이었다. 또한 이 법률을 확대 해석할 경우, 언론의 자유 등 권리에도 많은 영향을 끼칠 수 있다는 점에서 문제가 많다.

이 처분 청구를 했으나, 공안심사위원회는 요건에 맞지 않는다고 판단하여 적용을 보류했다. 또한 이러한 사건을 둘러싸고 무라야마 총리 자신이 '별건체포(別件逮捕) 등 모든 수단을 동원해서' 옴진리교에 대한 수사를 행하도록 한다고 언급한 바 있다. 이 발언으로 인해 무라야마와 일본 정부는 일본 국내의 인권 변호사들로부터 큰 반발과 항의를 받았다. 이러한 일련의 사건과 움직임들이 인권 보고서에 영향을 미쳤다고 볼 수 있다.[9]

자민당이 복귀한 이후에 일본의 보수화는 지속되어 1999년 국기·국가법이 통과되어 종전 후 불법화되었던 국기게양과 기미가요 제창이 공식적으로 허용되기에 이르렀으며, 평화헌법 개정운동도 계속되고 있다. 2009년 자민당이 야당인 민주당에 참패했으나 그러한 정치적 상황이 인권에 미치는 효과는 아직은 알 수 없다. 일본에서 정치적 변화는 그 자체가 미미하며, 1955년 이후 단 한 차례 1993~1996년에 있었던 변화도 그 인권에 대한 효과는 이와 같이 양면적이다.

(4) 시민운동의 다양화

1990년대 일본에서 시민운동의 변화는 정치적 변화에 비해 더 명확히 이루어졌다. 이 시기 국내외적 사회조건은 일본의 사회운동에 새로운 경향을 만들었던 것이다. 한편으로 우파운동이 확산되고, 다른 한편으로 전후 일본에서 찾아보기 힘들던 비판적 사회운동이 대두된 것이다. 물론 보다 큰 사회운동의 흐름은 주민운동 이후 전 사회에 뿌리를 내린 이른바 새로운 사회운동이다. 전쟁 책임을 둘러싸고 이루어진 새로운 보수-비판의 대립은 특정 계급이나 정당에 관계없이 일반 시민층에서 형성되고 있으며 지식인이 주도한다는 점에서 과거의 사회운동과는 구별된다.

---

9. http://www.asahi-net.or.jp/~mg5s-hsgw/jinkenyougo_houan/020716.html 참조.

① 우파운동

보수집단은 전쟁 책임을 부정한다. 나아가 아시아 국가들을 서구로부터 해방시켰다고 주장하며, 일본이 이제 정상적으로 군대도 보유하는 '보통 국가'가 되어야 한다고 생각한다. '새로운 역사교과서를 만드는 모임(新しい歴史教科書をつくる會)'이나 평화헌법 개정운동[10]은 그 대표적인 것이었다. 이 운동은 전후 다소 희화화되었던 극우파와 보다 일반적인 보수집단의 간극을 메우면서 광범위한 지지세력을 만들어 일본 사회를 전체적으로 우경화하는 데 기여했다(정진성 2001: 35-37).

② 비판적 운동의 태동

이에 반해 비판세력은 그러한 반동적인 집단과 정부를 비판하고 일본의 전쟁 책임을 인정하며 그에 대한 적절한 사죄와 배상조치를 행하는 일만이 일본이 보다 발전된 국가가 되는 길이라고 믿는 집단이다. 부락민운동이나 재일한국인운동, 외국인 노동자 지원운동 등을 제외하고 비판적인 사회운동은 전후 일본에서 거의 없었으며 1990년대 이후에도 광범위한 시민운동 흐름은 탈이데올로기적이며 정부와 협력적이다. 그에 비하면 규모는 매우 작지만, 지식인과 여성단체에서 싹을 키운 이 비판운동은 전후 일본의 사회운동에 매우 중요한 의미를 지닌다. 2009년 현재에도 이 전후보상운동은 한국을 비롯하여 여러 아시아 국가들과 네트워크를 이루면서 지속되고 있다(정진성 2004: 제10장).

③ 1990년대 말 시민활동의 비약적 증가

이러한 양극단의 사회운동 저변에는 소위 새로운 시민운동의 큰 흐름이

10. 1946년에 제정된 일본헌법의 제9조는 "일본 국민은 정의와 질서를 기조로 하는 국제평화를 성실히 바라고 구하여, 국권의 발동으로서 전쟁과 무력에 의한 위협 또는 무력의 행사를 국제분쟁을 해결하는 수단으로서는 영구하게 포기한다"(제1항), "전항의 목적을 달성하기 위하여 육해공군 그 밖의 전력을 가지지 않는다. 국가의 교전권을 이정하지 않는다"(제2항)고 명기했는데, 이를 개정해야 한다는 것이다. 제9조의 개정 논의는 1950년대 말과 1980년대를 거쳐 1990년대 본격화되었다.

〈그림 12-6〉 일본의 NPO 수 추이

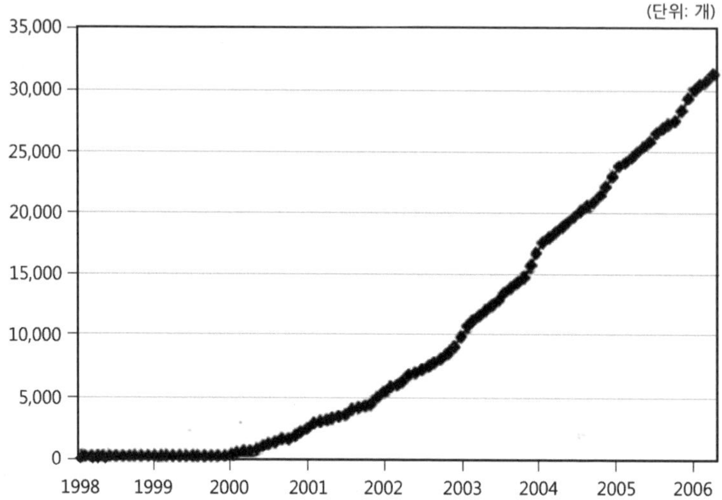

자료: 日本 內閣府(2007); Ogawa Akihiro(2009)에서 재인용.

확산되고 있다. 마치즈쿠리운동(최근 약화되었지만), 자원(volunteer)운동, 생협운동 등 시민운동에는 기업과 행정도 가세하는데 그것은 '공익'이라는 공동의 가치 때문이다. 1995년 코베 대지진 때 전국에서 몰려든 자원활동가들의 경험 이후, 정부가 시민활동을 돕는 시민활동촉진법(NPO법) 제정운동이 확산되었고 1998년 '특정비영리활동촉진법'으로 개명되어 시행되기에 이르렀다. 이 법이 시행된 후 NPO 수는 비약적으로 증대했다(〈그림 12-6〉 참조).

이와 더불어 1980년대 말부터 후진국을 돕는 국제협력 NGO[11]도 정부의 도움을 받으면서 크게 늘어났다. 일본인의 인권 관념이 국제협력으로 확대된 것은 전반적인 인권 발전의 중요한 징표라고 볼 수 있다.

11. 일본에서 일반적으로 NPO는 국내활동단체를, NGO는 국제활동단체를 일컫는다.

제 4 부

인권 개선의 주관적 차원

제1부에서는 글로벌 인권 지표 및 인권 개선과 관련된 기존의 연구와 이론적 논의를 정리해보았다. 그리고 제2부와 제3부에서는 제1부에서 논의된 이론적 틀에 입각하여 한국과 일본의 인권 변화 추이와 그러한 변화를 불러온 조건을 검토하였다.

제4부에서는 향후 인권과 인권 개선 연구에서 주관적 지표의 중요성이 점차 증가할 것이라는 판단 아래 주관적 인권 지표의 가능성을 탐색해보겠다. 제13장의 경우 연구자들이 2008년에 직접 실시한 한국인에 대한 인권의식조사 결과를 살펴보고, 제14장에서는 일본의 경우에 초점을 맞추어 1958년 이래로 내각부가 실시해오고 있는 대일본 국민인권의식조사 결과를 소개하고, 이러한 결과가 어떻게 인권의 지표화와 인권 개선 연구에 활용될 수 있는지를 탐색해보고자 한다.

한국의 인권의식조사의 경우는 2005년 국가인권위원회의 조사와 2008년 본 연구진에 의한 조사가 거의 유일하므로 시기별 비교가 어려운 반면, 일본의 인권의식조사는 1958년 이래 6~7년마다 정기적으로 실시되었고 2007년에 이르기까지 총 10회의 조사가 실시되었으므로, 객관적 지표 분석에서와 마찬가지로 인권 관념의 변화를 측정할 수 있는 하나의 실마리를 제공하고 있다.

13. 주관적 인권 지표로 본 한국의 인권 추이

1) 주관적 인권 지표 소개

앞서 3부까지는 객관적 지표를 통해 한국과 일본의 인권 개선 추이를 살펴보았다. 그러나 이러한 객관적 지표는 인권에 대한 구체적 체험을 통해 어느 정도 인권이 개선되었는가 하는 주관적 측면을 반영하지 못한다는 한계가 있다. 이런 객관적 지표의 한계를 보완하기 위해 인권의 주관적 지표가 될 수 있는 인권의식조사를 수행하였다. 1958년부터 인권의식조사를 실시해온 일본과 달리 한국의 경우 인권의식조사가 거의 전무한 실정이다. 여기서 활용한 주관적 인권 지표는 두 가지로서 국가인권위원회가 2005년 1월 (주)한국리서치에 의뢰하여 실시한 '2005 국민인권의식조사' 내용과 서울대학교 사회발전연구소 산하 인권과 세계화 센터가 2008년 한국갤럽에 의뢰하여 실시한 '한국사회에 대한 인식조사'의 일부 내용을 토대로 현재 한국 국민이 어느 정도의 인권의식이 있으며, 그것이 과거와 어떤 차이를 보이는지를 조사하였다.

전자의 경우 국가인권위원회의 출범과 긴밀한 연관이 있는 인권의식조사다. 한국 사회에서 '인권'이라는 개념이 보편화된 것은 아주 최근의 일이다. 2001년 11월 국가인권위원회가 설립되면서 국민의 인권의식을 제고하기 위한 다양한 노력들이 시도되었다. 한국 사회의 구석구석에서 벌어지고 있는 인권 침해 사례나 부분적 혹은 체계적인 방식으로 추진되고 있는 인권 개선 노력에 대해서 과연 국민들은 어느 정도 민감하게 인식하고 있는가에 대한 인권의식조사는 2005년 국가인권위원회에서 시도한 것이 첫 출발점이다.

2005년 1월부터 3월까지 실시된 국민인권의식조사는 일반인 1,263명과 전문가(인권 관련 연구자와 활동가) 90명 그리고 인권시민단체 관계자 101명에 대한 개별면접 설문조사와 심층면접 조사를 병행하는 식으로 진행하였다. 일반인은 전국을 16개 층(7개 특별시·광역시와 9개 도)으로 나누어 계통추출방법으로 표본을 선정하였고, 통계청이 관리하고 있는 2만 4,998개의 조사구 리스트 중에 120개의 조사구를 추출하여 조사구별로 10명씩 조사하였다(국가인권위원회 2005: 6). 일반인 조사는 표본으로 선정된 가구의 가구원을 대상으로 조사했으며, 전문가 조사는 사전에 확보한 전문가 명단의 해당 전문가를 대상으로 조사를 진행하였고, 인권단체 관계자 조사는 해당 단체에 상근하는 간부를 대상으로 조사하였다. 조사내용으로는 전반적인 인권 상황에 대한 질문, 인권의식에 대한 질문, 인권 침해에 대한 질문, 차별에 대한 질문, 인권 현안에 대한 질문, 국가인권위원회에 대한 질문, 인권교육에 대한 질문, 청소년 인권 상황에 대한 질문, 인구·사회학적 배경 질문 등을 포함하였다(국가인권위원회 2005).

후자의 경우는 한국 사회에 새롭게 부상하고 있는 위험, 안전, 차별, 신뢰 등 다양한 사회적 이슈에 대한 일반의식에서 인권의식이 차지하고 있는 부분은 어느 정도일까라는 문제의식에 기초하고 있다. 2008년 8월 서울대학교 사회발전연구소 인권과 세계화 센터가 한국갤럽에 의뢰하여 총 1,002명에 대한 인권의식조사를 실시하였다. 이 조사의 모집단은 전국 만 19세 이상 성인 남녀를 대상으로 지역(시/도)별 인구수에 비례해서 추출하는 '층화무작위 추출방법'을 통해 유효 표본 1,002명을 최종 선택하였다. 자료 수집은 인권 항목을 설문으로 만들어 전체 '2008 사회의식조사'의 구조화된 질문지에 포함시키는 방법을 택하였다. 2008년 8월 12일부터 24일까지 약 13일간 진행되었으며, 면접조사는 한국갤럽 조사연구원이 담당하였다.

조사 항목은 〈부록〉에 제시한 것처럼 인권 관련 주요 질문으로 인권 상황에 대한 인식, 인권 문제의 심각성 그리고 3년 전에 비해 인권 개선 유무 등의 인권감수성(human rights sensibility)에 대한 질문, 그리고 인권 보호가 가장 우선적으로 이루어져 할 인권보호 대상자에 대한 질문, 개인이나 가족의 인권 침해 경험에 관한 질문, 인권교육과 홍보 방법에 대한 질문, 정부의 인권 증진 정책에 관한 질문, 그리고 '인권가치' 의식에 관한 질문 등을 담고 있다.

비록 두 조사 시기가 3년이라는 짧은 간격을 유지하고 있음에도 불구하고 김대중 정권 말기와 노무현 정권 시기의 객관적 차원의 인권 지표상에 나타나는 인권 개선을 주관적 차원의 지표로 보완해준다는 측면에서 가치가 있다.

2) 인권의식조사 비교 분석

(1) 인권 상황에 대한 인식

'한국 사회의 인권 문제가 얼마나 심각하다고 생각하는가?'라는 질문에 2005년에는 일반인 1,263명 중에 62.7%가 인권 문제가 심각하다고 응답하였고 27.2%는 심각하지 않다고 응답하였다. 이것은 10명 중 6명이 인권 문제가 심각하다고 평가하는 것으로 객관적인 지표에 따르면 한국의 인권이 개선되고 있는 것으로 나타나고 있지만 여전히 일반 국민 다수는 인권 문제가 심각하다고 느끼고 있는 것으로 나타났다. 또한 전문가의

〈그림 13-1〉 한국 사회 인권 문제의 심각성 인식: 2005년 조사

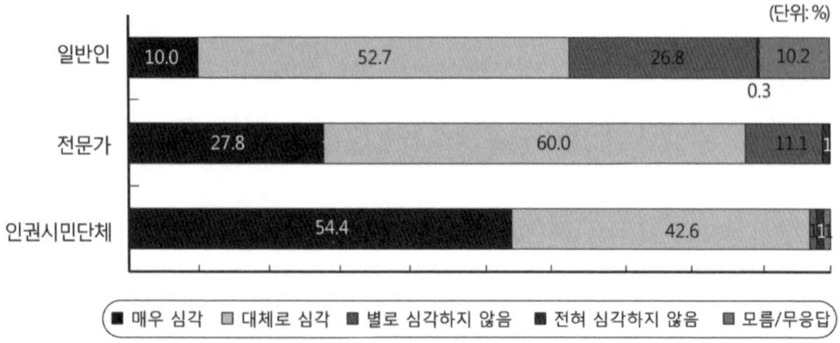

〈그림 13-2〉 한국 사회 인권 문제의 심각성 인식: 2008년 조사

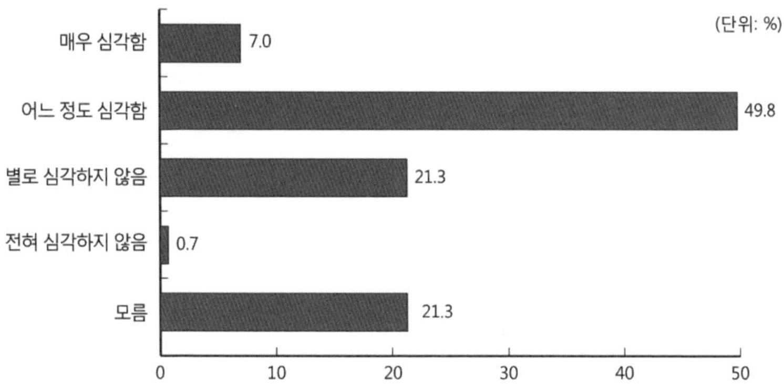

87.8%와 인권시민단체 활동가의 97%가 인권 문제가 심각하다고 응답하여 일반인보다 인권감수성이 훨씬 높은 것으로 나타났다.

2008년 인권의식조사의 경우, 동일한 내용을 1,002명의 일반인을 대상으로 질문했더니 응답자의 56.8%가 심각하다고 답했고, 22%는 심각하지 않다고 응답하였다(〈그림 13-2〉 참조). 이것은 자유권 측면에서 분명 인권 문제가 개선되었음을 의미한다. 그러나 평가를 유보하는 응답이 2005년의 10.2%에서 21.3%로 2배나 증가했다는 점을 고려한다면 한국의

인권 이슈가 단순한 자유권 개선에 머물지 않고 좀 더 다양하고 복잡한 사회권 이슈로 전환되고 있음을 의미하며 이런 이유로 응답자는 판단을 유보한 것으로 해석할 수 있다.

(2) 최근 3년간 인권 상황 개선 평가

'3년 전과 비교할 때, 한국 사회의 인권 상황은 더 나아졌다고 생각하는가, 아니면 더 나빠졌다고 생각하는가?'에 대해서 2005년 조사에서는 일반인 응답자 중 42.6%가 3년 전보다 인권 상황이 나아졌다고 답하였으며, 13.2%만이 나빠졌다고 평가했다(〈그림 13-3〉 참조). 즉 10명 중 4명 이상이 인권 상황이 개선되었다고 인식하는 것이다.

반면에 전문가의 78.9%와 인권단체 활동가의 69.3%는 인권 상황이 개선되었다고 응답했는데, 이것은 전문가와 인권단체 활동가가 일반인보다 인권 이슈에 더욱 민감하게 반응하며 개선 내용도 상대적으로 민감하게 인식하고 있음을 보여주는 것이다. 2005년 조사 당시 3년이라는 단서 조항을 넣은 문항에 대한 응답 결과는 2001년 11월 국가인권위원회 설립과 같은 제도적 개선과 노무현 정권 시기의 보다 열려진 정치기회구조를

〈그림 13-3〉 최근 3년간 인권 상황 개선 평가 : 2005년 조사

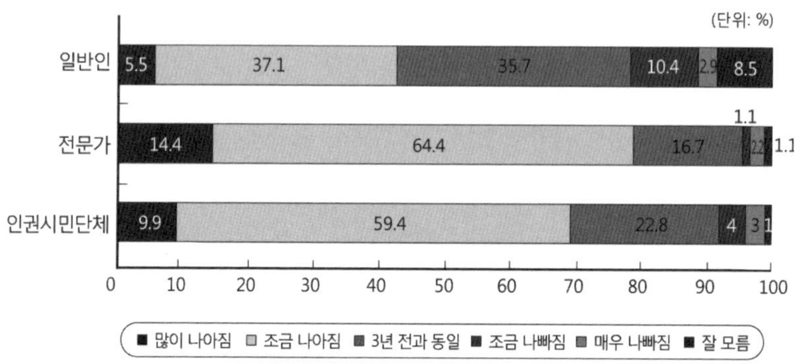

〈그림 13-4〉 최근 3년간 인권 상황 개선 평가: 2008년 조사

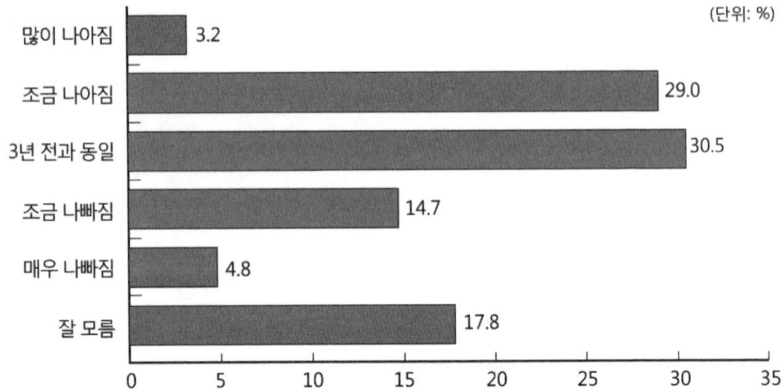

통해 개선된 인권 부문을 전문가일수록 더욱 민감하게 인식하고 있음을 의미한다.

한편 2008년 조사의 경우 동일한 질문에 대해 32.2%가 3년 전과 비교해서 인권 상황이 개선되었다고 응답하였고, 30.5%가 과거와 큰 변화가 없다고 보았으며, 19.5%는 3년 전보다 인권이 후퇴했다고 평가했다. 〈그림 13-4〉가 보여주듯이 2005년 조사보다 과거 3년간 인권 개선이 이루어졌다는 긍정적 대답은 약 10% 감소했고, 더 나빠졌다는 부정적 인식은 6%나 증가하였다. 이것은 노무현 정권보다 김대중 정권의 인권 개선 노력이 상대적으로 크다는 것을 암시한다. 인권 관련 법과 정책 측면에서 노무현 정권의 인권 개선 의지와 노력이 점차 증가하였음에도 불구하고 일반 국민이 체감하는 인권 개선 사이에는 간극이 존재함을 의미한다. 특히 노무현 정권 시기에 한미 FTA 체결을 통해 신자유주의 세계화의 영향력은 더욱 강화되었고, 그 결과 비정규직 증가, 임금 감소, 외국인 노동자 문제, 사회적 소수자와 약자에 대한 차별 같은 문제가 더욱 두드러졌는데, 〈그림 13-4〉는 이에 대한 국민의 주관적 평가를 잘 반영하고 있다고 볼 수 있다.

(3) 인권 보호가 가장 시급한 집단

2005년 조사에서 '한국 사회에서 가장 우선적으로 인권보호가 이루어져야 할 사람들은 누구라고 보십니까?'라는 질문에 일반인들은 장애인(42.3%), 외국인 노동자(24.9%), 생활극빈자와 노숙자(22.1%)의 순서로 응답하였다. 반면 전문가들은 외국인 노동자(44.6%), 장애인(29.7%), 비정규직 노동자(27.7%), 생활극빈자와 노숙자(26.7%)의 순서로 답하여 외국인 노동자를 가장 우선적으로 인권보호를 받아야 할 대상으로 보았다. 인권단체 활동가도 외국인 노동자(42.2%), 구금시설 수용자(31.1%), 복지시설 수용자(26.7%) 순으로 답하여 외국인 노동자와 함께 시설 수용자의 인권보호가 시급하다고 보았다.

한편 2008년 인권의식조사에서 가장 우선적으로 인권보호를 받아야 할 대상으로 비정규직 노동자(24.8%), 장애인(18.4%), 노인(10.1%), 외국인 노동자(8.3%), 생활보호대상자(8.8%) 등의 순으로 선택하였다. 여기서 주목할 것은 비정규직 노동자가 제1순위가 되었다는 것인데, 이는 앞서 지적한 것처럼 신자유주의 경제세계화가 강화되면서 한국 노동자의 비정규직 비율이 급속도로 확대되고 차상위 하층의 빈곤 문제가 심각한 사회문제로 대두되면서 이들에 대한 사회적 지원이 절실하다는 의식이 반영된 것이다.

또한 장애인, 노인, 아동과 같은 사회적 약자와 소수자에 대한 인권적 접근이 더욱 확산되고 있으며 국제결혼, 새터민, 성매매 여성 같은 새로운 사회적 약자에 대한 인권보호의식도 조금씩 성장하고 있음을 보여준다.

〈표 13-1〉은 인권보호가 시급한 집단에 대한 우선순위가 어떻게 변화하고 있는지를 잘 보여주고 있다.

〈표 13-1〉 인권보호가 시급한 사회집단 (단위: %)

사회집단	2005년 인권의식조사			2008년 인권의식조사	
	일반인	전문가	인권단체	1순위	2순위
장애인	42.3	29.7	20.0	18.4	17.7
외국인 노동자	24.9	44.6	42.2	8.3	10.8
생활극빈자 / 노숙자 (생활보호대상자)	22.1	26.7	22.2	8.8	9.8
복지시설 수용자	17.3	10.9	26.7	7.2	8.5
구금시설 수용자	17.0	12.0	31.1	3.3	1.7
수사 피의자	14.6	11.9	14.4	0.7	0.4
비정규직 노동자	14.4	27.7	16.7	24.8	12.1
노인	11.8	2.0	2.2	10.1	12.8
군인	9.3	5.9	11.1	1.8	3.7
여성	9.3	9.9	6.7	2.2	2.5
아동	6.4	8.9	2.2	7.2	8.4
청소년	6.3	2.0	1.1	–	–
동성애자	0.6	5.9	2.2	0.1	0.1
HIV 감염자 / 에이즈 환자	–	–	–	0.7	0.4
국제결혼이주여성	–	–	–	2.7	6.4
새터민(탈북자)	–	–	–	1.9	2.0
기타	2.1	1.0	0.0	2.0	0.0

주 : 2008년 조사에서는 '여성' 항목을 '성매매 여성'과 '국제결혼이주여성'으로 구분하여 질문함.

(4) 인권 침해 경험과 심각성

2005년과 2008년의 설문 모두 인권 침해 경험과 사안별 심각성을 포함하고 있다. 개인적으로 인권 침해를 받은 경험이 있을수록 그 문제의 심각성을 인식한다는 전제하에 인권 침해 경험이 있는지를 조사하였다. 2005

〈표 13-2〉 주요 차별에 따른 인권 침해 경험 (단위: %)

연도	비정규직	학력/학벌	장애	나이	인종	신체/외모	성별	출신지	혼인
2005	5.4	5.0	2.1	7.1	0.3	2.5	5.1	2.0	1.6
2008	6.3	13.0	2.4	11.8	-	4.9	5.7	5.8	4.1

년과 2008년 인권의식조사에 따르면 인터넷 등에서 개인의 신상정보가 유출되는 피해를 가장 많이 경험한 것으로 나타났다. 그 다음으로 집회나 시위에서 신체의 자유에 대한 인권 침해를 경험한 것으로 나타났다. 또한 다양한 차별과 관련된 인권 침해 사례가 증가하고 있다.

〈표 13-2〉는 한국 사회의 다양한 사회적 차별 유형과 경험 사례를 보여준다. 이를 통해 학력이나 학벌로 인한 불이익과 차별이 두드러지게 나타나며 그 다음으로 나이, 성별, 직위나 비정규직, 출신지나 거주지, 외모, 결혼 등으로 인한 불이익과 차별을 경험하고 있음을 알 수 있다.

어떤 의미에서 차별과 관련된 인권 침해 사례가 증가하고 있다는 사실은 시민 스스로 사회적 소수자나 약자에 대한 단순한 보호가 아닌 차별에 맞서 당당한 권리를 주장하는 인권의식이 고양되고 있음을 역설적으로 보여주는 것이다. 특히 장애인의 이동권 운동은 저상버스 도입으로 이동의 자유와 사회참여 활동을 보장하며, 장애인의 교육권 확대운동은 장애인의 노동 능력을 키움으로써 장애로 인한 사회적 차별을 줄이려는 노력이다.

또한 한국 사회의 이주노동자 문제는 노동권을 넘어서 시민권 문제로 확대되고 있으며 이주민 가족의 건강권·교육권·문화권까지 확보하는 것으로 나아가고 있다. 이렇게 차별이 극복될 경우 한국 사회는 진정한 의미의 다문화사회로 발전할 수 있는 토대를 마련하게 될 것이다. 그러나 안타깝게도 한국 정부는 아직까지 이주노동자조약을 비준하지 않고 있다.

(5) 인권 증진을 위한 정부의 역할

한국 시민사회는 인권 개선을 위해 국가가 더 이상 도전의 대상이 아닌 인권정책을 구현하기 위한 핵심 주체라는 인식의 전환이 필요하다. 우선 일반 국민에게 '정부가 인권 증진을 위해 어떤 부문에 역점을 두어야 하는가'라는 질문을 통해 인권 증진과 국가의 역할에 대한 국민의식을 살펴보았다. 2005년 인권의식조사에 따르면 일반인 1,263명 중 국가인권위원회에 대해 알고 있다는 응답은 36.9%에 머물렀다. 이는 10명 중 6명은 국가인권위원회에 대해서 무지하다는 것을 의미한다. 이것은 2008년 인권의식조사에서도 정부가 인권 증진을 위해 역점을 두어야 할 항목으로 인권 관련 기구(국가인권위원회)를 지원하는 것에 대해 오직 3.3%만이 1순위로 답하였고, 2순위로 9.7%가 선택하였다. 이것은 여전히 한국 국민은 국가를 인권 증진의 핵심주체로 인식하기보다는 여전히 인권을 탄압하는 도전의 대상으로 혹은 매체 홍보활동을 통해 인권 이슈를 국민에 알리는 보조적인 역할자(1순위 39.4%, 2순위 11.1%)로 제한하고 있다.

둘째, 국가는 인권교과서를 제작하여 국민이 어려서부터 인권교육을 받음으로써 인권을 보호나 수혜의 관점으로 제한하기보다는 인간다운 삶을 보장받고 스스로 획득하는 민주시민으로 성장할 수 있는 기초를 제공해야 한다. 이런 견지에서 2005년 조사에서 인권교육을 받아본 경험이 있는가를 질문하였는데, 응답자 1,263명 중 5.3%만이 인권교육을 받아본 적이 있다고 응답하였다. 한편 2008년 조사에서는 정부의 인권 증진 역점 사업으로 인권교육을 선택한 응답자의 비율이 11.5%로 상대적으로 높게 나타났다. 사실 인권교육은 정부 스스로 담당하기보다는 인권단체와의 협력 같은 거버넌스를 구축하여 보다 신뢰할 수 있는 인권교육을 전개하는 것이 바람직하다. 이런 전제로 인권 거버넌스 구축의 필요성을 질문한 결과 응답자 1,002명 중 10.2%가 거버넌스 구축을 강조하였다.

셋째, 2008년 조사에 따르면 국가의 인권증진 과제로 사회권 부분이 강조되었다. 이것은 신자유주의 세계화의 여파로 빈곤과 사회양극화 문제가 확대되면서 응답자 중 17.6%가 국가의 사회복지정책 강화를 주문한 것으로 해석된다.

마지막으로 일반 국민은 국제인권조약의 중요성 혹은 유효성을 인식하고 있지 못한 것으로 드러났다. 2008년 조사에서 한국 정부가 국제인권조약에 비준하는 것이 인권 증진의 중요한 조건이라고 응답한 사람은 0.9%에 불과했다. 이와 같은 응답 결과는 한국 정부가 국제인권레짐에 적극적으로 개입하여 국제인권규범을 국내에 적극적으로 적용하려는 노력이 미진했기에 일반 국민이 국제인권레짐의 중요성을 체감하지 못한 것으로 해석할 수 있다.

3) 사회적 배경에 따른 인권의식 비교

여기서는 2008년 인권의식조사를 인구·사회학적 배경에 따라 인권의식에 어떤 차이가 나타나는가를 비교 분석하였다. 그 핵심적 결과는 성별, 소득, 연령에 따라 인권을 보는 관점에 많은 차이가 존재한다는 점이다. 여기서 소득 변수는 개인소득과 다른 가족의 소득을 합쳐서 단일 지표를 만들어 활용하였다. 그래서 가계 수입 290만 원 이하를 저소득층(low/middle), 291만 원 이상을 중산층(high income)으로 나누어 소득에 따른 인권의식을 비교하였다. 그리고 연령은 20~30대, 40~50대, 그리고 60~70대의 세 범주로 나누어 비교 분석하였다.

(1) 인권에 대한 관심도

'한국의 인권 상황에 대해 어느 정도 알고 있는가'에 대한 응답을 분석한 결과 남성이 여성보다 인권에 대해 인식이 높은 것으로 나타났다. 〈그림

〈그림 13-5〉 성별에 따른 인권 문제의 심각성 인식

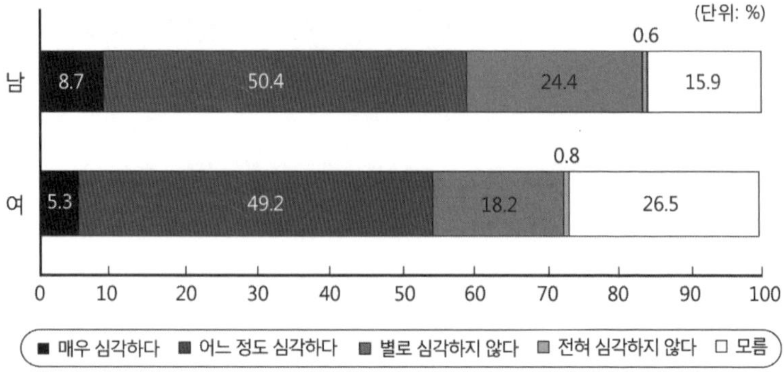

〈그림 13-6〉 연령에 따른 인권 문제의 심각성 인식

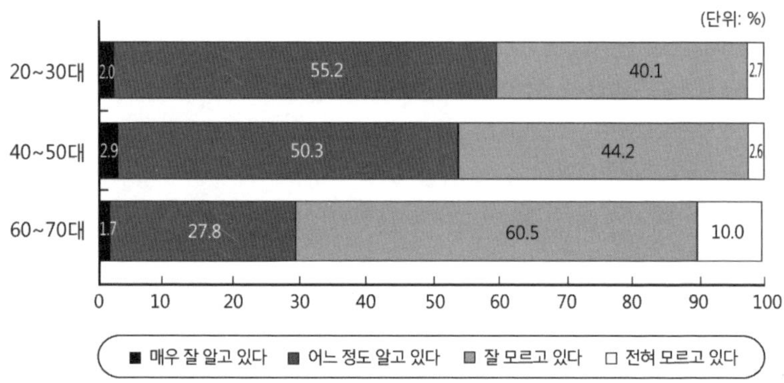

13-5〉가 보여주는 것처럼, 인권 문제는 남성이 여성에 비해 더 심각하게 바라보고 있으나 무응답을 제외했을 때에는 여성이 더 심각하게 생각하는 것으로 나타났다.

계층에 따라서는 중산층이 저소득층에 비해 인권 문제를 더 심각하게 바라보고 있으며 이는 무응답을 제외했을 때에도 동일하게 나타났으나 그 차이는 줄어들었다. 연령과 관련해서는 젊은 세대일수록 인권 문제를

심각하게 바라보며 이는 무응답을 제외했을 때에도 동일하게 나타났다. 〈그림 13-6〉이 보여주듯이 젊은 세대일수록 인권 문제를 심각하게 생각하는 비율이 높았는데, 이것은 젊은 세대일수록 변화와 개혁을 선호하는 성향으로 사회에 편만한 사회적 차별을 더욱 빈번하게 경험하고 있기 때문으로 해석할 수 있다.

'최근 3년간 인권 상황이 개선 혹은 악화되었는가'라는 물음에 중산층은 저소득층에 비해 인권이 개선되었다고 보았는데, 이는 분명 자유권적 측면에서 판단한 결과로 파악된다. 중산층은 저소득층에 비해 신자유주의 경제 여파에 상대적으로 보호막을 가지고 있기에 경제적·사회적·문화적 권리의 측면보다는 자유권적 측면에서 인권 개선을 바라보는 경향이 강할 것이기에 중산층이 저소득층에 비해 노무현 정권 시기에 인권 개선을 보다 긍정적으로 평가하는 것이다. 이는 무응답을 제외하더라도 동일한 결과였다. 한편 젊은 세대일수록 인권 상황이 과거에 비해 상대적으로 유사하거나 나빠졌다고 평가하고 있는데, 이는 청년실업, 비정규직 증가의 가장 직접적인 피해자가 젊은 세대이며, 민주화 이후 한국 사회 내 사회적 소수자와 약자에 대한 사회적 차별이 더욱 심각해졌다는 것을 뜻한다. 이것을 인권적 차원에서 접근할 수 있는 세대 역시 젊은 세대인 것이다. 이런 견지에서 젊은 세대가 인권 개선에 대해 상대적으로 부정적으로 보고 있는 것이다.

(2) 인권보호가 시급한 사회집단

2008년 현재 한국 사회에 인권보호가 가장 시급한 집단에 대한 질문에 성별에 따라 뚜렷한 차이를 보이고 있다. 〈그림 13-7〉이 보여주듯이 여성은 장애우, 노인, 아동 등 이른바 소프트 인권 이슈에 상대적으로 높은 관심을 보이는 반면에, 남성은 사회복지 구금시절 수감자, 비정규직 문제 같은 상대적으로 사회구조와 연관된 견고한 인권 이슈에 관심이 많은

〈그림 13-7〉 인권보호 우선대상 집단(성별 비교)

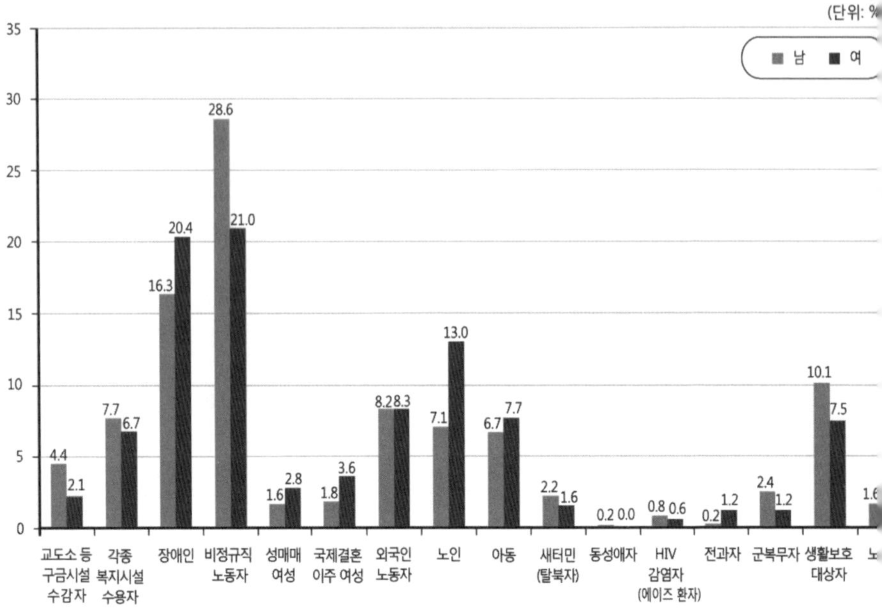

것으로 나타났다.

또한 중산층의 경우는 장애인·아동 문제에 관심이 컸으며, 저소득층은 사회복지시설 수용자와 노인의 인권보호에 상대적으로 관심이 높았다. 연령에 따라 인권보호 대상자 우선순위를 비교해본 결과, 20~30대는 장애인·비정규직 문제에, 40~50대는 비정규직 문제에, 그리고 60~70대는 노인 문제에 관심이 높은 것으로 나타났다. 이것은 연령대별로 자신이 현재 직면하고 있는 현실의 어려움, 예컨대 비정규직의 증가로 인하여 불안정한 일자리 문제가 자신의 문제로 다가오기 때문에 자연스럽게 이들에 대한 사회적 지원을 주장하게 되는 것이다.

(3) 인권 침해 경험과 차별인식

인권 침해와 차별에 대한 응답을 분석한 결과를 보면 앞에서도 언급한 것처럼 우선 인터넷에서 개인의 정보가 유포되는 경험으로 인한 프라이버시 침해 사례가 가장 많았다. 개인정보 침해는 대체로 여성보다는 남성이, 저소득층보다는 중산층이 더 많이 경험하고 있으며, 젊은 세대일수록 개인정보 침해를 다른 세대보다 더 많이 경험하고 있는 것으로 나타났다. 이것은 정보인권과 관련된 문제로서 한편으로는 정보불평등과 정보격차 문제가 존재하지만 다른 한편으로는 정보활용 과정에서 정보인권이 침해받는 역차별적 현상인 것이다. 젊은 세대, 중산층 그리고 남성이 상대적으로 정보통신기기 활용도가 높기 때문에 정보인권 침해를 상대적으로 더 많이 경험할 수 있음을 의미한다.

둘째, 성별에 따른 차별과 불이익을 상대적으로 많이 경험하는 범주는 여성과 젊은 세대로 나타났다. 이것은 직장에서 승진이나 업무 할당 그리고 의사결정 과정에서 젊은 여성이 여성이라는 이유만으로 불공평한 처우를 받는 경우가 많음을 의미한다.

셋째, 연령으로 인한 차별과 관련해서는 남성보다는 여성이, 노년세대와 중년세대가 차별 경험이 더 많은 것으로 나타났다. 이것은 나이 많은 여성과 노년 세대가 경제활동은 물론 사회적 활동에서 주변부에 머물고 있음을 의미한다.

마지막으로 학력으로 인한 차별과 불이익은 보편적으로 모든 층이 고르게 경험하는 것으로 나타났다.

(4) 인권증진정책과 인권가치

인권 증진을 위해 정부는 보다 다양한 역할을 책임 있게 담당해야 한다. 우선 인권 교육과 관련해서 젊은 세대와 중산층은 인터넷과 이메일을 통

〈그림 13-8〉 경제 발전과 인권에 관한 연령대별 가치관

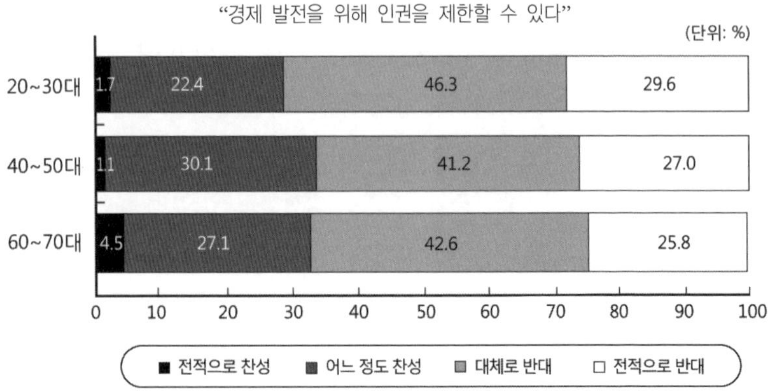

한 홍보와 교육을 선호하는 것으로 나타났다. 이들이 정보 접근이 용이하기 때문에 가장 효율적인 방법을 제시한 것으로 보인다. 둘째, 노년세대일수록 범죄예방과 사회복지정책에 방점을 두고 있는 반면에, 인권 거버넌스 구축이 필요하다고 주장한 범주는 젊은 세대였다.

한편, 인권 가치의식과 관련해서 '경제 발전이 인권보다 우선할 수 있다'는 주장에 대해서 비록 무응답 비율이 높다 할지라도 여성이 남성보다 긍정적으로 동의하였다. 또한 노년세대와 중년세대가 젊은 세대보다 경제 성장을 위해 인권은 어느 정도 제한할 수 있다는 성장우선주의를 선호하는 것으로 나타났다. 이것은 산업화를 이끈 한국 사회의 경제 성장 주역으로 경제 성장을 통해 자유권과 사회권도 개선될 수 있음을 몸소 체득했기 때문에 이러한 주장을 강하게 믿고 있다는 것을 보여준다. 특히 중년세대도 경제 성장에 높은 가치를 부여하는데, 이것은 가족의 생계를 책임지는 경제 주체로서 경제위기의 파고가 높아지면서 임금과 일자리에 대한 중요성을 느끼기 때문이다. 마지막으로 중년이나 노년세대는 안보가 인권 가치보다 우선할 수 있다는 주장에 상대적으로 쉽게 동의하는 것으로 나타났다. 이들은 6·25전쟁과 분단 상황이라는 특수한 역

〈그림 13-9〉 국가안보와 인권에 관한 연령대별 가치관

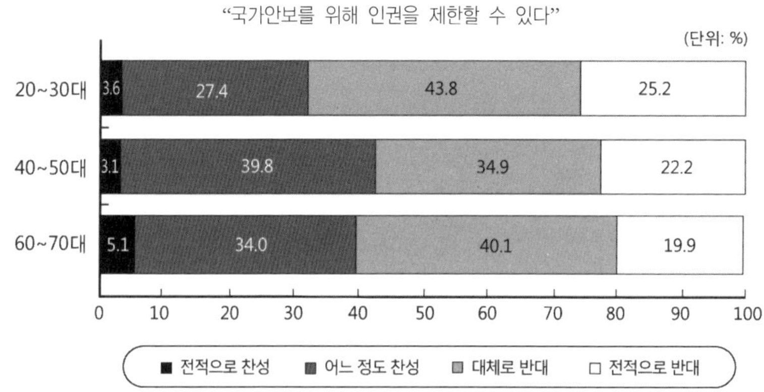

사 경험을 가졌기에 국가안보를 그 어떤 가치보다 위에 놓고자 한다. 〈그림 13-8〉과 〈그림 13-9〉는 연령대별로 경제 발전과 국가안보 담론이 인권가치와 어떤 우위관계를 유지하는지를 보여준다.

신자유주의 세계화 시대에 초국적 기업(외국기업)에 대한 선호도를 알아보기 위해 '외국기업은 인권을 침해할 소지가 있다'는 주장에 대한 견해를 물었다. 이에 대해 여성, 중산층, 그리고 젊은 세대가 상대적으로 인권 침해의 소지가 없다는 의견을 보인 데 반해, 노년세대는 외국기업에 대해 대단히 비판적인 것으로 나타났다. 젊은 세대 여성이 초국적 기업에 대해 큰 거부감이 없으며, 중산층의 경우는 일국의 경계를 뛰어넘어 자신의 이해관계에 부합하는 경제활동과 조직구조에 대해서 상대적으로 쉽게 동조하고 있는데 이것은 개방화·자유화·민영화라는 신자유주의의 원칙에 철저히 동의하고 있기 때문이다. 한편 노년세대는 자강자립경제 형태로 산업화를 이끈 세대로, 강한 민족주의에 기초한 경제활동을 주장하기 때문에 초국적 기업 활동을 부정적으로 보는 경향이 강하다.

4) 한국 인권의식 변화 특성

한국 사회의 인권의식조사를 통해 한국 국민은 점차 시민적·정치적 권리에서 경제적·사회적·문화적 권리 쪽으로 무게중심을 이동하고 있음을 알 수 있었다. 정치적 참여, 표현, 그리고 결사의 동등한 권리를 확보함으로써 관심의 초점은 일상생활에서 마주하는 다양한 사회·경제·문화적 장애를 극복하고 그것에 대해 당연한 권리를 주장하는 데 관심을 갖게 되었다. 한마디로 이들의 관심은 '인간다운 삶'을 보장받는 것이고, 이를 '생활', '생명', '가치' 등의 새로운 인권 키워드로 표현하고 있다. 한국의 경우 인권은 단순히 신체적 침해나 차별적 경험에만 국한되지 않고 우리의 삶의 질과 관련된 측면까지 포함하고 있다. 예컨대, 환경, 안전, 주거, 발전, 생존, 복지 등을 고려하는 인권감수성과 인권정책에 관심을 갖게 되었다. 2008년 인권의식조사 항목 중에 이와 관련된 설문 문항을 선별하여 배경 변수(나이, 교육, 성별)에 따라 어떤 차이가 나는지를 교차분석을 통하여 분석한 결과는 다음과 같다.

첫째, 사생활 침해(CCTV, 도청, 몰래 카메라 등)와 같은 위험이 앞으로 얼마나 증가 또는 감소할 것인가와 관련하여 나이가 많을수록, 교육수준이 높을수록, 그리고 여성보다는 남성이 프라이버시 침해 가능성을 더욱 우려하고 있는 것으로 나타났다.

둘째, 먹거리 위험(GMO, 조류독감, 광우병 등)에 대한 우려는 나이가 많을수록, 특히 노년층이 가장 불안해하는 것으로 나타났다. 이들이 한국 사회의 급증하는 식생활 위기를 몸소 경험하였기에 상대적으로 그 위험을 직접적으로 덜 경험한 젊은 층에 비해 높게 나타난 것으로 보인다. 교육수준이 높을수록 그리고 여성일수록 먹거리 위험 가능성이 증가할 것을 우려하고 있었다. 이는 생활, 생명, 그리고 안전에 대한 권리의식이 교육수준이 높은 여성들에게서 더욱 강하게 나타남을 보여준다.

셋째, 각종 폭력사건(성폭력, 학교폭력, 강도, 유괴, 폭행, 살해 등)의 증가에 대해서는 특히 이런 폭력을 직접적으로 겪고 있는 젊은 세대와 이런 자녀를 둔 중장년층이 상대적으로 높게 우려하고 있는 것으로 나타났다. 교육수준이 높을수록 그리고 성별과는 무관하게 이에 대해 크게 우려하고 있는 것으로 나타났다.

넷째, 사회적 권리의 중요한 측면 중의 하나가 생존과 관련된 것이다. 거주할 공간, 일할 직장 등은 인간다운 삶을 유지할 수 있는 필수적인 요소다. 이에 대해 연령이 높을수록 우려하며, 특별히 고졸 이상의 사람들이 가장 우려하는 것으로 나타났다. 이는 IMF 이후 양극화 현상이 극대화되면서 비정규직 증가, 산업의 해외진출로 인한 소위 고용 없는 성장의 피해를 가장 직접적으로 경험하고 있기에 실업과 빈곤에 대해 가장 우려하고 있는 것으로 이해할 수 있다. 실업과 빈곤 위험의 가능성은 성별에 따라서는 큰 차이가 없었다. 다만 여성이 그 정도를 더 심각하게 여기는 것으로 나타났다.

다섯째, 이념성향에 따라서는 진보적일수록 인권 상황에 대해 잘 알고 있는 것으로 나타났다. 특히 중도보수나 중도에 가까울수록 인권 문제에 대해 심각하게 고려하고 있지 않은 것으로 나타났다.

14. 주관적 인권 지표로 본 일본의 인권 추이

1) 일본 국민의 인권의식에 대한 조사

앞 장에서는 주로 글로벌 지표에 근거하여 일본의 인권 상황을 개인통합 권리, 시민적·정치적 권리 그리고 경제적·사회적·문화적 권리로 나누어 고찰해보았다. 이 장에서는 일본인들의 의식을 조사한 결과를 토대로 인권의 주관적 지표를 검토해보기로 한다. 일본 정부가 1958년부터 2007년까지 10회에 걸쳐 조사한 자료가 체계적으로 그 변화 추이를 추적하는 데 유용할 것으로 보인다.

일본의 내각부대신관방정부홍보실은 1958년 10월 제1회 '인권옹호에 대한 세론조사(人權擁護に關する世論調査)'를 실시한 이래 1965년 10월, 1971년 2월, 1978년 2월, 1983년 9월, 1988년 7월, 1993년 7월, 1997년 7월, 2003년 2월, 그리고 2007년 6월에 걸쳐 10차례 같은 조사를 실시하면서 '인권옹호에 관한 국민의 의식을 조사해서 금후의 시책에 참고하려는 것'을 목적으로 한다고 밝혔다. 10회의 조사에서 일본 정부는 모두 전국 20세 이상의 남녀 3,000명을 대상으로 '층화2단 무작위추출법(層化2段無作爲抽出法)'에 따라서 조사원에 의한 개별면접청취조사를 실시했다. 유

효 회수 수는 물론 다소 다르지만[1] 모두 95% 신뢰 가능한 오차범위에 있다. 배경변수로 성, 연령, 직업만을 이미 표집 시에 나타난 지역과 함께 설문지에 답하도록 되어 있다.

이 조사 결과를 토대로 다음의 두 가지 분석을 시행하였다.

첫째는 조사 시기에 따른 질문의 내용분석이다. 조사 시기마다 질문이 다소 다른데, 예컨대 1958년 첫 조사에서는 민주주의와 자유가 무엇인가라는 질문으로 시작하지만 곧 이 질문은 없어졌으며, 인권옹호위원에 대한 질문은 점차 축소되다가 2000년대에는 사라졌다. 또한 1958년부터 2007년 조사까지 모두 들어가 있는 문항도 있고 2000년대 이후에 새로 만들어진 항목도 있다. 이렇게 시기에 따라 변화된 문항을 통해 시기별로 일본 사회에서 중요하게 생각하는 인권의 내용을 추적할 수 있었다.

둘째, 2007년 일본 정부는 그해의 조사결과를 발표하면서, 1958년부터 조사한 내용 중 시계열적 추이를 살펴볼 수 있는 동일 항목을 추려서 시기에 따른 변화 과정까지를 보여주었는데, 이 자료를 이용하여 일본인들의 인권의식의 변화를 추적하였다. 또한 2007년 조사에서는 각 인권 이슈별 의식 상황을 조사하고 이를 자세히 검토하였다.

2) 조사 문항을 통해서 본 관심 인권 영역의 추이

(1) 공동체와 책임, 가족에 대한 강조

1958년부터 1997년에 이르는 동안, 더욱이 2000년대 설문지가 이전과는 전혀 다르게 구성된 이후에도 10회의 조사에 일관되게 포함되어 있는 설문으로 일본적 특수성을 드러낸다고 판단되는 내용은 공동체와

1. 1958년 2,397명, 1965년 2,448명, 1971년 2,496명, 1978년 2,406명, 1983년 2,339명, 1988년 2,320명, 1993년 2,274명, 1997년 2,148명, 2003년 2,059명, 2007년 1,766명.

책임에 대한 강조다. 1971년 조사를 제외한 9회의 조사에서 모두 '인권을 주장하면서 타인에게 폐를 끼치는 것을 고려하지 않는 사람이 증가해왔다는 의견에 대해서 어떻게 생각하는가'를 묻는 설문이 포함되어 있다. 특히 2003년과 2007년 조사는 첫 부분에서 인권 개념에 대한 전반적인 의식을 파악하는데, 그것은 ① 기본적인 인권에 대한 인지, ② 일본 사회 전체의 인권 침해 추이, ③ 개인의 인권 침해 경험과 ④ 인권존중과 권리의 주장이 타인에 대해 폐를 끼치지 않는 것의 균형이라는 네 부분으로 구성되어 있다. 이것은 일본에서 인권의 관념에 타인과의 관계가 중요한 부분으로 포함되어 있다는 점을 보여주는 것으로, 서구의 개인중심적 인권 관념과 다소 다른 일본적 특수성을 드러낸다고 볼 수 있다.

또한 1958년, 1965년, 1971년, 1978년, 1988년 조사에는 '이기적으로 공동작업 등에 일체 참여하지 않는 사람을 소외시키는 것이 인권 침해인가'를 묻는 설문이 들어 있다. 이 설문들은 인권의 개인주의적 경향과 공동체에 대한 책임이 무시되는 경향에 대한 일본 사회의 우려가 표현된 것이라고 볼 수 있다. 노부모를 제대로 모시지 않는 것을 인권 침해로 보는가 등 고령자, 노인 문제가 지속적으로 설문 문항에 등장하고 있다는 점도 주목할 필요가 있다.

(2) 일본 정부와 UN의 인권제도에 대한 계몽에서 개인의 주체적 인권의식의 존중으로

일본 정부의 인권 설문 내용은 전반적으로 정부와 제도 차원에서의 인권 문제에서 사적인 차원의 인권 침해와 인권의식으로 초점이 이동하는 경향을 보인다. 이러한 경향은 우선 1958년 첫 인권조사가 '전후, 민주주의나 자유와 같은 것이 자주 말해지는데, 현재 일본은 대체로 민주적이 되었다고 생각하는가, 그렇게 볼 수 없다고 생각하는가'라는 설문으로 시작한다는 점에서 선명히 드러난다. '전후' 일본이 새롭게 민주적인 국가로 개혁을 시도하는 것이 인권 개선을 위해 가장 중요한 기반이라는 인식 때문이라고 볼 수 있다. 1965년 이후 조사에는 이러한 문항이 등장하지 않는다.

1990년대까지 법무성 인권옹호국, 인권옹호위원 등 인권의 제도적 차원에 대한 강조가 있었으나 2000년대에 들어 없어졌다는 점도 중요하게 변화된 부분이다. 1958년부터 1997년까지의 설문에는 개인의 인권을 지키기 위하여 법무성에 인권옹호국이라는 부서가 있다는 것, 전국의 도도부현(都道府縣)에 법무성의 출선기관으로서 법무국 또는 지방법무국이라는 곳이 있고 그 안에 인권옹호부 또는 인권옹호과가 설치되어 있다는 것, 전국의 법무국 또는 그 지국에 인권상담소가 있어서 인권 문제의 상담을 받고 있다는 것, 그 밖에 대부분의 시정촌(市町村)에 법무대신으로부터 위촉받은 인권옹호위원이 있다는 것, 법무국의 직원과 인권옹호위원은 시(구)청(町村 사무소), 공민관, 학교, 절 등을 빌려 상담소를 개설하고 있다는 것, 법률부조제도, 국선변호인제도가 있다는 것 등을 알려주고, 이러한 제도의 존재를 아는지, 이 제도를 이용한 적이 있는지, 이 제도들의 문제점이 무엇인지 등에 대하여 질문하는 데 많은 부분을 할애하고 있다.[2]

그 밖에도 노동성의 부인소년국, 후생성의 환경위생국, 경제기획청의 국민생활국, 행정관리청의 행정감찰국, 공정취인(公正聚引)위원회, 등 인권과 관련된 행정부서를 알리는 내용이 있으며, 헌법주간, 인권옹호위원의 날, 법의 날 주간, 녹화주간, 인권주간, 결핵예방주간, 우편주간, 부인주간, 행정상담주간, 교통안전주간, 아동헌장, 국기토 건설 문제 등에 대

2. 1983년 조사는 설문 전체가 이러한 제도에 관한 것이었다. 국제앰네스티의 신체통합 권리 지표는 1983년에 전년도에 비해 한 단계 떨어진 척도 점수를 보였는데, 그것과 상관이 있는지, 다른 이유가 있는지에 대해서는 더 깊은 연구가 필요하다.

해 아는가도 질문하고 있다. 이러한 설문은 다분히 정부의 인권제도를 알리는 계몽적 성격을 띠고 있다.

일본 정부뿐만 아니라 세계의 인권규범에 대해서도 계몽하고 있다. 1958년 조사에서는 세계인권선언에 대해 아는지 여부, 그 내용, 날짜, 세계인권의 날, 그것을 기념하는 일본의 인권주간 등에 대해 자세히 질문하고 있으며, 그 후에도 세계인권선언, UN헌장, 국제인권규약, 여성차별철폐조약, 난민조약 등을 알고 있는가를 물었다.

1958년에 이러한 제도에 대해 설명하고 제도이용을 장려하는 듯한 설문의 내용은 1997년에 이르면 이러한 제도를 이용한 적이 있는가를 질문하는 형태로 바뀌었다. 2003년과 2007년 조사에서 이러한 질문들은 총체적으로 빠지고, 반대로 국민들에게 정부가 무엇을 해야 하는지를 묻는 방식으로 방향을 바꾸었다. 조사의 주된 내용이 인권제도에 관한 계몽으로부터, 대부분의 내용을 여러 인권 이슈에 대한 개인의 의식에 대한 질문으로 대체한 것이 주목할 만하다.

(3) 신체통합권리에 대한 강조로부터 인권 개념의 확대, 그러나 경제적·사회적·문화적 권리에 대한 개념은 없음

'어떠한 인권 침해를 받았는가'라는 질문은 1958년부터 2007년에 이르기까지 모든 조사에 포함되어 있는데, 인권 침해에 대한 예시는 각 시기에 일본 정부가 인권의 어느 영역에 관심을 가지고 있었는지를 말해준다. 1958년의 경우 경관의 폭행, 관공리의 직권에 의한 압박 등 신체에 가해지는 폭력에 중점이 두어졌던 반면에 2007년에는 소문, 타인으로부터의 험담, 명예·신용의 훼손, 악취·소음 등의 공해, 차별대우 등 사회적 차별과 사적인 권리 침해로 개념이 확대되었다. 그러나 아직 시민적·정치적 권리에 머물고 있으며, 경제적·사회적·문화적 권리에 대한 관념은 보이지 않는다.

〈표 14-1〉 설문에 언급된 인권 침해 사례

연도	설문에 언급된 인권 침해 사례
1958년	• 경관의 폭행, 관공리의 직권에 의한 압박, 스트라이크 등의 탄압, 언론·사상의 억압 • 가정 내에서의 압박, 직장에서의 노동강화, 차별대우, 명예훼손, 남녀동권 무시 • 근린 간의 사항(村八分, 강제기부 등), 폭행행위, 학교의 체벌, 인신매매, 남녀동권 무시 • 가정 내 친자 간·부부 간 인권 침해
2007년	• 엉뚱한 소문, 타인으로부터의 욕·험담, 명예, 신용의 훼손, 모욕 • 경찰관으로부터의 부당한 취급, 범죄, 불법행위의 누명, 악취·소음 등의 공해 • 폭력, 강박, 강압(사회적 지위, 관습·협박 등으로 인해 본래의 의무가 아닌 업무를 맡았거나, 권리의 행사에 방해를 받음), 차별대우(인종, 신조, 성별, 사회적 신분 등으로 인해 불평등하거나 불리한 취급을 받음), 지역사회 등에서의 왕따, 사용자에 의한 강제노동 등의 부당한 대우 • 수도·가스 끊김 등 주거의 안전에 관한 것, 사회복지시설에서의 부당한 취급, 프라이버시의 침해, 성희롱, 스토킹 행위

(4) 인권보호 대상집단별 고려의 확대

이와 같이 기본적인 인권 개념과 전반적인 인권 침해에 대한 의식조사가 1988년부터 인권 대상별 또는 이슈별로 분화되어 다루어지기 시작했다. 1988년 처음 등장한 인권보호 대상집단은 아동, 학생, 고령자, 외국인이었다. 선생의 학생체벌 문제나 노부모 학대 문제는 이전 조사에서도 논의되었지만, 처음 논의를 시작한 인권보호대상자 그룹에 외국인이 포함된 것은 매우 의미심장하다.

다음의 1993년 조사에서는 별도의 인권보호 대상집단으로 유일하게 외국인만이 거론되었다. '일본에 거주하고 있는 외국인은 생활상의 여러 면에서 차별받고 있다고 말해지는데, 외국인의 인권옹호에 대하여 어떻

〈표 14-2〉 설문에 언급된 인권보호 대상집단

연도	설문에 언급된 인권보호 대상집단
1988년	아동, 학생, 고령자, 외국인
1993년	외국인
1997년	아동, 학생, 고령자, 외국인, 여성
2003년	여성, 아동, 고령자, 장애인, 부락민, 아이누, 외국인, HIV 감염자, 한센병 환자, 범죄피해자, 인터넷에 의한 인권 침해
2007년	여성, 아동, 고령자, 장애인, 부락민, 아이누, 외국인, HIV 감염자, 한센병 환자, 범죄피해자, 인터넷에 의한 인권 침해, 전과자, 북한피랍자, 노숙자, 성적 취향 문제, 성동일성 장애인, 인신매매

게 생각하는가'라고 묻고 있다. 이것은 명백히 1980년대 후반 일본 사회에 대거 유입되기 시작한 외국인 노동자 문제의 충격으로서(여기서 외국인은 재일한국인을 포함하고 있지는 않은 것 같다), 당시 일본 사회의 최대 화두인 국제화를 주도한 문제이기도 했다. 사실상 그때까지 일본의 가장 심각한 인권 문제였던 부락민과 재일한국인 문제는 수면 위로 내놓고 논의되지 못한 상태였던 것이다.

1997년 조사에서는 인권보호대상으로 아동·학생·고령자·외국인에 더해 여성이 추가되었다. 이전의 조사에서도 직장 내, 가정 내 여성 문제가 거론되었으므로 새롭다고 말할 수는 없으나, 외국인은 계속해서 일본 정부에게 있어서 매우 신경 쓰이는 집단이었다는 사실이 드러난다.

2000년대에 들어서는 설문의 주요 부분이 인권보호 대상집단에 관한 것으로 바뀌었다. 〈표 14-2〉에서 볼 수 있는 것처럼, 2003년과 2007년 조사에는 그 대상집단이 대폭 늘어났다. 여성, 아동, 고령자, 장애인이 가장 중요한 고려대상으로 여겨졌으며 1990년대 조사까지는 전혀 논의되지 않았던 부락민이 공식적인 정부의 조사에 부상한 것이 주목할 만하다. 부락민 문제는 더 이상 일본에서 터부시될 수 없게 된 것이다. 북한

피랍자 문제가 공식적인 인권 문제로 논의되기 시작했으며 성적 취향의 문제가 중요하게 거론되기 시작했다.

재일한국인 문제가 별도의 범주로 취급되지 않고 외국인 집단의 한 부분으로 간주되고 있는 것은 비판적으로 검토할 점이다. 주지한 대로 재일한국인은 다른 외국인들과는 달리 자손들까지도 태어나면서 특별영주권을 갖게 되며(정인섭 1996), 일본에 4세대 이상 거주하고 있는 특수한 소수민족집단이다. 따라서 이들의 상황은 1980년대 후반 이후 대거 입국하고 있는 다른 외국인 집단들과는 성격이 전혀 다르다. 역사에 근거한 뿌리 깊은 사회적 차별은 그 한 측면이다. 이들의 문제가 한 번도 별도의 범주로 다루어지지 않는 것은 일본 사회의 특수한 차별의식을 반영하는 것이라고 판단된다.

3) 기본적 인권과 인권증진방안에 대한 의식

(1) 기본적 인권에 대한 인지도의 하락

일본 정부가 인권의식조사에서 가장 먼저 중요하게 헌법에 보장된 '기본적 인권'의 인지를 질문한 것은 1988년부터다. 이후 2007년까지 조사 설문은 기본적 인권에 대한 것으로 시작되고 있다. '귀하는 기본적 인권은 침해할 수 없는 영구한 권리로서 헌법으로 보장되어 있다는 것을 알고 있는가'라는 질문에 대해 1988년부터 대체적으로 '잘 모른다'고 답한 사람이 증가하고 있다는 결과는 매우 흥미롭다. 1997년보다 2003년에 모른다고 답한 사람의 비율이 조금 줄었으나, 대체적인 경향에 영향을 줄 정도는 아닌 것으로 보인다(〈그림 14-1〉 참조).

이와 같은 기본적 인권에 대한 전반적인 인지도의 하락을 어떻게 해석해야 할까. 그것은 2007년 조사에서 나타난 성별·연령별·지역별 인지도의 차이로부터 추론해볼 수 있다. 성별로는 여성보다 남성이 인지도가

〈그림 14-1〉 기본적 인권에 대한 인지도 추이

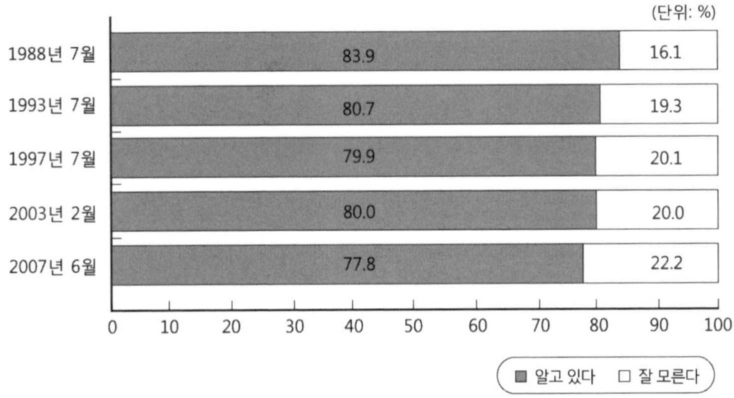

〈그림 14-2〉 기본적 인권에 대한 성별 인지도(2007)

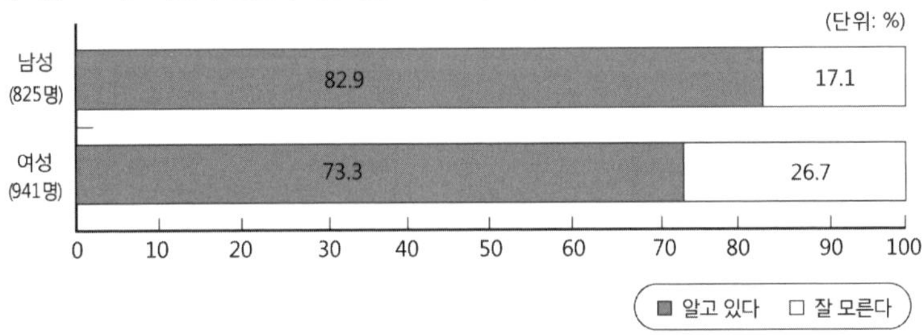

높다. 연령별 인지도는 지역별, 성별 차이와 달리 일정한 방향성이 없다. 나이가 적을수록 인지도가 높았으나 40대가 50대보다 낮으며, 다시 30대는 높아졌으나 20대에 큰 폭으로 낮아진다. 지역별 인지도는 정촌(町村)으로부터 중소도시와 대도시로 갈수록 높아지며, 도쿄가 가장 높게 나타난다.

기본적 인권에 대한 지역별·성별 인지도는 대체적으로 정보가 많은 사람들이 인권에 대해서 알고 있을 가능성이 높다는 것을 보여준다고 말할 수 있다. 그러나 연령별 차이는 60-70대의 낮은 인지도를 제외하고는 30-40-50대에는 연령 효과가 보이지 않지만, 20대의 낮은 인지도는 인권

〈그림 14-3〉 기본적 인권에 대한 연령대별 인지도(2007)

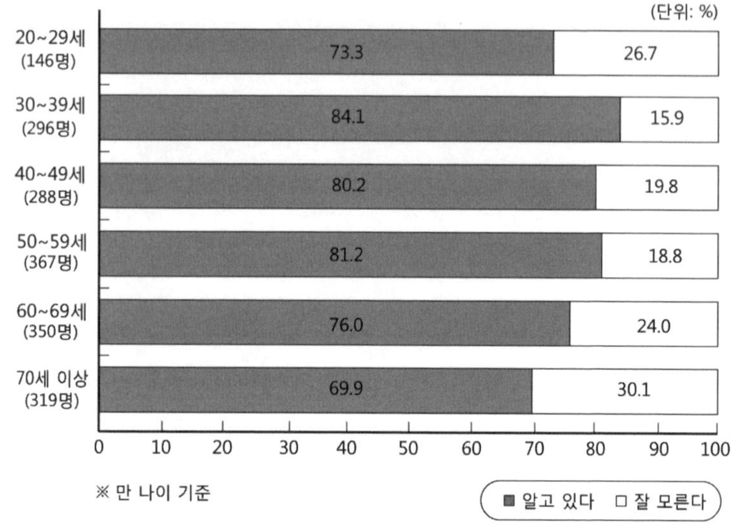

〈그림 14-4〉 기본적 인권에 대한 지역별 인지도(2007)

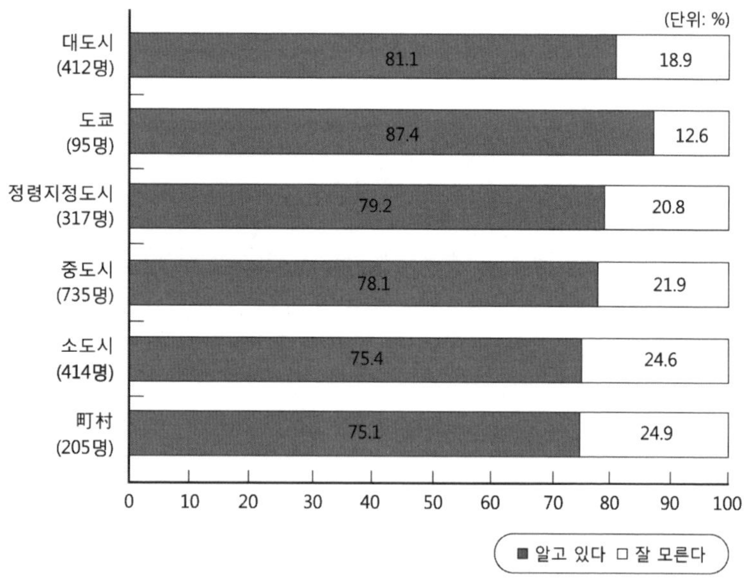

을 포함한 사회적·정치적 이슈에 대한 20대의 무관심을 나타내는 것이 아닐까 생각된다. 이렇게 보면 전체적인 인지도의 하락은 20대의 낮은 인지도의 강한 효과 때문이라고 해석해야 할 것이다. 이것은 앞의 글로벌 지표로 본 일본의 인권 지표가 1990년대 이후 후퇴하여 2000년대에도 침체를 벗어나지 못한 상태와 무관하지 않을 것으로 판단된다.

(2) 인권 상황에 대한 부정적 평가의 증대

1971년 조사부터 지난 5~6년간 일본에서 인권 침해의 추이를 어떻게 보는가를 묻고 있다. 〈그림 14-5〉에서 볼 수 있는 것처럼, 1971년으로부터 2007년에 이르기까지 대체로 일본 사회에서 인권 침해가 증가했다고 생각하는 사람이 늘어났다. 또한 1958년 조사부터 2007년 조사에 이르기까지 '자신의 인권이 침해되었다고 생각한 적이 있는가'를 묻고 있는데,[3] 〈그림 14-6〉에서 볼 수 있는 것처럼 여기서도 대체적으로 침해받은 적이 있다고 생각하는 사람이 늘어났다. 이것은 인권 침해에 대한 민감성이 증가한 것으로 해석될 수도 있지만, 어찌 되었든 일본 사회와 자신의 전반적인 인권 상황에 대한 평가가 부정적으로 되어온 경향을 보여준다. 사실상 제9장에서 살펴본 것처럼 1990년대 이후 글로벌 인권 지표가 보여주는 일본의 인권 상황이 정체 또는 하락인 점과 주관적 지표가 맞물려 있음을 볼 수 있다.

그러나 지난 5~6년간 일본 사회의 인권 침해에 대한 평가가 대체로 나빠지는 가운데 1993년에 매우 좋아졌다가 1997년에 다시 크게 나빠졌다는 점은 아이러니컬하게도 자민당 체제에서 사회당 연립정권의 설립과 퇴진에 따른 새로운 인간적인 사회에 대한 희망과 절망의 표현이 아닐까 추측해본다. 1997년은 경제적·사회적·문화적 권리의 글로벌 지표

3. 1993년 조사에는 문항은 있지만 답의 형식이 달랐으므로 표에는 포함시키지 않았다.

〈그림 14-5〉 일본 사회의 인권 침해에 대한 평가

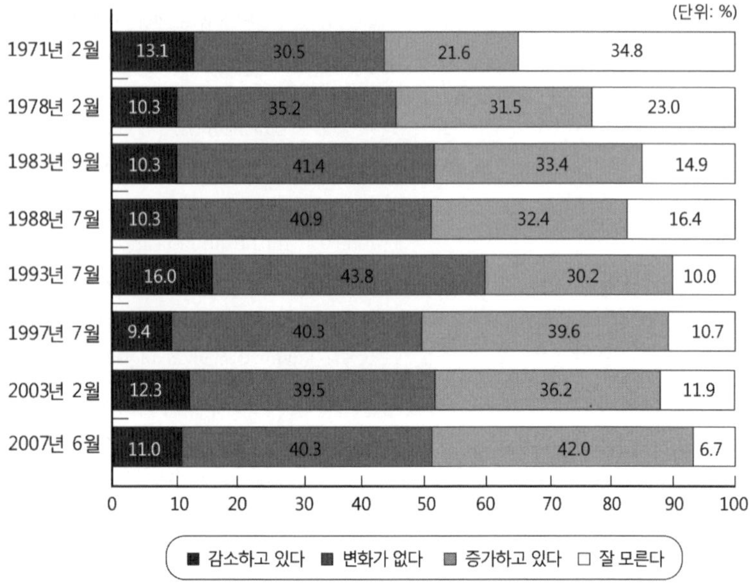

〈그림 14-6〉 자신의 인권 침해 경험에 대한 인식

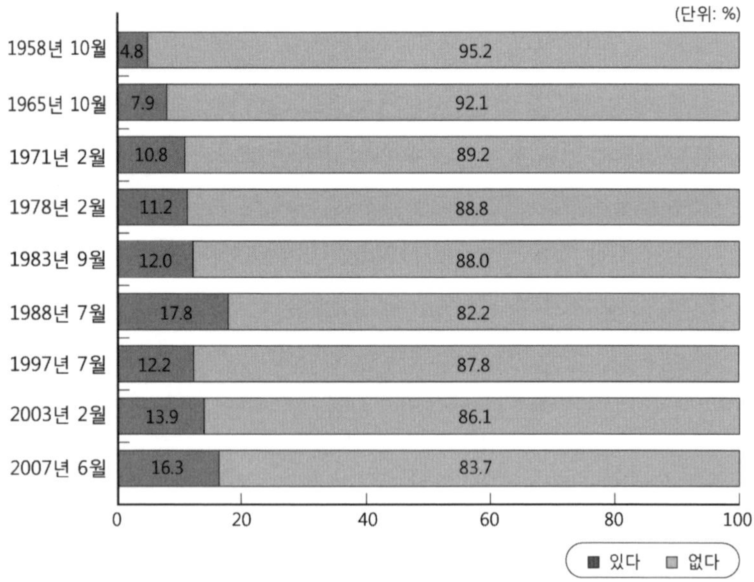

〈그림 14-7〉 자신이 경험한 인권 침해의 내용

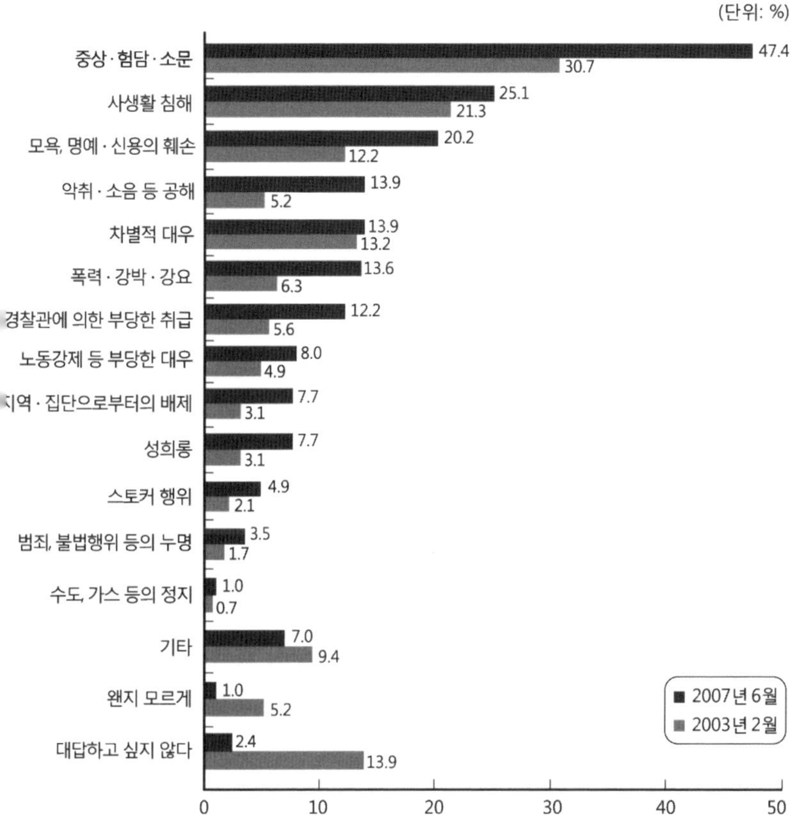

가 일본의 인권 수준이 하락했음을 보여준 해이기도 하다. 앞서 살펴본 것처럼 조사 자체에는 경제적·사회적·문화적 권리 항목은 거의 없지만, 경제적 권리 상황이 사람들의 인권의식과 관련이 있음을 알 수 있는 지점이다. 이것은 다음에 논의할 인권 자체에 대한 부정적 의견이 1997년에 크게 강화된 점을 설명하기도 한다.

이와 더불어 1988년에 특히 많은 사람이 인권 침해 경험을 했다고 인식한 점은 앞 장에서 논의한 대로 1980년대 후반 외국인 노동자의 대거 입국에 따른 생활의 불안감이 표현된 것이라고 해석할 수 있다. 〈그림 14-7〉에서 보여주는 중상, 험담, 소문, 사생활 침해, 악취, 소음 등을 자신이 겪은 인권 침해라고 말한 사람이 많다는 사실도 그와 연관된다고 볼 수 있다.

(3) 개인의 인권보다 공동체를 중시하는 경향

앞서 언급한 대로 일본 정부의 조사에는 1971년을 제외하고 2000년대 조사를 포함한 전 조사에서 '인권존중이 제기되는 한편에서 자신의 권리만을 주장해서 타인에게 끼치는 폐를 생각하지 않는 사람들이 늘어났다는 의견에 대해 어떻게 생각하느냐'고 질문하고 있다. 놀랍게도 '그렇다'는 의견이 '그렇지 않다'는 의견에 비해 압도적으로 많았고, 대체적으로 늘어났다고 생각하는 경향이 커져왔다는 것을 볼 수 있다(〈그림 14-8〉 참조). 이것은 인권의 부정적인 효과를 우려하는 공동체적인 사고를 표현하는 것이라고 말할 수 있다. 1997년에 특히 '그렇다'고 답한 사람의 비율이 늘어난 것은 1997년 지난 5~6년간 일본의 인권 상황을 나쁘게 평가한 것과 일치하는데, 이는 경제적·사회적·문화적 권리 지표가 하락한 시점이기도 하다.

(4) 인권증진방안에 대한 의견

1990년대까지 인권옹호위원을 비롯한 국가의 인권기구를 계몽하는 설문이 중심이었는데, 2000년대에 들어서는 어떠한 방식이 인권의식 계발을 위해 좋을지, 정부는 어떠한 점에 힘을 기울여야 하는지에 대해 국민들에게 묻는 식으로 방향을 바꾸었다. 일본인들은 정부가 가장 역점을 두어야 할 일로 인권교육을 가장 많이 꼽았고(〈그림 4-9〉 참조), 인권의식을 증진하기 위해 TV, 라디오, 신문, 잡지 등 대중매체를 가장 효과적인 방

〈그림 14-8〉 인권 주장이 타인에게 폐가 된다는 의견

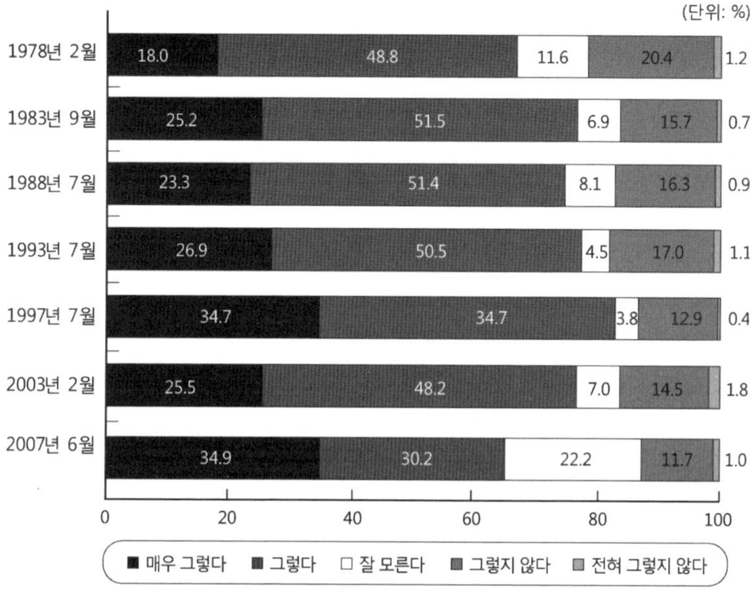

〈그림 14-9〉 인권 과제 해결을 위해 국가가 해야 할 일

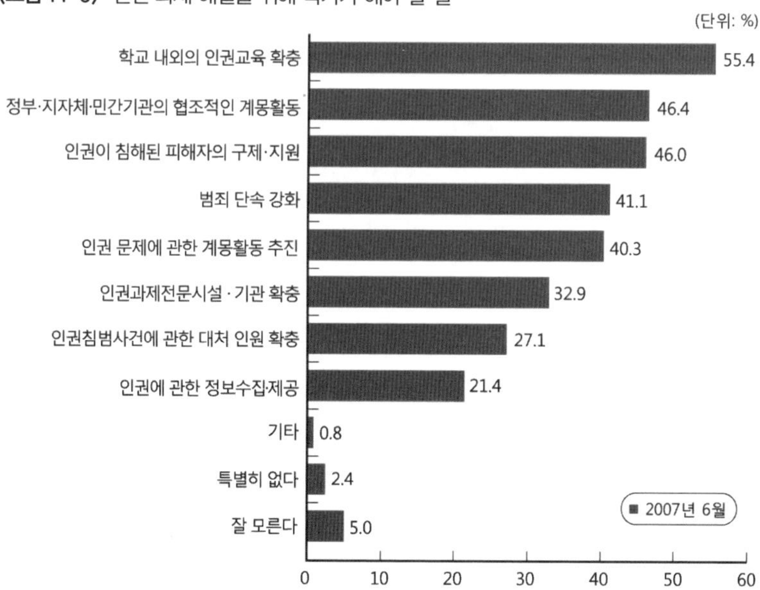

〈그림 14-10〉 인권의식 증진을 위해 효과적인 방안

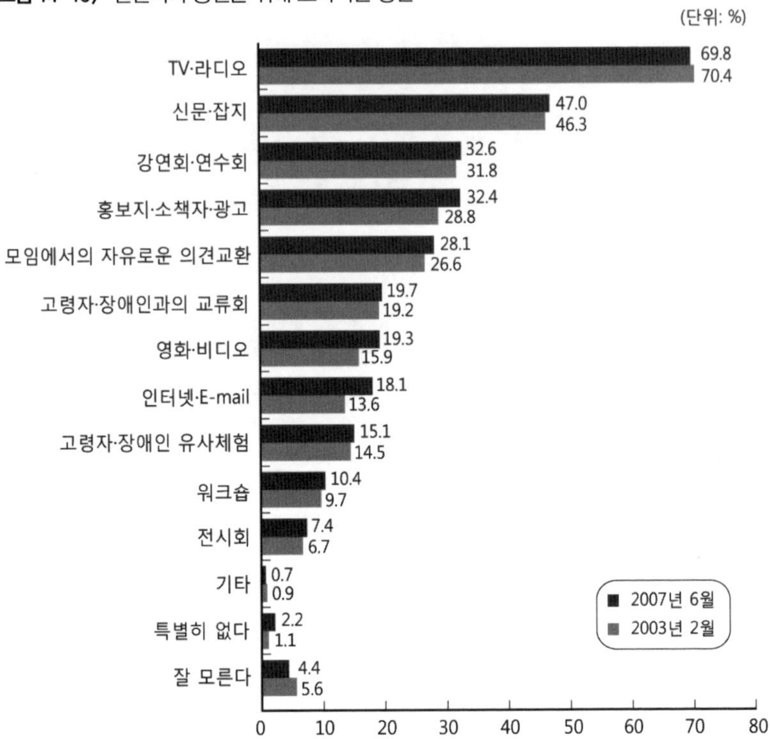

법이라고 생각하는 것으로 나타났다(〈그림 4-10〉 참조).

4) 인권보호 대상집단에 대한 의식 변화

앞서 논의한 대로, 2000년대에 들어 이루어진 조사는 인권보호 대상집단을 제시하고, 각 대상집단에 대한 구체적인 질문을 하고 있다. 일본 정부는 여러 인권보호집단의 대상 중 여성에 대하여 가장 먼저 질문하고 있으며, 다음으로 아동, 고령자, 장애인, 부락민, 아이누, 외국인의 순으로 묻고 있는데, 이 순서는 아마도 일본 정부가 가장 중요하다고 판단하는 순서가 아닐까 생각된다.

〈그림 14-11〉 관심을 갖는 인권 문제

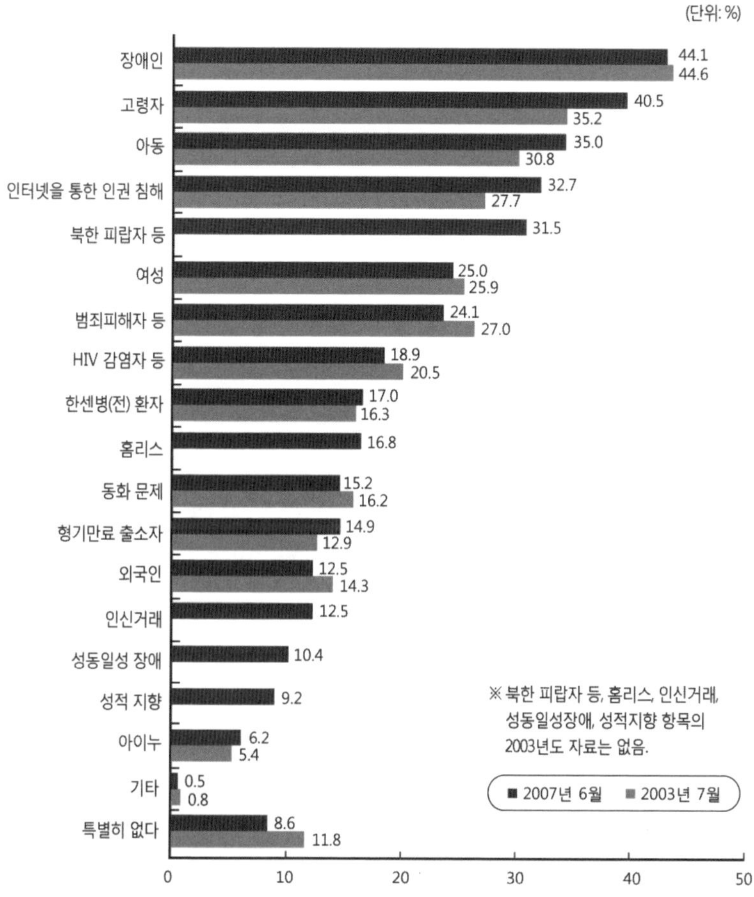

그러나 조사 결과 일본인들이 인권 문제에 가장 관심을 가지고 있는 집단은 장애인, 고령자, 아동, 인터넷을 통한 인권 침해, 북한 피랍자, 여성의 순으로 나타났다. 2003년 조사에는 없던 항목으로 2007년에 북한 피랍자가 여성보다도 더 많은 관심을 끌고 있는 점이 특이하다. 부락민 인권은 HIV 감염자, 한센병 환자와 홈리스보다도 더 적은 관심을 받고 있으며, 외국인에 대한 관심은 그보다도 더 낮다. 수적으로 매우 적은 북한 피랍자 문제가 오랜 역사에 뿌리박고 있는 부락민이나 외국인 문제에 비해 월등하게 많은 관심을 받고 있는 일본의 상황이 특이하다고 할 수 있다. 2007년 새롭게 성적 지향 문제가 대두되고 있는 점도 주목할 만하다. 이어질 각 인권보호 대상집단별 논의는 일본 정부가 정한 중요도의 순서를 따른다.

(1) 여성의 인권

'여성에 관하여 어떠한 인권상의 문제가 있다고 생각하는가'를 묻고 있다. 일본 정부가 이 질문에 대한 답의 예시로서 들고 있는 순서는 남녀의 고정역할분담의식, 직장 내 차별대우, 가정폭력, 직장 내 성희롱, 성매매 순이다. 이것도 역시 일본 정부가 중요하다고 판단하는 순서라고 생각할 수 있다. 국민들이 실제로 가장 중요한 인권 문제라고 답한 것은 직장에서의 차별대우다. 다음이 가정폭력, 직장에서의 성희롱, 남녀역할분담의식, 성매매의 순이다. 이로써 직장과 가정에서 일상적으로 접하는 차별 문제가 가장 중요하게 인식되고 있는 것을 볼 수 있다(〈그림 14-12〉 참조).

(2) 아동의 인권

아동의 인권에 관하여 정부와 국민이 모두 가장 중요하게 생각하는 문제는 집단 따돌림이다. 그런데 재미있는 것은 '왕따, 무시, 신체에의 직접적인 공격, 상대가 싫어하는 행동을 취하거나 따돌림을 하는 것'(62.2%)보다 '따돌림을 하는 사람이나 당하는 사람을 보아도 모르는 척하는 것'(68.0%)을 더 심각하게 생각한다는 점이다(〈그림 14-13〉 참조). 이는 공동체적 가치를 중요하게 여기는 태도라고 볼 수 있다.

〈그림 14-12〉 여성 인권 문제

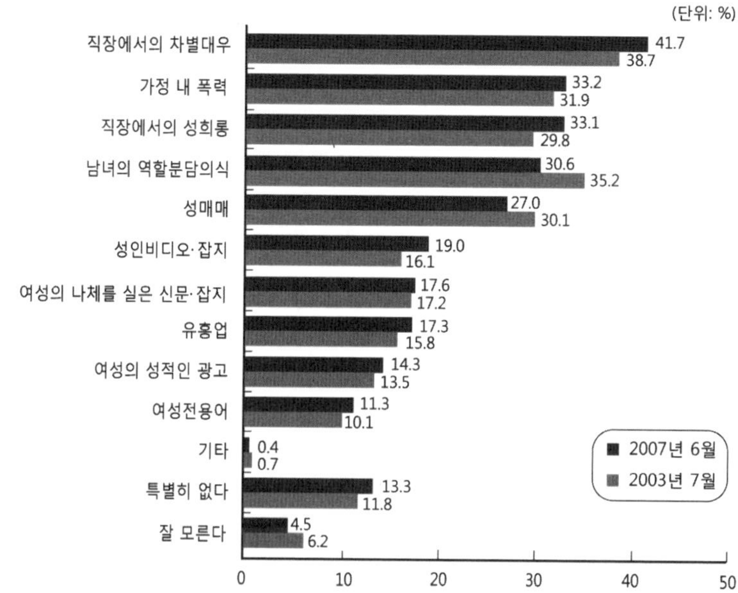

〈그림 14-13〉 아동 인권 문제

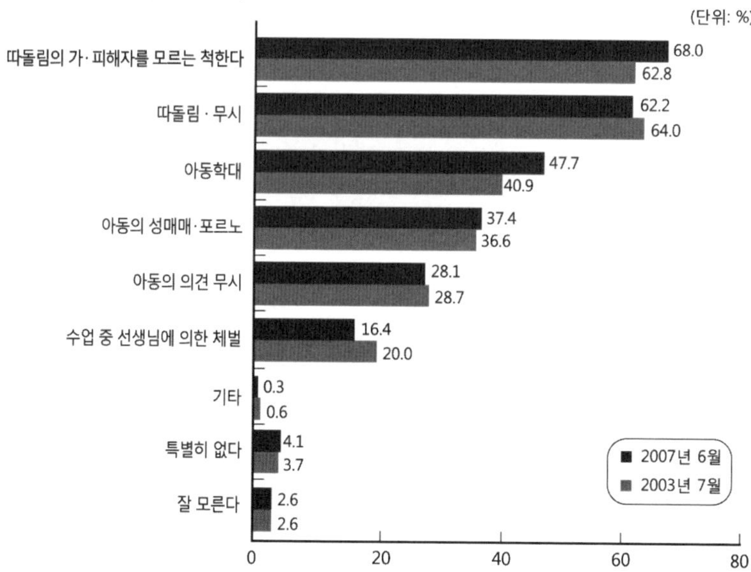

(3) 고령자의 인권

고령자 문제는 세계적으로 최고령사회인 일본에서 매우 심각하다. 2003년 고용기회 부족이 가장 심각한 문제로 여겨졌으나, 2007년에는 사기판매 피해를 가장 심각하게 여기는 것은 고령자에 대하여 새로운 종류의 피해가 자꾸 늘어나는 현상의 단면이라고 할 수 있다(〈그림 14-14〉 참조).

(4) 장애인의 인권

장애인의 문제로 취업의 어려움, 즉 경제적 자립이 가장 심각한 문제로 나타났다. 그 밖에 생활에서 부딪치는 여러 형태의 사회적 차별은 장애인의 생활을 어렵게 한다고 볼 수 있는데, 임대주택 입주의 어려움이라든가 결혼에서의 차별은 그 대표적인 사례다(〈그림 14-15〉 참조).

(5) 부락민 문제(동화 문제)

일본 사회 특유의 오랜 역사적 뿌리를 가진 부락민 문제에 대하여 일본 정부는 다른 영역과는 달리 이 문제를 어떻게 알게 되었는가를 먼저 묻고 있다. 일본에서는 '동화(同化) 문제'라고 부르기도 하는 부락민 문제는 부락민이 그만큼 일본 사회에서 동화시키고 싶어 하는 대표적인 피차별 집단이라는 점을 보여준다.

앞 장에서 논의한 대로 부락민은 에도 시기에 가죽을 만드는 일 등 특정한 직업을 가지고 특정한 거주지역을 이루어온 천민집단이다. 1871년 메이지정부에 의해 부락해방령이 이루어졌으며, 1946년 일본국헌법은 "모든 국민은 법 아래서 평등하며 인종, 신조, 성별, 사회적 신분 또는 가문, 지역에 의해 정치적·경제적 또는 사회적으로 차별받지 않는다"(제14조 제1항)고 규정하고 있으나, 부락민은 대를 이어 존재하며 이들에 대한

〈그림 14-14〉 고령자 인권 문제

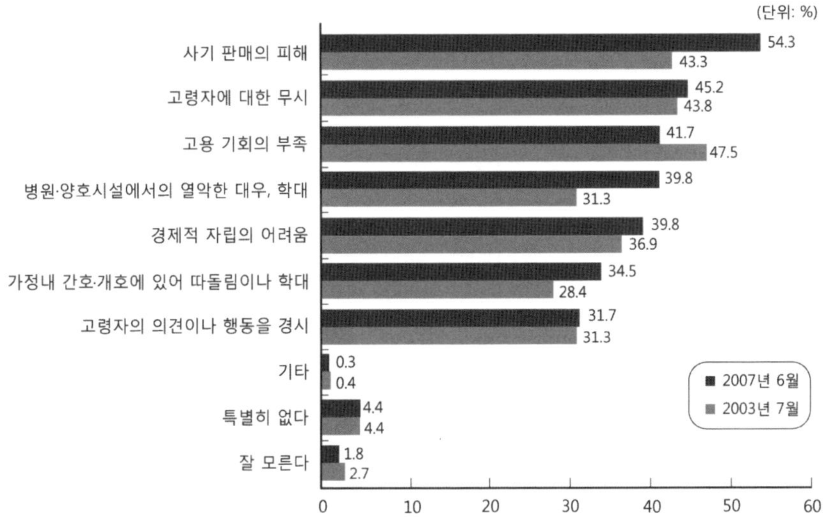

〈그림 14-15〉 장애인 인권 문제

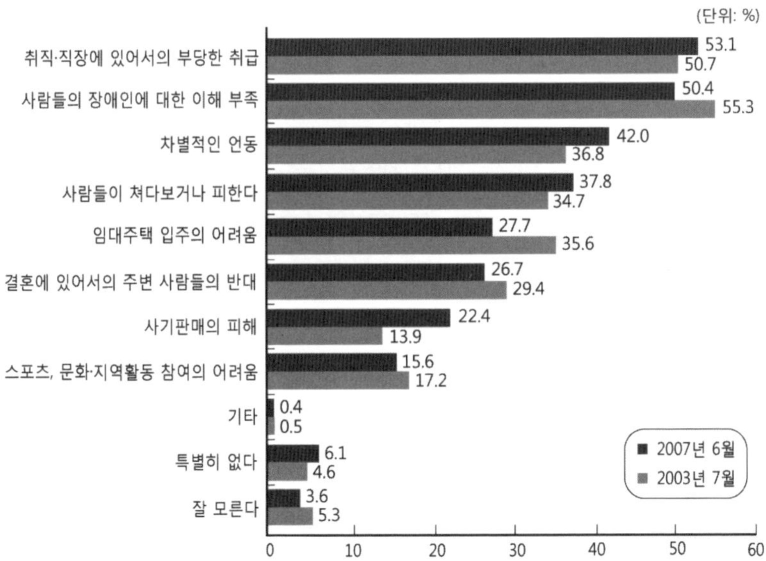

〈그림 14-16〉 부락민 문제를 알게 된 경위

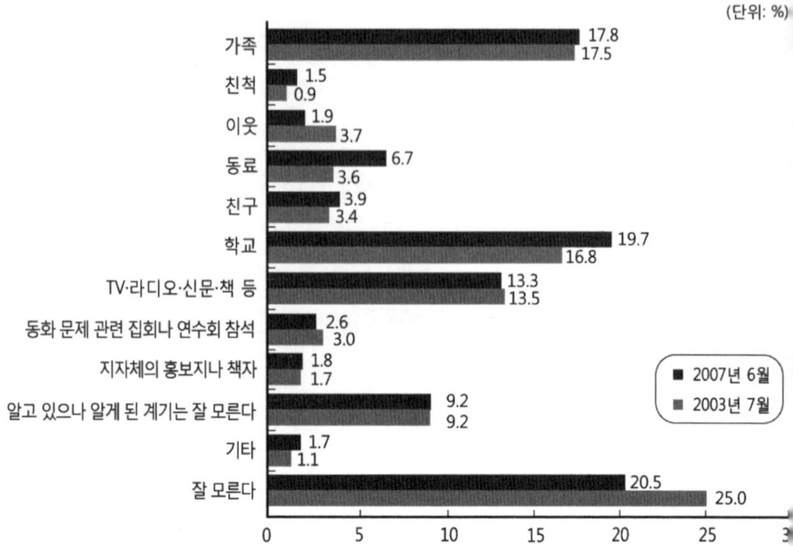

〈그림 14-17〉 부락민 인권 문제

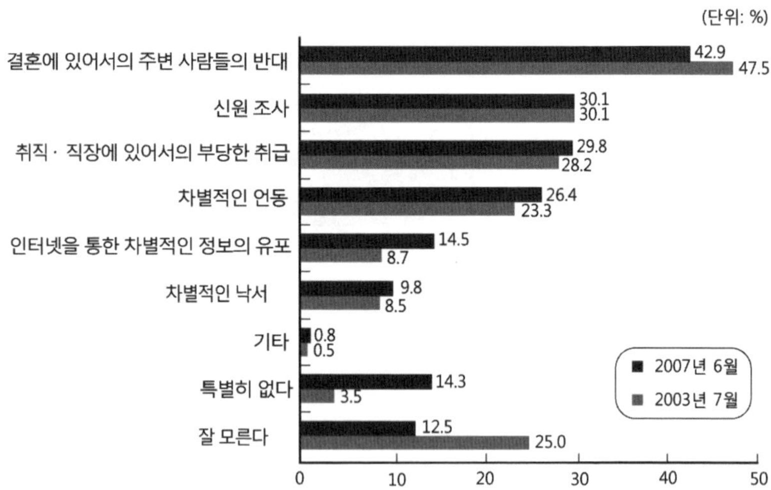

사회적 차별은 일본 사회에서 지속되고 있다.

일본 사회는 부락민 문제를 일종의 사회적 터부로 여겨 공론화하지 않았으나, 1969년 정부는 낙후된 부락민 지역을 개발하고 이들의 여러 환경이나 교육적 조건을 개선하여 일본의 주류 사회에 동화시키려는 공식적 사업을 시작했다. 이에 따라 부락민의 환경은 매우 좋아졌지만, 이들에 대한 사회적 차별은 뿌리 깊게 남아 있다. 일본에서 부락민 문제는 '인권=동화 문제'라고 할 만큼 대표적인 인권 문제로 여겨져 왔다.

그런데 세계의 최선진국인 일본에서 2007년에 정부가 국민에게 '동화문제를 처음으로 알게 된 계기가 무엇이었나'라고 물으며, 예시된 답 중 '동화 문제를 모른다'가 포함되어 있는 것은 무엇을 의미하는가. 실제로 동화 문제를 모른다고 답한 사람이 20%나 된다. 다음의 질문은 부락민 인권 문제가 무엇인가를 묻는 것인데, 가장 많은 사람들이 결혼 시의 차별을 들었고 신원조사, 취직 시의 차별이 그 뒤를 이었다. 그 밖에 차별적 언동, 인터넷을 이용한 차별적 정보 제공 등 사회적 차별이 주를 이룬다. 정부가 법적·제도적 정비를 해도 사람들의 의식상에서 차별이 사라지지 않으므로, 학교나 대중매체, 지자체 홍보 등을 통해 차별을 없애고자 하는 정부의 노력이 이 설문에 반영되고 있는 것이 아닌가 생각된다.

한 가지 유의해야 할 점은 2003년에 비해 2007년에 훨씬 더 많은 사람들이 부락민 인권 문제는 특별히 없다고 답한 것이다. 이것은 앞서 전반적인 인권 인지도 하락, 인권에 대한 부정적 평가의 증대 등과 함께 인권 의식의 보수화를 의미한다고 보아도 무방할 것이다.

(6) 아이누 인권

일본 정부가 부락민 다음으로 제기한 집단은 아이누다. 부락민이 전통적 신분체제의 유제라고 한다면, 아이누는 홋카이도를 일본 영토로 병합하

〈그림 14-18〉 아이누 인권 문제

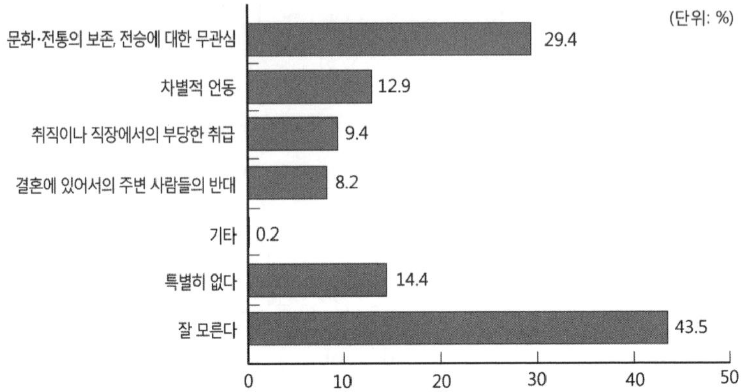

〈그림 14-19〉 외국인 인권 옹호에 대한 인식

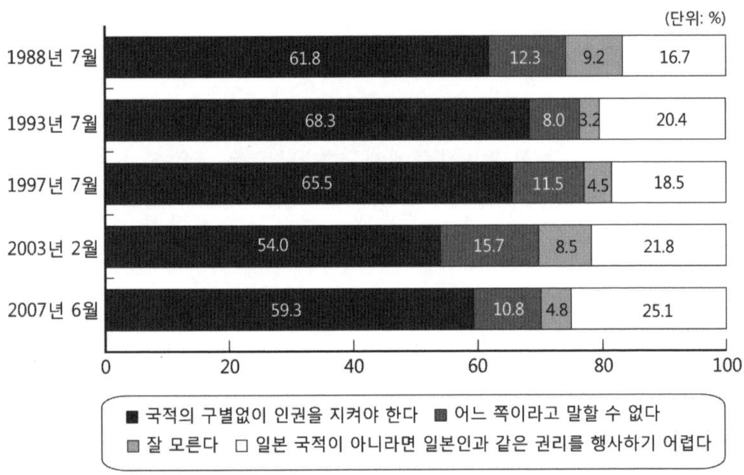

면서 생긴 소수민족이다. 아이누는 현재 2만여 명으로 계속 그 수가 줄어들고 있어서, 차별보다는 오히려 그 독특한 문화와 전통을 살리려는 노력이 이루어지고 있는 현실이다. 부락민에 비해서 아이누의 인권 문제를 모른다고 답한 사람이 훨씬 더 많고 그 문제점도 결혼, 취업 시의 차별 등보다 독자적 문화·전통의 보존과 전승을 더 심각하게 생각하고 있는 것을 볼 수 있다(〈그림 14-18〉 참조).

(7) 외국인 인권

외국인의 인권에 대한 설문은 1988년부터 포함되기 시작했는데, 1980년대 후반 이후 외국인 노동자 문제가 큰 사회문제가 되면서부터라고 판단된다. 그런데 '일본 국적이 없는 사람도 일본인처럼 인권이 지켜져야 한다'고 생각하는 사람들의 비율이 1988년보다 1993년에 늘었지만 1993년, 1997년, 2003년을 통하여 계속 줄어들었다는 점에 주목할 필요가 있다. 그러나 중립적이거나 모른다는 답을 제외하고 '일본 국적이 없는 사람은 일본인과 같은 권리가 없어도 할 수 없다'라고 답한 사람들의 비율은 1997년에 다소 감소한 것을 제외하면 지속적으로 늘어났다. 이것은 다음에 이어지는 외국인에 대한 부당한 취급에 대한 생각에서도 비슷하게 나타난다.

외국인에 대한 부당한 취급을 차별이라고 인식한 사람의 비율은 1988년에 비해 1990년에 조금 늘어났지만 2000년대에는 다시 줄어들었다. 풍습, 문화 등이 달라서, 적응의 문제이므로 또는 외국인이기 때문에 부당한 취급을 당해도 어쩔 수 없다고 답한 사람들의 비율은 1997년에만 다소 감소하고 전체적으로 계속 늘어나서 2007년에는 57.1%에 이르렀다(〈그림 14-20〉 참조).

결론적으로 외국인의 인권에 대한 일본인들의 의식은 계속 보수화되어온 것이다. 이러한 보수화의 경향은 앞서 논의한 기본적 인권의 인지도의 하락, 인권에 대한 부정적 평가의 증대 그리고 개인보다 공동체의 중시 경향, 부락민 인권에 대한 인식의 보수화 등 제반 경향과 맥을 같이 한다고 보인다.

〈그림 14-20〉 외국인의 부당한 취급에 대한 인식

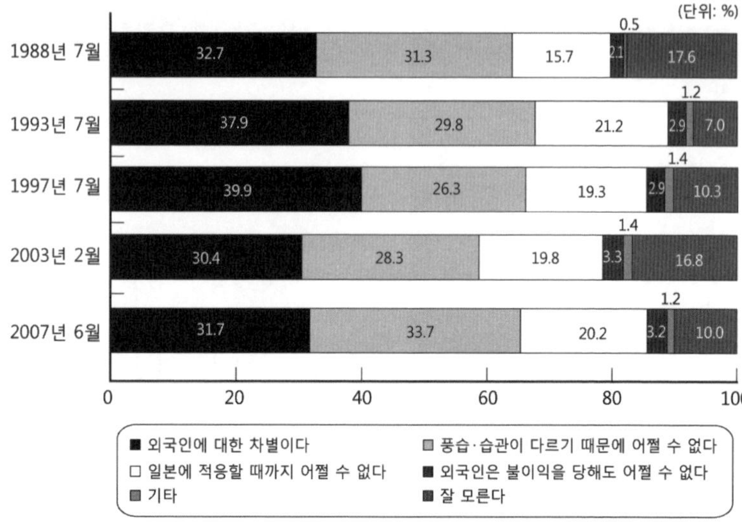

〈그림 14-21〉 HIV 감염자의 인권 문제

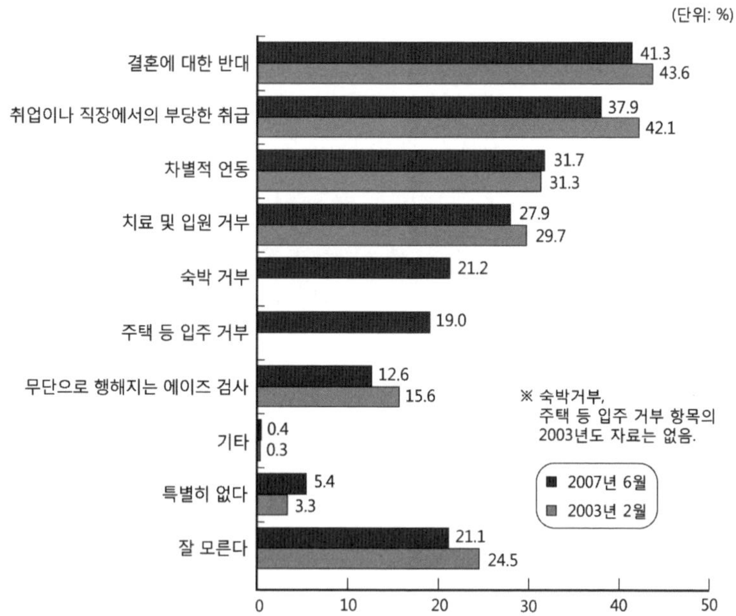

〈그림 14-22〉 한센병 환자의 인권 문제

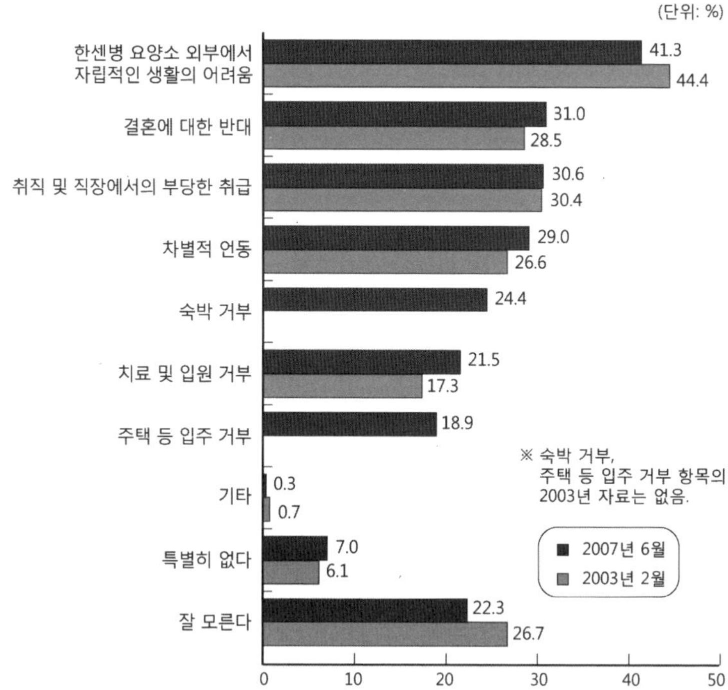

(8) HIV 감염자와 한센병 환자의 인권 문제

2000년대에 새롭게 포함된 HIV 감염자와 한센병 환자에 대하여 결혼, 취업 등에서 차별받고 있다고 생각하는 사람이 많았다(〈그림 14-21〉과 〈그림 14-22〉 참조).

(9) 범죄피해자, 인터넷에 의한 인권 침해

일본 정부가 범죄피해자가 단지 범죄로 인한 피해뿐만 아니라 사생활 침해 등 다른 여러 피해를 받고 있다는 점을 인식한 것과, 인터넷을 통하

〈그림 14-23〉 범죄피해자의 인권 문제

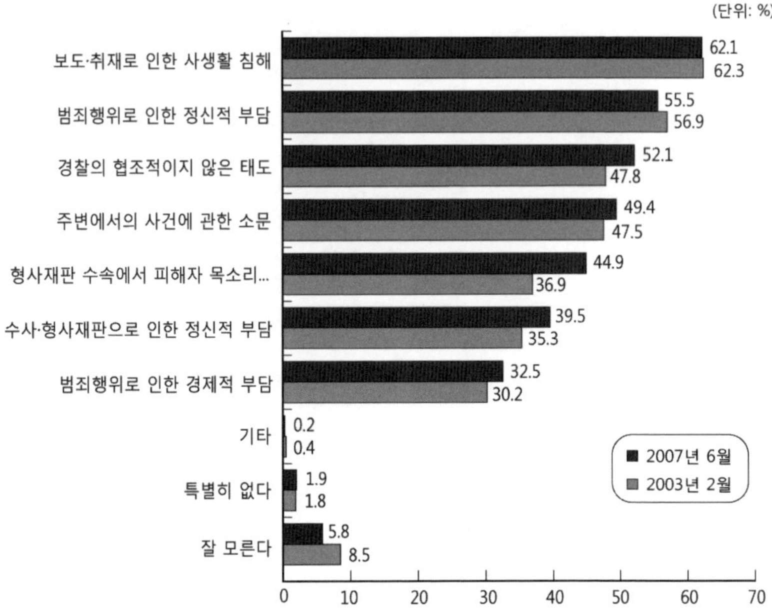

〈그림 14-24〉 인터넷에 의한 인권 침해

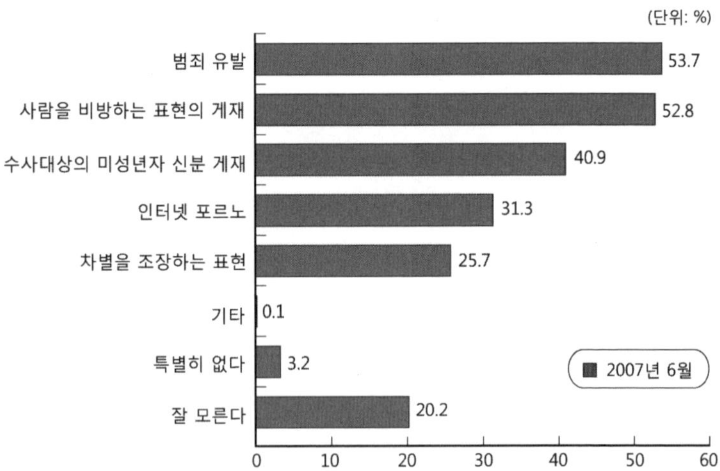

〈그림 14-25〉 홈리스의 인권 문제

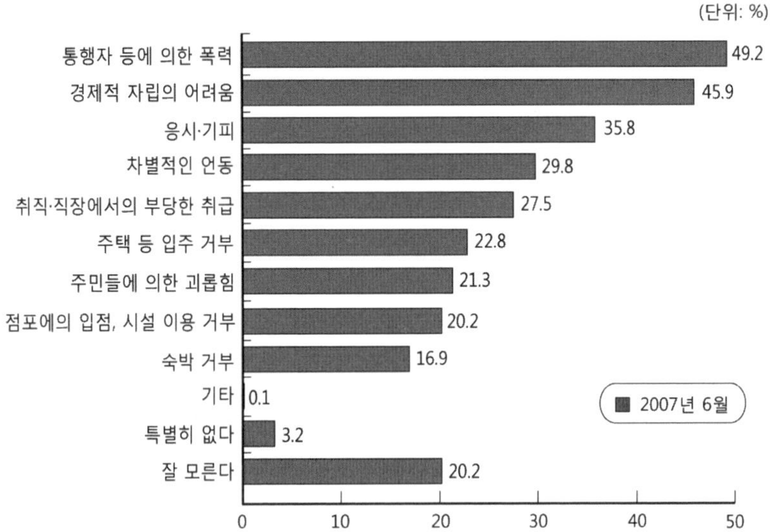

〈그림 14-26〉 성적 지향, 성동일성 장애인의 인권 문제

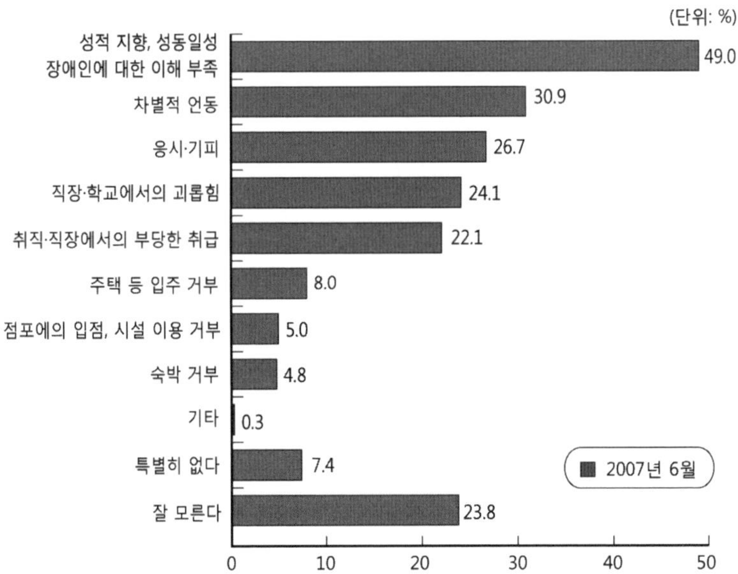

여 여러 인권 침해가 일어나고 있는 점에 주목한 점은 인권의식의 확대라고 볼 수 있다(〈그림 14-23〉과 〈그림 14-24〉 참조).

(10) 홈리스, 성적지향, 성동일성 장애인의 인권 문제

2007년에 일본 정부는 새롭게 홈리스, 성적 지향의 문제를 인권 문제로 인식하기 시작했다. 이것도 일본 정부와 사회의 인권 개념의 확대를 의미한다고 보겠다. 그러나 이들의 인권을 얼마나 심각하게 생각하고 있는지는 앞으로 주목해야 할 점이다.

5) 주관적 지표에 나타난 일본인의 인권의식

제9장에서 논의한 대로 글로벌 지표로 보았을 때 일본의 인권 상황은 1970년대 이후 크게 발전했다고 볼 수는 없다. 특히 1990년대부터 꺾이기 시작한 지표는 2000년대에 회복이 되고 있지만, 1980년대 수준에 이르지는 못한 채 침체되어 있다. 이제 일본 정부의 조사를 통해서 본 주관적 지표는 이러한 객관적 지표와 다른 경향을 보이지 않는다. 전반적으로 인권의 영역은 확대되었고, 정부에 의한 일방적인 계몽에서 벗어나 개인들의 주체적인 의식을 중시하는 방향으로 나아갔으며, 신체통합권리에의 집중에서 사적인 권리 침해로 인식이 확대되었다.

그럼에도 불구하고 헌법에 보장된 기본적인 인권에 대한 인지도는 점점 하락했으며, 인권 주장 때문에 타인에게 폐를 끼치는 경향이 커졌다고 생각하는 사람이 많아졌고, 최근 5~6년간 일본의 인권 상황을 부정적으로 평가하는 경향이 강해졌다. 인권보호 대상집단별로 보았을 때 여성, 장애인, 아동, 고령자의 인권에 대한 생각은 별다른 특징을 보이지 않는다. 외국인이나 부락민과 같이 일본 사회의 특수한 문제의 경우 일본인의 생각은 점차 보수화되어왔다. 조사 시기에 따라 다소의 진동은 있으나, 전체적으로 볼 때 일본인의 인권의식은 점점 보수화되고 있는 것이다. 특히 개인의 인권주장 때문에 남에게 폐를 끼치는 경우가 늘었다는 생각이나 가족을 중시하는 경향이 이러한 보수화와 맞물려 있다는 점에 주목할 필요가 있다.

참고문헌

공석기. 2009a.「1990년대 이후 한국 인권개선의 조건 그리고 한계」.『2009 국제사회학대회자료집』. 한국사회학회.

공석기. 2009b.「한국시민사회의 국제연대 및 국제협력: 초국적 옹호망에서 지속적인 협력망으로의 전환기」.『한국시민사회연감 2010』. 시민운동정보센터.

공석기·임현진. 2003.「지구시민사회는 가능한가?」.『한국비영리연구』2(2): 3-46.

곽노현. 1998.「국민인권위원회의 구성과 역할」. 한상진 편.『현대사회와 인권』. 나남.

구보 다카오. 1996.「일본시민운동의 발전과 지방자치」. 크리스챤아카데미 편.『일본시민운동과 지방자치』. 한울.

구정우. 2007.「세계사회와 인권: 국가인권기구의 설립, 1978-2004」.『한국사회학』41: 287-322.

구정우. 2009.「글로벌 인권개선과 그 조건」. 2009 추계 한국사회학회 발표논문.

국가인권위원회. 2004.「국가보안법 적용상에서 나타난 인권실태」. 국가인권위원회.

국가인권위원회. 2005.「2005년 국민인권의식조사 총괄보고서」. 국가인권위원회.

김녕. 1998.「인권과 한국의 민주화: 김영삼 정권 시기를 중심으로」.『한국과 국제정치』14(2): 55-84. 경남대학교 극동문제연구소.

김녕. 2004.「한국에서의 신자유주의와 빈곤, 그리고 인권 NGO들의 역할」.『현상과 인식』93: 67-99.

김선미. 2009.「이주민 100만 시대, 2008년 이주 · 다문화 가정의 현황과 쟁점」.『한국시민사회연감 2010』. 시민운동정보센터.

김영수. 2003.「세계학문공동체의 형성과 국제민간단체(INGO)의 역할: 지식의 세계화와 제도화」. 『NGO연구』 1: 147-177.
김희재. 2003. 「한국과 일본의 외국인노동자 현황 및 정책」. 『사회조사연구』 18: 61-93. 부산대학교 사회조사연구소.
노희순·최현우. 2007. 『일본 부동산 시장분석』. 하나금융경영연구소.
다니엘 벨. 1996. 「서구적 인권체제에 대한 동아시아의 도전」. 『계간 사상』 겨울호: 46-56.
류정순. 2009. 「불평등, 빈곤, 고용의 문제점과 개선방안」. 『한국시민사회연감 2010』. 시민운동정보센터.
마이클 프리먼. 김철효 역. 2005. 『인권: 이론과 실천』. 아르케.
박원순. 1989. 『국가보안법연구 1』. 역사비평사.
박원순. 1992. 『국가보안법연구 3』. 역사비평사.
박원순. 2001. 『박원순 변호사의 일본시민사회 기행』. 아르케.
박원순. 2006. 『야만시대의 기록』. 역사비평사.
박찬운. 1999. 『국제인권법』. 한울.
설동훈. 1999. 『외국인노동자와 한국사회』. 서울대학교출판부.
설동훈. 2000. 『노동력의 국제이동』. 서울대학교출판부.
사회권 규약 제2차 반박보고서 연대회의. 2001. 「경제적, 사회적, 문화적 권리에 관한 NGO 반박보고서」.
사회권 규약 제3차 보고서 NGO 네트워크. 2009. 「경제적, 사회적, 문화적 권리에 관한 NGO 반박보고서」.
서울대학교 사회발전연구소. 2008. 〈한국사회에 대한 인식조사〉.
스기하라 야스오. 석인선 역. 1995. 『인권의 역사』. 한울.
신혜수. 2004. 「한국정신대문제대책협의회: 일본군 '위안부' 관련 국제기구 권고자료집』. 여성가족부.
시민의신문. 2003. 『한국민간단체총람』. 시민의신문.
아오키 다모쓰. 최경국 역. 1997. 『일본문화론의 변용』. 소화.
안경환 외. 2005. 『법·정치와 현실』. 나남.
양현아 편. 2005. 『낙태죄에서 재생산권으로』. 사람생각.
오동석. 2001. 「국가인권위원회의 민주주의적 정당성과 그 정당화 과제」. 『아·태공법연구』 9: 113-132.
오사와 마리. 정진성·장화경 공역. 1995. 「역자서문」. 『회사인간사회의 성』. 나남.
오창익. 2004. 「한국인권운동 15년사」. 『한국시민사회운동15년사: 1987-2002』. 시민의신문.
외국인노동자대책협의회. 2001. 『외국인 이주노동자 인권백서』. 다산글방.

유엔세계인권대회한국민간단체공동협의회(KONUCH). 1994. 『'93 유엔 인권대회 자료집』.

이성훈. 2008. 「동아시아 시민연대: ASEAN 현장과 시민사회 운동의 대응」. 『동아시아브리프』 3(1): 109-115.

이원웅. 1998. 「국제인권레짐과 비정부기구(NGO)의 역할」. 『국제정치논총』 38(1): 127-146.

이정은. 2005. 「메이지 초기 일본의 천황제 국가 건설과 '인권': 후쿠자와 유키치와 가토 히로유키의 '인권론'을 중심으로」. 『사회와 역사』 68: 207-233.

이정은. 2008. 「해방 후 인권담론의 형성과 제도화에 관한 연구. 1945년~1970년대 초」. 서울대학교 사회학과 박사학위논문.

인권단체연석회의. 2004. 『2004 인권운동보고서』. 사람생각.

인권단체연석회의. 2005. 『2005 인권운동보고서』. 사람생각.

인권운동사랑방 사회권위원회. 1999. 『인간답게 살 권리: IMF 이후 사회권 실태보고서』. 사람생각.

임경택·설동훈. 2006. 「일본의 결혼이민자 복지정책」. 『지역사회학』 7(2): 5-68.

임재홍. 1999a. 「국가인권기구의 쟁점과 대안: 국제법·행정법의 관점에서 본 인권위원회의 문제점」. 『민주법학』 15: 11-43.

임재홍. 1999b. 「국가인권기구 설립의 원칙: 유엔의 설립권고안을 중심으로」. 『민주법학』 15: 44-70.

임현진. 2006. 「한국의 발전 경험과 대안 모색: 새로운 발전모델을 찾아서」. 『한국사회학』 40: 1-31.

임현진. 2009. 『한국의 사회운동과 진보정당』. 서울대학교출판부.

임현진·공석기. 2006. 「지구시민사회의 작동원리와 한국사회운동의 초국적 동원전략」. 『한국사회학』 40(2): 1-36.

잭 도널리. 박정원 역. 2002. 『인권과 국제정치』. 오름.

정근식 외. 2004. 『한국형 인권지표의 모색』. 경인문화사.

정인섭. 1996. 『재일교포의 법적 지위』. 서울대학교출판부.

정인섭. 2004. 『사회적 차별과 법의 지배』. 박영사.

정진성. 2001. 『현대일본의 사회운동론』. 나남.

정진성. 2004. 『일본군성노예제』. 서울대학교출판부.

정진성. 2006. 「북한 여성인권에 관한 국제사회의 논의와 북한의 대응」. 김귀옥·김순영·배은경 편. 『젠더연구의 방법과 사회분석』. 다해.

정진성. 2007. 「민족학교(조선·한국) 학급 전수조사를 위한 예비조사: 도쿄권의 초중고 민족 학교를 중심으로」. 재외동포재단 보고서.

정진성. 2009. 「일본의 발전과 인권: 보편성과 특수성에 대한 탐색」. 후기한국사회학대회 발표논문.

정희진. 2005. 『페미니즘의 도전: 한국 사회 일상의 성 정치학』. 교양인.

조시현. 1999. 「중대한 인권침해 행위에 대한 시효문제」. '인권토론회: 반인도적 범죄와 공소시효문제: 국제법의 흐름과 국내법의 정비방향을 중심으로.' 국회일본군 위안부 문제연구모임.

조영래. 2003. 『전태일 평전』. 돌베개.

조형·강인순·정진주. 2003. 『여성의 시민적 권리와 사회정책: 한국 여성노동자의 삶의 질을 중심으로』. 한울.

조효제. 2007. 『인권의 문법』. 후마니타스.

차병직. 2006. 『인권』. 살림출판사.

천주교인권위원회. 1997. 『교회와 인권: 1997년 인권 주일 자료집』. 천주교인권위원회.

청와대 경제정책비서관실. 2006. 「일본의 부동산 버블 경험의 시사점」. 서면보고.

최장집. 2005. 『민주화 이후의 민주주의』. 후마니타스.

한국기독교교회협의회(KNCC). 1994. 『한국교회 인권선교 20년사』. 국가인권위원회.

한국기독교교회협의회(KNCC) · 민변. 1992. 『한국인권의 실상』. 역사비평사.

한인섭. 2006. 『형법과 사회통제』. 박영사.

金哲洙. 1997. 「韓日における人權論の導入と展開」. 『北大法學論集』 第47卷 第5號.

朴慶植. 1989. 『解放後 在日朝鮮人運動史』. 三一書房.

安藤高行. 2005. 『基本的人權』. 京都: 法律文化社.

日本 外務省 編. 2009. 『政府開発援助(ODA)白書 2008年版』. 東京: 時事畵報社.

日本 財務省 編. 『日本国債ガイドブック』.

中村陸男. 1999. 「人權觀念の歷史的展開」. 『人權論の新展開』. 北海道大學圖書刊行會.

葛野尋之. 2007. 「代用刑事施設と国連拷問禁止条約」. 『立命館法学』 6号(316号).

Andretta, Massimilano. 2003. "Transnational Social Movements, Master-Framing, a Collective Identity." Presented at the Conference Transnational Processes and Social Movements, Bellagio, Villa Serboni, Italy, July 22-26, 2003.

Ayres, Jeffrey M. 2004. "Framing Collective Action Against Neoliberalism: The Case of the 'Anti-Globalization' Movement." *Journal of World-System Research* 10(1): 11-34.

Barsh, Russel Lawrence. 1993. "Measuring Human Rights: Problems of Methodology and Purpose." *Human Rights Quarterly* 15: 87-121.

Boli, John and George Thomas (eds.). 1999. *Constructing World Culture-International Non-governmental Organizations*. Stanford University Press.

Burks, Ardath W. 1985. "Japan: The Bellwether of East Asian Human Rights?" In James C. Hsiung (ed.), *Human Rights in East Asia: A Cultural Perspective*. New York: Paragon House Publishers.

Carlton, D. and M. Stohl. 1985. "The Foreign Policy of Human Rights: Rhetoric and Reality from Jimmy Carter to Ronald Reagan." *Human Rights Quarterly* 7: 205-229.

Carlton, D. and M. Stohl. 1987. "The Role of Human Rights in U.S. Foreign Assistance Policy." *American Journal of Political Science* 31: 1002-1018.

Cho, H. J. 2005. *Human Rights and Civic Activism in Korea*. Seoul: A-Media Press.

Cingranelli, David L. and Thomas E. Pasquarello. 1985. "Human Rights Practices and the Distribution of U.S. Foreign Aid to Latin American Countries." *American Journal of Political Science* 29: 539-563.

Clark, A. M. 2001. *Diplomacy of Conscience. Amnesty International and Changing Human Rights Norms*. Princeton University Press.

Cole, W. M. 2005. "Sovereignty Relinquished? Explaining Commitment to the International Human Rights Covenants, 1966-1999." *American Sociological Review* 70: 472-495.

Coomaraswamy, Radhika. 1996. "Report of the Special Rapporteur on Violence against Women, its Causes and consequences" (E/CN.4/1996/53/Add.1).

Craven, M. C. R. 1995. *The International Covenant on Economic, Social and Cultural Rights: A Perspective on Its Development*. Oxford: Clarendon Press.

Cromwell, J. B., Walter C. Labys, and Michel Terraza. 1994. *Univariate Tests For Time Series Models*. Thousand Oaks, CA: Sage Publications.

Davenport, Christian A. 1996. "'Constitutional Promises' and Repressive Reality: A Cross-National Time-Series, Investigation of Why Political and Civil Liberties are Suppressed." *The Journal of Politics* 58: 627-654.

Donnelly, Jack. 2002. "Human Rights, Globalizing Flows, and State Power." In Alison Brysk (ed.), *Globalization and Human Rights*. The University of California Press.

Donnelly, Jack. 2003. *Universal Human Rights in Theory and Practice* (second edition). Cornell University Press.

Elliott, Michael. 2007. "Human Rights and the Triumph of the Individual in World Culture." *Cultural Sociology* 1: 343-363.

Fligstein, Neil and Alec Stone Sweet. 2002. "Constructing Polities and Markets: An Institutionalist Account of European Integration." *American Journal of Sociology* 107: 1206-1243.

Forsythe, D. P. 2000. *Human Rights in International Relations.* Cambridge University Press.

Friedman, Elizabeth J., Kathryn Hochstetler, and Ann Marie Clark. 2005. *Sovereignty, Democracy, and Global Civil Society: State-Society Relations at UN World Conferences.* State University of New York Press.

Gastil, Raymond D. 1979. *Freedom in the World: Political Rights & Civil Liberties* New York: Freedom House.

Gibney, M., V. Dalton, and M. Vockell. 1992. "USA Refugee Policy: A Human Rights Analysis Update." *Journal of Refugee Studies* 5: 33-46.

Goldstein, Robert Justin. "The Limitations of Using Quantitative Data in Studying Human Rights Abuses." *Human Rights Quarterly* 8: 607-627.

Green, Maria. 2001. "What We Talk About When We Talk About Indicators: Current Approaches to Human Rights Measurement." *Human Rights Quarterly* 23: 1062-1097.

Gupta, Dipak K., Alberta J. Jongman, and Alex P. Schmid. 1994. "Creating a Composite Index for Assessing Country Performance in the Field of Human Rights: Proposal for a New Methodology." *Human Rights Quarterly* 16: 131-162.

Guidry, J. A., M. D. Kennedy, and M. N. Zald. 2000. "Globalizations and Social Movements." *Globalizations and Social Movements: Culture, Power, and the Transnational Public Sphere.* University of Michigan Press.

Habermas, Jurgen. 1996. *Between Facts and Norms.* The MIT Press.

Hafner-Burton, Emilie and Kiyoteru Tsutsui. 2005. "Human Rights in a Globalizing World: The Paradox of Empty Promises." *American Journal of Sociology* 110(5): 1373-1411.

Hart-Landsberg, Martin. 1993. *The Rush to Development: Economic Change and Political Struggle in South Korea.* New York: Monthly Review Press.

Hass, Michael. 1994. *Improving Human Rights*. London: Praeger.

Hathaway, Oona A. 2007. "Why Do Countries Commit to Human Rights Treaties?" *Journal of Conflict Resolution* 51: 588-621.

Hayner, Priscilla B. 1994. "Fifteen Truth Commissions, 1974 to 1994: A Comparative Study." *Human Rights Quarterly* 16: 597-614.

Howard, Rhoda E. 1988. "Assessing National Human Rights Performance: A Theoretical Framework." *Human Rights Quarterly* 10: 214-248.

Howard, Rhoda E. and Jack Donnelly. 1986. "Human Dignity, Human Rights, and Political Regimes." *The American Political Science Review* 80(3): 801-817.

Humana, Charles. 1992. *World Human Rights Guide*. Oxford University Press.

International Labor Organization. 1996, 1007, 1999, 2001, 2002, 2003. Report of the Committee of Experts on the Application of Conventions and Recommendations.

Jeong, Kap-Young and Kwan-Kyoo Choe. 2001. "Northeast Asian Economic Regionalism: A Korean View." *Global Economic Review* 30: 103-119.

Koufa, Kalliopi K. 2006. "An Updated Framework Draft of Principles and Guidelines Concerning Human Rights and Terrorism." United Nations Human Rights Council, Sub-Commission on the Promotion and Protection of Human Rights (A/HRC/Sub.1/58/30).

Keck, M. and K. Sikkink. 1998a. *Activists Beyond Borders-Advocacy Networks in International Politics*. Cornell University Press.

Keck, M. and K. Sikkink. 1998b. "Transnational Advocacy Networks in The Movement Society." *In The Social Movement Society*. New York: Rowman and Littlefield.

Khagram, Sanjeev, James Riker, and Kathryn Sikkink (eds.). 2002. *Restructuring World Politics: Transnational Social Movements, Networks, and Norms*. The University of Minnesota Press.

Kong, Suk-Ki. 2006. "Transnational Mobilization to Empower Local Activism: A Comparison of the Korean Human Rights and Environmental Movements." Harvard University.

Koo, Hagen (ed.). 1993. *State and Society in Contemporary Korea*. Cornell University Press.

Koo, Jeong-Woo and Francisco O. Ramirez. 2009. "National Incorporation of Global Human Rights: Worldwide Expansion of National Human Rights

Institutions, 1966-2004." *Social Forces* 87: 1321-1354.

Koo, Jeong-Woo. Forthcoming. "The Origins of the Human Rights Commission in Korea: Global and Domestic Causes." In Paul Y. Chang and Gi-Wook Shin (eds.), *Korean Social Movements: From Democracy to Civil Society*. New York: Routledge Press.

Koo, Jeong-Woo, Suk-ki Kong, and Chinsung Chung. 2010. "Measuring National Human Rights: A Reflection on Korean Experiences." Presented at the 105th American Sociological Association annual meeting, Atlanta, Georgia, August 14-17.

Landman, Todd. 2004. "Measuring Human Rights: Principle, Practice, and Policy." *Human Rights Quarterly* 26: 906-931.

Landman, Todd. 2006. *Studying Human Rights*. London and New York: Routledge.

Lillich, Richard. 1979. "U.S. Legislation Relating Human Rights to U.S. Foreign Polity." Paper Presented for the International Human Rights Law Group.

Marks, Susan and Andrew Clapham. 2005. *International Human Rights Lexicon*. Oxford University Press.

McAdam, Doug. 1982. *Political Process and the Development of Black Insurgency 1930-1970*. The University of Chicago Press.

McCaughey, M. and M. D. Ayers. 2003. *Cyberactivism: Online Activism in Theory and Practice*. Routledge.

McDougall, Gay J. 1998. "Systematic Rape, Sexual Slavery and Slavery-like Practicies during Armed Conflict"(E/CN.4/Sub.2/1998/13).

McKinlay, R. and A. Cohen. 1975. "A Comparative Analysis of the Political and Economic Performance of Military and Civilian Regimes." *Comparative Politics* 7: 1-623.

McKinlay, R. and A. Cohen. 1976. "Performance and Instability in Military and Nonmilitary Regimes." *American Political Science Review* 70: 850-864.

Meyer, David S. 2003. "Political Opportunity and Nested Institutions." *Social Movement Studies* 2: 17-35.

Meyer, John W., John Boli, George M. Thomas, and Francisco O. Ramirez. 1997. "World Society and the Nation State." *American Journal of Sociology* 103(1): 144-181.

Meyer, John W., Patricia Bromley, and Francisco O. Ramirez. 2010. "Human Rights in Social Science Textbooks: Cross-national Trends and Analyses, 1975-

2006." *Sociology of Education* 83(2): 111-134.

Mitchell, N. and J. McCormick. 1988. "Economic and Political Explanations of Human Rights Violations." *World Politics* 40: 476-498.

Milner, Wesley T. 2002. "Economic Globalization and Rights." In Alison Brysk (ed.), *Globalization and Human Rights*. The University of California Press.

Moravcsik Andrew. 2000. "The Origins of Human Rights Regimes: Democratic Delegation in Postwar Europe." *International Organization* 54: 217-252.

Neary, Ian. 2002. *Human Rights in Japan, South Korea and Taiwan*. New York: Routledge.

Ogawa, Akihiro. 2009. *The Failure of Civil Society?* State University of New York Press.

Park, Han P. 1987. "Correlates of Human Rights: Global Tendencies." *Human Rights Quarterly* 9: 405-413.

Peek, John M. 1992. "Japan, the United Nations and Human Rights." *Asian Survey* 32(3): 217-229.

Poe, Steven. C. 1992. "Human Rights and Economic Aid under Ronald Reagan and Jimmy Carter." *American Journal of Political Science* 36: 147-168.

Poe, Steven C. and C. Neal Tate. 1994. "Repression of Human Rights to Personal Integrity in the 1980s: A Global Analysis." *American Political Science Review* 88: 853-872.

Poe, Steven C., C. Neal Tate, and Linda Camp Keith. 1999. "Repression of the Human Right to Personal Integrity Revisited: A Global Cross-National Study Covering the Years 1976-1993." *International Studies Quarterly* 43: 291-313.

Price, R. 2003. "Transnational Civil Society and Advocacy in World Politics." *World Politics* 55: 579-606.

Pubantz, Jerry. 2005. "Constructing Reason: Human Rights and the Democratization of the United Nations." *Social Forces* 84: 1291-1302.

Ragin, Charles. 1987. *The Comparative Method: Moving Beyond Qualitative and Quantitative Strategies*. University of California Press.

Risse, Thomas and Kathryn Sikkink 1999. "The Socialization of International Human Rights Norms into Domestic Practices: Introduction." In T. Risse et al. (eds.), *The Power of Human Rights*. Cambridge University Press.

Risse-Kappen, Thomas. 1995. *Bringing Transnational Relations Back In: Non-*

State Actors, Domestic Structures, and International Institutions. Cambridge University Press.

Rhoda, E. Howard and Jack Donnelly. 1986. "Human Dignity, Human Rights, and political Regimes." *American Political Science Review* 80: 801-817.

Rothman, Franklin D. and Pamela E. Oliver. 1999. "From Local to Global: The Anti-Dam Movement in Southern Brazil, 1979-1992." *Mobilization: An International Journal* 4(1): 41-57.

Schmitz, Hans-Peter. 2000. "Mobilizing Identities: Transnational Social Movements and the Promotion of Human Rights." In Kendall Stiles (ed.), *Global Institution and Local Empowerment.* New York: St. Martin's Press.

Schmitz, Hans-Peter. 2006. *Transnational Mobilization and Domestic Regime Change: Africa in Comparative Perspective.* New York: Palgrave Macmillan.

Schoultz, Lars. 1981. "U.S. Policy toward Human Rights in Latin America: A comparative Analysis of Two Administrations." In Ved P. Nanda, James R. Scarritt, and George W. Shepherd, Jr. (eds.), *Global Human Rights: Public Policies, Comparative Measures, and NGO Strategies.* Boulder, Colo.: Westview.

Shin, Gi-Wook. 2006. *Ethnic Nationalism in Korea: Genealogy, Politics, and Legacy.* Stanford University Press.

Shin, Gi-Wook and Kyung-Moon Hwang. 2003. *Contentious Kwangju: The May 18 Uprising in Korea's Past and Present.* MD: Rowman & Littlefield.

Sikkink, Kathryn. 1993. "Human Rights, Principled Issue-Networks, and Sovereignty in Latin America." *International Organization* 47(3): 411-441.

Sikkink, Kathryn. 1998. "Transnational Politics, International Relations Theory, and Human Rights." *Political Science and Politics* 31: 516-523.

Skaar, Elin. 1999. "Truth Commissions, Trials: Or Nothing? Policy Options in Democratic Transitions." *Third World Quarterly* 20: 1109-1128.

Smith, Jackie. 1995. "Transnational Political Processes and the Human Rights Movement." *Research in Social Movements, Conflict and Change* 18: 185-219.

Smith, Jackie. 2007. "Transnational Networks and Changing Human Rights Norms." *The International Studies Review* 9: 290-292.

Smith, Jackie, Ron Pagnucco, and Charles Chatfield (eds.). 1997. *Transnational Social Movements and Global Politics.* Syracuse University Press.

Snow, David and Robert Benford. 1992. "Master Frames and Cycles of Protest." In Aldon D. Morris and Carol M. Mueller (eds.), *Frontiers in Social Movement Theory*. Yale University Press.

Suarez, David F., Francisco O. Ramirez, and Jeong-Woo Koo. 2009. "Globalization and the Diffusion of Innovations in Education: The Case of UNESCO Associated Schools." *Sociology of Education* 83: 197-216.

Tarrow, Sidney. 1998. *Power in Movement-Social Movements and Contentious Politics* (second edition). Cambridge University Press.

Terada, Takashi. 2003. "Constructing an 'East Asia' Concept and Growing Regional Identity: from EAEC to ASEAN+3." *The Pacific Review* 16: 251-277.

Thomas, Daniel. 2001. *The Helsinki Effect: International Norms, Human Rights and the Demise of Communism*. Princeton University Press.

Tsutsui, Kiyoteru. 2006. "Redressing Past Human Rights Violations: Global Dimensions of Contemporary Social Movements." *Social Forces* 85(1): 331-354.

Tsutsui, Kiyoteru and Christine Min Wotipka. 2004. "Global Civil Society and the International Human Rights Movement: Citizen Participation in Human Rights International Nongovernmental Organizations." *Social Forces* 82: 587-620.

Webber, Douglas. 2001. "Two Funerals and A Wedding? The Ups and Downs of Regionalism in East Asia and Asia-Pacific After the Asian Crisis." *The Pacific Review* 14: 339-372.

Welling, Judith V. 2008. "International Indicators and Economic, Social, and Cultural Rights." *Human Rights Quarterly* 30: 933-958.

Wendt, Alexander. 1992. "Anarchy is What States Make of It: The Social Construction of Power Politics." *International Organization* 46(2): 391-425.

Wood, Reed and Mark Gibney. 2010. "The Political Terror Scale (PTS): A Re-Introduction and a Comparison to CIRI." *Human Rights Quarterly* 32: 367-400.

Woodiwiss, Anthony. 2005. *Human Rights*. London: Routledge.

Yokota, Yozo and Chinsung Chung. 2009. "Discrimination based on work and descent." Final report of Mr. Yozo Yokota and Ms. Chin-sung Chung, Special Rapporteurs on the topic of discrimination based on work and descent (A/HRC/11/CRP.3).

http://www.minkahyup.org

http://www.asahi-net.or.jp/~mg5s-hsgw/jinkenyougo_houan/020716.html

http://blhrri.org/kokusai/un/un_0004.htm

http://www.eda-jp.com/satsuki/2005/050401.html

http://www.moj.go.jp/JINKEN/index.html

http://www.asahi-net.or.jp/~mg5s-hsgw/jinkenyougo_houan/020716.html

http://blhrri.org/kokusai/un/un_0004.htm

http://www.eda-jp.com/satsuki/2005/050401.html

http://www.moj.go.jp/JINKEN/index.html

http://delsa.or.kr/zbxe/?document_srl=5544

http://blog.daum.net/chateau_henry/6400615

http://minkahyup.org/yangsim/list.php?code=yangsim

http://www.mofa.go.jp/policy/oda/white/2008/html/ODA2008/html/zuhyo/index.htm(일본외무성 공적개발원조백서)

http://ciri.binghamton.edu/-downloaddata(CIRI지표)

부록 1. Humana와 Hass의 인권 지표

1. Humana의 인권 지표

적극적 자유(Freedom to)

1. 자국 내에서의 자유로운 여행
2. 국외에서의 자유로운 여행
3. 평화로운 결사와 회합
4. 사상을 가르치고 정보 얻기
5. 인권 침해 감시
6. 소수 민족의 언어로 출판, 교육

침해 받지 않을 자유(Freedom from)

7. 농노제, 노예제, 강제 노동 또는 아동 노동
8. 사법권 밖의 살인 또는 '실종'
9. 국가에 의한 고문 또는 강압
10. 강제적 업무 부과 또는 노동력 강제 징집
11. 국가에 의한 사형 집행
12. 체형의 법정선고
13. 혐의 없는 사람에 대한 불명확한 구금
14. 국가기구나 정당에 강제적으로 가입
15. 학교에서 종교나 국가 이데올로기를 강요
16. 예술 활동을 통제하기 위한 계획적인 국가 정책
17. 언론에 대한 정치적 검열
18. 우편물에 대한 검열이나 전화 도청

수단으로서의 자유와 권리(Freedom for or Rights to)

19. 평화로운 정치적 반대의사 표명
20. 비밀투표와 보통선거의 원칙에 의한 다당제 선거
21. 여성에 대한 정치적·법적 평등
22. 여성에 대한 사회적·경제적 평등
23. 소수민족에 대한 사회적·경제적 평등
24. 독립적인 신문
25. 독립적인 출판
26. 독립적인 라디오와 텔레비전 네트워크
27. 모든 법원의 완전한 독립성
28. 독립적인 노동조합

법적 권리(Legal Rights)

29. 국적을 박탈당하지 않을 권리
30. 유죄로 입증되기 전까지는 무죄로 추정
31. 필요시 법적인 도움을 얻을 수 있고, 변호인을 자신이 선택
32. 민간인에 대한 비밀 재판
33. 판사나 법정에 신속하게 데려가는 것
34. 영장 없는 가택수사로부터 보호
35. 개인 재산의 임의 몰수로부터 보호

개인적 권리(Personal Rights)

36. 서로 다른 인종과 종교 사이의 결혼, 신고 결혼
37. 결혼이나 이혼 과정에서의 양성 평등
38. 종교 선택의 자유
39. 피임약이나 기구를 사용하는 것
40. 동의하는 성인들 사이에서의 동성애

2. Hass의 인권 지표

시민적 · 정치적 권리

1. 1800년 이후 독립 기간
2. 민족주의자와 분리주의자의 전체 인구 중 비율
3. 분리주의 운동의 수
4. 개인 재산의 임의 몰수로부터의 자유
5. 경제적 자유
6. 여성의 정치적 · 법적 평등
7. 기본권을 침해하는 긴급 헌법 정지
8. 정치적 사형집행의 수
9. 사법 절차에 의하지 않은 살인 또는 '실종'에 대해 보고된 수
10. 국가에 의한 사형집행으로부터의 자유
11. 체형의 법정 선고로부터의 자유
12. 국가에 의한 고문이나 강압으로부터의 자유
13. 국적 박탈로부터의 자유
14. 농노, 노예, 아동노동의 부재
15. 의무적 노동 허가 또는 노동력 강제 징집의 부재
16. 의무적인 군대 복무로부터의 자유
17. 무고한 사람에 대한 무기한 구금으로부터의 자유
18. 자국 내에서 여행할 자유
19. 자국 밖으로 여행할 자유
20. 해외여행이 금지된 국가의 수
21. 시민적 · 공공적 재판에 대한 권리
22. 독립적인 법원
23. 유죄로 입증되기 전까지 무죄 추정 권리
24. 신속한 공소와 재판에 대한 권리
25. 필요시 법적인 도움을 얻을 수 있고, 변호인을 선택할 권리
26. 영장 없는 가택수사로부터의 자유
27. 우편물 검열로부터의 자유
28. 동의하는 성인들 사이에서의 동성애 권리

29. 정치범의 수
30. 종교 선택의 자유
31. 학교에서 종교나 국가 이데올로기를 강요하는 것으로부터의 자유
32. 사상을 가르치고 정보를 얻는 것의 자유
33. 정치적 언론 검열로부터의 자유
34. 출판의 독립성
35. 라디오와 텔레비전 네트워크의 독립성
36. 신문의 독립성
37. 인권 침해를 감시할 자유
38. 예술 활동 통제를 위한 계획적인 국가 정책으로부터의 자유
39. 평화로운 결사와 회합의 자유
40. 독립적인 노조를 결성하고 가입할 자유
41. 국가기구나 정당에 강제적으로 가입하지 않음
42. 서로 다른 인종과 종교 사이의 결혼, 신고 결혼의 권리
43. 결혼과 이혼 과정에 있어서의 양성 평등
44. 다두정치; 복수 정당, 비밀·보통 선거
45. 투표권의 제한
46. 가장 최근의 총선 실시 후 경과 기간
47. 평화적으로 정치적 반대 의사를 표명할 권리
48. 소수자에 대한 정치적 차별의 가혹성
49. 정치에서의 여성의 중요성
50. 소수 언어로 출판하고 교육할 권리

경제적 · 사회적 권리

1. 경제적 자유
2. 1인당 등록 상표
3. 무역에 있어서의 향상
4. 수출품의 구매력 향상
5. 경제적 차별로 고통받는 인구 비율
6. 소수자에 대한 경제적 차별의 가혹성
7. 소수자에 대한 사회적·경제적 차별 금지
8. 여성에 대한 사회적·경제적 차별 금지

9. 농노, 노예, 아동노동의 부재
10. 의무적 노동 허가 또는 노동력 강제 징집 부재
11. 실업률
12. 평균적인 비농업분야 종사자의 주급 비율
13. 1인당 소비자 지출
14. 업무상 재해를 당한 노동자의 비율
15. 업무상 재해로 실직한 노동자의 비율
16. 업무상 재해로 치명적 부상을 입은 노동자의 비율
17. 비농업영역에서의 주당 평균 노동 시간
18. 공휴일의 수
19. 독립적인 노조를 결성하고 가입할 자유
20. 노조로 조직된 노동자의 비율
21. 노조들이 연합할 권리
22. 노조 운영의 자유
23. 고용 인력 대비 파업 비율
24. 고용 인력 대비 파업 참가자 비율
25. 파업으로 인한 업무 손실일 비율
26. 가족 수당 계획의 범위
27. 양로 연금과 유족 연금의 범위
28. 환자, 임산부 프로그램의 범위
29. 실업 보험의 범위
30. 노동 재해 프로그램의 범위
31. 사회 안전과 복지를 위한 중앙정부 예산 비율
32. 1~4세 남아 사망률
33. 1~4세 남아 대비 여아 사망률
34. 디프테리아, 파상풍, 백일해에 면역된 유아 비율
35. 서로 다른 인종과 종교 사이의 결혼, 신고 결혼의 권리
36. 1인당 칼로리 섭취
37. 1인당 단백질 섭취
38. 1인당 면직물 생산
39. 1인당 비고무 신발류의 생산
40. 안전한 물을 공급받는 가구 비율
41. 수세식 화장실이 있는 가구 비율

42. 주택에 투자된 국내 총생산량의 비율
43. 주택 분야 중앙정부 예산 비율
44. 농업 분야 중앙정부 예산 비율
45. GDP 가운데 공적개발원조 수원액 비중
46. 만기 태아 사망률
47. 영아 사망률
48. 남아 사망률 대비 여아 사망률
49. 전염성 질병으로 인한 사망률(남성)
50. 보건 분야 정부 예산 비율
51. 1인당 의사 수
52. 1인당 병상 수
53. 출산 시 보살핌을 받는 비율
54. 출생 시 기대수명
55. 보건 의료 혜택을 받는 사람들의 비율
56. 의무 교육 기간
57. 학령에 달한 아동의 초등학교 등록 비율
58. 학령에 달한 여아의 초등학교 등록 비율
59. 학령에 달한 학생의 중·고등학교 등록 비율
60. 직업학교에 대한 교육 예산 비율
61. 고등교육에서 이공계 전공 학생 비율
62. 대학에 입학한 성인 비율
63. 대학에 입학한 여성 비율
64. 장학금 지급을 위한 중앙 정부 교육 예산 비율
65. 교사 급여를 위한 중앙 정부 교육 예산 비율
66. 교사 수 대비 학령에 달한 인구
67. 문해율
68. 여성 문해율
69. 교육 분야 중앙정부 예산 비율
70. 1인당 영화관 객석 수
71. 1인당 영화 관람 횟수
72. 1인당 박물관 관람 횟수
73. GNP 대비 국립 도서관 장서 수
74. 공립도서관 이용자로 등록한 인구 비율

75. 1인당 책 출판량
76. 출판된 책 중 교과서 비율
77. 학교나 대학에 등록한 학생들을 위해 출판된 교과서 비율
78. 출판된 책 중 번역서 비율
79. 1인당 번역서 수
80. 1인당 장편 영화 제작 편수
81. 1인당 수입 영화 편수
82. 장편 영화 제작 대비 수입 비율
83. 1인당 신청된 산업 디자인 수
84. 1인당 신청된 특허 수
85. 초기 낙태 권리
86. 피임할 권리
87. GNP 중 연구·개발비 비율
88. 연구·개발을 위한 중앙 정부 지출 비율
89. 예술 활동 통제를 위한 계획적인 국가 정책
90. 전체 국내 대학생 중 해외 유학생 비중
91. GDP 대비 해외 경제 원조 규모

부록 2. 한국 인권의식조사 설문지 예(2008)*

'인권'에 대해 여쭙겠습니다.

문49) 귀하는 현재 우리 사회의 인권 상황에 대해 얼마나 잘 알고 있다고 생각하십니까?

1. 매우 잘 알고 있다　　2. 어느 정도 알고 있다
3. 잘 모르고 있다　　4. 전혀 모르고 있다

문50) 그럼, 다른 나라 혹은 국제 인권 상황에 대해서는 얼마나 알고 계십니까?

1. 매우 잘 알고 있다　　2. 어느 정도 알고 있다
3. 잘 모르고 있다　　4. 전혀 모르고 있다

문51) 귀하는 우리 사회의 인권 문제가 얼마나 심각하다고 생각하십니까? 혹은 심각하지 않다고 생각하십니까?

1. 매우 심각하다　　2. 어느 정도 심각하다
3. 별로 심각하지 않다　　4. 전혀 심각하지 않다
5. 모르겠다

문52) 귀하는 3년 전과 비교할 때 우리 사회의 인권 상황이 얼마나 더 나아졌다고 보십니까? 아니면 더 나빠졌다고 보십니까?

1. 많이 나아졌다　　2. 조금 나아졌다
3. 3년 전과 유사하다　　4. 조금 나빠졌다
5. 매우 나빠졌다　　6. 모르겠다

---

* 2008년 인권의식조사 연구는 2005년 국가인권위원회가 실시한 국민인권의식조사와의 비교연구를 통해 인권의식이 어떻게 변화하였는가에 초점을 맞추었다. 따라서 위의 설문 항목은 2005년 의식조사 설문지를 토대로 비교 가능하도록 재구성한 것이다. 2005년 국가인권의식조사 결과는 국가인권위원회 홈페이지 자료실에서 다운로드할 수 있다 (http://www.humanrights.go.kr/common/fildn_new.jsp?fn=05_12.pdf).

문53) 귀하는 우리나라에서 가장 우선적으로 인권보호가 이루어져야 할 사람들은 누구라고 보십니까? 우선순위대로 두 집단만 응답해주십시오.

1순위 : ____________________ 2순위 : ____________________

1. 교도소 등 구금시설 수용자
2. 각종 복지시설 수용자
3. 장애인
4. 비정규직 노동자
5. 성매매 여성
6. 국제결혼이주여성
7. 외국인 노동자
8. 노인
9. 아동
10. 새터민(탈북자)
11. 동성애자
12. HIV 감염자(AIDS환자)
13. 전과자
14. 군복무자
15. 생활보호대상자
16. 노숙자
17. 기타 (적을 것: __________)

문54) 지난 수년간 귀하나 귀하의 가족이 다음의 인권 침해를 경험해본 적이 있습니까? 경험이 있으면 '있다'를, 경험이 없으면 '없다'를 선택해주십시오.

	있다	없다
1) 검찰/경찰에 의한 불법적으로 심문, 연행		
2) 인터넷에 개인 신상정보 유포		
3) 종교나 신념에 따라 행동할 자유의 제한		
4) 집회나 시위의 자유 제한		
5) 성추행		
6) 의료기관에서의 진료 거부		
7) 집단 따돌림(왕따)		
8) 성별로 인한 불이익과 차별		
9) 장애로 인한 불이익과 차별		
10) 나이로 인한 불이익과 차별		
11) 학력이나 학벌로 인한 불이익과 차별		
12) 직장 내에서 직위(비정규직 등)로 인한 불이익과 차별		

13) 출신지역이나 거주지로 인한 불이익과 차별		
14) 외모로 인한 불이익과 차별		
15) 결혼 상황(미혼, 이혼 등)으로 인한 불이익과 차별		
16) 질병으로 인한 불이익과 차별		

문55) 인권의 보호와 신장을 위해서는 다음 중 어떤 매체 혹은 방법을 통해 대국민 홍보 활동을 하는 것이 효과적이라고 생각하십니까?
효과적이라고 생각하시는 순위대로 두 가지만 선택해주십시오.

1순위 : ____________________ 2순위 : ____________________

1. TV, 라디오
2. 신문, 잡지, 서적
3. 영화, 비디오/DVD
4. 인터넷, 이메일
5. 팸플릿, 포스터
6. 전시회, 공연
7. 강연, 연수
8. 기타(적을 것:)

문56) 그럼, 인권의 보호와 신장을 위해 특히 정부가 주안점을 두어야 할 활동분야는 다음 중 어디라고 생각하십니까? 중요한 순서대로 두 가지만 선택해주십시오.

1순위 : ____________________ 2순위 : ____________________

1. 매체를 통한 홍보활동
2. 인권교육(인권교과서의 편찬 등)
3. 민간단체와의 협력
4. 인권 관련 기관(국가인권위원회 등) 지원
5. 인권침해자 구제와 지원
6. 범죄 단속
7. 복지정책 강화
8. 국제인권조약 비준

문57) 귀하는 인권에 대한 다음 각 의견에 대해 얼마나 찬성 혹은 반대하십니까?

	전적 찬성	어느 정도 찬성	찬성	대체로 반대	절대 반대
1) 경제 발전을 위해 인권은 제한될 수 있다					
2) 국가안보를 위해 인권은 제한될 수 있다					
3) 외국기업은 인권을 침해할 소지가 있다					
4) 정부는 국제기구의 방침을 따라야 한다					

부록 3. 일본 인권의식조사 설문지 예(1958, 2007)

□ 일본 인권의식조사 설문지(1958)

Ⅰ. 인권 개념에 대하여

Q1 전후 민주주의나 자유라는 말이 많이 사용되고 있습니다. 당신은 현재의 일본이 민주적이라고 생각합니까, 그렇지 않다고 생각합니까?

① 민주적이다 ② 그렇지 않다
③ 일률적으로 그렇다고 할 수 없다 ④ 불명

Q2 최근 들어 인권이 유린당하거나 인권이 침해되었다는 기사를 신문에서 자주 볼 수 있습니다. 당신은 이러한 인권이 침해당하는 일이 전후 점점 감소하고 있다고 생각합니까, 그렇지 않다고 생각합니까?

① 감소하고 있다 ② 그렇지 않다 ③ 불명

Q3 인권 침해라고 하면 어떤 사례가 생각납니까? …… 다른 사례는 없습니까?

① 경찰관에 의한 폭행 ② 공무원의 직권에 의한 압박
③ 스트라이크 등에 대한 탄압 ④ 언론 억압
⑤ 가정 내에서의 압박 ⑥ 직장에서의 노동 강화
⑦ 이웃 간의 문제(따돌림, 강제적인 기부 등) ⑧ 폭행행위
⑨ 학교에서의 체벌 ⑩ 인신매매
⑪ 기타

Q4 당신은 현재까지 자신의 인권이 침해당했다고 생각한 적이 있습니까, 그런 적은 없습니까?

① 있다 → SQ로 ② 없다

SQ 어떤 경우입니까?

① 경찰관에 의한 폭행 ② 그 밖의 관헌에 의한 압박
③ 부모, 자모 간의 인권 침해 ④ 부부 간의 인권 침해

⑤ 가정 내에서의 기타 인권 침해
⑥ 직장에서의 노동 강화와 차별 대우 등
⑦ 이웃 간의 문제(따돌림, 강제적인 기부)
⑧ 폭행행위 ⑨ 명예훼손, 언론 압박
⑩ 남녀 동권의 무시 ⑪ 기타

Q5 인권을 존중한다는 생각은 최근 들어 사회적으로 보급되어 있다고 생각합니까, 아직 그렇지 않다고 생각합니까?

① 보급되어 있다 ② 아직 그렇지 않다 ③ 불명

II. 인권옹호제도

Q6 당신은 개인의 인권을 지키기 위하여 법무성에 인권옹호국이라는 부서가 있다는 것을 알고 있습니까?

① 알고 있다 ② 모른다

Q7 전국의 도도부현(都道府県)에는 법무성의 출장 기관으로서 법무국 혹은 지방법무국이라는 것이 있으며, 거기에는 인권옹호부 혹은 인권옹호과라는 부서가 설치되어 있습니다. 당신은 이들 인권옹호부나 인권옹호과라는 것을 알고 있습니까?

① 알고 있다 ② 모른다

Q8 전국의 법무국이나 그 지국에는 인권상담소라는 것이 있으며, 거기서는 인권 문제에 관한 상담을 받고 있습니다. 당신은 현재까지 인권상담소라는 것을 들은 적이 있습니까?

① 있다 → SQ1로 ② 없다 → Q9로

SQ1 당신은 현재까지 인권 문제를 상담하러 인권상담소에 가 본 적이 있습니까?

① 있다 → SQ2로 ② 없다 → SQ4로

SQ2 인권상담소에 가서 만족스러운 결과를 얻을 수 있었습니까, 그렇지 못하였습니까?

① 만족스러운 결과를 얻을 수 있었다.
② 그렇지 못하였다.
③ 어느 쪽도 아니다

SQ3 인권상담소의 업무에 관하여 희망 사항이 있습니까? 어떤 것이든지 말씀해주세요.

① 형식적인 것보다 더욱 심층적으로 결론을 지어주었으면 한다
② 불친절하다
③ 개인의 프라이버시를 보호하면서 문제를 해결해주었으면 한다
④ 감정적이지 않았으면 한다
⑤ 현장에 나와 주었으면 한다
⑥ 별로 없다

SQ4 당신은 인권 문제가 발생했을 경우, 인권상담소에 상담하러 가려고 합니까, 혹은 그러한 데에는 가고 싶지 않다고 생각합니까?

① 가고 싶다(어느 쪽이라고 말할 수 없다) → SQ5로
② 가고 싶지 않다 → SQ6로
③ 모르겠다 → SQ9로

SQ5 인권상담소에 가면 잘 해결해줄 것이라고 생각합니까, 큰 기대는 할 수 없습니까?

① 잘 해결해줄 것이다 → SQ7로
② 기대할 수 없다 → SQ7로
③ 어느 쪽이라고 말할 수 없다 → SQ7로

SQ6 그 이유는?

① 기대할 수 없기 때문에
② 그러한 문제를 공개하고 싶지 않기 때문에
③ 기타
④ 불명(분명하지 않은 것)

SQ7 이 근린에서 어디에 인권상담소가 있는지 알고 있습니까? …… 어디에 있습니까?

① 알고 있다(　　　)
② 모른다

SQ8 당신 지인 중에 상담하러 인권상담소를 방문한 사람을 알고 있습니까?

① 있다
② 없다

SQ9 현재 이 현(県 혹은 都道府)에서는 인권상담소가 (　　) 군데 있습니다. 당신은 인권상담소의 수를 늘리는 것이 좋다고 생각합니까, 현재가 적절하다고 생각합니까?

① 늘렸으면 한다
② 적절하다(줄였으면 한다)
③ 불명

Q9 인권상담소 밖에도 대부분의 시정촌(市町村)에 (법무대신으로부터 위촉받은) 인권옹호위원이라는 것이 설치되어 있습니다. 당신은 인권옹호위원이라는 것을 들은 적이 있습니까?

① 있다 → SQ1로　　② 없다 → Q10으로

SQ1 당신은 현재까지 인권옹호위원을 방문하여 상담한 적이 있습니까?

① 있다 → SQ2로　　② 없다 → SQ3으로

SQ2 인권옹호위원을 방문하고 만족스러운 결과를 얻을 수 있었습니까, 없었습니까?

① 만족스러운 결과를 얻을 수 있었다
② 얻을 수 없었다.
③ 어느 쪽이라고 말할 수 없다(　　　)

SQ3 당신은 인권 문제가 발생했을 경우 인권옹호위원에게 상담하러 가고 싶습니까, 가고 싶지 않습니까?

① 가고 싶다 → SQ4로
② 가고 싶지 않다 → SQ5로
③ 모르겠다 → SQ6으로

SQ4 인권옹호위원에게 상담하면 잘 해결해 줄 것이라고 생각합니까, 큰 기대는 할 수 없습니까?

① 잘 해결해줄 것이다
② 기대할 수 없다
③ 어느 쪽이라고 말할 수 없다

SQ5 그 이유는?

① 기대할 수 없기 때문에
② 그러한 문제를 공개하고 싶지 않기 때문에
③ 기타
④ 모르겠다

SQ6 당신 지인 중에 상담하러 인권옹호위원을 방문한 사람을 알고 있습니까?

① 있다　　② 없다

[조사원 기입] 조사 대상지에 인권옹호위원이 설치되어 있으면 SQ7로부터 SQ12를, 설치되어 있지 않으면 SQ13로부터 SQ15를 질문.

① 인권옹호위원이 설치되어 있는 시읍면 → SQ7로
② 설치되어 있지 않는 시읍면 → SQ13으로

SQ7 이 시읍면(동경도에서는 구)에서는 현재 인권옹호위원이 (　　)명 있습니다. 당신은 인권옹호위원의 인원을 늘리는 것이 좋다고 생각합니까, 현재가 적절하다고 생각합니까?

① 늘렸으면 한다
② 적절하다(줄였으면 한다)
③ 모르겠다

SQ8 당신의 거주 지역에서 인권옹호위원을 맡고 있는 사람이 누군지 알고 있습니까?

① 알고 있다 → SQ9로　　② 모른다 → SQ11로

SQ9 현재 인권옹호위원을 대체적으로 직무에 적당한 사람이 맡고 있다고 생각합니까? 그렇지 않다고 생각합니까.

① 적당한 사람이 맡고 있다
② 그렇지 않다
③ 불명

SQ10 현재의 인권옹호위원의 활동상황에 대하여 희망사항이 있습니까? 어떤 것이든지 말씀해주세요.

① 의견을 말한 이　　② 의견을 말하지 않은 이

SQ11 당신은 인권위원을 맡는 사람으로서 어떤 사람이 바람직하다고 생각합니까? 아래 회답 중에서 1항목 이상을 골라주세요.

① 정당색이 없는 사람
② 사회적 지위나 경제력이 있는 사람
③ 젊고 활동력이 있는 사람
④ 진보적이고 공평하게 판단하는 사람
⑤ 인생 경험이 풍부하고 사물을 잘 아는 사람
⑥ 기타 (　　　)
⑦ 인격이 원만한 사람
⑧ 불명

SQ12 현재는 인권옹호위원에게 일당이나 급료는 지불하지 않고 조사나 연락 등에 쓰인 실비만을 지불하고 있습니다. 당신은 위원의 급여나 대우에 대한 의견을 말씀해 주세요.

① 증액하라　　② 현재대로 유지
③ 감액하라　　④ 기타
⑤ 불명

SQ13 현재 이 시읍면에는 인권옹호위원이 설치되어 있지 않습니다. 당신은 신속히 위원을 설치하는 것이 좋다고 생각합니까, 그렇지는 않습니까?

① 신속히 설치하는 것이 좋다　② 그렇지는 않다　③ 불명

SQ14 당신은 인권위원을 맡는 사람으로서 어떤 사람이 바람직하다고 생각합니까? 아래 회답 중에서 1항목 이상을 골라주세요.

① 정당색이 없는 사람
② 사회적 지위나 경제력이 있는 사람
③ 젊고 활동력이 있는 사람
④ 진보적이고 공평하게 판단하는 사람
⑤ 인생 경험이 풍부하고 사물을 잘 아는 사람
⑥ 기타(　　　　　　)
⑦ 인격이 원만한 사람
⑧ 불명

SQ15 현재는 인권옹호위원에게 일당이나 급료는 지불하지 않고 조사나 연락 등에 쓰인 실비만을 지불하고 있습니다. 당신은 위원의 급여나 대우에 대한 의견을 말씀해주세요.

Q10 여태까지 인권옹호위원에 대해 여러 가지 여쭈어봤습니다. 앞으로 인권옹호를 위하여 특히 어떠한 점에 주력하면 좋다고 생각합니까?

① 인권옹호사상의 철저(자유를 잘못 이해하는 것에 대한 시정)
② 인권옹호제도의 홍보
③ 인권옹호기관의 강화
④ 생활권의 보장 확립
⑤ 폭력 문제의 철저한 단속

Ⅲ. 인권 문제의 구체적인 사례에 대해여

Q11 경찰 등 범죄 피의자를 취조할 경우, 때리거나 난폭하게 다루는 것은 어떠한 상황에든지 용납하면 안 된다고 생각합니까, 나쁘다고만 할 수는 없습니까?

① 안 된다 → SQ1로
② 나쁘다고만 할 수는 없다 → SQ2로
③ 모르겠다

SQ1 흉악한 범죄를 범한 혐의가 있는 경우에는 어떻습니까, 그러한 경우에도 때리거나 난폭하게 다루는 것은 안 된다고 생각합니까, 된다고 생각합니까?

① 안 된다　　② 된다

SQ2 어떠한 경우에는 된다고 생각합니까?

Q12 학교 선생님이 징벌을 위하여 학생을 때린다는 것은 어떠한 경우에든 용납하면 안 된다고 생각합니까, 나쁘다고만 할 수는 없다고 생각합니까?

① 안 된다 → SQ1로
② 나쁘다고만 할 수는 없다 → SQ2로
③ 모르겠다

SQ1 학생을 감당할 수 없을 경우에는 어떻습니까? 그러한 경우에도 학생을 때리는 것은 안 된다고 생각합니까, 된다고 생각합니까?

① 안 된다　　② 된다

SQ2 어떠한 경우에는 된다고 생각합니까.

Q13 인신매매의 문제입니다. 형편이 어렵기 때문에 부모가 자식을 팔아버린다는 것은 어떠한 경우에든 안 된다고 생각합니까, 나쁘다고만 할 수는 없다고 생각합니까?

① 안 된다 → SQ1로
② 나쁘다고만 할 수는 없다 → SQ2로
③ 불명 → Q14로

SQ1 형편이 아주 어려워서 먹을 것이 없을 경우에는 어떻습니까? 그러한 경우에도 자식을 파는 것은 안 된다고 생각합니까, 된다고 생각합니까?

① 안 된다　　② 된다

SQ2 어떠한 경우에는 된다고 생각합니까?

Q14 자식의 결혼 문제에서 부모와 자식의 의견이 충돌한 경우, 부모가 자식의 의지를 무시하여 자신들의 생각을 강요하는 것은 어떠한 경우에든 안 된다고 생각합니까, 나쁘다고만 할 수는 없다고 생각합니까?

① 안 된다 → SQ1로
② 나쁘다고만 할 수는 없다 → SQ2로
③ 모르겠다

SQ1 부모 입장에서 분명히 자식이 불행해지는 것을 아는 경우에는 어떻습니까? 그러한 경우에도 자식을 팔아버리는 것은 안 된다고 생각합니까, 된다고 생각합니까?

① 안 된다 ② 된다

SQ2 어떠한 경우에는 된다고 생각합니까?

Q15 당신은 읍내에서의 집단따돌림(村八分)이 무엇인지 알고 있습니까?

① 알고 있다 → SQ1로 ② 모른다

SQ1 村八分 같은 따돌림은 어떠한 경우에든 안 된다고 생각합니까, 나쁘다고만 할 수는 없다고 생각합니까?

① 안 된다 → SQ2로
② 나쁘다고만 할 수는 없다 → SQ3로
③ 모르겠다

SQ2 본인이 지극히 이기적이고 주변 사람들에게 피해를 주는 경우에는 어떻습니까, 그러한 경우에도 자식을 팔아버리는 것은 안 된다고 생각합니까, 된다고 생각합니까?

① 안 된다 ② 된다

SQ3 어떠한 경우에는 된다고 생각합니까?

Q16 현재의 일본에서는 자신의 인권을 침해당했을 경우 어쩔 수 없이 참고 넘어가는 일이 아직도 많다고 생각합니까, 이전보다 많이 감소했다고 생각합니까?

③ 아직도 많다 ④ 많이 감소했다
⑤ 어느 쪽이라고 할 수 없다 ⑥ 불명

Q17 현재의 일본에서는 개인의 권리를 주장할 경우 상대의 의지를 무시하거나 남에게 피해를 주는 경우가 많다고 생각합니까, 그렇지 않다고 생각합니까?

① 많다 → SQ1로
② 그다지 많지 않다
③ 어느 쪽이라고 말할 수 없다
④ 모르겠다

SQ1 어떠한 경우입니까?

SQ2 가령 자신의 인권을 지키는 경우에도 상대의 의지를 무시하거나 남에게 피해를 주는 일은 있으면 안 된다고 생각합니까, 나쁘다고만 할 수는 없다고 생각합니까?

① 있으면 안 된다
② 나쁘다고만 할 수는 없다
③ 불명

Ⅳ. 인권선언과 인권주간에 관한 지식

Q18 당신은 세계인권선언이라는 것에 대하여 들은 적이 있습니까?

① 들은 적이 있다 → SQ1로
② 들은 적이 없다 → SQ5로

SQ1 세계인권선언의 내용을 무언가를 통해 본 적이 있습니까?
① 있다
② 없다

SQ2 세계인권선언은 언제 선언되었는지 알고 있습니까, 언제 즈음이라고 알고 있습니까?
① 알고 있다(　　　　년경)
② 모른다

SQ3 세계 각국에서 세계인권선언이 선언된 날을 기념하여 인권의 날이 만들어지고 있다는 것을 알고 있습니까, 몇 월 며칠로 알고 있습니까?

① 알고 있다(　　　　월　　　　일)
② 모른다

SQ4 일본에서도 매년 12월 4일부터 10일의 인권의 날까지를 인권주간으로 설정하여 여러 가지 행사를 실시하고 있습니다. 당신은 인권주간을 알고 있습니까.

① 알고 있다
② 모른다

SQ5 일본에서는 매년 12월에 인권주간이라는 것이 설정되어 있습니다. 당신은 인권주간을 알고 있습니까.

① 알고 있다
② 모른다

V. 매스컴

F1 매일 신문을 읽습니까, 가끔 읽는 정도입니까?

① 매일 꼭 읽는다
② 가끔씩 읽는다
③ 거의 읽지 않는다

F1 라디오는 매일 듣습니까, 가끔 듣는 정도입니까?

① 매일 듣는다
② 가끔씩 듣는다
③ 거의 듣지 않는다

F1 텔레비전을 보유하고 있습니까?
① 있다
② 없다

□ 일본 인권 옹호에 관한 세론조사 설문지(2007)

1. 인권 문제에 대하여

Q1 선생님께서는 기본적 인권이 침해할 수 없는 영구적인 권리로서 헌법으로 보장되어 있는 것을 알고 계십니까?

① 알고 있다　　② 모르고 있다

Q2 신문이나 TV에서 '인권 문제' 혹은 '인권이 침해되었다' 등의 뉴스가 보도되면서, 선생님께서는 최근 5~6년간 일본에서 인권 침해가 어떠한 상태에 있다고 생각하십니까?

① 감소하고 있다　　② 별로 변화가 없다
③ 증가하고 있다　　④ 잘 모르겠다

Q3 선생님께서는 지금까지 자신의 인권이 침해되었다고 생각하신 적이 있습니까? 그런 적은 없었습니까?

① 있다 → SQ로　　② 없다
③ 기타　　④ 어쩐지
⑤ 대답하고 싶지 않다

SQ 그것은 어떠한 경우였습니까? 무방하다면 다음 중 여러 개를 선택해주십시오.

① 엉뚱한 소문, 타인으로부터의 욕, 험담
② 명예·신용의 훼손, 모욕
③ 경찰관으로부터의 부당한 취급
④ 폭력, 강박, 강요(사회적 지위, 관습, 협박 등으로 인하여 본래의 의무가 아닌 업무를 맡았거나, 권리의 행사를 방해되었다.)
⑤ 범죄, 불법행위의 누명을 쓴다
⑥ 악취, 소음 등의 공해
⑦ 차별대우(인종·신조·성별·사회적 신분 등으로 인하여 불평등하게, 혹은 불이익한 취급을 받았다.)
⑧ 지역 사회 등에서의 왕따
⑨ 사용자에 의한 강제 노동 등의 부당한 대우
⑩ 수도·가스가 끊겼다 등, 주거의 안전에 관한 것
⑪ 사회복지 시설에서의 부당한 취급

⑫ 프라이버시의 침해
⑬ Sexual harassment(성희롱)
⑭ 스토커 행위

Q4 '인권 존중이 제기되는 한편에서 자기의 권리만을 주장해서 타인의 입장을 생각하지 않는 사람이 많아졌다'는 의견에 대하여 선생님께서는 어떻게 생각하십니까? 다음 중에서 해당하는 것이 있습니까?

① 매우 그렇다고 생각한다
② 어느 정도 그렇다고 생각한다
③ 별로 그렇다고 생각하지 않는다
④ 전혀 그렇다고 생각하지 않는다
⑤ 잘 모르겠다

2. 주된 인권 과제에 관한 의식에 대하여

Q5 일본에 있어서의 인권 문제에 관하여 선생님께서 관심을 가지시는 분야는 무엇입니까? 다음 중 여러 개를 선택해주십시오.

① 여성
② 아동
③ 고령자
④ 장애인
⑤ 동화문제(同和, 部落)
⑥ 아이누
⑦ 외국인
⑧ HIV감염자 등
⑨ 한센병 환자 · 환자였던 사람
⑩ 전과자
⑪ 범죄 피해자
⑫ 인터넷으로 인한 인권 침해
⑬ 북한 당국에 의하여 납치된 피해자 등
⑭ 홈리스
⑮ 성적 취향(이성애, 동성애, 양성애)
⑯ 성 동일성 장애인(생물학적인 성과 성의 자기의식이 일치하지 않는 사람)
⑰ 인신매매(성적 착취, 강제노동을 목적으로 한 인신매매)
⑱ 기타
⑲ 특별히 없음

Q6 선생님께서는 여성에 관한 사항에서 인권상 문제가 있다고 생각하시는 것이 어떤 것입니까? 다음 중 여러 개를 선택해주십시오.

① 남녀의 고정된 역할 분담 의식('남자는 직장일, 여자는 가정' 등)을 타인에게 강요하는 것
② 직장에서의 차별 대우
③ 가정에서 남편으로부터 아내에게 가해지는 폭력(술에 취하여 때린다 등)
④ 직장에서의 성희롱
⑤ 성매매(이른바 원조교제도 포함)
⑥ 내용에 상관없이 여성의 수영복을 입은 사진이나 나체, 교태를 부린 포즈를 사용한 광고
⑦ 여성의 누드를 게재한 잡지, 신문
⑧ 포르노 비디오 · 잡지
⑨ 여성이 일하는 유흥업
⑩ 영부인, 부인, 미망인처럼 여성에게만 사용되는 말
⑪ 기타
⑫ 특별히 없음
⑬ 잘 모르겠다

Q7 선생님께서는 아동에 관한 사항에 관하여, 어떤 것이 인권상 문제가 있다고 생각하십니까? 다음 중 여러 개를 선택해주십시오.

① '왕따', '무시', 신체에의 직접적인 공격, 상대가 싫어하는 행동을 취하거나 시키거나 따돌리는 것
② 따돌림을 하는 사람이나 당하는 사람을 보더라도 모르는 척한다
③ 수업 중 떠드는 학생들에게 교사가 체벌을 가하는 것
④ 부모 말에 따르지 않는 아이들에게 폭력을 가하거나 학대하는 것
⑤ 학교나 직장의 선택에 있어 부모가 자신에 의견에 대하여 무시하는 것
⑥ 아동 성매매 · 아동 포르노 등
⑦ 기타
⑧ 특별히 없음
⑨ 잘 모르겠다

Q8 선생님께서는 고령자에 관한 사항에서 인권상 문제가 있다고 생각하는 것이 어떠한 것입니까? 다음 중 여러 개를 선택해주십시오.

① 경제적으로 자립이 어려운 것
② 일에 관한 능력을 발휘할 수 있는 기회가 적은 것
③ 사기 판매의 피해자가 많은 것

④ 가정 내에서의 간호할 때, 괴롭히거나 학대하는 것
⑤ 병원에서의 간호나 양호시설에서 열악한 대우나 학대를 하는 것
⑥ 고령자를 배척하는 것
⑦ 고령자의 의견이나 행동을 존중하지 않는 것
⑧ 기타
⑨ 특별히 없음
⑩ 잘 모르겠다

Q9 선생님께서는 장애인에 관하여 현재 어떠한 인권 문제가 일어나고 있다고 생각하십니까? 다음 중 여러 개를 선택해주십시오.

① 결혼에 있어 주변 사람들이 반대하는 것
② 취직·직장에 있어 부당한 취급을 받는 것
③ 차별적인 언동을 하는 것
④ 사기 판매의 피해자가 많은 것
⑤ 임대 주택에의 입주가 어려운 것
⑥ 스포츠·문화활동·지역활동에 쉽게 참여할 수 없는 것
⑦ 사람들이 쳐다보거나 피하는 것
⑧ 사람들의 장애인에 대한 이해가 부족한 것
⑨ 기타
⑩ 특별히 없음
⑪ 잘 모르겠다

Q10 선생님께서는 동화 문제(同和, 部落問題)를 처음으로 알게 된 계기가 무엇이었습니까? 다음 중 하나만 선택해주십시오.

① 가족으로부터 들었다 → SQ로
② 친척으로부터 들었다 → SQ로
③ 이웃으로부터 들었다 → SQ로
④ 동료로부터 들었다 → SQ로
⑤ 친구로부터 들었다 → SQ로
⑥ 학교에서 배웠다 → SQ로
⑦ TV, 라디오, 신문, 책 등으로 알게 되었다 → SQ로
⑧ 동화 문제에 관한 집회나 연수회에 참석해서 알게 되었다 → SQ로
⑨ 지자체의 홍보지나 책자로 알게 되었다 → SQ로
⑩ 알고 있으나 계기가 무엇이었는지 생각나지 않는다 → SQ로
⑪ 기타 → SQ로
⑫ 동화 문제를 모른다

SQ 선생님께서는 동화문제에 관하여 현재 어떠한 인권 문제가 일어나고 있다고 생각하십니까? 다음 중 여러 개를 선택해주십시오.

① 결혼에 있어 주변 사람들이 반대하는 것
② 취직·직장에 있어 부당한 취급을 받는 것
③ 차별적인 언동을 하는 것
④ 차별적인 낙서를 하는 것
⑤ 신원 조사를 하는 것
⑥ 인터넷을 이용해서 차별적인 정보를 게재하는 것
⑦ 기타
⑧ 특별히 없음
⑨ 잘 모르겠다

Q11 선생님께서는 아이누 사람에 관하여 현재 어떠한 문제가 일어나고 있다고 생각하십니까? 다음 중 여러 개를 선택해주십시오.

① 결혼에 있어 주변 사람들이 반대하는 것
② 취직·직장에 있어 부당한 취급을 받는 것
② 차별적인 언동을 하는 것
③ 독자적인 문화나 전통의 보존, 전승이 이뤄지지 않고 있는 것
④ 기타
⑤ 특별히 없음
⑥ 잘 모르겠다

Q12 일본에 거주하는 외국인은 일상생활에 있어 여러모로 차별을 받고 있다고 말해지고 있습니다. 외국인의 인권 옹호에 관하여 선생님의 의견에 가까운 것을 다음 중 하나만 선택해주십시오.

① 일본 국적이 없는 사람들도 일본인처럼 인권이 지켜져야 된다
② 일본 국적이 없는 사람들은 일본인과 같은 권리가 없어도 할 수 없다
③ 어느 쪽이라고도 말할 수 없다
④ 잘 모르겠다

Q13 일본에 거주하는 외국인이 부당한 취급을 받을 경우가 있습니다. 선생님께서는 이것에 대하여 어떻게 생각하십니까? 다음 중 하나만 선택해주십시오.

① 외국인에 대한 차별이다
② 풍습·습관이나 경제 상황이 다름으로 할 수 없다

③ 일본의 사정에 적응할 때까지 문제가 생겨도 할 수 없다
④ 외국인이기 때문에 부당한 취급을 당해도 할 수 없다
⑤ 기타
⑥ 잘 모르겠다

Q14 선생님께서는 HIV감염자 등에 관하여 현재 어떠한 인권상의 문제가 일어나고 있다고 생각하십니까? 다음 중 여러 개를 선택해주십시오.

① 결혼에 있어 주변 사람들이 반대하는 것
② 취직·직장에 있어 부당한 취급을 받는 것
③ 치료나 입원을 거절하는 것
④ 무단으로 AIDS 검사 등을 행하는 것
⑤ 차별적인 언동을 하는 것
⑥ 임대 주택에의 입주를 거부하는 것
⑦ 숙박 시설 등에의 숙박을 거부하는 것
⑧ 기타
⑨ 특별히 없음
⑩ 잘 모르겠다

Q15 선생님께서는 한센병환자나 환자였던 사람 등(한센병환자·환자였던 사람과 그의 가족)에 관하여 현재 어떠한 인권 문제가 일어나고 있다고 생각하십니까? 다음 중 여러 개를 선택해주십시오.

① 결혼에 있어 주변 사람들이 반대하는 것
② 취직·직장에 있어 부당한 취급을 받는 것
③ 치료나 입원을 거절하는 것
④ 한센병 요양시설 외부에서의 자립한 생활을 영위하는 것이 어려운 것
⑤ 차별적인 언동을 하는 것
⑥ 임대 주택에의 입주를 거부하는 것
⑦ 숙박 시설 등에의 숙박을 거부하는 것
⑧ 기타
⑨ 특별히 없음
⑩ 잘 모르겠다

Q16 선생님께서는 범죄피해자 등에 관하여 현재 어떠한 인권 문제가 일어나고 있다고 생각하십니까? 다음 중 여러 개를 선택해주십시오.

① 범죄 행위로 인하여 정신적인 충격을 받는 것
② 범죄 행위로 인하여 경제적 부담이 생기는 것

③ 사건에 관하여 주변에서 소문이 나는 것
④ 경찰에 상담해도 기대했던 대로의 결과를 얻을 수 없는 것
⑤ 수사나 형사재판에 있어 정신적 부담을 받는 것
⑥ 형사재판 구속상 꼭 피해자의 희망이 충분히 반영된다고는 할 수 없는 것
⑦ 보도로 인하여 프라이버시에 관한 정보가 공개되거나 취재로 인하여 사생활의 평온을 유지할 수 없게 되는 것
⑧ 기타
⑨ 특별히 없음
⑩ 잘 모르겠다

Q17 선생님께서는 인터넷으로 인한 인권 문제에 관하여 현재 어떠한 문제가 일어나고 있다고 생각하십니까? 다음 중 여러 개를 선택해주십시오.

① 타인을 비방·중상한 표현을 게재하는 것
② 차별을 조장하는 표현을 게재하는 것
③ 만남의 게시판(出会い系サイト) 등이 범죄를 유발하는 장이 되어 있는 것
④ 수사 대상이 되고 있는 미성년자의 실명이나 얼굴 사진을 게재하는 것
⑤ 인터넷 포르노가 존재하는 것
⑥ 기타
⑦ 특별히 없음
⑧ 잘 모르겠다

Q18 선생님께서는 노숙자에 관하여 현재 어떠한 문제가 일어나고 있다고 생각하십니까? 다음 중 여러 개를 선택해주십시오.

① 이웃 주민들이 괴롭히는 것
② 통행인 등이 폭력을 가하는 것
③ 차별적인 언동을 하는 것
④ 취직 · 직장에 있어 부당한 취급을 받는 것
⑤ 임대 주택에의 입주를 거절하는 것
⑥ 숙박 시설에서의 숙박을 거부하는 것
⑦ 상점 등에의 출입이나 시설 이용을 거부하는 것
⑧ 쳐다보거나 피하는 것
⑨ 경제적으로 자립이 어려운 것
⑩ 기타
⑪ 특별히 없음
⑫ 잘 모르겠다

Q19 선생님께서는 성적 취향(이성애, 동성애, 양성애)이나 성동일성 장애인(생물학적인 성과 성의 자기의식이 일치하지 않는 사람) 에 관하여 어떠한 인권 문제가 일어나고 있다고 생각하십니까? 다음 중 여러 개를 선택해주십시오.

① 직장, 학교에서 따돌림을 하는 것
② 차별적인 언동을 하는 것
③ 취직·직장에 있어 부당한 취급을 받는 것
④ 임대주택에의 입주를 거부하는 것
⑤ 숙박시설에의 숙박을 거부하는 것
⑥ 상점에의 출입이나 시설 이용을 거부하는 것
⑦ 쳐다보거나 피하는 것
⑧ 성적 취향이나 성동일성 장애인에 대한 이해가 부족한 것
⑨ 기타
⑩ 특별히 없음
⑪ 잘 모르겠다

Q20 선생님께서는 인권 계발을 추진하기 위하여 국민에 대하여 어떠한 계발 홍보 활동이 효과적이라고 생각하십니까? 다음 중 여러 개를 선택해주십시오.

① 강연이나 연수
② 전시회
③ 홍보지·팸플릿·포스터
④ TV·라디오
⑤ 영화·비디오
⑥ 신문·잡지·주간지
⑦ 워크숍(전문가와 함께하는 소수의 토론회)
⑧ 고령자·장애인 의사체험
⑨ 고령자·장애인과의 교류회
⑩ 인터넷·이메일(메일 매거진 등)
⑪ 자유롭게 의견을 교환할 수 있는 회합
⑫ 기타
⑬ 특별히 없음
⑭ 잘 모르겠다

Q21 선생님께서는 앞으로 국가가 이러한 인권에 관한 과제의 해결을 위하여 어떠한 것에 힘을 기울여야 한다고 생각하십니까? 다음 중 여러 개를 선택해주십시오.

① 인권의식이나 인권에 대한 이해를 제고하기 위해 계발 홍보 활동을 추진한다
② 학교 내외에서의 인권 교육을 충실히 한다.

③ 인권에 관한 과제에 대응하는 전문적인 상담 기관이나 시설을 충실히 한다
④ 인권이 침해된 피해자의 구제 · 지원을 충실히 한다
⑤ 범죄의 단속을 강화한다
⑥ 인권에 관한 정보의 수집과 제공을 충실히 한다
⑦ 인권 침범 사건의 조사 · 처리나 인권에 관한 상담을 담당하는 인원을 충실히 한다
⑧ 국가나 지자체, 민간단체 등의 관계 기관이 연휴해서 일체적인 교육 · 계발 홍보 활동을 추진한다
⑨ 기타
⑩ 특별히 없음
⑪ 잘 모르겠다

F1 {성}

① 남성
② 여성

F2 {연령, 만}

① 20~24세	② 25~29세	③ 30~34세
④ 35~39세	⑤ 40~44세	⑥ 45~49세
⑦ 50~54세	⑧ 55~59세	⑨ 60~64세
⑩ 65~69세	⑪ 70세 이상	

F3 {직업}

① 자영업
농림어업(農林漁業) / 상공 서비스업 / 자유업

② 가족 종업자
농림어업(農林漁業) / 상공 서비스업 / 자유업

③ 고용자
관리직 / 전문 기술직 / 사무직 / 노무직(勞務職)

④ 무직
주부 / 학생 / 기타 무직

부록 4. 한국과 일본의 UN 조약 가입과 보고서 제출

한국과 일본(보다 정확하게는 한국 정부와 일본 정부)은 인권에 대하여 어떠한 자세를 가지고 있는가. UN의 여러 조약에 가입하고 보고서를 제출하는 상황은 이를 보여주는 중요한 자료가 될 수 있다. 더욱이 조약기구에서 각 정부에 보내는 권고사항은 그 나라의 전반적인 인권 상태를 가늠하게 한다. 이 글에서는 한국과 일본의 인권 상황을 비교하기 위하여, 두 나라가 UN의 조약기구에 가입한 상황과 정부가 보고서를 제출하고, 조약위원회에서 이를 검토하여 만든 권고사항을 검토할 것이다. 먼저 UN의 조약기구에 대하여 간단히 설명한 후, 검토를 하고자 한다.

1. UN의 인권 메커니즘

일본이 1956년에 UN에 가입한데 비해, 한국은 그보다 훨씬 늦은 1991년에야 가입했다. 1991년 남북한 동시 가입의 배경에는 남한과 북한의 국가 정통성에 대한 서방 민주주의계와 사회주의권 나라들 간의 논란이 있었다. 그러나 UN 가입과 관계없이 조약기구에의 가입은 그전부터 이루어졌다.

국제적 차원에서 인권이 등장한 것은 사회적 진보의 결과였다. 19세기 반노예제를 위한 몇몇 움직임[1]을 제외하고는 거의 국내 문제로만 인식되었던 인권은 제1차 세계대전 후 ILO가 국제적 차원에서 노동자의 권리 문제를 다루기 시작하면서 달라지기 시작했으며, 국제연맹은 전쟁 후 국경이 달라진 지역의 소수민족 권리를 보호하는 규정을 만들었다. 보다 본격적으로 인권 문제를 국제적 차원으로 끌어올린 계기는 나치에 의한 대학살이었다. 제2차 세계대전 이전과 세계대전 중에 나타난 많

---

1. 1815년 비엔나 세계인권회의에서 주요 강대국들이 노예무역을 그만두자는 결의를 했고, 1890년에 브뤼셀 회의에서 노예무역금지조약이 만들어졌다(Donnelly 1990: 6).

은 제안들은 UN의 결성으로 결실을 맺었다. UN의 두 가지 큰 목적은 '국제평화유지'와 '인권과 기본적 자유의 보편적 존중'이었다. 세계사회에서 인권에 관한 규범이 구체적인 정치적 실체(political reality)로 이행되는 데 UN은 결정적인 역할을 수행해왔다. 실제로, 인권에 관한 세계정부(human rights regime)가 실체를 갖추어 그 침해행위에 대하여 어떠한 기준을 부과할 수 있게 된 것은, 많은 결함에도 불구하고 UN이 존재했기 때문이라고 할 수 있다(Apodaca et al. 1998: 186).

UN 헌장에 기초하여 인권의 내용을 구체적으로 정하고 실천하기 위해 인권위원회(Commission on Human Rights)[2]가 설치되었고 1948년 세계인권선언(Universal Declaration of Human Rights)이 채택되었다. 냉전기에 인권 침해 문제는 강대국 간의 대결의 한 장이 되었으나, 세계인권선언은 구속력이 없어 효과를 발휘할 수 없었다. 1950~60년대를 통해 식민지 국가들이 잇달아 해방되면서 UN 회원국에 큰 변화가 일어났고, 1966년에는 법적 구속력이 없는 인권선언의 한계를 극복하기 위해 조약 형식의 국제인권규약(International Covenants on Human Rights)이 제정되었다. 경제적·사회적·문화적 권리에 관한 국제규약과 시민적·정치적 권리에 관한 국제규약이 그것이다. 인권위원회 같은 기구들이 세계 여러 나라의 인권 상황을 논의하고 권고안을 내고 있는데 비해, 조약기구는 해당 조약에 가입한 나라의 특정 조약의 준수사항을 검토하고 권고하는 것이므로 보다 구체적이고 실질적이다. 이후 여성차별철폐조약, 아동권리규약 등이 속속 제정되었다.

특정 사항에 집중하는 세계노동기구(ILO), 세계보건기구(WHO), UN교육과학문화기구(UNESCO) 등의 전문기구(specialized agency)와 총회 산하의 기금 또는 프로그램인 UN아동기금(UNICEF) 등, 그리고 UN 난민고등판무관실(Office of the UN High Commissioner for Refugees), 그 밖에 1993년 비엔나에서 열린 세계인권대회, 5년마다 열리는 세계여성대회, 2001년 남아프리카공화국에서 열린 반인종주의세계회의 등 UN 세계대회 등 UN에는 여러 차원의 인권 메커니즘이 있지만, 가장 핵심적인 인권기구는 앞서 언급한 헌장기구와 조약기구다. UN 내의 사무국 중 인권고등판무관실(Office of High Commissioner for Human Rights)[3]이 UN 내에서 이루어지는 모든

2. 2006년 인권이사회 Human Rights Council로 개편되었다.

3. 일본에서 만들어진 이 번역어가 적절하지 않다고 보고 최근 한국 인권기관들은 인권

UN 인권 메커니즘

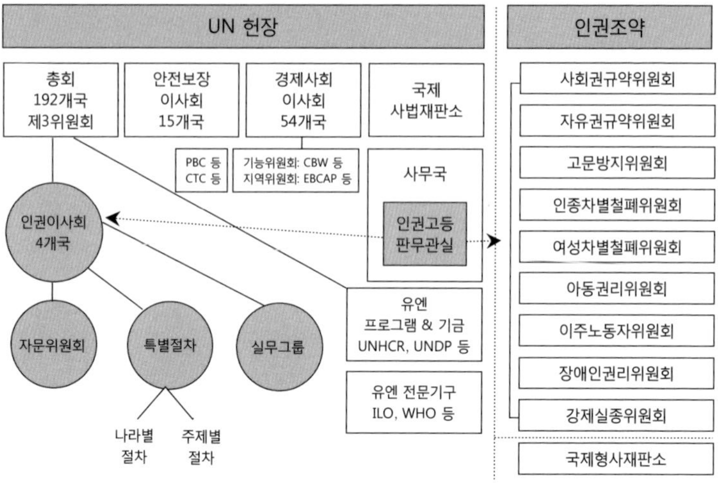

인권 업무를 총괄한다.

(1) 헌장기구

UN에서 전반적인 인권 문제를 다루는 총회가 최상위 기관이다. 총회는 1948년 세계인권선언을 채택한 이래 수많은 인권 관련 선언과 조약을 만들어냈다. 총회의 5개의 분과위원회로 구성되어 있는데, 인권 관련 의제는 제3위원회에서 다루어진다. 총회 밑에 있는 주요 활동기구는 안전보장이사회(Security Council), 경제사회이사회(Economic and Social Council)와 인권이사회인데 각각 평화, 개발, 인권 업무를 담당한다.

인권이사회는 2006년까지 경제사회이사회 산하에 있으면서 연 1회 회의를 가졌던 인권위원회의 후신으로, 전 세계적으로 테러, 집단학살(genocide), 이주노동, 인신매매 등 인권 문제가 쏟아져 나오고 관련 NGO의 활동도 활발해지면서 2006년 총회 직속기관인 인권이사회로 개편되었다. 연 3회 정기회의를 하고 수시로 특별회

최고대표회의실이라고 부르기도 한다.

기를 갖는 등 준상설기구화된 것이다. 인권이사회는 총회에서 지역 균형에 따라 선출된 47개의 이사국[4]으로 구성되어 있으며 세계 모든 나라의 인권 문제를 다룬다. 특히 이사회로 개편되면서 매년 UN 회원국의 4분의 1에 대하여 보편적 정례검토(Universal periodical review)를 실시하여 전 세계 모든 나라들이 4년마다 인권 상황을 점검받게 되었다.

인권이사회 산하에 민간전문위원으로 구성된 자문위원회(Human Rights Council Advisory Committee)가 있어서 이사회에서 위탁한 인권 문제에 대하여 연구하고 실질적 제안을 하는 싱크탱크 역할을 하고 있다. 자문위원은 각국의 정부로부터 지명된 후, 인권이사회에서 선거에 의해 선출하도록 되어 있으며 지역균형에 따라 전 세계에서 18명이 선출된다. 이전의 인권위원회 산하 인권소위원회(Sub-Commission on the Promotion and Protection of Human Rights)가 자문위원회의 전신이라고 할 수 있는데, 인권소위원회와는 달리, 자문위원회는 자체적으로 결의를 통과시킬 수 없으므로 활동에 한계가 있다.

이 자문위원회와 인권이사회 운영에서 비정부기구(NGO)의 활동은 빼놓을 수 없이 중요하다. 경제사회이사회는 정부 관료들만으로는 달성하기 힘든 특정 인권 사안의 전문성을 가진 여러 인권 NGO의 역할을 적극적으로 평가하여 1968년 협의자격(consultative status)을 받은 NGO가 회의에서 의견을 제시할 수 있게 만들었다. NGO들은 인권이사회에 협의자격을 신청하여 국제인권활동을 투명하고 책임 있게 상당 기간 전개한 것을 인정받고 협의자격을 얻으면, 서면이나 구두로 회의에서 발언하고 UN 건물 내에서 인권의제에 관하여 간단한 발표회(NGO Briefing)를 할 수 있다.[5]

(2) 조약기구

이렇게 인권이사회와 자문위원회가 세계 모든 나라의 인권 사항을 제기하고 논의하고 결의를 통하여 권고를 할 수 있지만, 보다 강한 압력을 주기 위해 조약을 만

4. 한국도 이사국이다.
5. 협의지위를 가진 한국의 NGO도 많다.

들고 그것을 비준하게 함으로써 조약 위반을 한 점에 대해 권고를 하는 조약기구가 만들어졌다. 조약기구는 이와 같이 그 조약이 정하는 범위 안에서 그 조약에 가입한 나라들만을 정기적으로 검토하는 인권기구로서, UN 인권 메커니즘은 헌장기구와 조약기구로 양분된다고 볼 수 있다.

위원회(Committee)가 있어서 가입국의 인권 상황을 정기적으로 검토하는 조약은 현재까지 8개가 있다.[6] 그중 한국과 일본은 모든 이주노동자와 그 가족의 권리보호에 관한 조약(이주노동자조약, International Convention on the Protection of the Rights of All Migrant Workers and Members of Their Families)에 가입하지 않고 있으며 나머지 7개에는 한국과 일본 모두 가입해 있다.

1966년 모든 형태의 인종차별철폐에 관한 조약인 인종차별철폐조약(International Convention on the Elimination of All Forms of Racial Discrimination)이 먼저 설립되었고, 같은 해 경제적·사회적·문화적 권리에 관한 국제규약(International Covenant on Economic, Social and Cultural Rights)과 시민적·정치적 권리에 관한 국제규약(International Covenant on Civil and Political Rights)이 함께 통과된 후, 여성에 대한 모든 형태의 차별철폐에 관한 협약인 여성차별철폐조약(Convention on the Elimination of All Forms of Discrimination against Women), 고문 및 그 밖의 잔혹한 비인도적인 또는 굴욕적인 대우나 처벌의 방지에 관한 협약인 고문방지조약(Convention against Torture and Other Cruel, Inhuman or Degrading Treatment or Punishment), 아동의 권리에 관한 협약인 아동권리협약(Convention on the Rights of the Child)이 체결되었다.

이주노동자조약은 1990년에 설립되었으나, 2003년에야 발효되었으며, 아직도 42개국만이 가입되어 있는데 거의 모두 이주노동자를 보내는 나라들뿐이며, 노동자를 받아들이는 선진산업국의 가입은 거의 이루어지지 않고 있다. 한국과 일본도 가입하지 않았다. 2006년에 체결된 장애인의 권리에 관한 협약(Convention on the Rights of Persons with Disabilities)에 한국과 일본이 모두 가입했다.

---

6. 2007년에 체결되었으나 미발효 상태에 있는 강제실종협약(International Convention for the Protection of All Persons from Enforced Disappearance)도 위원회 설치를 협약 내에서 규정하고 있다.

이 협약들은 새로운 요소들을 선택의정서의 형태로 추가하고 있다. 시민적·정치적 권리규약은 개인통보(개인이나 개인의 집단이 위원회에 직접 호소할 수 있는 제도)를 규정하는 선택의정서와 사형폐지를 목적으로 하는 선택의정서를 가지고 있어서 각 국가들은 본 규약과 별도로 가입을 하고 있다. 고문방지조약은 구금 장소에 대한 정기적 방문을 위한 선택의정서, 여성차별철폐조약과 장애인권리협약은 개인통보를 위한 선택의정서를 별도로 정하고 있다. 또한 각 협약에 대하여 국가들은 가입을 하되, 협약 안의 특정 조항에 대해서 유보할 수 있다. 예컨대 한국은 고문방지조약에 1995년에 가입했을 때 제21조와 제22조는 유보했으며, 그 후 2007년에 이 두 조항을 다시 수락했다.

조약감시기구인 위원회는 조약의 체약국들이 모여 지역 균형을 고려하여 선출(고문방지위원회는 10명, 여성차별철폐위원회는 23명, 이주노동자위원회는 14명) 민간전문가로 구성된다. 조약에 가입한 정부는 해당 조약이 지정한 대로 최초 보고서와 2~5년에 한 번씩 보고서를 제출하도록 되어 있는데, 정부가 보고서를 제출할 때, 시민단체들도 별도의 보고서를 낼 수 있다. 대개 시민단체들은 팀을 만들어 보고서를 준비하는데, 이 보고서를 Alternative Report 또는 Shadow Report라고 부른다. 조약위원회는 따라서 이 시민단체 보고서를 면밀히 본다고 한다. 위원회 평가서에서 지적하는 세세한 점들은 이 시민단체들의 보고서에서 정보를 얻는 경우가 많아서 이것은 의례 잘된 점만을 부각시키기 쉬운 정부의 보고서를 보완하는 중요한 역할을 한다.

2. 한국과 일본의 조약 가입과 보고서 제출 상황

한국은 일본보다 36년이나 늦게 UN의 회원국이 되었지만, 조약기구의 가입과 보고서 제출 상황은 일본과 별반 차이가 없다. 오히려 한국이 더 성실하게 보고서를 제출하고 있는 셈이다. 각 조약위원회별로 한국과 일본의 조약가입과 보고서 제출 상황은 다음과 같다.

UN 조약 설립과 한국·일본의 가입, 보고서 제출

조약	체결 연도	가입연도		보고서 제출 시기	보고서 제출 연도	
		한국	일본		한국	일본
인종차별철폐조약	1966	1978	1995	매 2년	1980, 1982, 1984, 1986, 1998, 1990, 1992, 1995, 1998, 2002, 2006	2000
경제적·사회적·문화적 권리에 관한 국제규약	1966	1990	1979	매 5년	1993, 1999, 2007	1981, 1984, 1986, 1998
시민적·정치적 권리에 관한 국제규약	1966	1990	1979	매 5년	1991, 1997, 2005	1980, 1987, 1991, 1997, 2006
여성차별철폐조약	1980	1985	1985	매 4년	1986, 1989, 1994, 1998, 2003, 2007	1987, 1992, 1993, 1998, 2002, 2008
고문방지조약	1984	1995	1999	매 4년	1996, 2004	2005
아동권리규약	1990	1991	1994	매 5년	1994, 2000	1996, 2001, 2008
이주노동조약	1990	미가입	미가입			
장애인협약	2006	2008	2007			

Abstract

Human Rights in East Asia

A Comparison of Korean and Japanese Human Rights Improvement

Chinsung Chung, Suk-Ki Kong, and Jeong-Woo Koo

This book is the first outcome of a collaboration launched by the authors in summer 2008, when we aimed to establish the so-called 'Social Sciences of Human Rights' in Korea. The book begins by exploring how human rights in East Asia have changed in terms of global human rights indicators and narrows down to a comparison of Korean and Japanese human rights. As reliable data are available only in the post-1970s period, the book covered the same period by highlighting political, economic, and social conditions for improving human rights. Methodologically, the authors rely on comparative sociological analyses to examine the relationship between human rights conditions and improvement in both Korea and Japan. While previous researches on human rights improvement tend to take a top-down or macro approach, the book overcomes the biases and highlights Asian features and specificities in habitual practices and policies on human rights. The four factors working toward human rights improvement are international conditions, changes in national political opportunity structure, economic conditions, and civil movement organizations' capability.

The book consists of four parts and fifteen chapters, including the introduction. The first part introduces the global transition of human rights and conditions, the second and third parts deal with developing processes in Korean and Japanese human rights respectively, and the fourth part examines subjective aspects—namely human rights consciousness—by analyzing survey data for both countries. The results of an analysis of a thirty year-long period are quite interesting in that each effect of the four conditions of human rights varies between the two countries. Significantly, national factors are more likely to influence human rights improve- ment than international ones. It means that the results can challenge mainstream arguments in global sociology emphasizing the top- down role of global culture or norms in changes in local policies. In addition, local civil society's ability to mobilize national and transnational resources turns out to be very important too.

Given these findings, incessant researches on the development of human rights indicators in Asia are indeed necessary. The authors hope that this book will be the first stepping-stone on the path to developing human rights indicators based on local contexts and contributes to complementing the global human rights index.

찾아보기

ㅂ

ㅅ

ㅇ

ㅈ

ㅊ

ㅌ

ㅍ

ㅎ

발간사

'한국학'에 대한 관심과 요구가 국내외에서 높아지고 있다. 한국학을 전공으로 하는 학과도 생겨나고 한국학 연구자들의 국제학술대회도 종종 접하게 된다. 한국사회가 짧은 시기에 보여 준 역동적인 변화에 대한 학문적 관심이 나라 안팎으로 증대된 결과일 것이다. 한국의 역사와 문화, 사회적 경험이 점점 더 많은 연구자들의 관심대상으로 되고 있다는 사실은 매우 반가운 일이다.

한국학이란 고정된 분과학문 체계 내의 한 부분영역이 아니라 다양한 분과학문들이 함께 참여하는 학제적 연구의 성격을 지닌다. 한국학은 과거의 전통에 깊은 관심을 갖지만 현재의 문제들에도 주목하며 미래의 전망을 모색하는 작업도 포함한다. 인문학적 논의와 사회과학적 관심은 물론이고 자연과학적 문제의식과 예술적 시각이 함께 어우러지는 곳이다. 당연히 한국학은 국내의 연구자들이 자신의 특수성만을 부각시키는 폐쇄적인 장이 아니라 전 세계의 학자들이 자유롭게 참여하는 지적 토론의 공간이다. 한국을 대상으로 한 다양한 연구를 지원하며 진지한 논의와 지적 실험을 뒷받침하는 것이야말로 한국학의 가장 중요한 역할이라 할 것이다.

이런 의미에서 한국학은 한국의 문화와 역사적 경험을 전 인류의 문화유산과 역사적 경험의 한 부분으로 바라보는 전 지구적 시각을 요구받고 있다. 한국학은 한국사회의 경험을 연구하되, 그것을 21세기 세계사적 과제들과 더불어 사고함으로써 새로운 문명적 대안을 모색하는 전 지구적 논의에 적극적으로 동참하는 작업이 되어야 한다. 이런 종합적이고 개방적인 연구의 집적을 통해서만 한국의 특수성만을 절대화하는 오류에서 벗어나면서 동시에 서구의 눈으로 한국을 대상화, 타자화하는 오리엔탈리즘적 지역학의 한계도 극복할 수 있는 길이 열릴 것이다.

한국의 학문 발전에 큰 책임을 지고 있는 서울대학교는 한국학의 바람직한 발전을 위해 적극적인 역할을 하고자 한다. 이를 위해 별도의 연구기금을 마련하여 '한국학 장기기초연구 지원사업'을 추진하고 이 사업의 결과물들을 모아 연구총서, 자료총서, 모노그래프를 출간하기로 했다. 서울대학교 교수진의 연구역량과 진지한 문제의식이 결집됨으로써 한국학의 연구수준이 더욱 높아지고 내용이 보다 풍부해질 것을 믿고 있다. 이 연구사업이 해를 거듭할수록 한국사회에 대한 이해가 깊어짐은 물론이고 한국의 경험을 통해 세계 학계의 시각과 논의도 더욱 풍성해질 것을 기대해 마지않는다.

2003년 8월
서울대학교 규장각한국학연구원 한국학연구사업위원회

저자 소개

정진성

서울대학교 사회학과 학사, 석사
미국 시카고대학교 사회학 박사
(현) 서울대학교 사회학과 교수
(현) 유엔 인권이사회 자문위원
인권사회학, 여성사회학, 역사사회학 전공

주요 저서·논문
『일본군성노예제』(2004), 『현대일본의 사회운동론』(2001),
『여성의 눈으로 본 한일근현대사』(편저, 2005),
「북한 여성인권에 관한 국제사회의 논의와 북한의 대응」(2006),
「미하원일본군위안부 관련 결의안 논의과정에서 제기된 협의의 강제성과 그 역사적 진실」(2007) 등 다수

공석기

서울대학교 사회학과 학사, 석사
미국 하버드대학교 사회학 박사
(현) 서울대학교 아시아연구소 연구교수
정치사회학, 사회운동론, 지구시민사회 전공

주요 저서·논문
『글로벌 NGOs: 세계정치의 '와일드카드'』(2011),
「지구시민사회의 작동원리와 한국사회운동의 초국적 동원전략」(2006),
「세계사회포럼과 한국사회운동: 시애틀에서 벨렝까지」(2010) 등 다수

구정우

서울대학교 사회학과 석사
미국 스탠퍼드대학교 사회학 박사
(현) 성균관대학교 사회학과 조교수
(현) *Social Forces* 편집위원
비교사회학, 역사사회학, 인권사회학, 계량방법론 전공
2007년 이후로 *Social Forces*, *Sociology of Education*, *Comparative Education Review*, *Social Science History*, 『한국사회학』 등에 논문 게재

서울대학교 규장각한국학연구원 한국학연구총서

01 지방문학사: 연구의 방향과 과제 | 조동일
02 한국 근대과학 형성과정 자료 | 문만용 · 김영식
03 목석의 울음: 손창섭 문학의 정신분석 | 조두영
04 통일한국의 농업 | 김완배 · 김한호 · 이정재 · 이태호 · 정하우
05 현대 한국사회의 철학적 문제: 사회운영원리 | 백종현
06 한국유교의 과제 | 금장태
07 韓國 古代 · 中世初期 土地制度史: 古朝鮮~新羅 · 渤海 | 이경식
08 『무과총요』 연구 | 나영일
09 북한 주요 산업지역의 토지이용 변화와 개방지역에 관한 연구 | 황만익 · 이기석
10 재벌체제와 다국적기업: 경제개발의 두 가지 유형 | 이승훈
11 붉은악마와 월드컵 | 이순형
12 『조선왕조실록』 보존을 위한 기초 조사연구(1) | 송기중 · 신병주 · 박지선 · 이인성
13 한국 근대의 사회복지 | 안상훈 · 조성은 · 길현종
14 한국어 체언의 음변화 연구 | 이상억
15 조선 중기 무예서 연구 | 나영일 · 노영구 · 양정호 · 최복규
16 1950년대 사회주의 건설기의 북한 보건의료 | 황상익
17 후발 산업화와 국가의 동학: 탈관료화와 강성국가의 공동화 | 하용출
18 조선 후기의 기술도: 서양 과학의 도입과 미술의 변화 | 정형민 · 김영식
19 韓國 中世 土地制度史: 朝鮮前期 | 이경식
20 남북 언어의 문법 표준화 | 권재일
21 50권본 『화엄경』 연구 | 이승재
22 한 · 중 소화의 비교 | 서대석
23 고려전기의 전시과 | 이경식
24 개항기 전후 경상도의 육상교통 | 허우긍 · 도도로키 히로시
25 한국어의 주제와 통사 분석: 주제 개념의 새로운 전개 | 임홍빈
26 한국적 패션 디자인의 제다움 찾기: 전통미와 현대적 활용을 중심으로 | 김민자
27 한국 근대문학교육사 연구 | 우한용
28 『조선왕조실록』의 여진족 족명과 인명 | 김주원
30 삼국통일전쟁사 | 노태돈
31 한국의 사회운동과 진보정당 | 임현진
32 한국 행락문화의 변천과정 | 황기원
33 노래의 상상계(근간) | 신범순
34 한국의 언어 민속지: 전라남북도 편 | 왕한석
35 주시경의 언어이론과 표기법 | 송철의
36 일제강점기의 철도 수송 | 허우긍
37 인권으로 읽는 동아시아: 한국과 일본의 인권 개선조건 | 정진성 · 공석기 · 구정우
38 정조와 정조시대 | 김인걸 외